歷史中國

西元581～西元618

# 隋朝原來是這樣

王者覺仁◎著

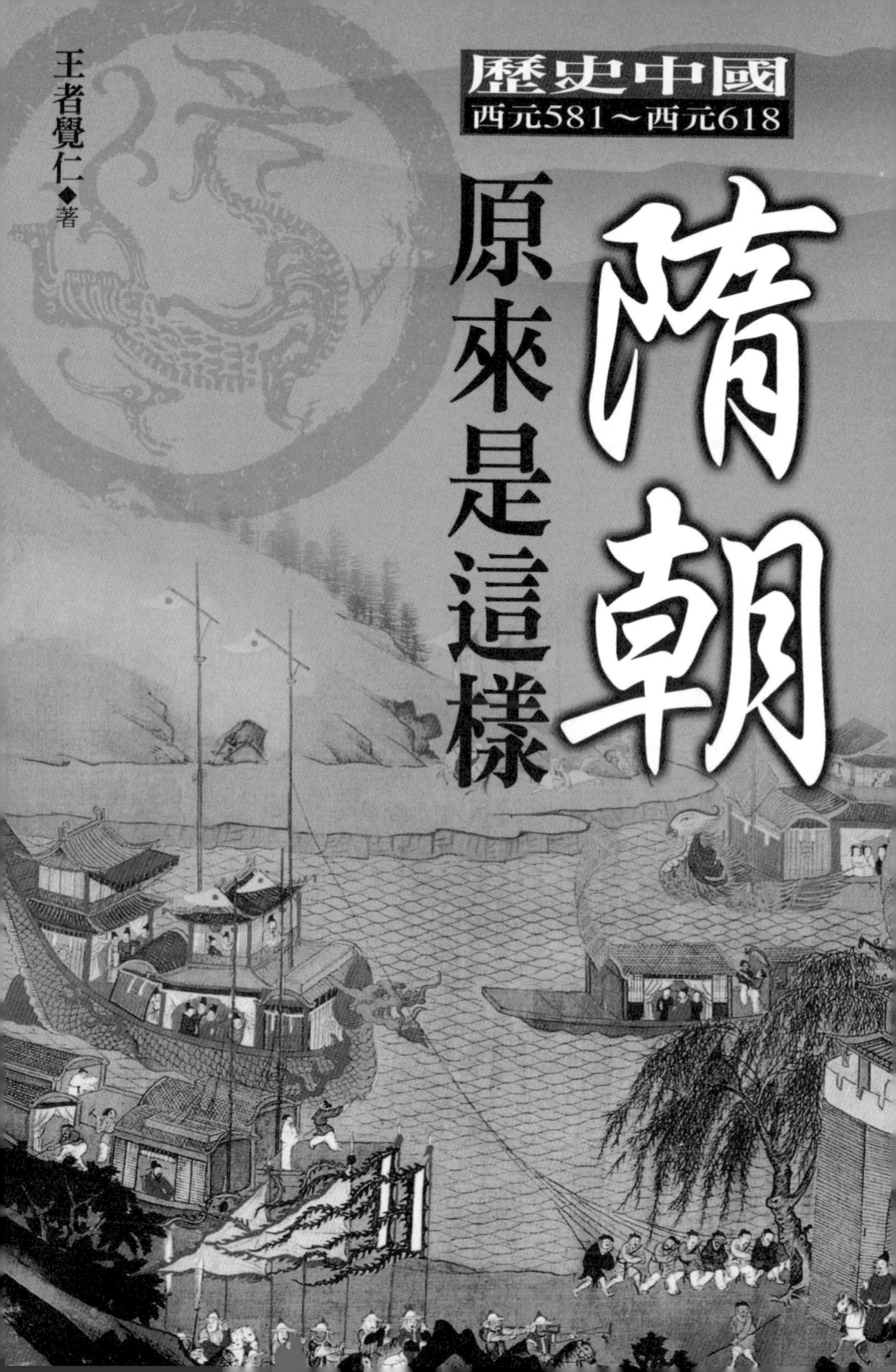

# 目錄

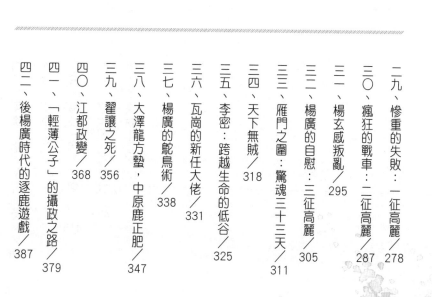

# 一、秉承天命的官二代

寺院本是清修之地，可這年夏末的一個夜晚，關中同州（今陝西大荔縣）境內的般若寺，卻顯得有些忙碌和不同往常。般若寺是一座尼寺，在重簷複宇的三進大殿背後，有一排僻靜素雅的尼眾禪房。若是平日此時，尼眾們肯定都已熄燈就寢了，因為次日還得早早起床做早課。可這天晚上，禪房裡卻燈火通明，只見一群官宦人家的婢女和六七個女尼正忙裡忙外，進進出出，臉上無一例外地帶著緊張的表情。

其實也無怪乎她們緊張，因為一向莊嚴清淨的般若寺，此刻卻成了臨時產房，準備給一位即將臨盆的貴婦接生。從禪房緊掩的窗戶中，不時傳出產婦劇痛之下的呻吟，那令人揪心的聲音一下下敲擊著尼眾的耳膜，彷彿是在告訴她們：出家縱有萬般清苦，但至少有一個好處，就是可以躲過每個俗世婦人必經的這一劫。

產婦的呻吟很快就轉成急促而乾啞的嘶喊，顯示出那個即將投奔人間的小生命正在進行最後的衝刺。約莫半炷香的工夫後，產婦的嘶喊在最後的爆發中戛然而止，取而代之的是初生嬰兒異常嘹亮的第一聲啼哭。

這個嬰兒就是楊堅。

他出生的這一天，是西魏大統七年陰曆六月十三，時當西元五四一年。

這一年，西魏的實際統治者宇文泰與東魏的實際統治者高歡還在進行曠日持久的拉鋸戰。多年來，這對你死我活的冤家你來我往、纏鬥不休，大大小小數十百戰，都想把對方一口吞掉，可費盡九牛二虎之力，還是誰也奈何不了誰。

這一年，南朝的梁武帝蕭衍還在佛教信仰的世界裡癡迷不返，屢屢把身為皇帝的職責拋諸腦後。十幾年來，他不近女色，誦經茹素，還先後「捨身出家」兩次（不久還將陸續出家兩次），每次都把大臣們搞得六神無主，最後只好捐出巨資將他贖回，可他卻渾然忘我，樂此不疲，誓將這場「皇帝菩薩」的出家秀進行到底。

這一年，東羅馬帝國的皇帝查士丁尼正在雄心勃勃地進行著針對西地中海世界的征服戰爭，試圖重新統一羅馬帝國。可就在他的夢想剛剛展開之際，屬地埃及卻爆發了大規模瘟疫，疫情迅速蔓延到首都君士坦丁堡，並席捲整個地中海沿岸的國家和地區，導致大量人口死亡，其中僅君士坦丁堡就死亡八十萬人，佔城市總人口的三分之一以上。長期肆虐的大瘟疫使得東羅馬的勞動力和兵力銳減，繼而引發饑荒和政治動亂，從而徹底粉碎了查士丁尼重建羅馬帝國的雄心。

這一年，已然在分裂和動亂中生活了三百多年（自東漢滅亡算起）的中國人，無論是南方還是北方，對於無休無止的戰爭和恍如輪轉的政權更迭，似乎早已見怪不怪，甚至習慣到了麻木的程度。作為普通老百姓，不管明天的城頭又要變換哪一桿大王旗，只要還有一畝三分地可以種，只要老婆孩子還有一口飯吃，這日子就可以照舊過下去，無所謂痛苦和傷感，也沒什麼追求和祈盼。

所以，大統七年這個燠熱難當的夏夜，在關中一隅的某座寺廟裡，誕生了某個哭聲嘹亮的嬰兒，對於這個擾攘紛亂的世界來說，實在構不成任何意義。換言之，楊堅來到這個世界的第一聲哭喊，除了惹來附近村落的幾聲犬吠，騷擾了個把村民的夜半好夢，影響了寺中尼眾的次日早課之外，恐怕就真的沒什麼了。假如這時候有人說，若干年後，這個男嬰將終結三百多年的亂世，締造一個統一的帝國，並且帶給芸芸眾生傳說中的太平盛世，人們肯定都會當成笑話來聽。

不過，般若寺中一位法名智遷的女尼並不認為這是笑話。恰恰相反，自打楊堅呱呱落地的這一刻起，她的目光就被襁褓中的嬰兒牢牢吸引住了，同時心裡不斷響起一個神諭般的聲音——這孩子定非凡人，日後必有一番驚天動地的造化！

所以，當楊堅的母親呂氏從產後的短暫暈厥中幽幽醒轉時，就聽見智遷尼師用一種毋庸置疑的口吻告訴她：「此兒所從來甚異，不可於俗間處之。」（《隋書・高祖紀》）也就是說，這孩子大有來頭，不能跟普通的孩子一樣在俗世中養育。

據說，這位智遷尼師從小出家，戒行精嚴，尤其擅長禪觀，也就是能在深入的禪定狀態下觀照宇宙世間的萬事萬物，因而「時言吉凶成敗事，莫不奇驗」。（《佛祖歷代通載》卷十）現在，尼師對剛剛出生的這個孩子如此另眼相看，實在是讓呂氏驚喜莫名。所以，她沒有過多猶豫就答應了智遷的要求——把孩子交給她撫養。

後來，楊堅剛剛滿月，就被智遷尼師從呂氏身邊抱走了。智遷將楊堅「舍於別館，躬自撫養」，給他起了一個佛教法名「那羅延」（梵語，意為金剛力士），從此獨自承擔起楊堅的啟蒙教育工作，並一直把他培養到了十二歲。

在完全佛教化的教育環境中，楊堅的精神成長自然與世俗之人大異其趣。從懂事的時候起，智遷尼師就反覆告訴他：你不是凡人，而是護法金剛轉世，今生必當成就一番濟世安民、弘法利生的偉業。她對楊堅說過的最重要的一句話，不啻於是對未來中國佛教的準確預言：「兒當大貴，從東國來，佛法當滅，由兒興之！」日後，北周武帝宇文邕果然大舉滅佛，「熔佛焚經，驅僧破塔」，而登基後的楊堅則大興佛法，曾先後兩次在天下各州興建舍利佛塔達八十三處，而中國佛教也正是在隋朝至初唐之際臻於極盛。

智遷給予楊堅的特殊教育，無疑在他幼小的心靈刻下了永難磨滅的烙印，並且賦予了他宏大高遠的志向和抱負。多年以後，已然君臨天下的楊堅每每回憶起這位非同尋常的女性，總會懷著無比敬仰和感激的心情，親切地稱她為「阿闍黎」（梵語，意為導師），並命史官為智遷立傳，命畫師將她與自己畫一張合像，然後頒發天下，讓大隋帝國的萬千臣民頂禮膜拜。

儘管楊堅的母親呂氏篤信佛教，也非常信任這位德高望重的智遷尼師，但孩子出生不久便被抱走，感覺就像被剝奪了撫養權一樣，心裡難免有些酸楚和失落。當然，呂氏還是擁有「探視權」的。智遷不辭辛勞地把楊堅放在一個相對封閉的環境中親自撫養，並不是為了隔絕她們的母子親情，而是為了給孩子提供最嚴格、也是最高品質的早期教育。

呂氏自然深知這一點。可饒是如此，每次去看望孩子，心裡還是充滿了難言的酸澀，每回離開更是戀戀不捨。直到有一天，呂氏無意中目睹了令她萬分驚愕的一幕，才真正體會到——智遷將孩子「舍於別館」的做法，是一種多麼明智且用心良苦的選擇。

那是楊堅出生不久的時候，呂氏去「別館」探望孩子，抱在手裡親撫逗弄，可忽然間，她的眼前出現了可怕的幻覺，只見懷裡的孩子突然「頭上角出，遍體鱗起」，露出了一條張牙舞爪的龍的模樣。呂氏大驚失色，下意識鬆開了手，連連退了好幾步。孩子掉在地上，哇哇大哭。智遷聞聲從外間跑進來，抱起孩子，看著張惶失措、驚魂未定的呂氏，淡淡地說了一句：「已驚我兒，致令晚得天下。」

你把我們的孩子嚇著了，害他要晚幾年才可得到天下。

天可憐見，真正被嚇著的其實不是襁褓中的楊堅，而是呂氏。那天她再也不敢伸手去抱孩子，並且一直愣在原地，許久沒有回過神來。之後很長一段時間，呂氏始終心有餘悸，每當再見到孩子，都會不由自主地產生心理障礙。當然，說這件事帶給呂氏的純是驚愕，也未必盡然。準確地說，呂氏的驚悸之中，其實包含了很大程度的驚喜。畢竟，這世上只有極為個別的母親，才能生出「頭上長角、身上長鱗」的真龍天子。智遷尼師不動聲色的那句話，其實也已經明白無誤地向她洩露了天機。至於孩子為何經此驚嚇就會「晚得天下」，則大可不必深究。因為「得天下」三個字才是重點，其他皆可忽略不計。

總之，「龍子事件」雖然在一定程度上給呂氏造成了困擾，但自此以後，她已經發自內心地認同了智遷的做法，相信自己的孩子確非凡夫俗子，所以必然要採取跟別的孩子完全不同的教育方式。

楊堅在智遷的特殊教育下慢慢長大，無論是體貌特徵還是性情舉止，似乎都在逐步印證尼師當初所作的預言。史稱，楊堅相貌與常人迥異，天生一副「龍顏」，具體特徵是「額上有五柱入頂，目光外射」，且手上有一個奇特的掌紋，細看分明是一個「王」字，而身材則是「長上短下」，亦即上半身較長，腿卻比普通人短（據說這是帝王之象，比如劉備也是身長腿短，方能「兩手過膝」）。除了外貌，楊堅的性格也與同齡人有很大差異：別的孩子成天活蹦亂跳，他卻從小就莊重自持、沉默寡言。大約在十二歲以後，楊堅從女尼的「別館教育」中畢業，進入西魏的官辦學校太學就讀。此時的楊堅儼然已是一副小大人模樣，舉止沉穩，不言自威，就連親朋好友也不敢隨便接近他。（《隋書．高祖紀》：「雖至親昵不敢狎也。」）

楊堅與生俱來的種種天命徵兆，與史書記載的其他帝王一樣，都不可避免地帶有強烈的神祕主義色彩，在今天的讀者看來肯定是不值一哂的。不過，如果我們換一個角度，從心理學的眼光來看，則不難發現，即便圍繞在楊堅頭頂的種種天命預言和宗教光環並不符合唯物主義者眼中的客觀真實，但只要當事人相信、認定其為真，那麼這些東西就會對他產生強烈的心理暗示作用，從而潛移默化地成為他的人生目標，並推動他去實現它們。

換言之，古人的理性思考能力和科學精神固然弱於今人，但他們對神祕主義的篤信和熱衷，卻可以給他們帶來心理學意義上的無窮妙用，並給他們的人生和事業注入強大的動力。這一點對楊堅來說也不例外。日後，當楊堅在北周朝廷的地位節節攀升、並逐步成為手握大權的輔弼重臣的時候，從出生之日起便圍繞著他的種種天命徵兆，肯定會帶給他無比強大的信心和能量，並推動著他去完成改朝換代、經天緯地的事業。

無論楊堅身上的種種帝王之象是否為真，有一點是無庸質疑的，那就是——他擁有比別人高得多的人生起點。毫不誇張地說，楊堅是含著金鑰匙出生的。

據隋朝宗室自己的譜牒記載，其祖籍地是弘農郡華陰縣（今陝西華陰市），並聲稱東漢名臣、官居太尉的楊震，就是楊堅的十四世祖。由於自漢代以降，弘農楊氏便是名聞天下的世家大族，所以後世許多姓楊的人往往喜歡冒認祖先，以此光耀門楣、自抬身價。而據有關學者考證，楊隋宗室出自弘農楊氏一說，實際上也是附會。不過，雖然楊堅的祖上和地望不像他自稱的那麼顯赫，但是，從史籍可考的楊堅的六世祖楊鉉以下，楊氏歷代皆為官宦則是不爭的事實：楊鉉官至北平太守，子楊元壽官至武川鎮司馬（武川，今屬內蒙古，北魏「六鎮」之一，宇文泰家鄉），後代子孫便世代居住於此；楊元壽生子楊惠嘏，官至太原太守；楊惠嘏生子楊烈，官至平原太守；楊烈生子楊禎，官至寧遠將軍；楊禎因戰功卓著，死後追贈柱國大將軍，其子楊忠，就是楊堅的父親。

西魏的軍事制度是府兵制，最高階設置八個柱國大將軍，即宇文泰、元欣、李弼（李密曾祖）、獨孤信、趙貴、于謹、侯莫陳崇、李虎（李淵祖父）。按府兵制規定，宇文泰位總百揆，是最高軍事統帥；元欣是西魏宗室，僅為掛名性質；餘下六個柱國，每人統率兩個大將軍，共計十二人；每個大將軍統率兩個開府，二十四開府下轄全國一百個軍府。十二大將軍分別是：元贊、元育、元廓、宇文導、侯莫陳順、達奚武、李遠、豆盧寧、宇文貴、賀蘭祥、楊忠、王雄。

這「八柱國十二大將軍」，大多是戰功赫赫的一代名將。他們既是西魏王朝的中流砥柱，也是宇文泰逐鹿天下的軍事資本，更是宇文家族日後篡魏立周的佐命功臣。以他們為首的政治軍事集團（被陳寅恪先生命名為「關隴集團」），對當時和此後的中國歷史產生了極為深遠的影響。而楊忠作為關隴集團的核心成員，在西魏、北周的權勢和地位自不待言，對楊堅的蔭庇作用也是可想而知的。

顯赫的官二代背景，十二年特殊而嚴格的宗教教育，加上兩年太學的深造，把楊堅打造成了一個品學兼優、出類拔萃的貴族少年，也使他成長為最符合關隴集團標準的後備人才。難怪當時西魏的實際掌舵者宇文泰只見過他幾面，就對他大加讚歎，稱：「此兒風骨，非世間人！」（《北史》卷十一）

西魏恭帝元年（西元五五四年），年僅十四歲的楊堅從太學畢業，被授予京兆府功曹的勳職，開始登上西魏的政治舞臺。十五歲，因父親楊忠攻取南朝的江陵（今湖北省荊沙市）立下戰功，楊堅又被授予散騎常侍、車騎大將軍、儀同三司之勳官，封成紀縣公。十六歲，遷驃騎大將軍，加開府銜。

儘管這一系列勳位和爵銜都屬恩蔭和榮譽性質，並無實際職權，卻都是貴族身分和政治地位的標誌，也是楊堅作為關隴集團後起之秀的「資格認證」。有了這些勳位爵銜，總有一天，楊堅就能從父親楊忠那裡繼承所有的世襲利益和政治資源。換句話說，此時的楊堅雖然還沒有正式踏上仕途，但是一條前程似錦的金光大道，已經確鑿無疑地擺在了他的面前。

關隴集團內部非常流行政治聯姻，亦即通過子女通婚的方式，加強彼此的利益聯結和情感紐帶。其中，西魏八柱國之一、大司馬獨孤信就是一位著名的「紐帶人物」。他的長女嫁給了宇文泰的長子，即北周明帝宇文毓；四女嫁給了李虎（八柱國之一）的兒子李昞（李淵之父）；而七女獨孤伽羅（梵語，意為香爐木），則大約在西魏恭帝三年（西元五五六年）年末，由獨孤信和楊忠親自主婚，許配給了楊堅。

獨孤信與楊忠都是武川人，兩人自幼便是好友，從北魏末年起，楊忠便追隨獨孤信南征北戰，兩人稱得上是過命的交情，如今再加上這樁婚事，雙方的關係自然更為緊密。獨孤信一直以來都是楊忠的頂頭上司，眼下在西魏朝廷的地位也比楊忠高得多，所以，楊堅能夠成為獨孤信的乘龍快婿，對其未來的政治前程無異於錦上添花。

然而，就在楊堅和獨孤氏剛剛成婚不久，西魏帝國突然間風雲變色，一場改朝換代的政治動亂迅速把獨孤信和楊忠這兩個家族推入了權力漩渦之中。原本一帆風順、前程似錦的楊堅，生平第一次感受到了政治鬥爭的血腥和殘酷，以及鼎革之際高層博弈的波譎雲詭與驚心動魄……

# 二、權力漩渦中的勳貴子弟

西元五五六年陰曆十月，西魏帝國的實際統治者、一代梟雄宇文泰猝死於北巡回京途中。由於擔心自己的幾個兒子過於年輕，缺乏軍功和政治號召力，宇文泰不得不在臨終之前，把朝政大權交給了他一向賞識的侄子宇文護。

宇文護雖屬關隴集團第二代中的佼佼者，多年來一直得到宇文泰的大力栽培，但資歷和功勳畢竟不如「八柱國」這一批老一輩革命家。當時，尚存的西魏八柱國除了宇文家族外，還有五家，即李弼、獨孤信、趙貴、于謹、侯莫陳崇。宇文護深知，僅憑宇文泰的口頭遺命，他肯定鎮不住這些元勳大佬，所以，必須在他們中間物色一個政治同盟和利益代言人，才有可能順利執掌權柄。

宇文泰死後數日，未及下葬，西魏高層便匆忙舉行會議，商討新的執政人選。不出宇文護所料，其時「群公各圖執政，莫肯服從」。（《資治通鑒》卷一六六）不過，早在舉行會議之前，宇文護就已私下取得于謹的支持，與他達成了利益共識。因此，在會上，于謹不僅慷慨激昂地發表了一番力挺宇文護的聲明，而且屈尊俯就，當場向宇文護叩拜如儀，宣誓效忠。眾大佬見狀，不管心裡服不服，表面上也只能做做樣子，跟著于謹行叩拜之禮。於是，宇文護正式接過宇文泰的權柄，成為西魏王朝的實際掌舵者。

然而，關隴集團的高層博弈並沒有就此終結，而只是剛剛開始。

對於晚生後輩宇文護的強勢上位，五柱國的反應各不相同：于謹最先倒向宇文護，第一時間與他結成了利益聯盟；李弼和侯莫陳崇的態度不甚明朗，屬於騎牆派；趙貴則是最堅定的反對派，「自以元勳佐命，每懷怏怏，有不平之色」（《周書・趙貴傳》）；至於獨孤信，則更有理由對宇文護心生不滿。

首先，獨孤信和趙貴一樣，自認為跟宇文泰是平輩，所以對宇文護的專權攬政「皆怏怏不服」，不願向其低頭；其次，也是更重要的，獨孤信曾經在宇文家族繼承人的問題上，與宇文泰產生了一定的矛盾。眾所周知，獨孤信長女嫁給了宇文泰的長子宇文毓，在獨孤信看來，宇文毓就是宇文泰當然的繼承人，一旦宇文家族代魏自立，他獨孤信就成了國丈，在朝中的地位將無人可以比肩。然而，獨孤信卻忘記了一點：宇文毓雖是長子，但宇文泰的嫡子卻是年少的宇文覺。而宇文泰為了防止獨孤信將來以外戚身分攬政，便把繼承人（世子）的位子給了宇文覺。在這件事情上，獨孤信雖然沒有當面表示不滿，但內心的失落可想而知。如今，宇文覺又在宇文護的擁立下登基，這就意味著宇文毓從此與皇位絕緣，作為丈人的獨孤信自然不會有好心情。所以，儘管獨孤信不像趙貴那樣怒形於色，可他對宇文護的不滿卻是不言而喻的。

元勳集團內部錯綜複雜的關係，讓宇文護意識到，縱然輔政大權已經到手，卻不等於從此高枕無憂。而且，從法理上講，八柱國同朝為臣，相互之間屬於平行關係，其他柱國並不一定要對宇文家族唯命是從。當初大家擁護宇文泰，是因為他的能力、功勳和威望確實無人可及；如今宇文泰已死，宇文護要想徹底而長久地駕馭諸位大佬，不僅實力不足，更缺乏制度保障與政治上的合法性。是故，宇文護現在最需要做的一件事，就是宇文泰為之奮鬥多年卻出於各種原因始終沒有跨越的那一步——篡魏。

只有篡奪西魏皇權，建立新朝，宇文家族才能名正言順地凌駕於其他柱國之上，而宇文護也才能以攝政大臣的身分雄踞關隴集團的權力之巔，並長久把持帝國的實際統治權。

西元五五六年陰曆的最後一天，亦即這一年除夕，宇文護逼迫西魏恭帝退位，並於次日、即新年第一天，扶立宇文泰世子宇文覺（時年十六歲，是為周孝閔帝）登基，正式建立了北周帝國。

同日，宇文護以明升暗降的手法，表面上把李弼、趙貴、獨孤信奉為三公，實際上卻取代了獨孤信的大司馬（相當於國防部長）之職，把兵權牢牢抓在了手中。緊接著，宇文護又採取了分化瓦解的手段，引五柱國中的于謹、李弼、侯莫陳崇共同「參議朝政」，把他們拉進了自己的陣營，同時把反對他的趙貴和獨孤信排除在了權力核心之外。

宇文護拉一派、打一派的做法，進一步激起了趙貴的憤怒。趙貴旋即與獨孤信密謀，準備發動政變除掉宇文護。到了約定日期，趙貴打算動手，但生性謹慎的獨孤信卻感覺時機不成熟而阻止了他。稍後，政變密謀不知何故竟被時任鹽州（今陝西定邊縣）刺史的宇文盛獲知，宇文盛立即入京告發。宇文護遂先發制人，在趙貴上朝之時將其捕殺，並以同謀罪名罷免了獨孤信的職務，將其勒歸私第，不久又逼令其在家中自殺。

趙貴和獨孤信之死，意味著宇文護已經舉起了剷除政敵、殺戮立威的屠刀，這對於以獨孤信為首的勢力集團顯然是一個極端危險的信號。而楊忠是獨孤信的嫡系，楊堅又是獨孤信的女婿，如此緊密的關係，自然不能不引起宇文護的猜忌。換言之，北周王朝建立伊始，楊忠父子已經不可避免地捲入了高層權力鬥爭的漩渦。

此刻，無論是久經宦海、政治經驗豐富的楊忠，還是初出茅廬、從未見識驚濤駭浪的楊堅，都必須韜光養晦，謹言慎行，白天夾起尾巴做人，晚上睜著眼睛睡覺。這不僅對於楊忠父子，而且對於所有獨孤集團的人來講，都是最好的、也是唯一的生存策略。

然而，總有人願意冒著殺頭族誅的危險，貿然挑戰宇文護的權威。

就在獨孤信被逼自殺的短短數月後，功高勳重的李遠家族，便再次因密謀反對宇文護而遭到殘酷清洗。李遠是西魏十二大將軍之一，此時已升任柱國（但含金量與西魏柱國已不可同日而語），早年長期追隨獨孤信征戰沙場，和楊忠一樣，都是獨孤信手下的得力幹將。當初，宇文泰在繼承人問題上當眾逼迫獨孤信表態，就是這個李遠挺身而出，用巧妙的方法幫獨孤信化解了危局，稱得上是獨孤信最重要的親信之一。

獨孤信死時，李遠正坐鎮弘農（今河南靈寶縣東北），遠離朝廷，原本是不會輕易被宇文護瞄上的，可不幸的是，他有個兒子叫李植，幾年來一直在宮中擔任機要職務，屬於皇帝近臣。而在宇文護正大力剷除異己的這個時候，置身於權力中樞無異於置身屠刀之下——李遠的家族之禍，便是因李植而起。

宇文護總攬大權，少帝宇文覺只是個傀儡，這樣的局面令李植無法容忍。因為皇帝無權，像他這樣的年輕侍臣就永遠沒有出頭之日。當時，李植的同僚孫恆、乙弗鳳、賀拔提等人，都和他一樣深有同感，常為此憤憤不平。終於有一天，李植等人再也按捺不住，便一起向少帝進言：「護自誅趙貴以來，威權日盛。謀臣宿將，爭往附之，大小之政，皆決於護。以臣觀之，將不守臣節，願陛下早圖之！」（《資治通鑑》卷一六七）

少帝宇文覺雖然是被宇文護擁立的，但他生性剛烈，不甘受人擺布，對宇文護的專權也早已心懷憤懣，一聽此言正中下懷，遂命李植等人暗中部署，準備找機會除掉宇文護。李植為了加強政變集團的力量，又把計畫透露給了一個叫吳光洛的侍臣，打算拉他入夥。可李植萬萬沒想到，吳光洛其實是宇文護安插在宮中的眼線。

很快，宇文護得到密報，立刻採取行動，將李植和孫恆外放為地方刺史。他沒要這兩個年輕人的腦袋，並不是一時心軟，手下留情，而是想引蛇出洞，把所有可能參與政變密謀的人引出來，最後再一網打盡。

李植和孫恆被貶後，乙弗鳳等人大為恐懼，遂倉促制訂了一個政變計畫，準備以少帝名義召集全體高官入宮赴宴，然後在宴會上一舉誅殺宇文護。可是，計畫剛剛定下來，吳光洛就第一時間報告了宇文護。宇文護隨即命令禁軍統領尉遲綱，以開會為由將乙弗鳳等人召集起來，然後悉數逮捕，關進宇文護私宅。

同日，宇文護又命賀蘭祥（西魏十二大將軍之一，此時已升任柱國）勒兵入宮，脅迫宇文覺遜位。隨後，宇文護召集所有高層官員，宣布廢黜宇文覺，迎請時任岐州（今陝西鳳翔縣）刺史的宇文毓入京即位。滿朝大佬面面相覷，卻無人敢發表異議，最後只好異口同聲地說：「此公之家事，敢不惟命是聽！」（《周書·晉蕩公護傳》）

數日後，宇文護將乙弗鳳、孫恆等人全部誅殺，並徵召李遠、李植父子回京。李遠自知此行凶多吉少，猶豫多日，最後還是秉著「寧為忠鬼，不做叛臣」的信念慨然入朝。宇文護當著李遠的面，命李植與宇文覺當廷對質，於是政變密謀就此公諸於眾。李遠本來以為兒子是被冤枉的，至此才知他不但不冤，而且還是政變主謀，頓時絕望。宇文護當即下令，將李植和三個成年的弟弟李叔詣、李叔謙、李叔讓全部處死，逼李遠自盡，又將李遠之兄李賢、弟弟李穆及其子嗣的官爵一律免除，貶為庶民。

同年九月下旬，宇文護誅殺廢帝宇文覺，擁立宇文毓登基，是為周明帝。

在宇文護的鐵腕整肅之下，朝廷內外的反對勢力基本上被誅除殆盡，公卿百官紛紛依附。當然，也有一部分人不願屈服。儘管不敢公然表現出任何抵抗姿態，但他們至少選擇了獨善其身，不向宇文護屈膝折腰。比如楊忠父子，就是屬於這種既不對立、也不依附的中間派。

對付這種人，宇文護自有他的手段。

差不多在宇文毓即位後不久，楊堅忽然接到朝廷的一道詔書，宣布授予他「右小宮伯」之職，並進爵為大興郡公。此前，楊堅獲得的那些官銜雖然從名字上看很風光，動不動就是「車騎大將軍」、「驃騎大將軍」什麼的，但僅能代表身分和地位，並無實權。而這次授予的官職看上去似乎很不起眼，其實恰恰是手握實權、位居要津的肥缺。

首先，右小宮伯的職責是掌管公卿勳貴子弟的任用、俸祿和獎懲，手中握有這樣的權力，就很容易在滿朝公卿和官二代中建立強大的人脈關係網；其次，右小宮伯還兼有皇宮的宿衛之責，屬於皇帝近臣，位居權力中樞，極易獲得升遷，是通往帝國高層的一條快速通道。

面對這突如其來的任命和始料未及的榮寵，不僅楊堅大為驚訝，就連楊忠也有些意外。不過，憑藉楊忠的政治智慧，很容易就能發現——這份任命絕非來自新君宇文毓，而是出自權臣宇文護！

宇文護此舉，顯然是要拉攏楊忠父子，把他們從不偏不倚的中間派變成自己的死黨。早在輔政之初，他就已經對于謹、李弼、侯莫陳崇等大佬用過這招了。而且，一旦把勳貴子弟楊堅收為心腹，就能作為一條重要的眼線，隨時監控宇文毓，防止他像宇文覺那樣暗中發難。總之，宇文護打的是一石二鳥的如意算盤。對此，楊忠當然是心知肚明。

不出所料，楊堅剛剛接受任命沒幾天，宇文護就頻頻向他拋出橄欖枝，邀請他到府上赴宴作客，「欲引以為腹心」。楊堅不知該如何應對，趕緊去問父親。楊忠思忖良久，最後只告訴他一句話：「兩姑之間難為婦，汝其勿往！」（《資治通鑑》卷一七〇）

夾在兩個婆婆之間當不好媳婦，你千萬別去！

在楊忠看來，宇文護提拔楊堅雖是出於籠絡的目的，但畢竟是公開任命，而且這個機會對楊堅的前途至關重要，所以沒有理由拒絕。但是，如果讓楊堅出入宇文護私邸，成為他的座上賓，那就等於向皇帝和朝野表明，他們父子投入了宇文護的陣營。這既不符合楊忠為官和做人的原則，也等於是在自己和兒子的仕途上埋下一顆定時炸彈。所以，楊忠才會讓楊堅斷然拒絕宇文護的招攬。說白了，楊忠的生存策略就是——寧可與宇文護保持若即若離的關係，遭受他的一些猜忌，也絕不介入皇帝與權臣之間的殊死博弈！

楊忠父子不偏不倚的騎牆姿態，讓宇文護非常不爽。可是，這爺倆一直低調做人，又讓他始終抓不住把柄。宇文護為此懊惱了一些日子。直到有一天，當他無意中端詳了一下楊堅的相貌之後，就無聲地笑了。

踏破鐵鞋無覓處，得來全不費工夫。眼前這副天生「龍顏」，不就是老子出手的最佳藉口嗎?!

後來的一天，宇文護暗中安排了一個名叫趙昭的相學大師，讓他當著天子宇文毓的面給楊堅看相。可想而知，一旦趙昭說出一兩個跟「天命」有關的詞，楊忠父子就死到臨頭了。宇文護甚至不用動一根指頭，只須假宇文毓之手，便能以「謀逆」罪名砍下楊忠父子的腦袋。

那天，當趙昭的目光在楊堅臉上一寸一寸地慢慢遊走時，楊堅感覺自己就像掉進了寒冬臘月的冰窟窿，四肢僵硬，大腦缺氧，呼吸急促，全身上下都被瞬間爆出的冷汗浸濕。結果，趙昭瞇著眼睛看了半天，只是不鹹不淡地跟皇帝說了一句：「不過作柱國耳！」

看這長相，顯貴固然是顯貴，但最多就當個柱國而已！

那一刻，立在丹墀下的楊堅如逢大赦，吐出了平生最長的一口氣。與此同時，躲在帷幕後的宇文護則大失所望，心裡大罵趙昭是狗屁大師。

其實，趙昭並不是狗屁大師，而是一個不但善於看相，還善於投資未來的高手。那天，看完相後，他便找了個四下無人的機會湊到楊堅身邊，小聲嘀咕了一句：「公當為天下君，必大誅殺而後定。善記鄙言。」（《隋書．高祖紀》）

說完，趙大師帶著若有若無的笑意飄然而去。而楊堅則瞬間石化，木立當場。

小人物趙昭的靈機一動，不僅挽救了楊堅，也挽救了整個楊忠家族，還挽救了若干年後將要橫空出世的大隋帝國。由此可見，一個人要想成就一番偉業，能力和智慧固然重要，但是好運氣也是不可或缺的。

楊堅的好運氣幫他逃過了一劫。但是，未來的日子，隨著帝國政局的演變和高層權力鬥爭的加劇，更多的劫數還將接踵而至，令楊堅如臨深淵，如履薄冰……

# 三、潛龍勿用

宇文毓登基之時，已經是個二十四歲的成年人，且從十八歲起，便先後在華州、宜州、隴右、岐州擔任地方行政長官，並取得了良好的政績和聲望，「治有美政，黎民懷之」。因此，無論是從人生閱歷還是從政治經驗來看，宇文毓都完全有條件履行統治者的職責，親手打理北周帝國。而隨著時間的推移，宇文毓越來越年長，宇文護「輔政」的必要性與合法性必然要受到質疑。

到了宇文毓即位的第三年，朝野上下「還政於君」的呼聲漸起，宇文護迫於時勢，不得不「上表歸政」，把大部分權力還給了宇文毓，但仍把軍權牢牢抓在手中。「帝始親覽萬機；軍旅之事，護猶總焉」。（《周書．明帝紀》）

北周建國之初，君主不稱皇帝，而稱「天王」，且不設帝王年號。宇文毓親政不久，便「遵秦、漢舊制，稱皇帝，建年號」，以此方式為北周帝國的歷史掀開了新的一頁；稍後，他又頒布詔書，進封了當時北周最重要的一批宗室成員和元勳重臣的爵位，且將其食邑全部加至一萬戶（楊忠原為陳留公，就是在這次進封中晉爵為隋國公）。

宇文毓的上述舉措，顯然意在鞏固皇權，彰顯皇恩，提升其個人的統治威望。人們完全有理由相信，假以時日，這個意氣風發的年輕皇帝必將從宇文護手中收回所有的權力。對此，宇文護當然感到了莫大的恐懼。為了保住自己的地位並重新奪回執政大權，宇文護斷然使出了殺手鐧。

北周武成元年（西元五六〇年）四月，宇文護授意在宮中負責膳食的心腹李安，將毒藥投進糖餅呈給了皇帝。宇文毓吃下後，立刻病倒。彌留之際，宇文毓料定是宇文護下了黑手，遂口授遺詔，宣布把皇位傳給弟弟宇文邕（宇文泰四子）。

四月二十日，宇文毓駕崩；次日，十八歲的宇文邕登基，是為周武帝。

次年，北周改元保定，以時任天官大塚宰（相當於宰相）的宇文護「都督中外諸軍事，令五府總於天官，事無巨細，皆先斷後聞」。（《資治通鑑》卷一六八）宇文護如願以償，再度總攬朝政，獨專大權。

對於宇文護的弒君之舉，北周的元勳大佬們嘴上不說，可人人心知肚明。對此，侯莫陳崇尤感義憤。儘管宇文護攝政後，侯莫陳崇曾一度投入他的陣營，但眼見宇文護兩度弒逆，在專權自恣的道路上越走越遠，侯莫陳崇便再也無法容忍了。

保定三年（西元五六三年）正月，侯莫陳崇隨從武帝北巡原州（今寧夏固原縣），但不知何故，天子一行忽然在預定日期之前連夜趕回了長安。朝野大感蹊蹺，議論紛紛。侯莫陳崇對左右說：「我最近聽術士傳言，晉公宇文護今年流年不利；天子車駕今夜突然回京，肯定是因為晉公死了。」

此言一出，不啻於一條爆炸性新聞，一夜之間傳遍了長安城。但問題在於——宇文護根本沒死。這下麻煩大了！武帝深感震驚，趕緊召集高層官員開會，當眾斥責侯莫陳崇。侯莫陳崇自知口無遮攔闖下大禍，只好惶恐謝罪。可是，即便武帝有心救他，也攔不住宇文護的屠刀。當日，宇文護便派兵包圍了侯莫陳崇的府邸，逼令他自殺。

侯莫陳崇之死，表面上是因為一句近似玩笑的牢騷話，實則是元勳集團與宇文護之間仍然存在無法化解的矛盾。眼見侯莫陳崇一言不慎便丟了性命，楊忠越發生出唇亡齒寒之感。不久，北周朝廷準備徵發十萬大軍進攻北齊，楊忠自告奮勇，願領一萬步騎出戰。

同年底，楊忠出師塞北，在突厥軍隊的配合下，突破北齊的雁門防線，一路所向披靡，連克北齊二十餘城，兵鋒直逼北齊軍事重鎮晉陽（今山西太原市），嚇得親率大軍來援的北齊皇帝高湛差點棄城而逃。後來，雖因突厥突然撤兵導致戰鬥失利，但楊忠此次出征的戰果仍然十分輝煌，且一舉扭轉了北周偏於防守的戰略頹勢，其意義極為重大。

楊忠班師後，武帝論功行賞，準備晉升楊忠為太傅，卻遭到宇文護大力阻撓。結果，楊忠非但沒得到晉升，反而被外放為涇州刺史。對於如此不公的境遇，楊忠卻毫無怨言。因為在他看來，遠離朝廷這個是非之地，遠比加官晉爵重要得多。事實上，他之所以只領一萬人馬便敢進攻北齊，其目的也並不是為了立功，而是為了避開朝中的權力鬥爭。

楊忠屢建戰功卻仍遭排擠，楊堅的仕途命運也就可想而知了。武帝即位後，他的官職僅從右小宮伯變為左小宮伯，幾乎等於沒動，此後幾年也一直被釘在這個位子上。若從明帝即位、楊堅正式入仕算起，他在這個侍臣的職位上已經待了八年之久。放眼望去，身邊那些年齡相仿的官二代們早已步步高升，飛黃騰達，可他卻像被施了定身術，絲毫不得動彈。

一直到了保定五年（西元五六五年），二十五歲的楊堅才被提拔為大將軍，出任隋州（今湖北隨州市）刺史。但是，還沒等楊堅在封疆大吏的任上一展身手，宇文護很快又發出調令，將他重新召回了京師。

楊堅心灰意懶，乾脆藉母親生病之機淡出政壇，一連三年在家中照顧母親，「晝夜不離左右」。楊堅此舉，本意是為了迴避當時無處不在的政治傾軋，沒想到居然贏來朝野上下的交口讚譽，被冠上了「純孝」的美名。而在當時的北周朝廷，名聲太大顯然不是什麼好事。宇文護本來就對楊堅心存芥蒂，如今又見他盛名滿朝，自然不想放過他。於是，就在楊堅斂藏鋒芒、閉門不出的這三年中，宇文護一天也沒有停止過對他的算計，「屢將害焉」，幸賴楊忠的好友、大將軍侯萬壽等人一再出手相救，楊堅才得以免遭毒手。

這段失意困頓、險象環生的歲月，無疑是楊堅生命中最黯淡的時光。天和三年（西元五六八年），楊忠患病，回到京師調養，不久便亡故了。楊堅按例承襲了隋國公的爵位。雖然此時的楊堅已經二十八歲，且入仕多年，早已在北周官場積累了相當的政治資源和人脈關係，但驟然失去父親的蔭庇，還是讓他對未來的人生和仕途充滿了茫然和不安全感。

就是在這段抑鬱苦悶的日子裡，楊堅開始了與術士來和等人的交往。

來和，長安人，從小精研相術，所言多有應驗，頗受宇文護賞識，「引之左右，由是出入公卿之門」。楊堅有一天百無聊賴，便和一位好友一起去拜訪來和。剛開始，來和對他們愛理不理，表現得很冷淡，直到其他客人一一離去，才接待了他們。攀談之中，來和一直凝視著楊堅的臉龐，心中若有所思。一陣寒暄過後，友人提起楊堅有一項常人莫及的本領。來和問：「是何本領？」楊堅答：「我只要聽到腳步聲，就知道來人是誰，從未有錯。」來和意味深長地笑了。許久，他才慢慢湊近楊堅的耳邊，一字一頓地說：「公眼如曙星，無所不照，當王有天下。」（《隋書．來和傳》）

其實，楊堅對這樣的結論並不感到詫異。因為自從懂事的時候起，他就確信自己是上膺天命的人。只不過，這幾年的仕途失意和政治傾軋，多少打擊了他的自信心，讓他充滿了臨深履薄的無力之感。如今，來和在他最無助、最消沉的時候說出的這番話，儘管並無新意，卻仍然具有強心劑的作用，足以讓楊堅一度動搖的信念再次得以鞏固。

多年以後，楊堅位登九五，來和就曾「上表自陳」，稱：「臣早奉龍顏，自周代天和三年已來，數蒙陛下顧問，當時具言，至尊膺圖受命，光宅區宇，此乃天授，非人事所及」，並歷數自己在楊堅「龍潛」之時立下的種種功勞。楊堅見表，感慨萬千，當即授予來和開府之職，並賜絹帛五百段、米三百石、地十頃。

除了來和，楊堅「龍潛」之時與道士張賓、焦子順、董子華等人也多有往來，而這些人也都異口同聲地告訴他：「公當為天子，善自愛。」所以即位之後，張賓等人全都雞犬升天，官居高位。由此可見，楊堅在天和年間的「事業空窗期」中，從來和等人那裡獲得的精神支持是相當巨大的，否則也不會在登基御極後依然念念不忘，並且對這些人恩賞有加。

就在楊堅因仕途困頓而不得不從術士那裡尋求精神慰藉的時候，北周的政局正暗流湧動，一場圍繞著帝國統治權的君臣博弈已經悄然展開。

武帝宇文邕自即位以來，表面上甘當傀儡天子，對宇文護尊崇備至，實際上一直在暗中積蓄力量，隨時準備奪回權力。當然，權傾朝野的宇文護不是那麼好對付的。要想除掉這個根深勢大的權臣，不僅需要足夠的實力，更需要足夠的勇氣和智慧，否則就有可能重蹈孝閔帝（宇文覺）和明帝（宇文毓）之覆轍。

儘管對手十分強大，可宇文邕的能量卻也不容小覷。史稱他自幼就「聰敏有器質」，稍長更是「性沉深，有遠識」，所以父親宇文泰很早就對他寄予厚望，曾當眾說過：「成吾志者，必此兒也！」（《周書·武帝紀》）而長兄宇文毓在位時，也對他極為倚重，「朝廷之事，多共參議」，所以臨終前才會在把皇位傳給他，並在遺詔中稱：「魯國公邕，朕之介弟，寬仁大度，海內共聞，能弘我周家，必此子也。」（《周書·明帝紀》）

事後來看，宇文邕顯然沒有辜負父兄的期望。從他十八歲即位到設計誅除宇文護，中間整整隔了十二年。在這漫長的十二年中，宇文邕始終採取隱忍之術，韜光養晦，示敵以弱，從而徹底麻痺了宇文護。直到天和七年（西元五七二年），經過漫長等待的宇文邕才等到了一個剷除宇文護的機會。

這個機會源於宇文護陣營的分裂。

宇文邕有個弟弟叫宇文直，雖然跟他是一母同胞，但很早就投靠了宇文護。五年前，時任襄州總管的宇文直在一次對陳作戰中失利，被宇文護撤了職，之後一直沒有被重新起用，遂對宇文護懷恨在心。天和七年春，不甘心被長期閒置的宇文直暗中向宇文邕獻計，勸他誅殺宇文護。宇文邕意識到時機成熟，遂召集心腹侍臣宇文神舉、王軌、宇文孝伯等人，與宇文直一起密議。

這年三月十四日，宇文護從同州返回長安，照例入宮覲見宇文邕。平時，宇文邕為了表示對宇文護的尊崇，總是以家人之禮相待。每當宇文護入宮，宇文邕也總會跟他一起去拜見太后。這天，宇文邕照舊對宇文護噓寒問暖，隨後便拉著他的手前往太后所居的含仁殿。一路上，宇文邕長吁短歎地對宇文護說：「太后年紀大了，卻喜歡喝酒，我怕她傷了身子，屢加勸諫，可她就是不聽。兄今天入宮，還請幫我勸勸她老人家。」說完，宇文邕從懷裡掏出一份《酒誥》（西周時期，周成王親自撰寫的戒酒文告），讓宇文護照這個念給太后聽。

宇文護當然不知道這張《酒誥》就是他的死亡通知書，遂一口答應。進殿後，宇文護對太后行完禮，就掏出《酒誥》煞有介事地念了起來。宇文邕悄悄繞到他背後，突然舉起一把玉圭，狠狠砸在了他的後腦上。宇文護一聲悶哼，當即倒地。宇文邕趕緊把佩刀遞給身邊的宦官何泉，命他砍殺宇文護。怎奈宇文護平日威權太盛，何泉拿著刀哆嗦了半天，竟然砍不下去。這時，躲在內室的宇文直縱身而出，一刀砍下了宇文護的腦袋。

當天，宇文邕便下令捕殺了宇文護在京的四個兒子、五個弟弟及一干黨羽；數日後，又下詔賜死了宇文護的世子、時任蒲州刺史的宇文訓，同時遣使前往東突厥，將宇文護的最後一個兒子、不久前出使突厥的宇文深就地斬殺。

至此，被宇文護集團把持了十六年之久的朝政大權，終於回到了剛屆而立之年的武帝宇文邕手中。北周帝國的歷史從此掀開了新的一頁，而在楊堅生命中瀰漫數年的陰霾，也就此悄然散去。然而，多年來一直被多少人預言和稱頌的天命，似乎仍然只存在於楊堅的信念之中，絲毫沒有向現實轉化的跡象。

武帝親政後，楊堅雖然擺脫了朝不保夕的境況，再也不用戰戰兢兢過日子了，但卻依舊沒有得到重用。此時的楊堅已經三十多歲，除了從父親那裡繼承的隋國公爵位外，生命中就再也沒有任何驕人的功績或成就了。眼見時光飛逝、歲月蹉跎，楊堅內心的焦灼與苦悶可想而知。尤其是那些關於「天命」的預言，在如此不堪的現實面前，幾乎變成了令人難以忍受的反諷。

建德二年（西元五七三年）下半年，武帝開始為太子宇文贇選妃。北周的世家大族和豪門顯貴們無不焚香祝禱，祈盼自己的女兒能夠在這場海選中豔壓群芳，成為未來母儀天下的皇后。九月，太子妃海選活動結束，一道詔書飛出皇宮，越過所有豪門大族和長安士民翹首以待的目光，翩然落進了隋國公楊堅的府邸。

武帝在詔書中宣布——楊堅的女兒楊麗華，被正式冊立為太子妃。

接到詔書的那一刻，楊堅感覺這個秋天的陽光突然變得無比燦爛。

九月十九日，在所有人既羨且妒的目光中，楊堅的女兒被皇家的迎親車輦接入了皇宮。從此，楊堅不僅是北周王朝的勳貴，還成了太子的岳父、未來的國丈。許多年後，當北周帝國的臣民脫下舊王朝的服飾冠帶，向大隋帝國的天子楊堅跪拜如儀、山呼萬歲時，他們肯定會回想起建德二年的這個秋天，也肯定會回想起，在這年秋天金黃的陽光下——楊堅那張否極泰來、躊躇滿志的笑臉。

女兒嫁入東宮成為太子妃，無疑是楊堅人生中的一大轉捩點。作為皇帝的親家，楊堅在北周王朝的地位自然得到了極大的提升。別人在官場或戰場上奮鬥半輩子，顯然都無法與他的龍門一躍相提並論。

然而，天賜洪福的背後往往隱藏著無形的危險。因為在這個世界上，沒有人喜歡別人一夜之間大富大貴或大紅大紫。倘若你真的在別人始料未及的情況下一夜顯貴，那麼緊隨而來的，很可能就是讓你始料未及的嫉妒、誹謗和陷害。

在楊堅走背運的那幾年，除了宇文護想搞他，其他人通常對他沒什麼興趣，甚至有可能對他寄予同情，但是到了建德二年以後，看楊堅不順眼的人就慢慢多起來了，而他那異於常人的相貌，自然又成了別人攻擊的焦點。比如武帝的弟弟、齊王宇文憲（宇文泰六子）就曾私下向武帝進言：「楊堅相貌非常，臣每次看見他，都覺不寒而慄；此人恐非久居人下之輩，宜盡早剷除。」

武帝聞言，雖不盡信，但不免狐疑。他旋即祕召來和入宮，問：「朝廷諸公你都認識，說說隋公的相貌和福祿怎樣。」來和答：「從相學上看，隋公是恪守臣節之人，可任封疆大吏，鎮守一方；若為將領，則攻無不破。」

來和的回答讓武帝很滿意。回頭武帝就對宇文憲說：「楊堅充其量就是個大將軍，不足為慮。」宇文憲的暗箭就此脫靶。但是，想扳倒楊堅的卻不止他一個。不久，武帝的心腹王軌再度進言：「楊堅貌有反相，終非人臣。」所幸，「守護神」來和又一次為楊堅舉起了擋箭牌：「楊堅是守節之臣，絕無異相。」

武帝把來和的原話告訴了王軌，可王軌還是一口咬定楊堅貌有反相。武帝被他搞得心煩意亂，憤然道：「必天命有在，將若之何！」（《隋書・高祖紀》）

假如他真有天命，誰能奈何！

此言一出，王軌只好悻悻閉嘴。然而，武帝沒有聽信宇文憲和王軌之言，不等於他心裡對楊堅就沒有半點猜疑。正所謂眾口鑠金、三人成虎，歷史上因流言和誹謗被冤殺的人多了去了，誰也不敢擔保武帝不會在將來的某一天突然疑心大起，乾脆殺了楊堅以絕後患。

是故，建德初年的那些日子，楊堅雖然成了太子岳父，但戒慎恐懼之感卻始終籠罩著他，使他不得不「深自晦匿」，繼續夾著尾巴做人。一直到了建德四年（西元五七五年），隨著武帝鞏固皇權的工作告一段落，北周帝國開始對日漸衰落的北齊發起一連串軍事行動，年已三十五歲的楊堅才終於有了躍馬揚刀、馳騁沙場的機會，得以在統一中原的戰爭中一試身手並嶄露頭角。

# 四、首輔是怎樣煉成的

建德四年七月，北周對北齊發起了大規模進攻。武帝御駕親征，自率主力大軍六萬進攻河陰（今河南孟津縣北）；楊堅奉命率領舟師三萬，自渭水進入黃河，負責策應主力及各路偏師。八月，北周軍隊一路勢如破竹，各路人馬一共攻克北齊三十餘座城池。其中，武帝和齊王宇文憲分別攻克河陰、武濟、洛口等地，迅速進圍洛陽，但卻在此遭遇齊軍頑強抵抗。九月，北齊援軍大舉南下，偏巧武帝又在這個時候患病，北周軍隊為了保存有生力量，不得不放棄已經佔領的三十餘座城池，全線撤軍。楊堅擔心舟師逆流西返很容易被齊軍追及，遂下令焚毀艦船，與陸軍主力一起撤回關內。

此次東征雖然未能取得勝利，但從戰爭一開始便取得的輝煌戰果來看，周軍的戰鬥力顯然遠遠高於齊軍。有了這樣的判斷，武帝滅齊的決心便越發堅定了。用他自己的話說，正是這次東征讓他「前入齊境，備見其情」，才發現「彼之行師，殆同兒戲」，所以有了「窮其巢穴，混同文軌」的必勝信念。

建德五年（西元五七六年）十月，經過一年的養精蓄銳和周密部署，武帝再度集結重兵，對北齊發動最後一次致命的攻擊。這次，楊堅被任命為右翼第三軍的主將。十月底，武帝親自督戰，指揮各軍攻克了北齊的軍事重鎮晉州（今山西臨汾市）。齊後主高緯親率大軍從晉陽（今山西太原市）南下，對佔領晉州的周軍進行了猛烈的反攻。兩軍在此激戰了一個多月，齊軍始終未能奪回晉州。

十二月六日，武帝親率八萬大軍，與齊軍在晉州城外展開決戰。戰前，武帝策馬巡視了各軍陣地，對各軍主將一一勖勉，極大地鼓舞了官兵士氣。而在此決定帝國命運的重大時刻，齊後主高緯居然還把寵妃馮小憐帶在身邊，片刻不離。兩軍開戰後，齊軍東翼稍稍退卻，跟高緯一起在山崗上並轡觀戰的馮小憐便花容失色，驚呼「我軍敗了」，高緯遂不顧左右勸阻，帶著馮小憐倉皇北逃。

皇帝一跑，齊軍頃刻潰散。武帝揮師追擊，於十二月中旬攻克晉陽。高緯再度北竄，本欲流亡突厥，被部下諫阻，才向東逃回鄴城（北齊都城，今河北臨漳縣西南）。此時，北齊人心已去，凡北周軍隊所到之處，各地官員守將皆開門迎降。高緯惶恐無措，遂聽信術士「當有革易」的讖言，於次年正月傳位給年僅八歲的兒子高恆，自稱太上皇，企圖以皇位的更易禳解滅國之災。

建德六年（西元五七七年）正月十八日，武帝率周師進抵鄴城。次日，高緯僅帶百餘騎棄城而逃，攜幼帝亡奔濟州（今山東茌平縣西南）；鄴城旋即陷落。兩天後，高緯逃到濟州，再次把兒子的皇位禪讓給任城王高湝，然後繼續逃亡，打算從青州（今山東青州市）南下，投奔陳朝。正月二十五日，當高緯帶著馮小憐和幼子逃至青州附近的南鄧村（今山東臨朐縣西南）時，被一路尾追的北周前鋒尉遲勤追及，全部被捕，隨後押送鄴城。

稍後，楊堅奉武帝之命，與宇文憲聯兵北上，進攻任城王高湝駐守的冀州（今河北冀州市）。高湝出兵迎戰，被周軍打得大敗，旋即被俘。高湝是東魏實際統治者高歡唯一一個在世的兒子，輩尊望重，且名義上受幼帝禪讓，稱得上是凝聚北齊人心的最後一面旗幟。如今這面旗幟黯然倒下，意味著北齊已經徹底喪失了與北周抗衡的資本，只能乖乖接受被北周吞併的命運。

至此，立國二十八年的北齊宣告覆滅。

滅齊之後，武帝論功行賞，擢升楊堅為柱國、定州（今河北定州市）總管，讓他出鎮河北。北齊剛剛平定，河北顯然是亟需鎮撫的要地，楊堅能夠獲得這個任命，足見他的能力已經得到武帝的認可。然而，當楊堅風塵僕僕地進入定州城，還沒來得及熟悉當地的風土人情，一紙調令便從長安飛到了他的手中——武帝決定將他調往南兗州（今安徽亳州市），並命他即刻赴任。

楊堅強烈地意識到，武帝對他的猜忌之心猶存！

原因很簡單，就當時北周的戰略格局而言，南兗州的戰略價值明顯要比定州小得多。雖然從地緣角度看，南兗州與陳朝接壤，一般來講也屬於軍事重地，但是，眼下北周的當務之急卻不是對付陳朝，而是肅清北齊的殘餘勢力，鎮撫剛剛歸降的北齊官民，讓長安的統治權能夠滲透到中原與河北的每一個角落。只有做完這一切，徹底安定北方的局勢，繼而積蓄力量，才談得上南征陳朝，完成統一大業。換言之，南兗州的戰略意義，勢必要到幾年以後才能顯現。可如今，武帝卻迫不及待地把楊堅從河北調往南方，擺明了就是不信任他。

讓楊堅百思不解的是，既然武帝一開始敢把定州交給他，那就說明信任他，可為什麼這麼快就出爾反爾、改弦更張了呢？

這個問題的答案，與定州的一則傳說有關。

自從北魏末年以來，定州的西門就長年關閉，從未打開過。沒人知道這是為什麼，只知道朝廷不允許。直到北齊初年，定州官民感到出入太不方便，就上奏當時的齊帝高洋，要求開啟西門，「以便行路」。沒想到高洋竟然不批准，還說了這麼一句話：「當有聖人來啟之。」（《隋書・高祖紀》）定州官民大為鬱悶，但也沒辦法，只能一邊忍耐一邊企盼「聖人」早點降臨。

楊堅被任命為定州總管後，當然不會理睬北齊朝廷的什麼狗屁規定，到任的第一天就命人打開了西門。當關閉多年的城門訇然大開的一瞬間，定州百姓頓時歡呼雀躍。欣喜之餘，人們也不約而同地想起了高洋當年說過的話——當有聖人來啟之。

莫非，楊堅就是傳說中的「聖人」?!

於是，從楊堅來到定州的那一天起，有關他是聖人的說法就在河北傳開了。而時隔不久，武帝的調令就發到了定州。

儘管沒有證據表明武帝是聽了這個傳說才把楊堅調離河北的，但這種可能性肯定存在，尤其是考慮到圍繞在楊堅身上的種種天命預言，我們就更有理由相信，武帝心裡一直沒有排除對楊堅的猜疑，所以不管聽到什麼傳言，都有可能立刻採取防範措施。更何況，燕趙自古多豪傑。作為河北的軍事要地，定州的民風歷來剽悍。在武帝看來，若楊堅以定州為根據地，在河北長期經營，未來的勢力必定難以估量。因此，最好的辦法就是趕緊把他調走。

接到調令後，楊堅大為不快，但聖命難違，他也只好打點行囊準備啟程。就在這時候，一位密友特地從附近的常山趕過來見他，並且說了一句令他心驚肉跳的話：「燕、代精兵之處，今若動眾，天下不足圖也。」

燕趙之地多有精兵猛將，如今若聚眾起事，要奪取天下也不是什麼難事。

這個慫恿楊堅起兵造反的人，名叫龐晃，時任常山太守。早在楊堅十幾年前出任隋州刺史時，在襄陽任職的龐晃便因公務往來與其相識，「知高祖（楊堅）非常人，深自結納」。兩人結為好友後，龐晃就曾當面對楊堅說：「公相貌非常，名在圖籙。九五之日，幸勿相忘。」楊堅當時笑著叫他別亂說話，可實際上已經在心裡把他視為知己。從此，兩人便「情契甚密」，「屢相往來」。（《隋書．龐晃傳》）

這些年，龐晃看見楊堅屢遭排擠，時常替他抱憾叫屈，如今又見他被武帝猜忌，更是憤懣不已，所以才會一見面就勸他造反。

不過，楊堅之所以是楊堅，就在於他的隱忍功夫遠遠超越常人。在楊堅看來，被皇帝猜忌固然不爽，失去定州這個頗具軍事價值的地盤固然令人遺憾，但是，這些都不足以作為起兵叛亂的藉口，更不能成為爭奪天下的理由。換言之，在宇文邕剛剛吞併北齊、整個北周帝國氣勢如虹的這個時候貿然起兵，無異於飛蛾撲火，自取滅亡。所以，面對龐晃熱血沸騰卻輕躁冒進的建言，楊堅只是淡淡地說了四個字：「時未可也。」然後便啟程赴任了。

北齊的滅亡令南方的陳朝深感唇亡齒寒。為了避免戰略上的被動，當年十月，陳朝主動打響了一場北伐，由老將吳明徹率水師進圍彭城（今江蘇徐州市），企圖趁北周在中原立足未穩奪取徐、兗二州。不料彭城一戰，陳軍不僅未能克城，後路反被周軍切斷。次年二月，陳軍突圍未果，全軍覆沒；吳明徹被俘，憂憤而死。

彭城之戰極大地打擊了陳朝的北伐士氣，而北周的上上下下則大為振奮。尤其是對於一心想要一統天下的武帝而言，帝國的南線既已得到鞏固，他就可以騰出手來，全力對付北方的突厥人了。當年五月，躊躇滿志的武帝集結了五路大軍，自長安大舉北上，準備進攻東突厥。然而，車駕剛剛進抵雲陽宮（今陝西涇陽縣西北），武帝忽然患病，不得不讓大軍停止前進。

宣政元年（西元五七八年）六月一日，病勢沉重的武帝被緊急送回長安。是夜，武帝宇文邕帶著壯志未酬的深切遺憾離開了人世，年僅三十六歲。次日，二十歲的太子宇文贇即位，是為周宣帝。

一代雄主宇文邕的英年早逝，對於如日中天的北周帝國來講，無疑是一個沉重的打擊，但是對於屢遭排擠、備受猜忌的隋國公楊堅而言，卻無異於冰河解凍、枯樹逢春，令他長久壓抑的人生忽然間豁然開朗。

太子登基成了皇帝，楊堅就升格成了國丈。這一年，楊堅三十八歲，人生差不多已經過半，可政治上的春天似乎才剛剛來到。宇文贇一即位，楊堅就被授予上柱國、大司馬，一舉掌握了北周帝國的兵權。

宇文邕雄才大略，可惜兒子宇文贇卻是個地地道道的頑主。

早在宇文贇還是太子的時候，就與東宮侍臣鄭譯、王端等人沆瀣一氣，多有不法之舉。武帝曾命宇文贇與王軌一同出征吐谷渾，宇文贇卻成天與鄭譯等人嬉戲宴樂，把軍旅事務全都扔給了王軌。班師後，王軌向武帝舉報。武帝大怒，立刻對宇文贇和鄭譯等人施以杖責，並將鄭譯等一幫東宮佞臣悉數革職。可沒過幾天，宇文贇就暗中把鄭譯等人都召了回來，「狎戲如初」。

對於太子的種種劣跡，宇文邕其實也都心中有數，所以對他管教甚嚴，動不動就是棍棒伺候。他知道太子嗜酒，便嚴令一滴酒也不能進入東宮，並且命人時刻記錄太子的一言一行，每個月準時向他奏報。儘管如此嚴厲，可宇文贇表面上不敢造次，暗地裡卻惡習不改。為此，王軌屢屢向武帝進言，稱太子不仁不孝，品德惡劣，「非社稷主」。然而，在武帝看來，宇文贇終究是長子，其他幾個兒子都還年幼，倘若廢長立幼，不僅於禮制不合，且幼主在位，極易被權臣架空，就像當年擅權攬政的宇文護一樣。因此，雖然武帝比誰都清楚宇文贇的問題，卻始終下不了決心把他廢掉，只能寄希望於通過「棍棒教育」讓他改惡從善。

遺憾的是，這樣的教育方式非但沒能改變宇文贇，反而加重了他的逆反心理。武帝駕崩後，宇文贇剛一即位，其驕奢荒淫的本性便暴露無遺。武帝的棺槨尚在靈堂，宇文贇就一邊摸著身上被杖打的傷痕，一邊破口大罵：「老東西，死得太晚了！」然後命後宮的嬪妃宮女全部集合，供他「檢閱」，看上眼的立刻拉上床，「逼為淫欲」。

隨著頑主宇文贇的登基，以鄭譯為首的一幫寵臣便相繼被越級提拔，紛紛進入朝廷的權力中樞。同時，宇文贇開始下手翦除武帝一朝的元勳重臣。他命心腹于智、鄭譯等人暗中策劃，短短一個月內，便以圖謀叛亂的罪名，將齊王宇文憲及親信王興、獨孤熊、豆盧紹等人全部誅殺；次年，又相繼除掉了王軌、宇文孝伯、宇文神舉、尉遲運等大佬。

對前朝元老進行大清洗的同時，宇文贇當然沒有忘記扶植自己的勢力。大成元年（西元五七九年）正月，宇文贇在原有的行政架構上增設了「四輔」：以越王宇文盛為「大前疑」（四輔之首），相州總管、蜀國公尉遲迥為「大右弼」（四輔之二），中國公李穆為「大左輔」（四輔之三），大司馬、隋國公楊堅為「大後承」（四輔之四）。

宇文贇上位後的一系列政治動作，幾乎顛覆了武帝一朝的高層人事布局。然而，就是在這種波譎雲詭的政治變局中，楊堅才得以從滿朝文武中脫穎而出、扶搖直上，不僅掌握了兵權，而且還躋身四輔，一舉躍居帝國權力的最高層。

武帝之死令北周的政局急轉直下，但客觀上卻成全了楊堅。從這一刻開始，一個無比輝煌的政治生涯，已經在楊堅面前徐徐展開。

在北周的歷任皇帝中，宇文贇無疑是最另類、最病態的一個。他性情暴戾，行為乖張，喜怒無常。從當太子的時候起，他就在武帝的管束下倍感壓抑，可即便坐上了皇帝寶座，手握生殺予奪之大權，可以盡情殺戮看不順眼的大臣，隨意更改朝廷的典章法令，他還是感到拘束和不自由。因為，皇帝不僅要按時坐朝，還要受一大堆禮法規範束縛，更得隨時面對朝臣的諫諍。如此種種，都讓宇文贇十分懊惱。

在這個世界上，權利和義務通常是對等的，沒有人可以只享受權利而不承擔任何義務。但是，宇文贇對此卻有不同的看法。他喜歡皇帝的權力，卻討厭制度賦予皇帝的種種責任和義務。為了解決這個矛盾，宇文贇想出了一個絕妙的辦法。

大成元年二月，宇文贇即位才半年多，就忽然宣布，把皇位傳給年僅七歲的兒子宇文闡（是為周靜帝），改元大象，自稱天元皇帝（相當於太上皇）。這個突如其來的決定讓百官目瞪口呆，但是宇文贇卻對自己的創意自豪不已。因為這樣一來，他就卸掉了所有責任和義務，把種種束縛轉嫁到了幼子身上，自己卻依然享有至高無上的權力和屬於皇帝的一切權利。

如此絕妙的主意，顯然只能從宇文贇那顆絕對另類的大腦中產生。傳位以後，宇文贇開始變本加厲地放縱自己的欲望，「驕侈彌甚，務自尊大，無所顧憚」。自古以來的皇帝，冠冕上只有十二旒，他就命人把自己的冠冕加到二十四旒。此外，舉凡車輦、服飾、旗幟、鼓樂等等，其規模和檔次也都要翻番。以前的皇帝都自稱天子，他卻「自比上帝」，自稱為天。他規定，無論官員還是百姓，只要官名或姓名中含有「天」、「高」、「上」、「大」等字眼的，全部要改掉。比如姓高的一律改為「姜」，宗族所稱的「高祖」，一律改為「長祖」。

除了這些堪比「自大狂」的荒謬舉動之外，宇文贇的「虐待狂」傾向也在傳位以後愈演愈烈：朝廷自公卿以下的官員，動不動就遭到毒打；每次打人，至少要打一百二十下，稱為「天杖」，後來甚至加到二百四十下；後宮的妃嬪們，即便是受他寵幸的，挨板子也是家常便飯。一時間，恐怖氣氛籠罩了北周的外朝和內廷，「人不自安，皆求苟免，莫有固志」。（《資治通鑑》卷一七三）

宇文贇的倒行逆施徹底摧毀了武帝一朝辛苦打造的政治凝聚力，而人心的離散無疑是一個王朝崩潰的可怕前兆。很快，朝野上下對宇文贇的怨恨情緒便迅速滋長並瀰漫開來。對此，宇文贇當然不會沒有警覺。為了進一步鞏固權力，防止宗室親王和朝中大臣聯手對付他，宇文贇採取了三個舉措：一、驅逐宗室，二、監控百官，三、重用外戚。

首先，宇文贇下令，把宗室中輩分最高的五個親王，即宇文泰在世的五個兒子宇文招、宇文純、宇文盛、宇文達、宇文逌全部逐出京師，命他們各自前往自己的封國就任；其次，「密令左右伺察群臣，小有過失，輒行誅譴」；最後，把國丈楊堅從四輔的末席一下子提拔到首席，以「大前疑」之尊位總百揆。之後，宇文贇每次出巡，皆令楊堅留守京師，代行朝政。

至此，楊堅終於成為一人之下、萬人之上的首輔大臣，登上了北周帝國的權力巔峰。

從人臣的角度講，楊堅走到這一步，既是輝煌燦爛的頂點，也是理所當然的終點，因為再往上就是皇帝，其職業生涯顯然沒有了上升空間。可是，如果我們站在幾年後回頭來看，則不難發現，這個首輔大臣的位子，不過是楊堅生命中一個全新的起點而已。換言之，在楊堅篡周立隋的歷史大戲中，最精彩的一幕才剛剛開場。

# 五、楊堅攝政：從國丈到丞相

自從把年幼無知的兒子推到朝堂上應付百官，再加上有年富力強、經驗豐富的岳父幫著打理朝政，宇文贇的日子就過得更為愜意了。他馬不停蹄地到處巡幸，一邊遊山玩水，一邊四處搜刮美女充實後宮。由於美女太多，原有位號不夠用，他就挖空心思增設位號，不僅一般嬪妃多到「不可詳錄」，就連皇后的位子上也滿滿當當地坐了五個人：太皇后楊麗華、天皇后朱氏（宇文闡生母）、天中太皇后陳氏，天右太皇后元氏、天左太皇后尉遲氏。

楊麗華性情柔婉，且深知丈夫是什麼貨色，所以儘管後宮的「姐妹」人滿為患，她卻絲毫不妒忌，對每個人都很體貼。按理說，像這樣一個從不吃醋的元配，任何一個心理正常的丈夫都會感激才對。可出人意料的是，對於賢良溫婉、深識大體的楊麗華，宇文贇非但不感激，反而日漸生出厭憎之情。

大象二年（西元五八〇年）五月的一天，宇文贇又藉故怒斥楊麗華，「欲加之罪」。可是，面對聲色俱厲的宇文贇，楊麗華卻從容自若，不卑不亢，自始至終沒有表現出絲毫恐懼之色。宇文贇越發怒火中燒，當即下令將楊麗華賜死，命她回宮自裁。

表面上看，宇文贇無緣無故就要逼死皇后，似乎是出於他那一貫殘忍暴戾的變態心理，如史書在講到這件事的時候，就歸因於宇文贇「昏暴滋甚，喜怒乖度」。（《資治通鑒》卷一七四）可事實上，問題並沒有這麼簡單。

儘管宇文贇做過的很多事都無法以常情揣度，可至少在這件事上，其行為動機還是有理可循的。那麼，他的動機是什麼呢？

四個字：敲山震虎。

說白了，宇文贇針對的目標根本不是楊麗華，而是她的父親楊堅。

自從楊堅升任首席輔政大臣以來，在朝野的威望就日漸提升，宇文贇憑直覺就能感到，楊堅對他的地位已經構成了威脅。（《隋書‧高祖紀》：「高祖位望益隆，帝頗以為忌。」）但是，宇文贇一時半會兒卻動不了他。原因很簡單，武帝一朝的元勳重臣已經被宇文贇誅殺殆盡，輩分高、能力強的宗室親王又深受宇文贇猜忌，被一一放逐，如今有資格、有能力幫宇文贇打理朝政，並且算得上是自己人（外戚）的，也只有楊堅了。

因此，宇文贇一方面不得不重用楊堅，另一方面又生怕他篡位奪權，便只能拿楊麗華開刀，藉此震懾楊堅，迫使他老老實實幹好輔政的工作，不要有什麼不軌的企圖。

那麼，宇文贇到底有沒有冤枉楊堅呢？換句話說，此時的楊堅，是否真的有什麼不軌企圖呢？

答案是肯定的。

事實上，早在楊堅被宇文贇提拔為大前疑的不久之前，就曾在一個私密的場合，對親信宇文慶說過這麼一番話：

天元實無積德，視其相貌，壽亦不長。加以法令繁苛，耽恣聲色，以吾觀之，殆將不久。

又復諸侯微弱，各令就國，曾無深根固本之計。羽翮既剪，何能及遠哉！

這段話的大意是說：宇文贇德行淺薄，看他的相貌，也不是長壽之人。而且，他施行的法令過於嚴苛，自己又縱情聲色，以我看來，國運必不能長久。此外，宗室親王的人數本來就不多，現在又把他們遣到了封國，毫無鞏固社稷的根本大計。羽翼既已翦除，如何飛得高遠？

緊接著，楊堅又把目光從朝廷轉向地方，著重分析了幾個最有實力、也最有可能在未來成為他對手的封疆大吏：

尉迥貴戚，早著聲望，國家有釁，必為亂階。然智量庸淺，子弟輕佻，貪而少惠，終致亡滅。司馬消難反覆之虜，亦非池內之物，變成俄頃，但輕薄無謀，未能為害，不過自竄江南耳。庸、蜀險隘，易生艱阻，王謙愚蠢，素無籌略，但恐為人所誤，不足為虞。（《隋書．宇文慶傳》）

尉遲迥（時任相州總管，轄境在今河南、河北）貴為國戚，聲望最高，國家一有事端，必成禍亂之源。然而，此人智淺量狹，子弟多是輕佻之輩，生性貪婪，少樹恩德，最終必定滅亡。司馬消難（時任鄖州總管，轄境在今湖北）為人反覆無常，也非池中之物，極易生變，但是輕薄無謀，構不成什麼危害，最終也只能逃亡江南（陳朝）。還有一個是王謙（時任益州總管，轄境在今四川、重慶），其轄下的庸州、蜀州地勢險要，易成障礙，但此人愚蠢，素無謀略，最多就是被別人慫恿，成不了事，不足為慮。

上述無疑是對當時北周政局所做的一次全方位的分析和論斷。如果不是心存異圖並且蓄謀參與皇權博弈的人，很難把時局和所有利害關係看得這麼透徹，也絕對不敢說出這一番大逆不道的話。事後來看，整個形勢的演變與最終結局幾乎與楊堅所言如出一轍。由此也可以說明，楊堅很早就開始了代周自立的籌畫，故而對所有潛在對手都進行了深入的研究和分析，否則他的預測就不可能那麼精準。

楊堅與宇文慶的這番密語，絕非他蓄謀篡周的孤證。差不多在同一時候，他也對另一位密友郭榮說了這麼一句話：「吾仰觀玄象，俯察人事，周曆已盡，吾其代之。」（《隋書．郭榮傳》）

還有什麼比這句話更直白、更露骨、更能表明楊堅心跡的呢？

所以，宇文贇懷疑楊堅，實在是有理由的，既非胡思亂想，也非心血來潮。

得知女婿宇文贇要將女兒賜死，楊堅的恐慌自不待言。他很清楚，宇文贇是衝著他來的，所以自己絕不能出面。要想救女兒，就只有讓妻子獨孤氏上場了。

獨孤氏旋即入宮去見宇文贇，涕泗橫流，拼命求饒，乃至「叩頭流血」。宇文贇本來就沒什麼正當的理由殺皇后，而且也不是真的要殺，現在看見丈母娘都快把頭磕破了，知道「敲山震虎」的目的已經達到，才作出一副餘怒未消的樣子，悻悻然收回成命。

雖然宇文贇暫時放過了楊麗華，但並不等於他從此就不再懷疑楊堅。時隔數日，宇文贇又找了個藉口痛罵楊麗華，最後竟然憤憤地說：「必族滅爾家！」（《資治通鑑》卷一七四）隨後，宇文贇便命人宣召楊堅入宮，並吩咐左右：「要是他神色有什麼異常，馬上殺掉。」楊堅入宮後，神色自若，舉止從容，凡有所問皆對答如流。宇文贇找不出什麼破綻，才打消了殺他的念頭。

形勢一下子惡化到這種程度，實在是令楊堅始料未及。現在的局面明擺著，宇文贇對他的猜忌已經很深，如果繼續在首輔的位子上待下去，恐怕遲早會付出血的代價——輕則自己人頭落地，重則整個家族被滿門抄斬。而今之計，只能找機會謀求外任，暫時遠離朝廷，然後根據時局的發展再作打算。

為了盡早脫離虎口，楊堅隨即找到了宇文贇身邊的一個重要人物。

這個人就是鄭譯。

從少年時代起，鄭譯與楊堅就是太學同學，兩人很早就有了私交。而且早在那時候，鄭譯就對楊堅異於常人的相貌深感驚奇，因而「傾心相結」。如前所述，鄭譯一直是宇文贇的心腹寵臣，當初在東宮就成天陪著宇文贇一起縱情聲色。宇文贇即位後，對鄭譯越發寵幸，先是把他越級提拔為開府儀同大將軍、內史中大夫，不久又擢為內史上大夫，賦予了他「交通內外、承上啟下」的內廷樞機大權。

如果說，身為大前疑的楊堅算是「外宰相」的話，那麼鄭譯就是當之無愧的「內宰相」。從鄭譯對宇文贇的影響力而言，他的實際權力甚至比楊堅有過之無不及。所以，楊堅想謀求外任，只能找鄭譯幫忙。

當然，這個忙鄭譯肯定是會幫的。楊堅剛一提出來，他馬上表態：「以公德望，天下歸心。欲求多福，豈敢忘也！謹即言之。」（《資治通鑑》卷一七四）以您的德行和威望，足以令天下歸心。我欲自求多福，豈能忘了您交代的事！我這就幫您進言。

鄭譯效率很高，幾天後就幫楊堅搞定了。當然，他的方法是很巧妙的。他先是向宇文贇提出，如今北周國力強盛，應該舉兵討伐陳朝。宇文贇深以為然，馬上讓鄭譯全權負責南征事宜。鄭譯說，首先要確定元帥人選。宇文贇問他誰比較合適。鄭譯答：「若要平定江東，必須由皇親國戚或朝廷重臣出馬，否則難以鎮撫。臣以為，隋國公是最合適的人選，可以任命他為壽州（今安徽壽縣）總管，指揮這次軍事行動。」

宇文贇當即准奏。

消息傳來，楊堅心中的千鈞之石終於落地。

大象二年五月五日，宇文贇正式下詔，任命楊堅為壽州總管，同時命鄭譯徵調各路兵馬，準備前往壽州集結。之後的幾天，楊堅一直忙著打點行囊、移交手頭工作、制定南征計畫等等，忙得不亦樂乎。然而，當所有事情做完，預定的啟程日期也到了，楊堅卻還是沒有離開長安半步。

他對外宣稱的理由是自己得了「足疾」，故而無法成行。事實上，這是藉口。真正的原因是——楊堅改變主意了。

他為何改變主意？難道他不再懼怕懸在他頭頂的那把屠刀了？

是的，此時的楊堅已經不再懼怕。

因為，此時的宇文贇雖然年僅二十二歲，但他的人生遊戲已經玩到頭了。

這年五月十日夜，宇文贇忽然玩興大起，連夜離京前往天興宮。可第二天，盛大的天子車隊就突然掉頭，十萬火急地趕回了長安。自從宇文贇即位以來，每次出巡都是這樣，既不看時辰也不跟任何人打招呼，不管白天黑夜還是颳風下雨，想走就走，想回就回，所有侍從人員早就被折騰慣了，自然沒人發現有什麼不妥。

只有鄭譯等少數幾個寵臣知道發生了什麼，而楊堅當然也在第一時間得到了消息。

——就在前往天興宮的路上，宇文贇突然發病，而且病情一發不可收拾。車駕匆匆回宮後，宇文贇自知不豫，急傳內廷侍臣劉昉、顏之儀入內草擬遺詔。可當二人趕到寢殿，宇文贇已經陷入半昏迷狀態，連話都不能說了。

在毫無徵兆的情況下，死神就一把攫住了宇文贇。面對這突如其來的變局，所有侍臣都有些措手不及。此刻，宇文贇已喪失神智，無法再做出任何決定，而小皇帝宇文闡年僅八歲，更不可能採取任何有效的行動。於是，北周帝國的命運就這樣交到了一群侍臣手中。

當晚，以鄭譯、劉昉、柳裘為首的內廷侍臣們緊急召開了一個碰頭會。眾人很快達成共識，決定推舉楊堅出面輔政，總攬帝國的軍政大權。「以高祖（楊堅）皇后之父，眾望所歸，遂矯詔引高祖入總朝政，都督內外諸軍事」。（《隋書·高祖紀》）

這樣的結果當然是楊堅做夢也不敢想像的。

也不過就在幾天前，飽受猜忌的楊堅還在苦思避禍之術，頗有朝不保夕之感；而此刻，人們卻把攝政大臣的桂冠拱手送到了他的面前。命運之神的詭譎無常真是令楊堅感慨萬千。當然，儘管內心翻江倒海，可楊堅的表情還是波瀾不驚。他堅決推辭了眾人的擁戴，無論對方說什麼，始終只回答三個字：不敢當。

劉昉急得臉紅脖子粗，大怒道：「你要幹就馬上幹，不幹我就自己幹了。」楊堅這才做出一副勉為其難之狀，無奈地接受了。

就在楊堅以「受詔居中侍疾」的名義入宮的同時，宇文贇也嚥下了最後一口氣，結束了他荒唐潦草的一生。當天深夜，鄭譯、劉昉等人祕不發喪，草擬了一道命楊堅攝政的詔書。在所有侍臣中，只有顏之儀保持著忠於宇文皇室的節操，拒絕認同這份所謂的「遺詔」。鄭譯等人連署簽名後，逼著他簽字。顏之儀憤然道：「主上去世，皇嗣年幼，攝政之職應由宗室擔任。如今趙王（宇文招）最為年長，無論是血緣關係還是德行聲望，都應承擔這個重託。你們這些人備受皇恩，當思盡忠報國，為何如此輕易把皇室權柄交給外人？我寧願一死，也不能忤逆先帝。」

顏之儀說得慷慨激昂，義憤填膺，鄭譯和劉昉卻只是報以數聲冷笑，隨即替他把名字簽了上去，然後立刻頒發。京師禁軍各部接到詔書，皆受楊堅一體節制。

控制了中樞的軍事力量，楊堅就可以甩開膀子大幹一場了。

接受擁戴的時候，楊堅表現得忸忸怩怩、欲拒還迎，可一掌權，其剛毅果決的霸氣立刻顯露無遺。他很清楚，縱然鄭譯等人幫他弄到了攝政之權，但說白了，這個權力不過是一場宮廷政變的產物。要想保住攝政大臣的位子，進而謀奪皇權，他要做的事還很多，要剷除的異己勢力和威脅因素也還很多。

首先要對付的，就是趙王宇文招等五個輩尊望重的親王；其次，是用最快的速度組建一支絕對忠於自己的政治團隊，同時想辦法鎮撫文武百官；最後，就是用武力剷除尉遲迥、司馬消難、王謙這三個擁兵一方的封疆大吏。

攝政次日，楊堅便找了個藉口，宣召五王入朝。同日，楊堅向掌管皇帝符璽的顏之儀攤牌，逼他交出符節印信和傳國玉璽。顏之儀義正辭嚴地說：「此天子之物，自有它的主人，宰相憑什麼索要?!」

楊堅大怒，立刻命人把他拖了出去，本來打算一刀砍了，可轉念一想，此人在民間口碑頗佳，現在殺他不利於收攬人心，於是把他貶為邊疆郡守。

當天，楊堅想要的符節玉璽就到手了。

五月二十三日，亦即宇文贇死後十多天，楊堅才正式發布國喪的消息；同日，以宇文闡的名義下詔，任命漢王宇文贊（宇文贇之弟）為右大丞相，然後自任為左大丞相。

北周尚右，表面上看，宇文贊的職位高於楊堅，可事實上，楊堅的職務前面還有一個定語：「假黃鉞」（持有皇帝專擅誅殺的銅斧），後面還有一句補語：「百官總己以聽於左丞相」。有了這兩個至關重要的修飾語，北周帝國的最高權柄就被楊堅收入囊中了。至於漢王宇文贊，無非就是個政治花瓶，擺在那兒應景而已，「尊以虛名，實無所綜理」。（《資治通鑒》卷一七四）

名位確立後，楊堅立刻組建了自己的政治班底：以鄭譯為丞相府長史，劉昉為丞相府司馬；此外，原內廷侍臣高熲、李德林、庾季才也都被楊堅納入麾下；內廷武官盧賁則被楊堅任命為丞相府的侍衛長。其中，高熲和李德林最具才幹。在日後楊堅平定地方叛亂、篡周立隋的過程中，高熲和李德林都發揮了不可替代的作用。

高熲，父親高賓，早年入仕北齊，後歸附北周，官至鄀州刺史。高熲小時候，家門口有一棵柳樹，「高百尺許，亭亭如蓋」，里巷父老都說：「此家當出貴人。」史稱高熲「少明敏，有器局」，十七歲入仕，「又習兵事，多計略」。楊堅攝政時，高熲正在宮中擔任下大夫，楊堅早慕其名，遂託人轉達了延攬之意。高熲欣然道：「願受驅馳。縱令公事不成，熲亦不辭滅族。」（《隋書・高熲傳》）

李德林，父親李敬族，官任東魏太學博士、鎮遠將軍。李德林自幼聰明絕倫，幾歲大的時候，就能讀誦左思的《蜀都賦》，並且只用了十幾天便倒背如流。當時的北齊宰相高隆之見而嗟歎，逢人便說：「若假其年，必為天下偉器。」稍長，李德林入仕北齊，「該博墳典，陰陽緯候無不通涉」。北齊亡後，周武帝宇文邕慕名召其入宮，授內史上士，不久擢升御正下大夫。宇文贇駕崩時，鄭譯和劉昉表面上引楊堅輔政，實則鄭譯自己打算當大司馬，總攬兵權，而劉昉也打算尊楊堅為大塚宰，自任小塚宰將其架空。楊堅找李德林商議，問他自己該以何種方式攝政，李德林一針見血地說：「即宜作大丞相，假黃鉞，都督內外諸軍事。不爾，無以壓眾心。」（《隋書・李德林傳》）楊堅大悅，遂依計而行。

此時，儘管楊堅取得了攝政大權，可滿朝文武對他的突然上位反應不一，上上下下人心浮動。楊堅為了試探並震懾百官，特地把幼帝宇文闡所住的正陽宮改成了丞相府。而正式前往丞相府就任的這一天，就成了楊堅鎮撫百官的一個契機。是日，楊堅密令盧賁集合禁軍，在暗處待命，然後召集文武百官，當眾宣布：「欲求富貴者，宜相隨。」

此言一出，一副「順我者昌、逆我者亡」的權臣面目已經暴露無遺。百官面面相覷，都吃不準該不該跟著楊堅走。一番交頭接耳之後，不少對楊堅心存不滿的人就打算開溜了。楊堅立刻飛給盧賁一個眼色，早已在暗處待命的禁軍旋即湧出，將百官團團包圍。

眾人登時色變，想開小差的官員無不當場腿軟。

事已至此，滿朝文武只能乖乖聽從楊堅擺布了。眾人在禁軍的「護送」下一路來到正陽宮，不料守門官卻拒不開門。盧賁上前交涉，宣布正陽宮已改為丞相府。守門官還是擋在門口不肯挪窩。

盧賁大怒，手按劍柄，嗔目而視。守門官在他殺氣騰騰的逼視下終於慫了，只好低頭退下。

楊堅就此入主丞相府。

儘管從小就懷有「天命在我」的自信，可在這麼短的時間內，如此輕而易舉地攫取了攝政大權，還是讓楊堅感到了一種莫名的心虛。入主丞相府後，楊堅在一天夜裡密召善觀天象的庾季才，說：「我一無所長，卻受先帝顧命，依你看來，天意人心是否會眷顧於我？」

庾季才答：「天道精微，難以臆測。僅就人心民意而言，竊以為徵兆已經十分明顯。更何況，既然走到了這一步，就算我堅決反對，您又怎麼肯罷手呢？」

楊堅沉吟良久，最後微微一笑：「誠如君言。」

那些日子，妻子獨孤氏也給了楊堅莫大的鼓勵。她說：「大事已然，騎虎之勢，必不得下，勉之！」

開弓沒有回頭箭。一場篡周立隋的大戲就此拉開了帷幕。

# 六、三方之亂

大象二年六月，趙王宇文招等五個親王奉召入京，楊堅馬上命人把他們暗中監控了起來。控制了文武百官和宗室親王，楊堅總算鬆了一口氣。接下來要對付的，就是尉遲迥、司馬消難、王謙這三個手握重兵的封疆大吏了。

在這三個人中，最讓楊堅忌憚的，無疑是歷來在朝野享有威望的尉遲迥。尉遲迥，其母是宇文泰的姐姐，論輩分，算是幼帝宇文闡的舅公；本人是西魏駙馬，娶魏文帝之女金明公主，自少年時代起便追隨宇文泰南征北戰。史稱其「通敏有幹能，雖任兼文武，頗允時望」，深受宇文泰器重。可想而知，這樣一個位尊望重、資歷深厚的政壇大佬，在北周帝國的影響力是絕對不容小覷的。

楊堅首先採取的辦法，是對其進行智取。他先是以幼帝名義下詔，讓尉遲迥之子尉遲惇帶著詔書前往相州，命尉遲迥回京奔喪；接著又任命親信韋孝寬為相州總管，打算奪取尉遲迥的兵權。

然而，尉遲迥不是傻瓜。當宣帝駕崩、楊堅攝政的消息傳到相州，他就已經意識到楊堅最終必將篡位自立了。所以，韋孝寬剛剛抵達朝歌（今河南淇縣），尉遲迥派出的部將賀蘭貴早已在此恭候多時。韋孝寬與賀蘭貴相互試探了一番，彼此都知道對方來者不善。韋孝寬意識到尉遲迥已有防備，不敢貿然急進，而是先派探子進入相州打探情報。

還沒等派出去的探子回來覆命，尉遲迥旋即又命屬下的魏郡太守韋藝前去迎接韋孝寬。韋藝是韋孝寬的侄子。尉遲迥派他來接人，顯然是為了麻痺韋孝寬。韋孝寬心知肚明，所以跟侄子喝酒的時候拼命套他的話。韋藝在尉遲迥手下打工，自然不敢為了叔叔出賣老闆。韋孝寬大怒，當場抽刀準備大義滅親。韋藝嚇得差點尿褲子，只好把尉遲迥意欲舉兵對抗朝廷的密謀和盤托出。

韋孝寬大驚，料定尉遲迥的兵馬轉瞬即到，慌忙拉上韋藝，跳上馬背，風馳電騁地往長安跑。不出所料，他們前腳剛走，尉遲迥的追兵後腳就到了。所幸韋孝寬多留了一個心眼，每經過一處驛站，都吩咐驛司把所有馬匹驅散，並準備豐盛酒席拖住追兵。待追兵在驛站裡酒足飯飽卻又苦於沒有替換的馬匹時，韋孝寬早已絕塵而去了。

智取之策失敗，楊堅只好採取了第二個辦法，一面派人去相州對尉遲迥進行最後通牒，一面密令相州府長史晉昶暗中部署，準備從內部端掉尉遲迥。可是，這一切都沒有逃過尉遲迥的眼睛。楊堅派出的使臣剛和晉昶接上頭，尉遲迥便得到了消息，旋即將晉昶等人悉數捕殺。

隨後，尉遲迥斷然撕破假面，召集手下文武將吏和全體鄴城（相州治所）士民，發表了一番慷慨激昂的演說，稱：「楊堅籍後父之勢，挾幼主以作威福，不臣之跡，暴於行路」，「吾與國舅甥，任兼將相」，沒有理由置社稷安危於不顧，遂正式宣布起兵，匡扶社稷，救護萬民。

尉遲迥既已拔刀，楊堅當然只能亮劍了。

大象二年六月十日，楊堅任命韋孝寬為元帥，率梁士彥、宇文忻、崔弘度、宇文述、楊素等人，徵發大軍討伐尉遲迥。與此同時，尉遲迥的起兵檄文也傳遍了黃河南北。

當時，尉遲迥下轄的相（今河北臨漳縣西南）、衛（今河南淇縣東南）、黎（今河南濬縣）、洺（今河北永年縣東南）、貝（今河北清河縣西北）、趙（今河北隆堯縣）、冀（今河北冀州市）、瀛（今河北河間市）、滄（今河北鹽山縣西南）九個州，其侄尉遲勤下轄的青、齊、膠、光、莒（均屬今山東）等十四州，全部響應，總兵力達數十萬；此外，滎州（今河南滎陽市）刺史宇文胄，申州（今河南信陽市）刺史李惠，東楚州（今江蘇宿遷市）刺史費也利進，潼州（今安徽泗縣）刺史曹孝遠等，也各據本州，紛紛響應。隨後，尉遲迥命各部分頭出擊，先後攻克建州（今山西晉城市）、潞州（今山西長治市）、鉅鹿（今河北藁城市）、曹州（今山東定陶縣）、亳州（今安徽亳州市）、梁郡（今河南商丘市）、昌慮（今山東滕州市）、下邑（今河南夏邑縣）、永州（今河南信陽市北）等地。

一時間，尉遲迥的勢力範圍急劇擴張，儼然據有了北周帝國的半壁天下。此刻的形勢，顯然對楊堅極為不利。尉遲迥已佔據了關東大部，而東南的司馬消難、西南的王謙，也遲早會舉兵反抗。偌大的北周帝國，只剩下兩塊地盤，一塊是楊堅可以直接控制的關中地區，最後一塊，就是北面的并州（今屬山西，治所太原）。因此，時任大左輔兼并州總管的李穆，就成了楊堅和尉遲迥都必須全力爭取的關鍵人物。換言之，他倒向哪一邊，將在很大程度上決定哪一方的勝負！

李穆是西魏大將軍李遠的弟弟，很早就是宇文泰的心腹，曾在戰場上救過宇文泰一命，頗受重用。北周開國之初，李遠家族被宇文護剷除，李穆受到株連被貶為庶民。周明帝宇文毓即位後，李穆被重新起用，於建德六年進位上柱國，封并州總管；大象元年遷大左輔，二年又加太傅銜。

顯而易見，這樣一個位兼將相、舉足輕重的人物，一旦選擇與楊堅分庭抗禮、跟尉遲迥同聲相應，不僅會在軍事上讓楊堅陷入四面楚歌的困境，更會在政治上對楊堅構成重大的威脅。尉遲迥深知這一點，所以起兵不久便迅速派人找到了李穆，勸他一同起兵對抗楊堅。當時，李穆之子李士榮也傾向於尉遲迥，力勸李穆與尉遲迥聯手。

差不多同一時候，楊堅也派遣柳裘和李穆的另一個兒子、在朝中擔任侍臣的李渾來到并州，對李穆曉以利害，勸他與朝廷站在一邊。

兩邊的實力都很強大，而且各有一個兒子充當一方的說客，李穆到底該做何選擇？

經過一番深思熟慮之後，李穆毅然把籌碼押到了楊堅一方。他對兒子李士榮說：「大周氣數已盡，這一點朝野共知。上天眷顧丞相，我豈能違天！」

隨後，李穆逮捕了尉遲迥的使者，把尉遲迥寫給他的密信呈給了朝廷，並讓兒子李渾帶了兩樣東西回去獻給楊堅：一個熨斗，一條十三環的金帶。

這是何意？

關於熨斗，李穆讓李渾傳話說：「願執威柄以慰安天下。」意思就是祝願楊堅能夠掌握威權，熨平天下。至於十三環金帶，就不用解釋了，因為這是天子的御用物品。見到這兩樣意味深長的禮物，楊堅大喜過望，馬上派遣李渾前往韋孝寬的前線大營，告訴他李穆已經加盟，以此增強他掃平關東的信心。

李穆有個侄子叫李崇，時任懷州（今河南沁陽市）刺史，原本準備回應尉遲迥，得知李穆已歸附楊堅，遂慨然長歎：「闔家富貴者數十人，值國有難，竟不能扶傾繼絕，復何面目處天地間乎！」（《資治通鑑》卷一七四）儘管李崇心裡並不認同李穆的選擇，但是為了整個家族的利益，最後還是不得不歸附了楊堅。

尉遲迥的兒子尉遲誼，在李穆手下擔任朔州（今山西朔州市）刺史。李穆歸附楊堅後，第一時間逮捕了尉遲誼，執送長安，同時派兵進攻潞州，旋即克復，生擒尉遲迥任命的刺史郭子勝，從而穩定了并州的局勢。

在調兵遣將對付尉遲迥的同時，楊堅也沒有忘記擺平長安城裡的那些宗室親王。

楊堅首先剷除的，是時任雍州牧的畢王宇文賢。雍州牧相當於首都衛戍司令，位高權重，比起那五個被召回朝中的親王來說，宇文賢對楊堅的威脅無疑要大得多，所以理所當然地成了楊堅的首要打擊目標。

六月下旬，也就是朝廷與尉遲迥正式開戰前夕，長安突然爆發了一起大案。據稱，是畢王宇文賢與趙王宇文招等五王暗中勾結，準備刺殺丞相。沒有人知道諸王是否確有此謀，也不知道密謀是如何洩露的，總之，楊堅一得到消息，立刻發兵捕殺了宇文賢及三個兒子。而對於已成甕中之鼈的宇文招等五王，楊堅則採取了安撫手段，非但不予追究，「掩五王之謀不問」，還對另外兩個親王進行了提拔：以秦王宇文贄為大塚宰，以杞公宇文椿為大司徒。

楊堅此舉，顯然是希望暫時穩住周室諸王，以免在大戰之前節外生枝。然而，對於諸王而言，畢王宇文賢之死已足以令他們生出唇亡齒寒的憂懼，也足以讓他們看清楊堅意欲篡奪皇權的野心。是故，趙王宇文招等人絕不會坐以待斃。

就在宇文賢死後數日，宇文招便給楊堅送了一份請柬，邀請他到府上赴宴。

這明擺著是一場鴻門宴，可楊堅還是帶著一大車的酒肉去了。到了趙王府，宇文招很熱情地把楊堅邀入寢室。當時，宇文招的兒子宇文員、宇文貫，妻弟魯封等人都在場，而且跟宇文招一樣都帶著佩刀。而楊堅的隨從只有族弟楊弘和心腹大將元胄，更糟糕的是兩人還都被擋在了門外。

如此安排，傻子都猜得出宇文招想幹什麼。元胄雖然被擋在門外，可一直全神貫注地盯著裡面的動靜。酒過三巡，宇文招抽出佩刀，頻頻切瓜遞給楊堅。元胄頓覺不妙，立刻闖了進去，大聲稟報說相府有急事，請丞相不要久留。宇文招大怒：「我和丞相談話，你來幹什麼？」隨即喝令元胄退下。可元胄卻充耳不聞，逕直走到楊堅身邊，手按劍柄，對席上眾人怒目而視。

宇文招見狀，只好乾咳幾聲，堆起笑臉道：「我又沒什麼惡意，你何必如此猜疑？」元胄不搭理他，臉上還是一副如臨大敵的表情。楊堅似笑非笑，只顧低頭喝酒不說話。宇文招大為尷尬，又勸了幾輪酒後，忽然做出嘔吐之狀，連稱不勝酒力，要到後閣歇息片刻，讓兩個兒子繼續陪丞相喝酒。

可是，宇文招剛剛起身，元胄就衝過來一把扶住了他，手上卻暗暗使力，硬是把他按回了坐榻。宇文招幾次想起來，都被元胄按了回去。元胄的意思很明顯——只要把你宇文招釘在這兒，諒他們誰也不敢輕舉妄動！

宇文招苦笑，只好又說自己口乾舌燥，讓元胄到廚房給他拿些水來。元胄卻紋絲不動。正在僵持之際，滕王宇文逌恰好姍姍來遲地前來赴宴，楊堅立刻起身相迎。元胄連忙湊到他耳邊，壓低聲音說：「情況不對勁，趕緊走！」楊堅不以為然：「他們手裡又沒有兵馬，還能怎麼樣？」元胄急道：「兵馬本來就是他們家的，如果他們搶先發動，大事就玩完了！我不在乎一死，就怕白白送死。」

楊堅不理，照舊回到榻上坐下。元胄心急如焚，又聽到內室傳出鎧甲鏗鏘之聲，遂大聲道：「相府一大堆事等著處理，丞相怎麼還能坐在這兒！」旋即不由分說地扶起楊堅，連拉帶拽地把他推出了門外。守在門外的楊弘立刻護送楊堅出去。宇文招趕緊起身來追，元胄卻堵在門口不讓他出去。宇文招氣得臉色鐵青，身後眾人也都蠢蠢欲動，可看著元胄那張凶神惡煞的臉，還有那副銅牆鐵壁般的身軀，終究還是沒人敢動手。

楊堅就此逃過一劫。

關於這場「鴻門宴」，如果歷史記載屬實的話，那麼楊堅在這件事上顯然太過麻痹輕敵了。他自以為宇文賢一死，其他諸王就難有什麼作為，這無疑是拿自己的性命和帝業在開玩笑。倘若沒有元胄的警惕和果敢，他恐怕早就成為宇文招等人的下酒菜了。由此可見，能成大事的人並不見得永遠英明，他也有腦袋短路的時候。但是在他偶爾犯糊塗時，身邊卻不能沒有清醒的人。

事後想起來，楊堅肯定會為自己的輕率驚出一身冷汗。不過，這場「鴻門宴」倒也不全是壞事，因為它在客觀上給了楊堅一個誅殺諸王的藉口。

這一年七月末，楊堅斷然出手，以陰謀叛亂為名，將趙王宇文招、越王宇文盛這兩個最為年長的親王，連同他們的兒子全部誅殺。

至此，北周宗室中最有威望的幾個親王都被幹掉了，剩下來的那些，就只能變成砧板上的魚肉，什麼時候剁掉，就全看楊堅的心情了。

七月下旬，鄖州（今湖北安陸市）總管司馬消難也拉起反旗，與尉遲迥遙相呼應。楊堅即命襄州總管王誼為元帥，發兵征討。差不多與此同時，韋孝寬的東征大軍也已進至武陟（今河南武陟縣），與尉遲惇的十萬大軍對峙於沁水。

正當大戰一觸即發之際，楊堅忽然接到前線密報，稱梁士彥、宇文忻、崔弘度三員大將皆暗中收受尉遲迥巨額賄賂，以致軍中騷然，人心浮動。楊堅大為震驚，連忙與鄭譯商議，準備找人把他們換掉。

臨陣換將，無疑是用兵之大忌！關鍵時刻，心腹智囊李德林找到楊堅，說：「您與前線諸將，都是國家貴臣，本來就誰也不服誰，今天所以能指揮他們，只因您用皇帝名義發令。如果疑心前面派出的將領不忠，那誰敢保證後面派遣的將領就一定對您死心塌地？至於尉遲迥賄賂一事，真假難辨，一旦把他們全部免職，極有可能畏罪潛逃；即便把他們全部逮捕，則軍中必將人人自危，於軍心大為不利。況且臨陣換將，自古就是取敗之尤。依在下愚見，當務之急，就是派一名有智慧、有謀略、素來為諸將信服的心腹之人，火速趕往前線，掌握軍中的所有情況。就算有人心存異志，也不敢發動；即便發動，也可以控制。」

楊堅聞言大悟，感歎道：「要不是你一席話，幾乎壞了大事！」

主意是有了，但是什麼人願意提著腦袋去幹這麼危險的活呢？

楊堅先是找到侍臣崔仲方，可崔仲方卻推說老父尚在關東，怕遭尉遲迥脅迫，所以去不了。楊堅想想也有道理，就去找劉昉。劉昉一聽要派他上戰場，嚇得魂都沒了，連連擺手，說自己從不曾帶兵打仗，絕對不合適。楊堅無奈，最後只好對死黨鄭譯說，沒人要去，只能麻煩你走一趟了。不料鄭譯卻臉色大變，堅稱老母尚在，不宜遠行，說什麼也不接這掉腦袋的活。

危急時刻，一個個都掉鏈子了。

楊堅氣得吹鬍子瞪眼，可愣是拿這幾個貪生怕死的傢伙沒轍。最後，總算有人站了出來，主動接了這個活。他就是素以「有器局、習兵事、多計略」著稱的高熲。楊堅大喜，當即頒發了監軍的任命狀。高熲接令，即刻啟程，連家中老母都來不及辭行，僅讓人向老母轉達了一句話：「忠孝不可兩全。」然後便揮淚上路。

自此，李德林和高熲就成了楊堅最為倚重的左膀右臂。而本來居於楊堅集團核心圈的鄭譯和劉昉，則從此被楊堅徹底冷落，逐漸淡出了權力高層。

就在高熲奔赴前線的同時，帝國東南傳來消息，司馬消難以轄下的鄖、隨、溫、應、土、順、沔、儇、岳九個州（今均屬湖北），以及魯山、應城、平靖、武城等八個軍鎮（今均屬湖北），投降了陳朝，並將其子司馬永送至建康（今江蘇南京市），作為人質換取陳朝的軍事支援。

陳宣帝大喜，隨即任命司馬消難為大都督，總督九州八鎮諸軍事，並賜爵隨國公。緊接著，又下令前方大將樊毅等人，出兵進攻北周，策應司馬消難。

大象二年八月初，緊繼尉遲迥和司馬消難之後，益州（今四川成都市）總管王謙也起兵叛亂，揮師進攻始州（今四川劍閣縣）。楊堅即命親信梁睿為元帥，進軍討伐王謙。

一切都不出楊堅所料，該反的一個個都反了。在楊堅看來，不管是司馬消難還是王謙，其實都只是跳樑小丑，根本不足為慮。真正夠分量的對手，還是佔據了帝國半壁的老傢伙尉遲迥。

高熲和韋孝寬能不辱使命、蕩平關東嗎？

面朝烽煙滾滾的東方，楊堅焦急地等待著答案。

# 七、大隋開國

高熲抵達前線後，很快就穩定了軍心，旋即命人在沁水上搭建浮橋，準備渡河攻擊。尉遲惇聞報，馬上派人從上游放下火筏，打算燒毀浮橋。高熲隨即命人在水中堆築「土狗」，抵禦火筏。所謂土狗，就是在水中積土成堆，前尖後寬，前高後低，形狀就像一隻蹲在水裡的狗。

尉遲惇眼見抵擋不住朝廷軍渡河，便下令全軍稍稍後撤，準備等對手半渡之時發起進攻。可他的意圖卻被韋孝寬識破了。尉遲惇軍剛一後移，韋孝寬立刻擂動戰鼓，下令全軍渡河。渡河之後，高熲就命人燒毀了浮橋，決定背水一戰，不讓士兵有後退的機會。

兩軍隨即在沁水東岸展開會戰。朝廷軍後路已斷，全體官兵不得不奮勇爭先，全力進攻。尉遲惇軍抵擋不住，迅速潰敗。尉遲惇單騎逃亡。韋孝寬率大軍乘勝追擊，兵鋒直逼尉遲迥的老巢鄴城。

八月十七日，尉遲迥、尉遲惇父子集結十三萬重兵，在鄴城城南列陣，準備與朝廷軍決戰。尉遲迥親率一萬精兵，頭裹綠巾，身穿錦襖，號「黃龍兵」。其侄尉遲勤率五萬步騎自青州來援，尉遲勤自己擔任前鋒，親率三千騎兵先行趕到。

這一戰，尉遲迥幾乎押上了自己的全部老本。其麾下將士多為關中人，長年追隨他征戰沙場，皆願為他效死，且尉遲迥以老邁之軀披掛上陣，也極大地鼓舞了士氣。開戰不久，朝廷軍便明顯不支，開始向後潰退。千鈞一髮的時刻，朝廷軍大將宇文忻忽然發現，戰場附近居然圍了好幾萬前來觀戰的鄴城居民，男女老少都有。這一發現令他欣喜若狂。宇文忻當即向韋孝寬請命：「事急矣！吾當以詭道破之。」

好奇心真是害死人。此刻，這些喜歡看打仗的男女老少萬萬沒想到，他們馬上就將成為朝廷軍的靶子，而自以為勝券在握的尉遲迥更是不會料到，他匡扶社稷的大業竟然會毀在這數萬看熱鬧的圍觀群眾手裡。

趁著朝廷軍尚未全線潰敗，宇文忻抓住戰機，命令部眾一齊向圍觀人群放箭。觀眾大驚，一下子四散奔逃，互相踩踏，哭喊哀嚎之聲響徹雲霄。宇文忻回頭向部眾高呼：「賊人敗了！」正在退卻的將士聞聲，士氣復振，遂紛紛掉頭發起反攻。

而這邊的尉遲迥軍卻被抱頭鼠竄的人群衝亂陣腳。形勢霎時逆轉。尉遲迥再也無力重組陣形，只好隨著潰退的部眾退入鄴城。韋孝寬趁勢指揮大軍將鄴城團團包圍。由於尉遲迥從一開始就打定主意要與朝廷軍在野外決戰，根本沒有組織像樣的城池防禦，所以朝廷軍輕而易舉地攻上了城頭。

城池既陷，尉遲迥就插翅難飛了。他踉踉蹌蹌地逃進內城的碉樓，在萬般無奈中揮刀自刎。尉遲惇、尉遲勤等人帶著殘部準備退保青州，半路上被朝廷軍追及，悉數被擒。隨後，韋孝寬分兵橫掃關東，所到之處紛紛平定。

楊堅得到捷報，連日緊鎖的眉頭終於舒展開來。他當即下令，將相州治所遷到安陽（今河南安陽市），然後將鄴城的城牆和公私屋宅全部拆毀，整座城池夷為平地，同時畫出相州下轄的一部分郡縣，另行成立毛州（今河北館陶縣）、魏州（今河北大名縣）。

至此，一度甚囂塵上、聲勢浩大的尉遲迥之亂，僅歷六十八天便宣告平定。令人遺憾的是，短短三個月後，率部平定尉遲迥的元帥韋孝寬便因病逝世，未能等到楊堅龍登九五的那一天。

八月下旬，負責征討司馬消難的王誼率部進抵鄖州。司馬消難不敢抵禦，亡奔陳朝。等到陳朝負責接應的樊毅趕到，司馬消難早已逃得不見蹤影。北周亳州總管元景山出兵進攻樊毅，將其擊退。隨後，元景山又會同南司州（今湖北黃陂縣）總管宇文弼，一路追擊樊毅，在漳口（今湖北漢川縣北）一帶與其會戰，三戰三捷。樊毅不得不退保甑山鎮。元景山則乘勝進擊，將司馬消難獻給陳朝的土地城邑一一收復。

陳宣帝白白歡喜了一場，最後得到的，只是一個輕於去就的反覆小人而已。

就在關東與東南捷報頻傳的同時，帝國西南的戰事也進展得極為順利。負責征討王謙的梁睿一共集結了二十萬大軍，攻入蜀地後，一路勢如破竹。王謙分兵據守險要，企圖藉助蜀地險峻複雜的地形頑抗到底。為了阻滯朝廷軍的攻勢，王謙特地派遣驍將達奚惎等人率兵十萬，攻擊梁睿的必經之地利州（今四川廣元市）。

當時，利州守軍只有區區兩千人，與敵人的兵力之比是一：五十，可守將豆盧勣卻創造了以寡敵眾的奇蹟，在令人難以想像的困境中整整堅守了四十天，期間還經常出動小股部隊對圍城之敵進行襲擾。到了梁睿大軍抵達的時候，利州城依然固若金湯，達奚惎等人不得不撤圍而去。

隨後，梁睿自劍閣一路攻至成都。王謙命達奚惎等人守城，自己親率五萬精銳出城迎敵，可一戰便被梁睿擊潰。當王謙倉皇逃回城下的時候，做夢也不會想到，達奚惎已經在城頭插上了一面觸目驚心的降旗。王謙破口大罵，嗔目欲裂，但一切已經無由挽回，只好帶著三十餘名親信騎兵逃奔新都。可當他驚魂未定地逃進新都時，等待他的卻不是壓驚的酒宴，而是新都縣令王寶專門為他準備的一條冰冷的繩索。

王謙被俘，並於十月底被梁睿就地斬首。至此，益州全境平定。

短短幾個月時間，一度分崩離析的北周天下便再次完整地呈現在楊堅面前。如果說在此之前，人們對輕易奪取攝政大權的楊堅還有些鄙夷不屑的話，那麼經過這幾場快如閃電的平叛戰爭，恐怕就很少有人敢對楊堅的能力表示懷疑了。當然，也許還是有人會覺得這幾場戰爭贏得太過容易，因此把一切都歸因於運氣。可是，當一個人的運氣好到老天爺總是站在他那一邊的時候，當普天之下的對手都已經被接二連三淘汰出局的時候，難道還不足以證明，這恰恰是一個秉承天命、注定要君臨天下的人嗎？毫無疑問，三方之亂的平定，已經徹底夯實了楊堅通往帝座的道路。

從大象二年的秋天起，楊堅的「禪代秀」就開場了；而剛剛建立才二十幾年的北周帝國，也無可挽回地進入了倒計時狀態。

這一年九月二十八日，關東剛剛平定，楊堅便任命世子楊勇為洛州總管、小塚宰，負責統治北齊舊地，也就是整個關東、河北地區。

九月三十日，北周朝廷取消左、右丞相，改任楊堅為大丞相。

十月初，楊堅誅殺陳王宇文純和他所有的兒子。

十二月十三日，楊堅進位相國，總百揆，晉爵隋王，「贊拜不名」（啟奏時不再稱姓名），「備九錫之禮」（九錫即九賜，是天子賜予勳臣的九種器物和禮遇，事實上也是歷代權臣篡奪帝位的必經程序）。楊堅接受了爵位和封邑，卻裝模作樣地拒絕了其他的職位和榮譽。

十二月二十日，楊堅誅殺代王宇文達、滕王宇文逌及其所有兒子（至此，五王被屠戮殆盡）。

次年二月四日，楊堅終於接受「相國，總百揆，九錫」等官職禮遇。

二月六日，北周朝廷下詔，封楊堅之妻獨孤氏為王后、世子楊勇為王太子。

走到這一步，接下來就該啟動「勸進程序」了。開府儀同大將軍庾季才率先站出來，勸楊堅於本月甲子（二月十四日）應天受命，登基稱帝。太傅李穆和開府儀同大將軍盧賁隨即跟進，同聲附和。按歷史慣例，一場標準的「禪代秀」須經屬下多次勸進，受禪者多次拒絕，最後才做出一副勉為其難的樣子，以「天與不取，反受其咎」的姿態無奈接受。楊堅當然也不會例外。

數日後，北周幼帝宇文闡頒布了最後一道詔書，宣布遜位，移居別宮。

西元五八一年陰曆二月十四，北周朝廷舉行了最後一場國事典禮——禪位大典。有關官員奉命宣讀禪位冊書，並向隋王楊堅奉上皇帝玉璽。楊堅頭戴天子冠冕，身穿黃袍，登上臨光殿，即皇帝位，接受百官朝拜，宣布大赦，改元開皇。

同日，楊堅任命了新王朝的第一批大臣：高熲為尚書左僕射兼納言，虞慶則為內史監兼吏部尚書，李德林為內史令。三人分別掌管尚書、門下、內史三省，同為宰相。韋世康為禮部尚書，元暉為都官尚書，元岩為兵部尚書，長孫毗為工部尚書，楊尚希為度支尚書。

北周王朝就此終結，大隋帝國宣告誕生。

這一年，楊堅周歲恰好四十，正處於一個男人生命中的巔峰時期，經驗、閱歷、腦力、精力都處於最佳的配合狀態。對於帝國的萬千臣民來講，這自然是一件幸事。人們完全有理由期待，這樣一個盛年即位的開國之君，終將帶給他們想望已久的太平。

二月十六日，楊堅下詔，封獨孤氏為皇后，楊勇為皇太子。

二月十九日，楊堅將已遜位的周靜帝宇文闡降格為介國公，同時把北周宗室的所有親王全部降爵為公。不久，虞慶則勸楊堅把宇文家族全部屠滅，以絕後患。高熲和其他朝臣心裡並不贊同，卻不敢公開反對。只有李德林一直與楊堅面折廷爭，堅決認為不可。楊堅大怒道：「君書生，不足以議此！」遂下令，將宇文泰所有在世的孫子，以及孝閔帝宇文覺、明帝宇文毓、武帝宇文邕、宣帝宇文贇的所有兒子全部誅殺，一個不留。

二月二十五日，楊堅封弟弟楊慧為滕王，楊爽為衛王；封次子楊廣為晉王，三子楊俊為秦王，四子楊秀為越王，五子楊諒為漢王。

李德林原本最受楊堅倚重，可自從上述事件觸逆龍鱗，便日漸被疏遠，「由是品位不進」，再也未獲重用。而與此同時，由高熲引薦的蘇威則迅速博得楊堅青睞，並逐漸取代李德林，成為楊堅的股肱重臣。

蘇威，父親蘇綽，官任西魏的度支尚書（財政部長）。從少年時代起，蘇威便以「治身清儉」、廉慎自律而名重當世，西魏末年入仕。北周初年，宇文護欣賞蘇威的人品，強行把女兒許配給了他。蘇威見宇文護擅權攬政，擔心有朝一日禍及己身，便逃入山中，隱居深山古寺，以吟誦詩書自娛。武帝宇文邕即位後，聞其賢名，授予他車騎大將軍、儀同三司等職，卻都被他以身體不適為由婉拒。直到宣帝宇文贇即位，隱居多年的蘇威才接受了開府儀同大將軍之銜，重返朝廷。

楊堅攝政後，積極延攬人才，高熲屢屢稱讚蘇威賢能，大力推薦。楊堅隨即召見蘇威，一番交談後，心中大悅，準備予以重用。可沒過多久，蘇威風聞楊堅打算禪代自立，遂再度遁歸鄉里。高熲請示楊堅，表示要親自把他追回來，楊堅馬上制止，說：「他是不想介入這件事，由他去吧。」

還是楊堅了解蘇威。他很清楚，蘇威並不是反對他自立，而只是因為愛惜羽毛，不想沾惹篡周的罵名而已。果不其然，當楊堅受禪之後，徵召蘇威入朝擔任太子少保，他便欣然接受了。開皇元年（西元五八一年）三月，楊堅又命蘇威兼任納言、度支尚書，委以他宰相兼財政大臣的重任。

讓蘇威專門負責財政工作，也算是讓他子承父業。早在蘇威童年時代，其父蘇綽擔任西魏度支尚書時，他便從父親那裡耳濡目染地受到了許多影響。當初，西魏因連年征戰，財政狀況異常糟糕，一邊是國庫空虛、財用不足，另一邊老百姓卻又承受著十分沉重的賦稅，蘇綽常為此悲歎：「如今的徵稅制度，就像一張緊繃的弓，只能作為緊急情況下的應對措施，不能變成常態化的制度。不知道將來的賢人君子，誰能讓這把緊繃的弓回歸常態！」

幼小的蘇威聽見父親的這番感歎，就牢牢記在了心裡，此後更是以改革帝國財政、減輕百姓負擔作為自己的使命。所以，現在一接手財政工作，蘇威便全力以赴，「奏減賦役，務從輕簡」。對於蘇威提出的改革措施，楊堅悉數採納，從此對他愈加倚重，把朝政決策權全盤交給了他和高熲。

要看清楊堅對蘇威的倚重程度，有個例子很能說明問題。

有一次，某個朝臣不知何故觸怒了楊堅，楊堅立刻下令把他殺掉。蘇威力諫，楊堅不聽，還打算出宮，親自動手宰了那個人。蘇威擋在殿門口不讓他出去，怒氣沖天的楊堅只好繞道，想從別的門出去，沒想到蘇威又趕在皇帝前面堵住了門口。楊堅和他對峙許久，蘇威始終不肯讓步。最後楊堅無奈，只好拂袖回宮。

事後，楊堅意識到了那天的衝動，慶幸蘇威能夠堅持原則，及時糾正自己的錯誤，便當面向他道歉，說：「公能若是，吾無憂矣。」隨即賜馬二匹、錢十餘萬。不久，更讓蘇威兼任大理卿、京兆尹、御史大夫，而納言和度支尚書仍然保留。

至此，蘇威一人身兼五個要職，可謂權傾朝野，榮寵無匹，滿朝文武無不充滿了羨慕嫉妒恨。很快，有個叫梁毗的御史就上疏彈劾蘇威，罵他太過貪權，戀棧祿位（安繫戀劇），一人戴那麼多頂烏紗，也不捨得拿出來跟別人分享一下（無舉賢自代之心）。

楊堅見疏，當即表態：「蘇威盡忠為國，朝夕忙碌，孜孜不倦，志存遠大。他不是不肯舉賢，而是暫時沒有合適人選，你們憑什麼逼他？」之後，楊堅更是在朝會上，當著文武百官的面說：「蘇威不遇到我，才能就得不到施展；我不遇到蘇威，政令就得不到推行。當今朝中，真正的人才並不多，比如楊素，雖然才辯無雙，但是說到深研古今政治制度，並且能夠斟酌採擇、助我宣化者，還是非蘇威莫屬！」

皇上都把話說到這份上了，百官當然只能唯唯。不過，楊堅把蘇威寵成這樣，終究還是讓一個人吃醋了。

他就是把蘇威引薦給楊堅的高熲。

楊堅在朝會上力捧蘇威不久，高熲就打了一份辭職報告，表示自己才疏學淺，難以勝任目前的工作，有負皇上所託，願意把自己的職位也讓給蘇威。

高熲這麼做，說好聽點叫做高風亮節，說難聽點就是吃醋撒嬌、要脅皇上！楊堅當然不會聞不出高熲的酸味兒，同時也肯定不會允許他辭職。因為蘇威和高熲都是他最寵信的人，手心手背都是肉，放棄誰楊堅都捨不得。如果一味說好話勸高熲留下，當然也可以擺平這件事，可問題是，高熲以宰相之尊學小女子爭風吃醋，難免會給滿朝文武帶一個壞頭，以後大家有樣學樣，動不動就鬧辭職，朝廷成何體統？楊堅還怎麼坐天下？

所以，怎麼才能既讓高熲留下，又讓他意識到自己的錯誤，就成了考驗楊堅政治智慧的一道難題。深諳御人之術的楊堅，很漂亮地通過了這次考驗。

首先，一接到高熲的辭職報告，他就既不慰留也不斥責，而是以「君子成人之美」的姿態，同意了高熲的請求，免去其左僕射之職。高熲一下子懵了——他萬萬沒料到，自己爭風吃醋不但沒爭來任何東西，反倒把僅有的老本都賠了進去。正當高熲深為自己的弄巧成拙而懊悔不迭、卻又礙於臉面不敢向皇上討回職位的時候，楊堅又下了一道詔書，說：「蘇威在前朝曾經隱居不仕，皆因高熲慧眼識英，朕才得此賢才。朕過去經常聽人說，推薦賢才的人應該得到最高的賞賜。所以，怎麼能讓這種人失去官職呢？」

隨後，楊堅下令恢復了高熲的職位。

經此一事，高熲徹底服帖了。一想起辭職的事他就覺得自己特傻，沒事鬧什麼辭職啊，壓根就是吃飽了撐著跟自己過不去嘛！從此，高熲老老實實與蘇威搭班唱戲，「同心協贊」；而楊堅也努力做到一碗水端平，「政刑大小，帝無不與之謀以，然後行之。」

史稱，在楊堅、高熲、蘇威君臣三人的默契配合與勵精圖治之下，隋朝開國短短幾年後，天下便初步呈現出繁榮穩定的太平景象。（《資治通鑑》卷一七五：「故革命數年，天下稱平。」）

然而，高熲不再吃蘇威的醋，並不等於其他開國功臣就不會吃他兩人的醋。不久，好幾個創業元勳就拉幫結夥，對高、蘇二人發起了挑戰。

# 八、功臣謀反案

頭一個對高熲和蘇威因妒生恨的人，就是當初以武力護持楊堅攝政的盧賁。

在擁戴楊堅的人中，盧賁跟高熲一樣，都算得上是元老級人物。在盧賁自己看來，就算他的功勞總體來說不及高熲，但也不至於相差太多。可是，隋朝開國後，高熲貴為尚書左僕射兼納言，位在百官之首，盧賁卻只當了個小小的太子左庶子（東宮侍從總管），只有區區四品。如此懸殊的待遇，自然令盧賁深感不平。此外，就連那個長年躲在深山老林裡的蘇威，也一出山就獲重用，甚至身兼五職，比高熲還牛……如此種種，無不讓盧賁妒火中燒。

與盧賁有著同樣感受的，還有劉昉。

眾所周知，劉昉是把楊堅扶上攝政之位的頭號功臣，一開始也頗受楊堅器重，可自從他危急時刻掉鏈子、死活不肯上前線之後，在楊堅心目中的地位就一落千丈了，從此被日益疏遠。隋朝開國後，劉昉僅僅撈了個「柱國」的虛銜，其他職務一概沒有，這當然令他十分鬱悶。當時，與劉昉一樣對政治待遇深感不滿的大臣還有上柱國元諧、上柱國李詢、華州刺史張賓等人。

出於相同的怨恨和不甘，盧賁很快便與劉昉等人結成了利益聯盟，決定聯手扳倒高熲和蘇威，然後五人同攬輔政大權。為了增加政治籌碼，盧賁又瞄上了太子楊勇。當時，楊勇雖貴為太子，但楊堅夫婦最寵愛的還是次子楊廣。也就是說，楊勇的太子之位並不穩固。因此，盧賁自作聰明地認為，只要向太子宣誓效忠，把他拉入自己的陣營，奪權計畫就十拿九穩了。隨後，盧賁便私下對太子說：「我一直想與殿下建立私人情誼，卻惟恐皇上降罪；如今斗膽向殿下致意，願殿下體察微臣區區赤誠之心。」

盧賁此舉貌似聰明，其實愚蠢至極。暫且不說楊勇敢不敢私自和他締結小集團，就算敢，這個小集團也很難在精明過人的楊堅眼皮底下搞什麼小動作。況且，大臣私自與太子交結，說輕了叫行為不檢，說重了就是謀反篡逆。所以，盧賁這麼做，只能是玩火自焚。

很快，楊堅就通過眼線獲悉了盧賁的密謀，遂下令徹底追查。劉昉等人大驚失色，慌忙把罪責全部推給盧賁和張賓。有關部門查清案情後，滿朝文武紛紛上奏，要求處死盧、張二人。楊堅念在二人擁戴有功，不忍誅殺，僅將二人革職為民。

無獨有偶，就在盧賁等人案發後不久，另一個開國元老也遭到了貶黜。

這個人就是鄭譯。

毋庸諱言，在楊堅上位攝政的過程中，鄭譯和劉昉一樣，都是功不可沒的佐命元勳，楊堅也一直待其不薄。當初楊堅晉位丞相，便拜鄭譯為柱國、丞相府長史；楊堅為大塚宰時，鄭譯又兼領天官都府司會，總六府事，且「出入臥內，言無不從，賞賜玉帛不可勝計」，可謂權傾一時。然而，鄭譯生性浮躁淺薄、貪財好利，自從手握大權後，便大肆貪污受賄、賣官鬻爵，日漸荒廢了政務。

楊堅把這一切都看在眼裡，卻不動聲色，表面上對鄭譯一切如舊，暗中卻交代鄭譯手下那些官員，以後所有政務都不必經過鄭譯，可以直接向他稟報。從此，鄭譯被架空，看上去職務和地位都跟從前一樣，實則毫無權力，「猶坐廳事，無所關預」。尤其是三方之亂時，鄭譯跟劉昉一樣，在危急時刻掉鏈子，更是讓楊堅對他們大失所望。

後來，鄭譯雖然進位為上柱國，但也僅僅保住了這個榮譽銜，其他實權職務均被解除。鄭譯意識到自己已被徹底冷落，常懷憂懼，不得不主動提出辭職。楊堅考慮到時局未穩，遂好言慰留，並對其恩禮如故。直到隋朝開國後，楊堅才讓鄭譯以上柱國的職位退休，給了他豐厚的賞賜，並封他的兩個兒子一個為城皋郡公、一個為永安男，另追贈其亡父、亡兄為刺史。

按說楊堅給了鄭譯這麼高的退休待遇，也算是對他仁至義盡了。可是，任何一個在高位上待過的人，一旦下臺，其內心感受都是比死還慘，而像鄭譯這種嗜權如命的人，當然更不例外。他離職歸家後，整天抑鬱寡歡，隨即暗中找了一幫道士，天天做法祈福，並施行巫蠱之術（就是民間所稱的「紮小人」）。

然而，讓鄭譯萬萬沒料到的是，他身邊的一個婢女竟然是楊堅很早就安插的臥底，所以他的所作所為，都被這個婢女一五一十地密報給了楊堅。東窗事發後，楊堅召鄭譯入宮，臉色陰沉地說了一句：「我不負公，此何意也？」（《隋書．鄭譯傳》）鄭譯冷汗直下，無言以對。

稍後，有關部門又上疏彈劾，稱鄭譯大不孝，把老母遷移別處，不與母親同住。楊堅順勢下詔，革除鄭譯所有官爵，並稱：「鄭譯為官，嘉謀良策從來沒有，賣官鬻爵卻很有一套。這種人若留在世上，在人間是不道之臣；若將其殺掉，在地下則為不孝之鬼。陽世陰間都無法容他，且賜《孝經》一部，命其在家熟讀。」隨後又命令他把母親接回家中奉養。

楊堅不殺鄭譯，已足以稱得上法外開恩。鄭譯當然不敢有絲毫怨言，從此老老實實在家讀經，奉養老母，再也不敢有任何忤逆之舉。儘管不久之後，楊堅念其真心悔過，又給了他復出的機會，可都不是什麼重要職位。換言之，此後的鄭譯雖然沒有完全淡出政壇，可他的政治生命，事實上在隋朝立國之初便已終結。

在楊堅攝政上位的過程中，功勞最大的無疑是鄭譯和劉昉，可隋朝開國後，這兩個傢伙自恃功高，貪贓枉法，幾乎同時被楊堅疏遠，並相繼遭貶，稱得上是一對難兄難弟。不過，鄭譯後來洗心革面，總算保住了晚節；而劉昉卻不懂得夾起尾巴做人，所以下場比鄭譯難看得多。

盧賁一案，楊堅有意對劉昉網開一面，可劉昉非但不思悔改，反而變本加厲，很快又跟兩個心懷怨望的開國功臣勾搭上了，日夜密謀，企圖推翻楊堅。這兩個開國功臣，就是三方之亂時負責征討尉遲迥的梁士彥和宇文忻。

梁士彥，自幼喜讀兵書，頗涉經史，很早便以軍功拜儀同三司。北周武帝時，進位上開府，封建威縣公，後遷熊州刺史。武帝伐北齊時，隨軍攻克晉州，其後武帝暫返關中，由梁士彥獨守孤城，在被北齊大軍圍攻時臨危不懼，身先士卒，一直堅持到武帝大軍回師。北齊滅後，因功進爵郕國公，進位上柱國。周宣帝時，任東南道行台、徐州總管等職。楊堅攝政時，轉任亳州總管。三方之亂爆發後，楊堅任梁士彥為行軍總管，隨韋孝寬出兵討伐尉遲迥。在圍攻鄴城的戰役中，梁士彥命家將梁默等人為前鋒，率先攻入北門，殺進城中，然後開啟西門，引宇文忻部進入，旋即佔領全城。

平定尉遲迥後，梁士彥因首破鄴城之功，被楊堅任命為相州刺史。然而，楊堅對他並不放心。因為，早在尉遲迥被平定之前，楊堅便風聞他和宇文忻等人暗中收受尉遲迥的巨額賄賂。儘管此事後來不了了之，但楊堅卻始終心存芥蒂。此外，梁士彥年少之時，曾有相師為其相面，稱其「年過六十，必據九五」。楊堅耳聞後，越發懷疑梁士彥有不軌之心，所以很快就把他召回京師，且沒有授予任何職務，僅讓他以上柱國的虛銜在家賦閒。

宇文忻，祖、父皆為北周顯宦，自幼聰慧，兒童時代喜玩打仗遊戲，並自任指揮官，把一大群孩子操練得如同軍隊，見者皆稱奇。十二歲，便能「左右馳射，驍捷若飛」，曾對朋友說：「自古名將，惟以韓信、白起、衛青、霍去病為美談，但我考察他們的作為，其實不值得如此譽美。倘若我和他們出生在同一時代，一定不會讓這幾個小子獨佔美名。」此言儘管豪邁，但自負與疏狂之態已溢於言表。

十八歲，宇文忻跟隨齊王宇文憲征討突厥有功，拜儀同三司，封興固縣公，之後又屢建戰功，加位開府，進爵化政郡公，賜食邑二千戶。北周武帝滅齊時，隨軍連克晉州、并州、晉陽等城，並於北齊援軍大兵壓境時，多次諫阻武帝的退兵之念。北齊滅後，進位大將軍、柱國，旋任豫州總管。

三方之亂爆發後，宇文忻與梁士彥一道，被楊堅任命為行軍總管，出關征討尉遲迥。朝廷軍與叛軍對峙河陽時，各軍將領皆畏懼不前。此後高熲馳赴前線監軍，只有宇文忻與高熲一起謀劃進兵事宜。武陟一戰，宇文忻為前鋒，擊敗尉遲惇。在相州附近的野馬岡，宇文忻率五百騎兵襲破尉遲迴埋伏於此的三千精銳。朝廷軍進至草橋時，尉遲迥再度屯兵據守，宇文忻又以奇兵擊破，並引導大軍直趨鄴城。在鄴城之下，當朝廷軍一度失利退卻時，還是宇文忻急中生智，箭射圍觀士民，一舉扭轉戰局，使朝廷軍轉敗為勝。

尉遲迥敗亡後，宇文忻因戰功卓著進位上柱國，賜奴婢二百人、牛馬羊數以萬計。楊堅還親自召見他，大為讚歎：「尉遲迥傾山東之眾，動百萬之師，而你屢出奇策，戰無不勝，誠可謂天下英傑！」旋即加封英國公，增食邑三千戶。

楊堅年輕時，與宇文忻便有不錯的私交，如今宇文忻又在平叛中立下大功，楊堅當然對他更為器重。史稱「自是以後」，宇文忻便「每參帷幄，出入臥內」；楊堅篡周立隋時，宇文忻更是極力擁戴，旋即拜右領軍大將軍，「恩顧彌重」。（《隋書・宇文忻傳》）

表面上，楊堅與宇文忻貌似君悅臣歡、同心同德，可事實上，楊堅對宇文忻早就起了猜忌之心。其因有三：一、當初前線紛傳尉遲迥重金收買朝廷大將時，宇文忻也是收受賄賂的嫌疑人之一，儘管此事並沒有任何確鑿證據，但楊堅心裡卻不免疑竇叢生。二、宇文忻雖然驍勇無敵，但生性自負疏狂，從不把任何人放在眼裡，這一點從他少年時代的豪言壯語便足以見出。因此，宇文忻的軍事才能越高，楊堅對他就越不放心。三、宇文忻雖與楊堅私交甚厚，但自從楊堅攝政後，早年的友情便被上下級關係所取代，所以當宇文忻奉命征討尉遲迥時，心裡其實一直有一種擔心，怕楊堅事後會採取鳥盡弓藏的手段對付功臣。當楊堅得知宇文忻的這種心態後，自然大為不悅。在他看來，若宇文忻對他忠心不二，就不必擔心被鳥盡弓藏；既然擔心，就說明宇文忻對他懷有二心。

宇文忻的心態之所以被楊堅掌握得一清二楚，是因為他曾向一個叫于仲文的人吐露過心事。那是韋孝寬率大軍與尉遲迥對峙於永橋（今河南武陟縣西南）的時候，于仲文被任命為河南道行軍總管，奉命與韋孝寬部配合作戰。當于仲文從長安抵達前線時，宇文忻當即把他請到自己帳中，問：「您剛從京師來，據您所見，執政（楊堅）對今後的事有何打算？要平定尉遲迥其實很容易，我唯一擔心的是，叛亂平定後，執政會行鳥盡弓藏之事。」

于仲文唯恐宇文忻生變，馬上答道：「丞相寬仁大度，明察秋毫，若我等竭誠盡忠，丞相必對我們信任不移。我在京城僅三天，就發現了丞相的三個優點，以此看來，丞相顯然不是尋常之人。」

宇文忻趕緊問：「哪三個優點？」

于仲文說：「有一個叫陳萬敵的叛軍將領，剛剛歸附朝廷，丞相對他毫無疑心，還讓他弟弟回鄉招募鄉勇，隨軍征討叛賊，可見丞相之大度，此其一。朝臣宋謙，奉命巡視地方，打算採取暗訪的方式，遍求地方官吏之罪。丞相知道後，當即斥責他說：『若真觸犯法律，自不難查，何須暗訪，有失朝廷體統！』可見丞相並不隨便羅織他人罪名，此其二。我的妻子兒女均被尉遲迥所殺，丞相每言及此，必潸然淚下，可見丞相之仁心，此其三。」

宇文忻聞言，一顆惴惴不安的心終於放了下來。

宇文忻是放心了，可楊堅得知此事後，心裡卻七上八下，對宇文忻大生疑猜。隋朝開國後，有一次突厥入寇，楊堅倚重宇文忻之將才，準備命他率軍抵禦，高熲當即阻止，說：「宇文忻心懷異志，不能把大軍交給他。」

高熲向來深受楊堅信任，如今連他都這麼說，楊堅對宇文忻的猜忌自然就更深了。隨後，楊堅便藉故免除了宇文忻的官職。

宇文忻最擔心的事情終於變成了現實。他大為惱怒，悔不該輕信于仲文之言。

有道是同聲相應，同氣相求。劉昉、梁士彥、宇文忻這三個自恃功高又相繼遭貶的人，很快就因相同的憤懣和不甘走到了一起。三人日夜密謀，準備發動叛亂，事成後共推梁士彥為帝。宇文忻對梁士彥拍胸脯說：「帝王之位豈是一人可以久佔？只要有人扶助便可登之。您若在蒲州起事，朝廷肯定命我隨軍征討。到時候兩軍相對，你我即刻連兵，天下可圖也！」

梁士彥本來是想趁楊堅出宮祭祀宗廟之機，率家將親兵發動政變，聽了宇文忻的話，決定改在蒲州起兵。蒲州（今山西永濟市西）位於黃河東岸，北控河東，南臨潼關，自古乃兵家必爭之地。梁士彥的計畫是，一旦起兵，便「略取河北，捉黎陽關，塞河陽路，劫調布以為牟甲，募盜賊以為戰士」。（《隋書・梁士彥傳》）

世上沒有不透風的牆。正當梁士彥等人頻頻接頭、蠢蠢欲動之時，其外甥裴通便已察覺了他們的陰謀，遂密報楊堅。楊堅獲悉後，卻若無其事，不僅不予追究，反而授予梁士彥晉州（今山西臨汾市）刺史之職。梁士彥意外獲得封疆大吏之任，覺得起兵更有把握，頓時欣喜若狂，對劉昉等人說：「此乃天助我也！」

臨行前，梁士彥又奏請楊堅，要求任命其在朝中的好友薛摩兒為晉州長史，與他一同赴任。楊堅毫不遲疑，一口答應。此時的梁士彥當然不會料到，楊堅是在用欲擒故縱之計，讓他盡情表演，以便將其所有潛在的同謀者全部挖出來，然後一網打盡。

開皇六年（西元五八六年）八月，楊堅因事命一些刺史回朝述職，梁士彥也在被召之列。他不知道楊堅已經準備收網，遂匆匆趕回長安，並與在朝的公卿百官一道入宮朝謁，劉昉、宇文忻等人當然也在其中。

當天的朝會，一切都與往常並無不同，可就在朝會舉行到一半的時候，楊堅突然臉色一變，命左右禁軍將梁士彥、劉昉、宇文忻等人當廷拿下，並厲聲質問：「朕早知爾等欲反！今日就是想問問爾等，何敢發此意？」

梁士彥等人起初還想辯白，口口聲聲大喊冤枉，直到禁軍士兵把薛摩兒推到他們面前，一五一十地供出了叛亂陰謀，面無人色的梁士彥才咬牙切齒地對薛摩兒說了三個字：「汝殺我！」

劉昉知道自己難逃一死，於是從頭到尾都垂頭不語。宇文忻仍然心存僥倖，趴在宰相高熲腳邊不停叩頭求饒。劉昉見狀大怒，罵道：「事已至此，還磕頭幹什麼！」

當天，楊堅便下令將梁士彥、劉昉、宇文忻等參與謀反的人悉數斬首，家產全部抄沒，兄弟子侄為官者皆除名，十五歲以上者發配邊疆。數日後，楊堅換上素服，親臨射箭堂，並命人把三人家中抄沒的財物當堂擺開，讓文武百官各自拿弓箭去射，射到什麼就拿走什麼，以此對百官進行懲前毖後的教育。

梁士彥集團謀反案，是隋朝開國以來性質最嚴重的一起政治案件，雖然未及事發便被扼殺，沒有給剛剛建立的隋朝造成什麼負面影響，但足以見出楊堅與開國功臣之間的緊張關係。當然，這些開國元老自身都有問題，落得如此下場也算咎由自取，但不可否認的是，楊堅多疑、猜忌的性情，也是造成這些悲劇的原因之一。

# 九、北方的狼煙：平定突厥

在古代傳說中，突厥人是狼的後代。

相傳，在距今多年前的西北大草原上，生活著一個游牧民族部落。當時，各草原部落之間經常爆發戰爭。有一次，這個部落在一場戰爭中被其他部落所滅，男女老少被屠殺殆盡，只剩下一個小男孩，被砍斷雙腳，扔在草澤中。當這個小男孩奄奄一息的時候，一隻母狼忽然來到他的身邊。奇怪的是，母狼並沒有吃他，而是嗅一嗅之後就跑開了。過了一會兒，母狼不知從哪裡銜來了一塊肉，扔在了小男孩的身邊。快要餓死的小男孩抓起那塊肉，狼吞虎嚥地吃了下去。從這天起，母狼每天都會銜一塊肉回來餵小男孩。慢慢地，小男孩長大了，並且和母狼建立了深厚的感情。

在母狼的多年養育之下，男孩終於長大成人，變成了青年，而他身上也分明帶有了幾分狼性。有一天，青年和母狼發生了關係，母狼也很快就有了身孕。不久，其他部落得知當年那個斷足的小男孩沒死，便發兵前來追殺。母狼馱起青年，一路向西狂奔，逃到了高昌（今新疆吐魯番東南）西北的大山中，躲進了一個洞穴。就在這個洞穴裡，母狼產下了十個男嬰。後來，這十個男嬰各自長大，各有姓氏，並娶妻生子，繁衍後代。其中一個姓阿史那，最為賢能，被推為君長，從此建立了自己的部落。

這個「人狼情未了」的故事，就是突厥的起源，而阿史那部落的旗幟，赫然就是一面繡著狼頭的大纛！

北魏太武帝時，阿史那部落逐漸繁興，便走出大山，歸附柔然，定居於金山（今阿爾泰山）南麓，專門從事冶鐵工作，為柔然鍛造武器。因金山狀似兜鍪（ㄉㄡㄇㄡˊ，頭盔），民間又習慣稱兜鍪為「突厥」，從此，阿史那部落便以突厥為號。

北魏末年，突厥逐漸強大，第一任可汗伊利興兵攻擊鐵勒（匈奴後裔），對其實施了毀滅性打擊，收降五萬餘家，其後又率部進攻柔然，大獲全勝。伊利死後，第二任可汗又屢次擊破柔然，至第三任木杆可汗時，終於將一度強大的柔然消滅，此後大舉擴張，相繼降服北方各族，最終稱雄漠北，並將戰爭的矛頭指向了中原。

木杆可汗在位二十年而卒，其弟繼任為第四任佗鉢可汗。因領土急劇擴張，為便於管轄，佗鉢可汗自為總可汗，然後將轄境一分為二，以兒子攝圖為東面可汗，以侄子為西面可汗。當時，北魏已分裂為東魏和西魏，不久又演變為北齊和北周，二者一直互相攻伐，而突厥勢力則如日中天，不但疆域遼闊，而且兵強馬壯。史稱，「佗鉢控弦數十萬，中國憚之，周、齊爭結姻好，傾府藏以事之。」故而佗鉢可汗日益驕狂，常對左右說：「我在南兩兒常孝順，何患貧也！」

突厥的傳位制度，一直是兄終弟及。佗鉢臨終前，感念其兄木杆可汗傳位於他的恩情，便命其子庵邏不得爭位，應讓木杆長子大邏便即位。可是，佗鉢死後，其子東面可汗攝圖卻力挺兄弟庵邏，不讓大邏便繼任。因攝圖向來驍勇善戰，在族人中威望很高，所以眾人不敢違背，只好立庵邏為可汗。大邏便不服，頻頻向庵邏叫囂。庵邏自感能力不足，怕制不住大邏便，引發內亂，遂將汗位讓給兄弟攝圖。攝圖當仁不讓，旋即繼位為第五任可汗，史稱沙鉢略，牙帳設在都斤山（今蒙古杭愛山）。隨後，沙缽略把庵邏遷往獨洛水（今蒙古土拉河），以他為第二可汗。

大邏便見攝圖奪了汗位，便轉而跟他叫板，說：「我和你都是可汗之子，各承父業，可你今天貴為可汗，我卻什麼都沒有，這算哪門子事兒?!」沙缽略初登汗位，權力並不穩固，當然不希望激化矛盾，於是作出讓步，立大邏便為阿波可汗，讓他仍舊統領原有部眾，勢力範圍大致在都斤山和金山之間。

至此，突厥的汗位之爭雖然以和平方式解決，但可汗之位卻一分為三，顯然不利於其內部的長期穩定；加上當初佗缽所設立的西面達頭可汗，此時的突厥相當於有了四個可汗，也就等於有了四股各自獨立、相互博弈的勢力。儘管沙缽略雄踞北方，領土最廣，兵力最強，威望最高，但他上位前後發生的這一切，已經為突厥日後的鬥爭和分裂埋下了伏筆。

差不多在沙缽略上位之際，楊堅也已顛覆北周，建立了隋朝。開國後，他一改此前北周、北齊對待突厥的卑躬屈膝之態，對突厥很冷淡，令沙缽略極為惱怒。同時，沙缽略的妻子又是北周的千金公主，她對顛覆北周並屠殺宇文宗室的楊堅更是恨之入骨，遂日夜向沙缽略吹枕頭風，要求他為北周復仇，消滅楊堅。沙缽略氣不打一處來，終於在隋開皇元年（西元五八一年）年底大舉發兵，入侵隋朝。

楊堅立即下詔，一邊命人鞏固邊防，修繕長城，一邊派遣精兵數萬，由陰壽和虞慶則率領，分別進駐幽州和并州嚴陣以待。

就在大戰一觸即發之時，楊堅意外地收到了一封來自突厥的密信。看完這封信，原本憂心忡忡的楊堅頓時轉憂為喜，戰勝突厥的信心大增。

寫這封密信的人，名叫長孫晟。如果有人覺得這個名字不太熟的話，那麼只要提起他的一兒一女，相信所有人都不會陌生：他的兒子，就是日後大唐帝國的開國元勳、一代權相長孫無忌；而他的女兒，就是李世民之妻、歷史上以賢良淑德著稱的文德皇后長孫氏。

長孫晟，祖上是北魏顯宦，從小機敏過人，精於騎射。十八歲時，長孫晟進入北周宮廷，擔任禁軍低級軍官。由於禁軍中高手如雲，所以長孫晟在宮中當值幾年，一直沒沒無聞，很少有人認識他。有一天，他和一群官兵在校場上操練，楊堅偶然目睹，便找他談話，之後大為賞識，拉著他的手對左右說：「長孫郎武藝超群，適才一席話，又多有過人智略，假以時日，此子必為名將！」

從此，長孫晟便在北周朝野聲名鵲起了。

宣帝年間，當時還只是突厥東面可汗的攝圖（即後來的沙鉢略）請婚於北周，周室以趙王宇文招之女千金公主嫁之。長孫晟擔任和親副使，護送公主抵達攝圖王庭。當時，北周與突厥往來頻繁，攝圖見過的北周使臣不下數十個，從不把誰放在眼裡，唯獨一見長孫晟，便異常敬重，頗有相見恨晚之感。其原因，當然不是長孫晟給他送來了美女，而是因為長孫晟那一手漂亮的騎射功夫。

此後，攝圖便把長孫晟留了下來，經常讓他陪自己打獵。有一次，兩人並轡奔馳在獵場上，忽見上空有兩隻鵰在爭搶一塊肉，攝圖當即遞給長孫晟兩支箭，讓他把兩隻鵰分別射下來。長孫晟搭上一支箭，卻不急於射出，而是靜靜地看著那兩隻鵰，直到它們搶著搶著糾纏到一塊，他才嗖地一箭射出。結果，應聲掉下的不是一隻鵰，而是被一箭貫穿的兩隻！

當長孫晟把剩下的那支箭還給攝圖時，攝圖才知道，原來「一箭雙鵰」這個成語就是這麼來的。攝圖大喜，當場命部落的所有貴族子弟都跟長孫晟拜師學藝。在向長孫晟學藝的人中，有一個叫處羅侯，是攝圖的弟弟，因深得眾心而遭攝圖猜忌，懼不自安，便私下與長孫晟結深交，最後還與他達成了一個生死同盟的協定。

長孫晟被攝圖強行留在突厥，雖然表面上沒說什麼，心裡卻是很不爽的，所以，能夠結交處羅侯這樣一個有實力的盟友，對他來講當然不是什麼壞事。隨後的日子，長孫晟經常跟處羅侯四處遊獵，趁機暗中觀察各地的山川形勢，默記突厥各部的兵力部署和戰鬥力強弱，以備日後派上用場。

開皇元年，沙缽略大舉入侵隋朝，長孫晟掌握的軍事情報終於有了用武之地。他立刻給楊堅寫了一封密信，對突厥的內部形勢做了一番透徹的分析。他說：「突厥兵力強盛，但內部矛盾叢生，如果我們發兵征討，他們必定一致對外，所以不宜強力征討，而應用計離間。如今，突厥西面的達頭可汗雖然位在沙缽略之下，但兵力強大，名義上是沙缽略的部屬，實則心懷異志，若慫恿達頭奪位，必能令其自相殘殺。還有，沙缽略的弟弟處羅侯，勢力雖弱，但為人奸險，善於籠絡人心，頗受沙缽略猜忌，故而疑懼不安，儘管表面上不敢跟沙缽略叫板，可內心極為不服，這就是我們可以利用的因素。此外，沙缽略的堂兄弟阿波可汗，目前雖受制於沙缽略，但其人首鼠兩端，誰強大就投靠誰，純屬沒有立場的牆頭草，也可加以充分利用。」

分析完突厥內部的博弈形勢後，長孫晟提出了八個字的對突戰略：遠交近攻，離強合弱。具體的做法是：派遣密使，分別與達頭可汗和阿波可汗聯絡，讓他們聯手對抗沙缽略，迫使其分兵抵禦西面之敵；然後再扶植處羅侯，讓他與奚、霫、契丹等部族聯兵，在東面牽制沙缽略。若依此計而行，長孫晟最後得出結論說，突厥必將「首尾猜嫌，腹心離阻，十數年後，承釁討之，必可一舉而空其國矣。」（《隋書．長孫晟傳》）

楊堅見信大悅，立刻派人暗中傳召長孫晟回國。

長孫晟入朝後，當面向楊堅彙報，「口陳形勢，手畫山川，寫其虛實，皆如指掌」，令楊堅驚歎不已，遂全盤採納他的對突戰略。

隨後，楊堅立即行動，命大臣元暉祕密前往伊吾（今新疆哈密市），會見達頭可汗，表明隋朝將全力支持他，同時還賜給他一面狼頭大纛。達頭大喜，當即遣使覲見楊堅。楊堅對達頭使節禮數甚周，甚至將其座次安排在沙缽略使節之上。與此同時，楊堅又任命長孫晟為車騎將軍，讓他攜帶大量金銀財寶，前往東北地區收買奚、霫、契丹等部族，然後又命他們派出代表，與長孫晟一道祕密潛入處羅侯轄地，與其締結同盟關係，並要求這支整合起來的勢力必須全體效忠隋朝，而隋朝也承諾作為他們的堅強後盾。

這一系列計謀的成功實施，使得突厥內部的矛盾和分裂不斷加深。「反間既行，果相猜貳」。隋朝未動一兵一卒，便已極大地削弱了突厥的整體實力。隨後的日子，長孫晟這個「遠交近攻，離強合弱」的對突戰略，就像插在沙缽略背上的一把刀一樣，令他痛不欲生卻又無計可施。

開皇二年（西元五八二年），沙缽略強令達頭與他聯兵，共發四十萬大軍，經蘭州入侵隋朝。隋朝大將達奚長儒僅率兩千兵馬，在周槃（今甘肅慶陽縣南）與突厥前鋒的十幾萬大軍展開了一場遭遇戰。雙方兵力雖然極為懸殊，但這場仗卻打得異常慘烈。面對強敵，達奚長儒臨危不懼，率部眾且戰且退，一晝夜交戰十四次。將士們兵器盡毀，便與敵軍進行肉搏，仍殺敵一萬餘人。達奚長儒身中五傷，其中被刺透的就有兩處，卻仍堅持指揮，部眾陣亡十之八九，也沒有一人逃跑。

雖然達奚長儒打得極其頑強，但終究寡不敵眾，未能擋住突厥的兵鋒。隨後，突厥大軍兵分兩路，從木硤（今寧夏固原縣西南）、石門（今固原縣）大舉南下，殺入武威、天水、敷州（今陝西富縣）、弘化（今甘肅慶陽縣）、延安，將沿途所經城池的家畜擄掠一空。

眼看突厥大軍即將逼近關中，長孫晟的反間計終於發揮了重大作用。沙鉢略本欲一鼓作氣，直逼長安，可達頭可汗與隋朝有密約在先，且此次南下已經搶了個鉢滿盆滿，故堅決不從，旋即率本部兵馬打道回府。

緊接著，長孫晟又派人去找沙鉢略的侄子染干（處羅侯之子，早年便與長孫晟有私交，後繼位為啟民可汗，一心歸附隋朝的），讓他向沙鉢略謊報軍情，稱鐵勒諸部造反，正欲偷襲可汗王庭。沙鉢略大驚失色，遂匆忙引兵北還。

長孫晟的計策雖然不能從根本上打消沙鉢略的南侵意圖，但卻為隋朝爭取了部署防禦的寶貴時間。開皇三年（西元五八三年）四月，沙鉢略發現後方無虞，遂再度縱兵入寇。此時，隋朝早已完成戰略部署，楊堅即命衛王楊爽等人兵分八路，北上迎敵。

四月中旬，楊爽所部在白道（今內蒙古呼和浩特市北）與沙鉢略親率的主力正面遭遇。楊爽麾下大將李充獻計：「突厥自視常勝，必有輕我之心，若趁其不備以精兵襲之，必能破之。」楊爽隨即撥給李充五千精銳騎兵，於深夜對突厥大營發動奇襲。突厥果然毫無防備，被打得措手不及。從睡夢中驚醒的沙鉢略連鎧甲都來不及穿，竄進深草中逃遁。隨後，沙鉢略雖然重新集結了逃亡的部眾，但軍糧皆已落入隋軍之手，故餓死者甚眾，加之瘟疫流行，又倒斃了一大片，再也無力南侵，只好黯然撤兵。

五月，隋軍一部由竇榮定、長孫晟率領，出涼州道（今甘肅武威市），在高越原（今甘肅民勤縣西）與阿波可汗會戰。阿波屢戰屢敗，只好主動與隋軍言和，準備退兵。當時，雖然阿波早就上了隋朝的反間名單，但隋朝還沒來得及把工作做到他頭上。現在，長孫晟當然不會放過這個機會。他馬上派人去找阿波，說：「攝圖出兵，每戰必勝，你首次南來便遭大敗，回去如何向他交代？攝圖早就想吞併你，你現在帶著戰敗的恥辱回去，不是剛好給他一個滅你的藉口嗎？」

阿波一聽，覺得很有道理，趕緊派人去見長孫晟。長孫晟趁機對來使說：「達頭早已跟隋朝達成和平協定，所以攝圖拿他沒轍，你們可汗若依附大隋，與達頭聯手，便可保萬全，何苦回去束手就戮呢？」

阿波深以為然，遂遣使隨同長孫晟入朝，表達歸附之意。

沙鉢略風聞阿波投降了隋朝，勃然大怒，立即率兵攻擊阿波王庭，一舉吞併了他的留守部眾，並殺了他母親。阿波老巢被佔、後路已絕，只好率部投奔達頭可汗。

達頭聽說沙鉢略血洗了阿波王庭，頓生同仇敵愾之心，遂撥給阿波數萬精兵，讓他回去報仇雪恨。隨後，阿波殺回老家，重新召集了流亡的部眾，麾下兵馬很快就達十萬騎，遂對沙鉢略頻頻發起進攻。雙方數次大戰，沙鉢略屢屢落敗。阿波旋即收復了所有被佔領的地盤，兵勢日益強盛。原本便與沙鉢略有隙的幾個部落首領，趁機紛紛倒戈，或投奔達頭，或依附阿波。

至此，突厥陷入了全面內戰，長孫晟的對突戰略取得了預料之中的輝煌碩果。沙鉢略的實力大為削弱，自顧尚且不暇，更無餘力南侵。隋朝隨即對其展開反攻，並屢屢獲勝。開皇四年（西元五八四年）九月，備感內憂外患的沙鉢略不得不遣使朝貢，向隋朝求和。為表誠意，當初一心想報仇的千金公主也被迫捐棄前嫌，主動要求改姓楊氏，並把當初不共戴天的「仇人」楊堅認作義父。

在致楊堅的國書中，沙缽略異常謙卑地說，從今往後，自己跟楊堅就是翁婿的關係了，而女婿就跟兒子一樣，「兩境雖殊，情義如一」，並表示：「自今子子孫孫，乃至萬世，親好不絕，上天為證，終不違負！」（《資治通鑒》卷一七六）

楊堅欣然接受了沙缽略的求和之議，當即改封千金公主為「大義公主」，並稱「既為沙缽略婦翁，今日視沙缽略與兒子不異」，然後派遣虞慶則和長孫晟出使突厥。

沙缽略迫於形勢當了楊堅的「女婿」，心裡當然很憋屈，於是就在迎接隋使的儀式上搞了很大陣仗，又是集合部隊炫耀兵威，又是陳列財寶炫富什麼的，一心想撈回點面子。虞慶則和長孫晟到來後，沙缽略坐在榻上稱病不起，還說：「自從我父親去世，我就從沒向誰拜過，包括對我那些叔伯也一樣。」

虞慶則當場就發飆了，指責沙缽略不遵禮節，毫無誠意。沙缽略面含怒色，卻不敢輕易發作。一時間，現場的氣氛非常尷尬。千金公主連忙把虞慶則請到一旁，低聲說：「可汗性如豺狼，硬要讓他下不來台，他可是會吃人的。」

表面上，這話好像是替虞慶則著想，實際上無異於威脅恐嚇。虞慶則雖然不買她的帳，但心底已經有了三分懼意。就在雙方僵持不下之際，長孫晟站了出來，對沙缽略說：「突厥可汗與我大隋皇帝都是大國天子，可汗不起，我等豈敢違意？但是，可賀敦（可汗之妻，即千金公主）既然已經是大隋皇帝之女，那可汗就是大隋女婿，豈有女婿不拜丈人之理？」

長孫晟這話就高明多了，既給了沙缽略面子，又堅持了己方的立場。沙缽略無言以對，只好乾笑著對左右說：「這話還有點道理，女婿是該拜丈人！」說完便起身迎拜，跪受詔書。

沙鉢略雖然通過議和解除了來自隋朝的壓力，但是阿波和達頭卻始終不給他好日子過。尤其是阿波，自從與沙鉢略撕破臉以來，便在戰場上接連獲勝，兵力迅速壯大，地盤不斷擴張，其勢力範圍東起都斤山（今蒙古杭愛山），西至金山（今新疆阿爾泰山），大有後來居上之勢；此外，龜茲、鐵勒、伊吾，以及西域其他小國也紛紛歸附。阿波躊躇滿志，遂正式立國，與沙鉢略分庭抗禮，國號西突厥。

開皇五年（西元五八四年）七月，在阿波、達頭、處羅侯、奚、契丹等多方勢力的聯合攻擊之下，沙鉢略終於支撐不住，趕緊遣使向隋朝告急，並要求准許他的部落南遷，借居白道川（今內蒙古呼和浩特市北）。

時移勢易。當初最強大的沙鉢略，現在已經岌岌可危，而曾經弱小的阿波、處羅侯等勢力，如今卻已強勢崛起。因此，從長孫晟「離強合弱」的戰略思想出發，此時隋朝最應該扶持的力量，無疑就是沙鉢略了。楊堅當即下詔，同意他南遷，並派次子晉王楊廣出兵支援。沙鉢略有了退路和援兵，頓時底氣大增，遂發兵反攻阿波，並取得了一次前所未有的勝利。然而，沙鉢略萬萬沒想到，就在他與阿波大戰的同時，一個名叫阿拔國的部族（位於今蒙古東部），居然乘虛偷襲了他的王庭，並將其妻兒全部擄走。

楊堅聞訊，立刻派兵攻擊阿拔國，將其擄掠的突厥人口和牲畜又全部搶了回來，送還給沙鉢略。沙鉢略感激涕零，當即上表，說：「天無二日，土無二王，大隋皇帝真皇帝也，（我）豈敢阻兵恃險，偷竊名號！今感慕淳風，歸心有道，屈膝稽顙，永為藩附。」（《資治通鑒》卷一七六）並派遣其子庫合真入朝（實際上就是作為人質），以示真心歸附之意。

至此，沙缽略徹底向隋朝稱臣，並年年遣使入朝，「貢獻不絕」。楊堅登基不過數年，就通過長孫晟「遠交近攻、離強合弱」的戰略，把曾經盛極一時的突厥搞得四分五裂、內訌不斷，徹底扭轉了中原王朝在北方游牧民族面前的弱勢局面，誠可謂居功厥偉。此這項功績的獲得，首先固然要歸功於長孫晟的過人謀略，但同時也與楊堅的知人善任密不可分。此後，雖然阿波、處羅侯等勢力也曾一度坐大，但終究沒能恢復過去的強勢，並且始終未能突破長孫晟給他們撒下的「反間之網」。

從沙缽略南遷內附，到他兒子阿史那染干（啟民可汗）最終向隋朝舉國稱臣，其間雖因阿波、處羅侯等勢力的存在而有所反覆，但隋朝卻一直牢牢掌握著戰場上和外交上的主動權，幾乎完全將突厥各部撥弄於股掌之中。

也正是由於對突戰略的極大成功，楊堅才得以從狼煙漸熄的北方轉過身來，把目光投向江南那裡，有一個綺麗萎靡、苟延殘喘的偏安王朝——陳朝。

它，就是楊堅下一個要征服的目標。

# 十、陳朝的喪鐘

楊堅即位之初，由於權力未穩，且北方的突厥虎視眈眈，所以對陳朝一直表現得很謙卑。當時，陳朝經常派間諜深入隋境刺探情報，每每抓獲，楊堅都會下令釋放，而且還奉送車馬和禮物，恭恭敬敬地把他們送回去。

楊堅如此隱忍，卻被當時的陳宣帝視為軟弱可欺，故屢屢縱兵，侵掠隋朝邊境。開皇二年春，陳宣帝駕崩，忍無可忍的楊堅終於逮著機會，命大將元景山對陳朝發動了一次試探性進攻。出乎楊堅意料的是，隋軍僅出兵四千，就擊敗了一向號稱強大的陳朝水師，並一口氣拿下了三座城池。雖然這三城都不是隋軍打下來的，而是陳朝守將棄城而逃拱手相送的，但恰恰是這一點，更加暴露了陳軍外強中乾的真實戰鬥力。

楊堅本欲乘此機會對陳朝動手，但恰在此時，沙鉢略率四十萬鐵騎大舉入寇，楊堅不得不全力對付北方之敵。而剛剛即位的陳叔寶一聽邊境丟了三城，也忙不迭地遣使向隋朝求和。楊堅趕緊就坡下驢，以「禮不伐喪」（陳朝正處於國喪期間）為名，命前線軍隊班師。

此後數年，楊堅一直忙於對付突厥，始終騰不出手來跟陳朝過招。

不過，儘管楊堅迫於北方的壓力而不敢兩線作戰，但這並不等於他會完全把陳朝置之腦後。事實上，就在楊堅採納長孫晟的對突戰略，在北方搞了一系列大動作的同時，他也採納了左僕射高熲的對陳戰略，對陳朝搞了一系列小動作，從而為日後平滅陳朝奠定了堅實基礎。

高熲的對陳戰略，由兩個行動組成：一是「狼來了」行動，一是「火燒屋」行動。

關於「狼來了」行動，高熲打給楊堅的報告是這麼說的：由於長江以北氣候寒冷，莊稼收割時間較晚，而長江以南氣候溫暖，水稻成熟時間較早，我們可以利用這個時間差，在南方收割水稻的時候，小規模地徵召府兵（按隋朝從北周承襲而來的府兵制，士兵們農忙時是農夫，農閒時操練，一有戰事就要馬上回軍隊報到），揚言要對陳朝發動進攻，陳朝必定集結軍隊嚴加防範，如此便會耽誤收割。等他們把士兵集結好了，田裡的水稻也差不多爛光了，咱們就把軍隊解散。如此一而再、再而三，他們就會認為我們是虛張聲勢，以後就不會再輕易相信。最後，一旦我們真的發動南征，他們肯定會狐疑不決。趁此機會，我們的大軍便可迅速越過長江。

關於第二個行動「火燒屋」，高熲是這麼說的：長江以南，地下水離地面很近，不能挖掘地窖，敵人的所有軍用儲備物資，都只能存放在地面上，而庫房一般都由竹子和茅草搭成。如果我們派出間諜，利用風勢放火，等他們修復之後，咱就派人再燒，用不了幾年，不管是民間的糧食還是官方的物資，都會被我們燒個精光。

高熲這兩招顯然都很陰損，跟長孫晟一門心思離間人家兄弟叔侄的做法有得一拼。不過，有道是兵不厭詐，在戰場上，越損的招數，往往是成本最低而效用最大的。楊堅欣然採納了高熲之策，果然不出數年，陳朝就被隋朝的一系列小動作搞得身心俱疲、財竭民困。

到了開皇七年（西元五八七年），當北方的突厥因忙於內訌而日漸衰落，再也無法構成對隋朝的威脅時，楊堅終於把目光轉向了陳朝。

一看天子有了南征之意，朝野上下立即聞風而動。楊素、賀若弼、高勱、崔仲方等人紛紛呈上平陳方略。正當隋朝舉國上下摩拳擦掌之際，多年來一直困守江陵一隅的後梁小政權又不識時務地歸降了陳朝，更是令楊堅怒不可遏。他憤憤地對高熲說：「我為民父母，豈可限一衣帶水不拯之乎?!」意思是，我身為天下百姓的父母，豈可因為隔著一條衣帶寬的長江，就不去拯救那裡的人民呢？

隨後，楊堅立刻命信州刺史楊素在其轄境永安（今重慶奉節縣）督造戰船。隋朝當時的造船工藝絕對是世界一流，所以楊素所造的戰艦堪稱巨無霸，其中最大型的「五牙」足足有五層高，高百餘尺，前後左右共設置六根「拍竿」（攻擊型武器，可伸出搗毀敵艦），每根拍竿有五十尺長；一艘「五牙」可裝載士兵八百人。比「五牙」小的叫「黃龍」，每艘也可裝載士兵一百人。

隋朝在長江北岸大舉造船，其戰略意圖昭然若揭。有大臣提醒楊堅，說這種戰略行動應該越隱祕越好，不可大張旗鼓。楊堅不以為然地說：「我欲替天行道，有何隱祕可言？」遂命人把造船的木屑全部投入江中，故意讓其漂往下游的陳朝。

僅憑這句話和這個動作，就完全可以看出楊堅平滅陳朝的決心。

當楊堅已然磨刀霍霍的時候，陳朝的陳叔寶都在幹什麼呢？

很遺憾，這位歷史上著名的亡國之君，似乎自始至終都沒有意識到即將來臨的滅頂之災。自從即位以來，陳叔寶幾乎從未正兒八經地治理過一天朝政，而是終日沉溺後宮，縱情聲色，飲酒作詩，聽歌觀舞。他最寵幸的嬪妃有張貴妃、孔貴嬪等十幾人，同時遴選了一批色藝雙馨的宮女充當「女學士」，此外還挑選了一千多名宮女組成合唱團；每次舉辦宮廷宴會，這些女人必定全部上場，匯成一個鶯歌燕舞、溫香軟玉的聲色海洋，把陳叔寶徹底淹沒。被後人視為亡國之音的《玉樹後庭花》，就是此時陳朝宮廷最流行、也是陳叔寶最喜歡的曲目之一。

陳朝的悲哀在於：不僅皇帝很不敬業，而且他底下的宰相和大臣也都跟他一個德性。史稱，時任陳朝僕射的江總，「雖為宰輔，不親政務，日與都官尚書孔範、散騎常侍王瑳等文士十餘人，侍上（陳叔寶）遊宴後庭，無復尊卑之序，謂之『狎客』。」

皇帝和宰輔重臣都耽於玩樂，政務自然是沒人管了。無論百官有什麼奏報，都只能通過宦官蔡脫兒、李善度呈遞。陳叔寶聽取奏報的時候，一般是把他最寵幸的貴妃張麗華抱在懷裡，讓她坐在自己大腿上，然後一同決斷政務。

說是一同決斷，其實大多數時候作主的還是張麗華。因為這個女人不僅美豔動人，而且腦子好使。由於百官奏章通常是堆積如山才集中轉呈的，所以每次處理的工作量都相當大，陳叔寶才懶得管，充其量就是起一個簽字蓋章的作用，相當一部分處理意見實際上是出於蔡脫兒、李善度之手，而主要決斷權還是在張麗華手上。「李、蔡所不能記者，貴妃並為條疏」，「由是益加寵異，冠絕後庭」。

皇帝的權力落入女人和宦官之手，這個國家的政治局面也就可想而知了。「宦官近習，內外連結，援引宗戚，縱橫不法，賣官鬻獄，貨賂公行；賞罰之命，不出於外（外朝，即政府職能部門），大臣有不從者，因而譖之。於是，孔、張（孔貴嬪、張麗華）之權熏灼四方，大臣執政皆從風諂附。」（《資治通鑑》卷一七六）

內廷由女人和宦官把持，外朝也基本上成了都官尚書孔範、中書舍人施文慶、沈客卿等一幫佞臣的自留地。陳叔寶最討厭有人說他的過失，而孔範則最善於幫他文過飾非，「每有惡事，必曲為文飾，稱揚讚美，由是寵遇優渥，言聽計從」。只要有正直的朝臣諫諍，孔範必定想方設法給他栽一個罪名，然後貶謫放逐。

為了培植自己的勢力，孔範不僅在朝中黨同伐異，而且還把手伸到了地方上。他對陳叔寶說：「各地將領大多出身行伍，只有匹夫之勇，缺乏深謀遠慮，應該換一些更有謀略的人。」陳叔寶深以為然。此後，各地守將只要稍微有點過失，馬上會被朝廷褫奪兵權，轉由孔範派出的文官接任。從此，舉國武將與朝廷離心離德。日後，隋軍的平陳之戰之所以打得那麼輕鬆，一個重要的原因正是在此。

施文慶是陳叔寶的東宮舊人，因生性精明，博聞強記，且熟悉官場的運作規則，故而深受寵幸。陳叔寶上位伊始，便大肆修建宮殿台閣，窮極耳目之欲，沒幾年時間，國庫就見底了。施文慶立刻向皇帝舉薦了「理財高手」沈客卿。沈客卿為了幫皇帝搞錢，便不顧一切地搜刮聚斂。按陳朝舊制，軍人和官員是不用納稅的，可沈客卿為了擴大稅源，遂改訂稅法，對這兩個人群全面徵稅，同時又對一般百姓加重賦稅。這樣子一搞，朝廷每年收繳的稅收居然是過去的幾十倍。陳叔寶喜笑顏開，認為施文慶有知人之明，遂更加倚重，「小大眾事，無不委任」。而對此竭澤而漁、殺雞取卵的做法，朝野上下自然是極度不滿，於是群言洶洶、「士民嗟怨」。

陳禎明元年（隋開皇七年），陳朝大臣章華對國家的現狀忍無可忍，遂上疏力諫：「陛下即位，於今五年，不思先帝之艱難，不知天命之可畏，溺於嬖寵，惑於酒色」，「老臣宿將棄之草莽，諂佞讒邪升之朝廷。今疆埸日蹙，隋軍壓境，陛下如不改弦易張，臣見麋鹿復遊於姑蘇矣！」

最後這句話是伍子胥當年警告吳王夫差的經典語錄，章華把他放在這裡，擺明了就是警告陳叔寶：若再不悔改，亡國滅種就在眼前！

陳叔寶勃然大怒，當天就把章華砍了。

陳禎明二年（隋開皇八年）春，隋文帝楊堅意識到伐陳的時機已經成熟，遂正式頒布詔書，稱：「陳叔寶據手掌之地，恣溪壑之欲，劫奪閭閻，資產俱竭，驅逼內外，勞役弗已，」還說他「窮奢極侈」、「欺天造惡」，「自古昏亂，罕莫能比」，所以決定出師討伐，「永清吳越」。然後，楊堅還命人把詔書複製了三十萬份，遍撒江南。

隋朝已經亮劍，陳朝的喪鐘也已敲響，可令人感到不可思議的是，此刻的陳叔寶卻不是忙於調兵遣將、組織防禦，而是在忙著廢立太子。

陳朝太子陳胤是沈皇后所生，因陳叔寶寵幸張麗華、孔貴嬪等人，沈后早已失寵，所以太子自然不遭人待見。張麗華為了讓自己的兒子始安王陳深入主東宮，便日夜向陳叔寶吹枕頭風，構陷沈后和太子，而孔貴嬪、孔範、吏部尚書蔡徵等人也在一旁極力幫腔，更是令陳叔寶對沈后和太子愈發厭惡。

禎明二年五月，陳叔寶終於下詔，廢太子陳胤為吳興王，立始安王陳深為太子。

廢掉太子後，陳叔寶原本是打算把沈后也一起廢掉，立張麗華為皇后的，可是，還沒等他行動，江山社稷就已經淪於楊堅之手了。

隋開皇八年（西元五八八年）十月，隋朝伐陳的一切準備工作均已就緒，楊堅立即下令在壽春（今安徽壽縣）設置淮南行省，以次子晉王楊廣為尚書令，實際上就是賦予他伐陳最高軍事統帥的職權。

同年十月二十八日，楊堅祭告太廟，當天發布了戰爭命令，早已在長江沿岸各地待命的隋朝大軍同日出發，大舉南征：晉王楊廣出六合（今江蘇六合縣），秦王楊俊出襄陽（今湖北襄樊市），清河公楊素出永安（今重慶奉節縣），荊州刺史劉仁恩出江陵（今湖北江陵縣），蘄州刺史王世積出蘄春（今湖北蔪春縣），廬州總管韓擒虎出廬江（今安徽廬江縣），吳州總管賀若弼出廣陵（今江蘇揚州市），青州總管燕榮出東海（率艦隊出海，自東海南下）。隋朝總共出動大將九十人，士兵五十一萬八千人，以晉王楊廣為大元帥，高熲為元帥府長史，在東接滄海、西連巴蜀，首尾橫亙數千里的戰線上，對陳朝發起全面進攻。

# 十一、平滅陳朝，一統海內

隋軍南征的第一仗，由楊素打響。

他率艦隊東下，迅速穿過三峽，進抵流頭灘（今湖北秭歸縣東）。當時，陳朝大將戚昕率青龍艦隊一百餘艘，據守狼尾灘（今湖北宜昌市西北）。隋軍將士都擔心狼尾灘地勢險惡，而陳軍據險而守，隋軍很難突破。楊素說：「諸位的擔心是有道理的，若我軍白天順流而下，敵人很容易看出我軍的實力，且灘流湍急，艦船很難控制，這對我極為不利，所以我決定，在夜晚發起進攻。」

十一月初的一個深夜，楊素命所有將士全部銜枚（口含木片，以防出聲），然後親率黃龍艦隊數千艘沿江而下；同時，命部將王長襲率一支步兵悄悄在南岸登陸，襲擊戚昕的一座營寨，對陳軍形成牽制；又派大將劉仁恩率騎兵自北岸攻擊白沙城（今湖北宜昌市東），截斷陳軍退路。

拂曉時分，楊素主力與戚昕水軍接戰。片刻後，其他兩路的戰鬥也按預定計劃打響。陳軍擔心後路被斷，士氣大挫，故迅速被隋軍擊潰。戚昕獨自逃竄，部眾悉數被俘。楊素對所有戰俘一律優待，隨後又將其全部釋放。

此後，楊素大軍一路東下，艦船布滿江面，旌旗遮天蔽日，軍容極為壯觀。楊素的相貌本來就很威武，又坐在巨型戰艦五牙上，其氣場更不是一般的強大。沿途的陳朝軍民一看，不禁紛紛驚呼：「清河公即江神也！」

風聞楊素大軍東下，長江沿岸的陳朝守軍無不震恐。很快，一封封加急戰報就像雪片般飛進了建康皇宮。同時，陳朝各地守軍也紛紛奏報隋軍入侵的消息。但是，它們全都被施文慶和沈客卿一一扣下了。所以，陳叔寶只知道隋軍發動了南侵，可到底來了多少人，從多少個方向一起打過來，他一概被蒙在鼓裡。

湘州（今湖南長沙市）歷來是陳朝的軍事重地，其地刺史晉熙王陳叔文（陳叔寶之弟）在職日久，深受當地士民擁戴。陳叔寶對他極為猜忌，於是決定把他調回建康。但是，滿朝武將幾乎沒有一個跟陳叔寶是一條心的，所以該找什麼人繼任，讓他大為頭疼。最後，陳叔寶想來想去，只能派自己最寵信的施文慶去了。他隨即徵召陳叔文回京，並命施文慶擇日赴任，同時許諾撥給他一部分禁軍精銳，讓他帶往湘州。

眼看楊堅的刀都快架到脖子上了，陳叔寶還在跟自己的親兄弟玩「君臣相猜」的遊戲，實在是令人無語。

施文慶對這個封疆大吏之任垂涎已久，接到調令也是暗自竊喜。不過，他又怕自己一旦離朝，好不容易竊取的朝權又會白白落到別人手裡，遂推舉死黨沈客卿接替自己的現職。兩個人辦理交接期間，關於禁軍的所屬和調動問題，卻出現了極大的爭議。

當時，只要是還有點公心的大臣，無不對陳朝面臨的嚴峻局勢深感憂慮。比如，禁軍大將樊毅就數度向僕射袁憲進言，認為京口（今江蘇鎮江市）和采石（今安徽馬鞍山市西南）都是拱衛京師的戰略要地，必須各發五千精銳駐防，且派出金翅艦二百艘，沿長江上下日夜巡航，以備不測。

袁憲深以為然，遂舉行會議，召集文武百官商討。施文慶唯恐把精銳都調往京口和采石，就沒有精兵強將跟自己去湘州了，遂要求百官把意見寫成奏章，由他呈送給皇帝裁決。隨後，他便拿著百官的奏疏去見陳叔寶，說：「隋軍犯邊是常事，邊城將帥足以抵擋，若軍隊艦船大舉出京，恐怕會擾亂人心。」

陳叔寶覺得有道理，便沒有同意出兵。袁憲等人心急如焚，又再三上疏，極言邊境危急。陳叔寶終於生出了一絲憂懼。施文慶趕緊對他說：「元旦的朝會大典馬上就要舉行，另外還有南郊的祭天大典，到時候禁軍都要擔任警戒任務，如果現在把禁軍派出去，這兩件大事就都辦不成了。」陳叔寶說：「暫且先出兵去看看，若北邊確實無事，就讓水軍在長江上為大典警戒，也沒什麼不可以。」施文慶道：「如果稍有風吹草動就把軍隊調來調去，我擔心鄰國會恥笑我們膽小怯懦。」

施文慶雖然好幾次阻攔了禁軍北上的計畫，但還是擔心陳叔寶會迫於百官壓力而改變主意，遂拿了重金去賄賂朝廷大佬江總。江總收了錢，便不斷進宮遊說，屢屢向陳叔寶強調出兵的壞處。陳叔寶舉棋不定，只好命百官繼續開會研究。

於是百官只好繼續研究。在會上，江總又利用自己老宰相的身分，屢屢壓制袁憲等人的意見。就這樣，百官天天開會討論，可始終沒有結果。直到後來隋軍打過長江，陳朝的袞袞諸公們還在為禁軍要不要北上而口沫橫飛、久議不決。

那些日子裡，陳叔寶還是活得優哉遊哉、超級淡定。有一天，他對左右侍從說：「天下王氣，一向都在建康。北齊三次渡江，北周兩次南下，沒有一次不被我們打敗。他們這次來，還能有什麼作為呢？」

左右紛紛附和。孔範也趕緊說：「長江天塹，自古以來限隔南北，而今蠻虜軍隊豈能飛過來不成？邊防將領急於立功，才謊報軍情緊急，其實都是危言聳聽。」說完，孔範瞄了皇帝一眼，發現他面露笑容，急忙又故作幽默地補了一句：「我一直嫌官職太小，所以巴不得蠻虜渡江呢。他們一過來，臣一定可以當上太尉公（三公之一，掌管全國兵馬）！」言下之意，他孔某人談笑之間，便可令隋軍灰飛煙滅，為國家立不世之功。

陳叔寶聞言大笑，對孔範的自信和忠心深感滿意。

幾天後，有人為討好皇帝，就說隋軍的戰馬因水土不服死了很多。孔範一聽，當即正色道：「那是我們的馬，怎麼能死呢?!」意思是隋軍的戰馬終歸是要被陳朝俘獲的，所以死了很可惜。陳叔寶聽了，再度開懷大笑。

陳朝君臣就這樣在自欺欺人的迷夢中沉睡不醒。此後，陳叔寶幾乎再沒關心過禦敵的事情，每天「奏伎、縱酒、賦詩不輟」。

醉生夢死中，時光很快走到了禎明三年（隋開皇九年，西元五八九年）。

新年的正月初一，當陳朝君臣正在建康的皇宮裡舉行隆重的元旦大典時，隋朝南征大軍的賀若弼部，已經在不費一兵一卒的情況下，神不知鬼不覺地渡過了長江。

賀若弼之所以能悄然渡江，正是採用了高熲的「狼來了」之計。

起初，賀若弼賣掉了軍中的很多老馬，暗中向陳朝購買了許多船隻，都藏在隱祕的地方，然後另外買了五六十條破船，停泊在碼頭。陳朝間諜偵察後，認為隋軍裝備很爛，僅憑這些破船根本過不了長江，所以放鬆了警惕。

第一步計畫成功後，賀若弼又向朝廷奏請，要求整個長江下游的江防部隊，換防的時候都要到廣陵（今江蘇揚州市）集中。朝廷很快批准。於是每逢換防之際，廣陵城外都會旌旗蔽日，營帳遍野。陳朝守軍以為隋軍大舉集結，遂緊急動員，增調附近部隊到廣陵南岸戒備。可他們隨後便得知，隋軍只是正常換防而已，遂解散了增援部隊，從此便把隋軍的大舉集結視為常事，不復戒備。第二步得手後，賀若弼又經常派部隊沿江打獵，每次都搞得人喊馬嘶、塵土漫天。對岸的陳軍在恐慌了幾次之後，也就習以為常了。

所以，當賀若弼在正月初一之夜揮師渡江時，陳朝守軍幾乎沒有察覺。

就在賀若弼渡江的同一天，韓擒虎部也從橫江（今安徽和縣東南，長江渡口）南渡，在采石磯（今安徽馬鞍山市西南）登陸；當時，陳朝守軍正在慶賀新年，一個個喝得酩酊大醉，韓擒虎遂兵不血刃地拿下了采石城，陳朝采石守將徐子建僥倖脫逃。同日，楊廣也親率主力推進到長江北岸的桃葉山（今江蘇江浦縣東北十五公里處），與南岸的建康（今南京）隔江相望。

剛剛新年頭一天，隋朝的三路兵馬，已經在北、南、中三個方向，對陳朝都城建康形成了合圍鉗擊之勢。

正月初二，徐子建倉皇逃回建康，向朝廷告急。至此，一直在溫柔鄉中樂而忘返的陳叔寶才猛然清醒過來，慌忙召集文武百官，於初三舉行了軍事會議，商討禦敵之策。

初四，陳叔寶宣布戒嚴令，任命驃騎將軍蕭摩訶、護軍將軍樊毅、中領軍魯廣達為都督（首都城防司令），並以司空司馬消難（就是那個隋朝叛將）、湘州刺史施文慶（此時依然沒有赴任）為大監軍，同時命大將樊猛率艦隊從白下（建康城北）出發，迎戰隋軍主力楊廣，並命散騎常侍臯文奏率軍馳援姑孰（今安徽當塗縣），迎戰韓擒虎。

正月初六，賀若弼攻克京口（今江蘇鎮江市），擒獲當地刺史黃恪。賀若弼軍紀嚴明，入城後對陳朝百姓秋毫無犯。有個士兵偷偷溜出軍營，跑到市場上買酒，立刻被賀若弼逮捕斬首。隋軍此戰共俘虜陳軍六千人，賀若弼將其全部釋放，並分發乾糧和盤纏，讓他們各自回家。當然了，賀若弼做這麼多好事，還是需要一點小小回報的——俘虜們上路的時候，都帶上了一包東西，那裡面就是隋文帝楊堅那道平陳詔書的影本。賀若弼要求他們一路上到處分發，不管發到哪裡，只要能發完就行。

隨著廣告傳單的大量散發，加上這些感激涕零的俘虜們的現身說法，隋軍弔民伐罪的王者之師形象，迅速在廣大陳朝軍民的心中樹立了起來。與此同時，江南百姓對陳朝的忠心也隨之瓦解，人人盼著「隋朝解放軍」趕緊打過來，推翻萬惡的陳家王朝，還給老百姓一個物阜民豐、海晏河清的太平天下。

賀若弼在北線初戰告捷，韓擒虎在南線也同時奏凱。

正月初七，韓擒虎進攻姑孰，僅用半天時間便將其攻克。當地守將樊巡（樊猛之子）及其家屬全部被俘。皋文奏帶著殘部逃回建康。江南父老素聞韓擒虎威名，每天來軍營拜見他的人絡繹不絕。稍後，陳朝新蔡（今湖北黃梅縣西南）守將魯世真、魯世雄兄弟（魯廣達之子）也率部向韓擒虎投降，並主動寫信給其父魯廣達，勸他早日棄暗投明。

魯廣達見信後，又恨又懼，趕緊上疏自劾，並前往廷尉（司法部長）處請罪。陳叔寶雖然對其兩個兒子的叛逃行為極度不爽，可如今還忠於他的大將已經沒幾個了，要是再把魯廣達逮捕治罪，誰來幫他禦敵守城？

無奈，陳叔寶只好強作笑顏，好言勸慰，並賜給魯廣達黃金，還親自送他回營。

此時，樊猛正率領青龍艦八十艘，在建康城北的江面上與隋軍楊廣主力對峙。陳叔寶得知樊猛的老婆、兒子和其他家眷都已被隋軍俘虜，所以對他能否盡力死戰深感懷疑，就動了心思，準備派鎮東大將軍任忠（時駐吳興郡，今浙江湖州市）去接替樊猛。隨後，蕭摩訶奉命去找樊猛，婉轉地傳達皇帝的意思，樊猛聞言大為不滿，狠狠發了一通牢騷。蕭摩訶據實回稟。陳叔寶猶豫良久，擔心把樊猛逼急了連他都跳槽，不得不打消了換防的主意。

隋軍北南二部幾乎同時拿下長江南岸的橋頭堡後，便以驚人的速度向建康推進。賀若弼由北向南，韓擒虎自南向北，兩軍無形中展開了競爭，都想在對方之前攻進建康，奪一個首功。面對志在必得、來勢洶洶的隋軍，陳朝長江沿線的各個衛戍基地無不望風披靡——還沒等隋軍殺到，陳朝守軍便丟盔棄甲，紛紛逃散。

賀若弼攻克京口後，派出一部南下攻擊曲阿（今江蘇丹陽市），切斷了陳朝東面援軍（太湖、錢塘江一帶的隋軍）馳援建康的交通線，解除了後顧之憂，然後親率主力直逼建康，並迅速拿下鍾山，推進到建康城下，在白土岡（今江蘇江寧縣東）東面紮營。

與此同時，韓擒虎也已快速北上，在建康的西南面與楊廣派出的杜彥部會師，兩軍共計步騎二萬人，進駐新林（今江蘇江寧縣西），與賀若弼遙相呼應，完成了對建康的戰略合圍。

當時，建康的作戰部隊還有十幾萬人，至少兵力上比城外的兩支隋軍加起來還多，可很多時候，戰爭的勝負並不是取決於兵力，而是取決於統帥的意志、智慧和謀略。遺憾的是，此刻的陳叔寶別說智慧和謀略，光意志這一條就遠遠不能達標。史稱隋軍兵臨建康城下後，生性怯懦、不懂軍事的陳叔寶「唯晝夜啼泣」，「台內處分，一以委施文慶」。

在此性命攸關的危急時刻，陳叔寶居然還把決策權交給施文慶，這當然只能加速他的滅亡。施文慶深知自己不得人心，更知道軍界的人早就對他恨之入骨，一旦將領們得勝立功，絕對會對他構成很大的威脅。所以，凡是軍方呈上來的關於防禦部署、軍隊調動及後勤補給的所有奏章，大部分都被施文慶否決了。他還對陳叔寶說：「這些大老粗一肚子牢騷，平常對朝廷就有很多不滿，如今這個危急關頭，朝廷更不能隨便聽信他們的意見。」

世界上最堅固的堡壘都是從內部攻破的。此刻，不要說陳朝這座堡壘本身就很不堅固，即便其固若金湯，也經不住施文慶這個比隋朝間諜還更有破壞力的傢伙如此一而再、再而三地自毀長城。

賀若弼剛剛攻下京口時，蕭摩訶就曾向陳叔寶請戰，表示要率部迎擊隋軍，陳叔寶擔心守衛京師的兵力不足，就拒絕了他的提議。此後，賀若弼推進到鍾山，蕭摩訶再次請戰：「賀若弼孤軍深入，立足未穩，若我軍發動奇襲，定可一戰破敵。」可陳叔寶卻再度否決。直到賀若弼兵臨城下，陳叔寶才慌了神，趕緊召集蕭摩訶、任忠（此時已率部進京勤王）等人，商討應對之策。

任忠的意見是固守京城。他說：「兵法有云：客貴速戰，主貴持重。」（客場作戰利在速戰速決，主場作戰最好穩紮穩打）。如今我們是主場作戰，兵力充足，糧餉無缺，應該固守堅城，並沿秦淮河一線構築防禦工事，不主動與隋軍交戰，同時分兵切斷敵人的長江交通線，讓他們一封信都過不來。然後，請皇上撥給我精兵一萬、金翅艦三百艘，渡江北上，直攻六合，隋軍主力一定認為南岸部隊已經潰敗，士氣自然喪失。而淮南一帶的士民很多都是臣的舊識，聽說我來了，一定會起兵回應。臣再放出消息，說準備收復京口，斷其後路，隋軍必定驚恐，不戰而退。等到春天一來，江水上漲，再命長江上游的周羅睺率大軍順流而下，增援京師，此乃上上之策。」

應該說，任忠的計策還是比較穩妥的。若陳叔寶採納，就算不能挽回敗局，至少也能多撐一段時間。而只要能多堅持一陣子，陳朝廣大的後方還是可能會有一些軍隊入京勤王的，就算隋軍最後還是贏了，但也會贏得很辛苦，付出很大的代價。

只可惜，陳叔寶沒有聽從任忠的建議。他滿面憂色地說：「戰事久拖不決，令人心煩意亂，不如讓蕭摩訶出兵。」

隋軍剛打過長江時，他不敢派兵出戰，怕削弱京師的守備力量；可當隋軍兵臨城下時，他又討厭這種被圍困的感覺，希望主動出擊，一戰擊退強敵。可以說從頭到尾，陳叔寶的決策沒有一條是正確的。

任忠聞言，連忙磕頭苦諫，極言不可。然而，他的聲音很快就被另外一個人蓋過去了。這個人就是講話一貫很大炮的孔範。他說：「臣願意決一死戰，為國家勒石燕然（東漢竇憲擊破匈奴，在燕然山勒石記功）。」

孔大炮當然知道，即便上戰場，皇帝也不會讓他這個文官打前站，所以大可以把牛皮吹上天去。陳叔寶很滿意，轉頭對蕭摩訶說：「公願意為朕決一死戰嗎？」

蕭摩訶慷慨激昂地說：「自古以來行軍打仗，都是為了國家社稷，今天臣奉命出征，更是為了妻子兒女。」

乍一聽，蕭摩訶這話很有一種悲壯的力量，因為敵人都打到眼皮底下了，現在打仗當然是上保國家下保妻兒，可謂責無旁貸義不容辭。在場的所有人聽了，包括陳叔寶在內，都不禁為蕭摩訶的深明大義感動不已。然而，他們都沒聽出來，摩訶兄這話是充滿了弦外之音的。不過，這層弦外之音，大夥要等到上了戰場才能回味過來。

決戰計畫就此敲定。陳叔寶當即命人打開國庫，取出大量金帛交給各軍，準備等打完勝仗作為賞賜之用。

正月二十，陳叔寶正式下令，命各軍相繼出發，與賀若弼進行決戰：蕭摩訶為左前鋒，魯廣達為右前鋒，樊毅為左軍，孔範為中軍，任忠為右軍；各軍南北魚貫相接，首尾長達二十里，軍容不可謂不壯觀。然而，各軍既沒有一個共同的主帥，進退也沒有一套統一的號令，所以，戰線拉得越長，混亂越是不可避免。

陳軍擺出這麼大的陣仗，賀若弼不敢掉以輕心，立刻率輕騎登山眺望，隨後立刻命部眾在山下列陣，嚴陣以待。此時，賀若弼的部眾只有區區八千人，而陳軍的兵力至少是隋軍的十倍。

雙方擺好陣勢後，按照原定計劃，應該是由左前鋒蕭摩訶率先發起進攻。可是，陳朝各軍左等右等，卻始終不見他出兵。至此，反應快的人終於回過味來了——蕭摩訶那句「今日之事，兼為妻子」絕不是說他要為國為家血濺沙場，而是說他今天要幹的事情，和他老婆有關。

蕭摩訶在關鍵時刻按兵不動，又關他老婆什麼事呢？

原因很簡單，色狼陳叔寶坐擁後宮三千佳麗還嫌不夠，又暗中勾搭上了蕭摩訶的老婆。蕭摩訶被皇帝戴了綠帽，自然是敢怒不敢言，但心裡總想找機會報復。因此自從隋軍南來，他便頻頻請戰，實際上就是故意想打敗仗，耗光陳叔寶最後的本錢，以便他早日完蛋！

眾人弄明白蕭摩訶的真實意圖後，也就不指望他能英勇衝鋒了。右前鋒魯廣達不得不主動出擊，率部直撲隋軍軍陣。

隋軍這一路南下，一直打得相當輕鬆，沒料到陳軍的精銳還是有一些戰鬥力的，所以剛開始被打得步步後退，前鋒頃刻之間就被陳軍砍倒二百多人。魯廣達乘勝而進，很快殺到了賀若弼面前。賀若弼萬沒料到陳軍還有這麼猛人，慌忙命人燃起濃煙，以此阻擋陳軍視線。濃煙一起，孤軍突入隋軍軍陣的魯廣達顯然是吃虧了，攻勢立刻受挫。趁此時機，賀若弼馬上組織兵力發起反撲。

陳軍出發前，所有人都看到了皇帝發給各軍的金帛，如今魯廣達的部下們剛一開戰就把隋軍前鋒打得落花流水，每個人腰間也都繫了一兩顆隋軍人頭，心裡自然記掛著那些金帛。所以隋軍一發起反攻，魯廣達的部眾便紛紛腳底抹油，急著要回大營領賞去了。

在反攻的間隙，賀若弼很冷靜地觀察了一下陳朝各軍的陣勢，發現孔範的中軍陣形最亂，遂親率主力直撲孔範。

孔大炮向來是個嘴上英雄，一看賀若弼居然直接就衝他來了，嚇得面無人色，慌忙拍馬而逃。手下一看主將逃跑，也都跟著四散逃命。其他各軍一見中軍潰退，更是無心戀戰，人人奪路而逃。

陳朝大軍就此全線崩潰，被砍殺五千餘人。蕭摩訶被生擒，賀若弼下令將他斬首。蕭摩訶本來就是為了打敗仗而來的，現在的結果不出他的意料，所以面不改色，一副視死如歸的模樣。賀若弼感到此人還有幾分膽色，便親自上前解開他的繩索，以禮相待。

任忠一路狂奔，逃回宮城，向陳叔寶報告戰敗的消息，最後說：「陛下好好保重，臣已無能為力了！」

陳叔寶大恐，急忙拿出兩袋黃金，顫抖著塞進任忠懷裡，用一種央求的口吻，請他出城招兵買馬，繼續保衛京師。任忠深長地看了一眼懷裡的黃金，說：「陛下最好趕緊上船，往上游投奔大軍

（周羅睺軍），臣自當拼死保衛！」

陳叔寶大喜，讓任忠趕快去安排船隻，接著匆匆回到內宮，命嬪妃宮女們收拾金銀細軟，然後在宮裡踱來踱去，焦急地等候任忠來接他上船。

可是，陳叔寶最終並沒有等來任忠，而是等來了韓擒虎。

任忠出宮後，並沒有去碼頭，而是帶著幾個親兵逕直出城，向南狂奔。

很顯然，他是要帶著那兩袋沉甸甸的黃金跑路了。可是，跑出沒幾里路，他就撞上了從新林殺過來的韓擒虎軍。任忠乖乖投降，並自告奮勇充當隋軍的嚮導。

當時，駐守朱雀橋（建康城南正門外）的是禁軍大將蔡徵。他一聽任忠領著隋軍過來了，二話不說就帶著部眾跑了。

韓擒虎軍如入無人之境，在任忠的引領下直趨朱雀門。守門的陳軍正準備抵抗，任忠一馬當先來到城下，對士兵們喊話：「連老夫我都投降了，你們還想打什麼？」眾人一聽，當即一哄而散。

至此，陳朝的軍隊和百官基本上已經逃得一乾二淨，只剩下僕射袁憲、江總等少數幾個高官，還堅守在各自的崗位上，大有與國共存亡的意思。當時袁憲在內殿當值，陳叔寶愧悔難當地對他說：「我平常待你不比別人好，今日才知誰是忠臣，心裡唯有愧疚而已。只是今日之事，不僅僅是朕無德，更是江東士人喪失了為臣之道啊！」（《資治通鑒》卷一七七：「非唯朕無德，亦是江東衣冠道盡！」）

當宮外的喊殺聲漸漸逼近的時候，陳叔寶驚惶無措，準備跑路，袁憲一臉正色地向他呈上了最後一句諫言：「隋軍入宮，絕對不敢有何暴行。大勢既已如此，陛下還能躲到哪去？臣願陛下正衣冠，御正殿，以當初梁武帝面對侯景之亂的表現為榜樣。」

陳叔寶不聽他的，從御榻上跳了起來，連連擺手說：「鋒刃之下，什麼都可能發生，可不敢亂碰運氣，我自有妙計。」然後帶著十幾個宦官宮女一溜煙跑進後宮，打算藏到井下。袁憲一路跟著他，苦苦勸諫，一個姓夏侯的內閣舍人乾脆擋在井口，不讓他下去。陳叔寶急得跳腳，走過去推他，夏侯硬是不讓。兩個人推搡了好一會兒，夏侯才萬般無奈地讓開身子。陳叔寶趕緊命宦官幫他綁上繩子，然後縋進了井底。

韓擒虎軍進入皇宮後，到處搜索陳叔寶。幾個士兵最後找到後宮的這口深井，料定陳叔寶躲在裡頭，便向井裡喊話。井下無聲無息。幾個士兵冷笑，就對著井口大喊：「再不吱聲，咱可要扔石頭了！」

這一喊，井裡果然傳出聲音。士兵拋下繩子，然後往上拉，奇怪的是，繩子居然重得半死，幾個士兵險些沒拉住。

陳叔寶有那麼胖嗎？

士兵滿腹狐疑，到最後拉上來一看，不禁哭笑不得。原來繩子一共綁了三個人，除了陳叔寶，赫然還有兩個披頭散髮的女人：張麗華和孔貴嬪。

當韓擒虎輕而易舉地進入建康並抓獲陳叔寶時，賀若弼還在城北跟強悍的魯廣達苦戰。魯廣達帶著殘部力戰不休，又砍殺了數百名隋軍，但畢竟寡不敵眾，只好且戰且退，一路退到了禁苑。此時天已黃昏，魯廣達身邊的將士越打越少，他意識到再抵抗下去已經毫無意義，遂放下武器，面向宮城叩首痛哭，然後對部眾說：「我不能拯救國家，罪責深重！」將士們無不隨之落淚。

最後，魯廣達和倖存的將士被隋軍俘虜。三個月後，魯廣達因國亡而哀傷成疾，但他卻拒絕醫治，終於「憤慨而卒」。

是日深夜，滿身血污的賀若弼才帶著筋疲力竭的部眾從北掖門進入建康。他得知韓擒虎已經捷足先登抓了陳叔寶，心裡大為不甘，就命人把陳叔寶帶來見他。

陳叔寶戰戰兢兢地被人押過來，撲通一聲跪倒在地，渾身顫抖，汗流浹背。賀若弼冷冷瞟了他一眼，說：「小國之君相當於大國之卿，今天你拜我，固然是亡國之君該有的禮節，不過，入朝以後，你也不失為歸命侯，不必過於恐懼。」

想自己拼死拼活還是沒撈到頭功，賀若弼越想越窩火，就去找韓擒虎，言辭極為不遜。韓擒虎當然不買他的帳，於是兩個人當場就拔了刀子。兩邊的部下拼命阻攔，才算避免了一場自相殘殺的鬧劇。

隨後，賀若弼又挖空心思地想了一招，命蔡徵幫陳叔寶寫一封投降書，然後把陳叔寶押上騾車帶進自己軍營，彷彿這樣一來首功就是他的。

這麼做顯然很不靠譜，韓擒虎和他的部下們當然不答應，賀若弼自己的部下也覺得這麼做不妥。最後，賀若弼只好悻悻作罷，但仍堅持把陳叔寶單獨關押，以示他是整個隋軍的戰俘，而不是哪個人的戰俘。韓擒虎苦笑不已，但也不好再堅持，只能依他。

隋軍打進建康的當天，高熲也到了。此時，作為南征主帥的晉王楊廣還沒來得及渡江，仍在北岸的大營中。得知陳叔寶已被俘，他當然很高興。但是，這位風流倜儻的隋朝二皇子，此刻心頭最惦念的除了陳叔寶，還有一個人。

準確地說，這是一個女人，一個美豔動天下的女人。

她就是張麗華。

高熲有個兒子高德弘在楊廣帳下當機要祕書（記室），於是楊廣命他趕緊先過江，告訴高熲務必留下張麗華。高德弘不敢拖延，立刻過江找到了他父親。高熲一聽，鼻子裡重重哼了一聲，說：「古時姜太公斬妲己，今天我豈能留張麗華？」隨後便命人把張麗華拉到玄武湖邊，一刀砍下了她的腦袋。

高德弘大為沮喪，只好回去覆命。

聽到自己日思夜想的大美人已然香消玉殞，楊廣悵然良久，然後靜靜地看著高德弘，忽然咧嘴一笑，說：「古人云：『無德不報』，我將來必有報答高公的時候！」

高德弘一聽，頓時如釋重負。

看來，晉王也是深識大體的，不但不怪罪我父，還知道我父這麼做是為了他好。高德弘這麼想著，不禁對楊廣肅然起敬。

然而，高德弘還是太單純了。他並不知道，楊廣從這一刻開始，就已經把他老爸恨入骨髓了。若干年後，已經登上皇位的楊廣終於給了高熲一份遲來的報答——殺頭。

隋開皇九年正月二十二日，南征大軍元帥晉王楊廣正式進入陳朝都城建康。

從隋文帝楊堅發布命令到陳朝社稷覆亡，歷時還不到三個月。陳朝於西元五五七年建國，到這一年（西元五八九年）覆滅，立國僅三十二年、歷五帝而亡。此時，儘管廣大的江南、嶺南地區還有不少陳朝軍隊，但中樞政權的垮臺無疑已經宣告了陳朝的滅亡。從這個意義上說，隋文帝楊堅已經完成了一統天下的歷史使命。

楊廣進入建康，一方面要保證軍隊對百姓秋毫無犯，以此收攬人心，另一方面卻必須殺戮立威，以此震懾所有潛在的反抗勢力。當天，楊廣便逮捕了施文慶、沈客卿等一幫陳朝佞臣，宣布他們的罪狀後，綁赴宮城之外斬首。

同日，楊廣命高熲和另一個機要祕書裴矩收取陳朝的所有檔案圖籍，查封府庫，無論官方還是民間的資財皆一無所取。此舉迅速贏得了陳朝士民的心，也為年輕的晉王楊廣樹立了非常好的口碑。一時間，「天下皆稱廣，以為賢」。（《資治通鑒》卷一七七）

在隋軍圍攻建康的同時，長江中上游的隋軍也與陳軍展開了激烈的戰鬥。陳朝軍隊中實力較強的有兩支：一是水軍都督周羅睺，二是荊州（今湖北公安縣）刺史陳慧紀。

當時，周羅睺與郢州刺史荀法據守州城（今湖北武漢市），與駐紮漢口的隋秦王楊俊（楊堅第三子）隔江對峙了一個多月，隋軍始終未能前進一步。

荊州方面，刺史陳慧紀則派遣部將呂忠肅進駐歧亭（今湖北宜昌市北），扼守西陵峽，在兩岸連接了三條大鐵索，橫截江面，阻止楊素東進。因當時朝廷已亂成一鍋粥，施文慶又獨掌大權，一意遏制軍方，所以部隊糧餉不繼，呂忠肅就變賣了自己的全部家產，以供軍需。

楊素和部將劉仁恩全力攻擊呂忠肅，大小四十餘戰；呂忠肅據險而守，竭力死戰，前後共殲滅隋軍五千餘人。陳軍士卒每殺死一個敵人，必割下屍首的鼻子回去領賞，而楊素則明令部下，一旦俘虜陳軍士兵，不但不能割鼻報復，反而必須將他們釋放。

楊素的攻心戰很快就取得了顯著效果。所有被俘後又被釋放的陳軍士兵回到軍營，莫不感歎隋軍的仁義。於是，呂忠肅的軍心逐漸瓦解，隋軍開始反敗為勝。呂忠肅不得不放棄陣地，退守荊門（今湖北枝城市西北）。楊素乘勝東進，率領以四艘五牙艦為首的艦隊對陳軍發起總攻，用撞擊長杆擊破陳軍艦船十多艘，遂大破陳軍，俘敵二千餘人。呂忠肅全軍潰散，僅以身免。

楊素率部繼續東進，陳信州（今湖北宜昌縣西）刺史顧覺棄城而逃。荊州刺史陳慧紀發現自己已經無險可守，便一把火燒掉了州城的所有武器糧秣和軍用物資，率主力三萬人和艦隊一千餘艘東下，準備回援建康。

陳慧紀行至漢口，遭遇楊俊阻截。而在此之前，被陳叔寶解除了職務的原湘州刺史、晉熙王陳叔文已偕巴州（今湖南岳陽市）刺史畢寶投降了楊俊。陳慧紀本欲擁立陳叔文為盟主，用他這面旗幟凝聚人心，得知他已降隋，頓時萬念俱灰。

稍後，建康陷落，楊廣命陳叔寶寫信告諭長江中上游的所有軍隊將領，命他們投降。同時，楊廣又派降將樊毅、陳正業（陳慧紀之子）去勸降周羅睺和陳慧紀。周羅睺意識到大勢已去，遂與部將哀哭三日，然後解散部隊，投降了楊俊。陳慧紀孤立無援，也旋即投降。

不久，楊素率部抵達漢口，與楊俊會師。至此，長江中上游全部平定。

隨後，楊素派遣大將龐暉率部南下，兵鋒直指湘州。此時，在湘州坐鎮的是陳朝的岳陽王、年僅十八歲的陳叔慎（陳宣帝第十六子）。在社稷已經覆亡、整個長江防線的軍事力量也已全盤瓦解的情況下，陳朝宗室的最後一脈骨血、年僅十八歲的陳叔慎頓時陷入了深深的憂懼和彷徨之中。

是要拿起武器戰鬥，為國家流盡最後一滴血？還是要開門迎降，當一個順應歷史潮流的識時務者？

陳叔慎思慮良久，最後決定試探一下眾人的反應再做決斷。他設下宴席，召集湘州的所有文武官員赴宴。酒酣耳熱之際，陳叔慎端起酒杯，黯然神傷地說：「君臣大義，難道就到今天為止了嗎？」

湘州長史謝基看出了岳陽王的心思，遂跪伏在地，痛哭流涕。有了謝基的默契配合，現場的氣氛頓時變得無比傷感。湘州城防副司令（湘州助防）陳正理當即起身，環視眾人，說：「主辱臣死。諸君難道都不是陳朝的臣子嗎？如今天下有難，便是我等盡忠效死之秋，縱然於大局無補，也可見出人臣節操。今日共赴國難，不可再遷延猶豫，若貪生怕死、畏縮不前者，現在便可將其斬首！」

眾人相顧片刻，隨即紛紛起身，都表示願與湘州共存亡。

人都是有從眾心理的。在面對危險時，如果有人出頭，再有一兩個人跟進，其他人勢必也會一擁而上。

所以，在這場酒宴上，陳正理這番慷慨激昂的話語就是第一個喊打的聲音。當天，在場的所有文武官吏歃血為盟，並迅速制定了一個保衛湘州的計畫。

眾人決定以詐降的方式誘捕龐暉。

隨後，陳叔慎便派人與龐暉接觸，表示願意投降。龐暉信以為真，帶著一小隊士兵就進城來了。陳叔慎設下埋伏，一舉將其生擒，並裝入囚車遊街示眾，最後將其全部斬首。緊接著，陳叔慎開始招兵買馬，幾天時間就募集了五千餘人。同時，附近的衡陽（今湖南株洲市西南）太守樊通、武州（今湖南常德市）刺史鄔居業也率部前來增援。

隋朝得知龐暉被殺，又派遣大將薛冑南下，並命劉仁恩和他配合，從北面和西面同時進攻湘州。陳叔慎聞報，急命陳正理和樊通出兵迎擊薛冑，命鄔居業迎戰劉仁恩。然而，陳軍雖有誓死保衛家園的鬥志和勇氣，卻遠遠不具備與之配套的戰鬥力。兩個方向的戰鬥同時打響後，陳軍雙雙遭遇失敗。陳正理、樊通、鄔居業都被生擒，部眾潰散。薛胄乘勝殺進湘州，抓獲陳叔慎，並將其與陳正理等人全部押赴漢口，交給秦王楊俊。

等待陳叔慎他們的命運當然只有一個，那就是殺頭。

這個年輕的陳朝親王，終於為自己的國家流盡了最後一滴血。

建康陷落時，陳朝在太湖一帶還擁有一定的勢力。後梁宗室成員蕭瓛，投降陳朝後被任命為吳州（今江蘇蘇州市）刺史，頗受士民擁戴。陳亡後，蕭瓛被士民擁立為抗隋盟主。

當時，負責攻擊蕭瓛的隋軍有水陸兩路：陸路由隋左衛大將軍宇文述率領，從北面攻擊吳州；水路由燕榮率領，由海上登陸，自東面攻擊吳縣（今蘇州吳中區）。

蕭瓛積極組織防禦，一邊命人在晉陵（今江蘇常州市）東面設立木柵，並派駐一部分兵力阻擊宇文述，一邊留下將領王褒鎮守吳州，然後親率主力艦隊，自義興（今江蘇宜興市）進入太湖，準備襲擊宇文述的側翼。

然而，宇文述的戰鬥力卻遠遠超乎蕭瓛的想像。他派出幾個間諜稍事偵察，就摸清了蕭瓛的戰略意圖，隨即進軍攻破晉陵以東的防禦陣地，然後立即回軍攻擊蕭瓛主力，一戰便將其擊敗。同時，宇文述又分兵進攻吳州。守將王褒風聞蕭瓛已敗，慌忙換上道士服裝，棄城而逃。

蕭瓛帶著殘兵敗將退守包山（今太湖洞庭山），可喘息未定，隋燕榮已率部殺到。蕭瓛稍作抵抗便再度被擊潰，只好帶著幾個侍從躲進老百姓家裡，但很快還是被隋軍抓獲了。稍後，東揚州（今浙江紹興市）刺史蕭岩（蕭瓛叔父，二人同時降陳）也獻出州城會稽，向宇文述投降。不久，蕭岩與蕭瓛皆被執送長安斬首。

至此，陳朝大部皆平，最後剩下的，就是自古以來民風剽悍、瘴氣肆虐的嶺南地區了。開皇九年二月，楊堅下詔，命柱國、江州（今江西九江市）總管韋洸負責討平嶺南。接到詔令時，韋洸頓時犯了躊躇。他倒不是怕嶺南的瘴氣，而是怕嶺南的一個人。

準確地說，是個女人。

堂堂隋朝的正二品柱國、擁兵一方的封疆大吏，居然會害怕一個女人？是的，不僅韋洸怕，當時很多人一聽到這個女人的名頭，臉上立刻會露出敬畏的表情。

她，就是冼夫人。

冼夫人是嶺南地區的土著，祖上世代皆為蠻夷酋長，擁有部落十餘萬家。早從少女時代起，冼夫人就表現出了巾幗不讓鬚眉的本色，不僅智略過人，而且精通軍事，深受各蠻夷部落的敬重。當時的梁朝羅州（今廣東化州市）刺史馮融非常賞識這個奇女子，就上門提親，讓他的兒子高涼（今廣東陽江市）太守馮寶娶了冼夫人。

馮家父子雖然名義上是地方官，但強龍難壓地頭蛇，當地蠻夷大多不買他們的帳。冼夫人嫁入馮家後，第一件事就是告誡並約束自己的族人，命他們遵守朝廷法令，學習漢人禮節。為了幫夫家樹立權威，她還經常跟丈夫馮寶一起上堂斷案，處理訴訟，凡是有部落首領犯罪的，即便是親戚，她也毫無手軟、嚴懲不貸。從此，馮家父子的政令才得以推行。

梁朝太清二年（西元五四八年），侯景之亂爆發。次年五月，梁武帝蕭衍餓死宮城，帝國陷入空前內亂，各地守將紛紛擁兵割據。大寶元年（西元五五〇年），廣州都督蕭勃大舉募兵，準備北上勤王。高州刺史李遷仕遂以響應號召為名，出兵進駐大皋口（今地不詳），並通知馮寶前去見他。

李遷仕是馮寶的頂頭上司，馮寶不敢怠慢，連忙收拾行囊準備上路。即將出發時，冼夫人攔住了他，堅決不同意他前往。馮寶驚問何故，冼夫人說：「刺史無故不得徵召太守，我懷疑其中有詐，李遷仕必是想逼你一同謀反。」

馮寶問：「何以見得？」

冼夫人說：「李遷仕接到都督之命後，推說有病，沒有立刻動身，同時卻又大量製造兵器、操練士卒，然後才通知你去。以此來看，李遷仕必是想把你扣為人質，逼你交出兵權。所以，你還是先不要去，且看下一步有何變化。」

馮寶聽從了她的建議。幾天後，李遷仕果然揭起了反旗，並派部將杜平虜進駐贛江附近，在魚梁（今江西萬安縣）修築城堡，威脅南康（今江西贛州市）。此時，這一帶是大將陳霸先（就是日後的陳朝開國皇帝）的地盤。他一看李遷仕居然敢打他的主意，頓時勃然大怒，立刻命部將周文育出兵攻擊杜平虜。

冼夫人料定李遷仕不是成大事之人，便決定收拾他。她對馮寶說：「杜平虜是李遷仕麾下的唯一猛將，他現在出兵魚梁，正與陳霸先的朝廷軍交戰，一時半會兒回不了高州。李遷仕兵少將寡，我們很容易用計擺平他。但是，如果你親自出面，肯定會跟他產生衝突。我建議派人去見他，態度恭敬，言辭謙卑，並送上一份厚禮，然後告訴他：『我有守城之責，不便晉見刺史大人，為表歉意，可由我妻子代表我去見您。』他一聽肯定很高興，自然會放鬆警惕。然後，我只要帶上精銳一千人，對外宣稱是運送金銀布帛的挑夫，打算送錢去向他謝罪。只須讓我接近他的軍營，我定可一戰將其擊敗。」

馮寶深以為然，隨即依計而行。李遷仕果然毫無戒備，遂被冼夫人打得大敗，倉皇逃往寧都（今江西寧都市）。與此同時，周文育也擊潰杜平虜，奪取了魚梁城。陳霸先早就聽說冼夫人的威名，如今看她又輕而易舉地收拾了李遷仕，大為嘆服，遂約她在贛灘見面，交了她這個朋友。

回來後，冼夫人第一句話就對馮寶說：「陳將軍不是凡人，且極得部眾擁戴，定可平滅侯景。依我看，他前程不可限量，你應該助他一臂之力。」

冼夫人交上陳霸先這個朋友，顯然是交對了。兩年後，陳霸先一路北伐，並與王僧辯一起平定了侯景。承聖四年（西元五五五年），陳霸先除掉王僧辯，擁立蕭方智為帝，總攝梁朝軍國大事，並先後擊退了北齊的兩次大舉進犯。太平二年（西元五五七年），陳霸先終於廢梁稱帝，建立陳朝。

冼夫人當初的預言，果然成了現實。

而登基後的陳霸先，也沒有忘記她這個有勇有謀的巾幗英雄。當時，馮寶已經病逝，陳霸先便任命冼夫人年僅九歲的兒子馮僕為陽春郡（今廣東陽春市）太守。陳宣帝太建二年（西元五七〇年），廣州刺史歐陽紇企圖謀反，便設計誘捕了馮僕，企圖逼迫冼夫人一同造反。馮僕無奈，只好派人把自己的處境告訴了母親。冼夫人強忍悲傷，回信說：「我忠貞貫注梁、陳二朝，豈能為了保你而負國家！」遂一面發兵抵禦歐陽紇，一面派人迎接朝廷的平叛大將章昭達，並最終與章昭達聯手，平定了歐陽紇的叛亂。

為嘉獎冼夫人的忠貞和功勳，陳朝旋即冊封倖免於難的馮僕為信都侯，加平越中郎將，並遷石龍郡太守；封冼夫人為中郎將、石龍太夫人，賜刺史儀仗。

陳後主至德二年（西元五八四年），馮僕病故，年僅三十五年。白髮人送黑髮人，令冼夫人哀慟不已。可還沒等她喪子的創傷平復，她效忠多年的陳朝又淪亡了。一時間，嶺南地區一片慌亂，各族官民六神無主，幾個尚未投降隋朝的郡守遂聯合起來，共同推舉冼夫人為盟主，號稱「聖母」，請她出來主持大局，保境安民，最重要的當然是——抵抗隋朝的入侵。

韋洸率部南征，在南康就遭遇了陳朝守將徐璒的頑強阻擊，許久未能前進半步。楊廣覺得韋洸連一個小小的徐璒就搞不定，更不可能是冼夫人的對手，遂命陳叔寶寫信給冼夫人，告知她陳朝已經覆滅，勸她順從天意民心，歸附隋朝。

冼夫人見信後，便集合屬下的數千名大小酋長，通知了這個亡國的噩耗，並與酋長們哀哭竟日，為陳朝悼亡。隨後，冼夫人擦乾眼淚，命孫兒馮魂率眾北上，迎接韋洸。

韋洸有了冼夫人的支持，頓時勇氣倍增，遂一鼓作氣攻克南康，斬殺徐璒，然後南下抵達廣州。隨後，在冼夫人的全力配合下，韋洸極力遊說嶺南各蠻夷部落，宣傳隋朝的優撫政策，終於使得他們全部歸附。

作為亂世中的傑出女性，冼夫人再次為新王朝立下了汗馬功勞。隋文帝楊堅隨即下詔，封馮魂為儀同三司，封冼夫人為宋康郡夫人。

至此，陳朝全境宣告平定。隋朝的疆域增加了三十個州、一百個郡、四百個縣。自五胡亂華、衣冠南渡後，分裂動盪了將近三個世紀的中國，終於在楊堅手上復歸一統。從此，隋朝逐漸走上了繁榮強盛之路。

# 十二、魔鬼與天使：楊堅的帝王術

開皇九年三月，楊廣班師凱旋。

亡國之君陳叔寶，和原陳朝的王公貴戚、文武百官，及其他們的妻兒老小，全部作為戰俘被押送長安。這些昔日養尊處優的達官貴人，此時一個個鬢髮散亂、神色悽惶，不知道等待在他們前方的將是怎樣的命運。江南的春天嫵媚亮麗，沿途的美景更是美不勝收，可這支扶老攜幼、步履蹣跚的隊伍，卻像極了饑荒年月裡的逃難人潮，生生破壞了這個春天的美麗景致。遠遠望去，這支「大小在路，五百里累累不絕」的戰俘隊伍，成了這個綠意盎然的天地之間唯一的灰色風景線。

不過，當這群陳朝俘虜抵達長安後，一路上憂愁恐懼的心緒頓時渙然冰釋。因為，隋文帝楊堅不僅派出使臣，在郊外給他們舉行了一個盛大的歡迎儀式，並且徵收了一大片長安士民的私宅，還整修一新，作為他們在長安的新家。

當然，生活上的待遇可以盡量優越，但是亡國君臣的身分卻是無法改變的。

四月二十二日，隋朝舉行太廟獻俘儀式。陳叔寶和他的王侯將相們，被兩隊鐵騎左右押著，跟在晉王楊廣和秦王楊俊的高頭大馬後面，來到太廟的廣場上下跪聽宣；同時陳列在廣場上的，還有陳叔寶君臣過去使用的車駕乘輿、服飾儀仗、簿冊圖籍等等。一系列繁瑣的獻俘儀式舉行完畢，楊堅才登上太廟門樓，隆重宣布：擢升楊廣為太尉（三公之一），賞賜輅車、御馬、袞袍、冠冕、玄圭（黑玉）、白璧（白玉）等物。

數日後，楊堅又命人把陳叔寶、原陳朝太子、親王二十八人，及司馬消難等原陳朝文武官員共二百多人，押到廣陽門樓前，先讓納言宣詔慰撫，然後就命內史令宣讀了措辭嚴厲的訓誡詔書，譴責陳朝君臣「不能相輔，乃至滅亡」。陳叔寶君臣惶悚不已，趴在地上連大氣也不敢喘。最後，楊堅才宣布將他們赦免。

處置完陳朝君臣，接下來就該對平陳將士論功行賞了。

幾天後，楊堅再登廣陽門，大宴南征將士，並命人從門樓兩側開始堆放賞賜用的綢緞布帛，自廣陽門一直堆到南郭門，然後依照功勳等級分別賞賜。據說，那天一共賞賜了三百多萬匹絹帛。同日，楊堅又宣布免除原陳朝境內各州十年的田賦捐稅，並免除本土各州當年的田賦捐稅，以示普天同慶之意。

作為平陳的副帥，高熲雖未上陣殺敵，卻有謀劃之功，故晉位上柱國，進爵齊國公，食邑一千五百戶，賞賜綢緞九千匹。此外，幾大功臣也都封賞甚厚：楊素進爵越國公，食邑三千戶，賞賜綢緞一萬匹，另賜粟米一萬石，並賜其長子楊玄感儀同三司；賀若弼晉位上柱國，進爵宋國公，食邑三千戶，賞賜綢緞八千匹，另賜金銀珍寶，並將陳叔寶的妹妹賜給他為妾。

對於上述幾位功臣的封賞，朝野皆無異議。可是，對於率先攻進建康，並擒獲陳叔寶的猛將韓擒虎，朝中卻有很多不和諧的聲音。

首先，一直與韓擒虎較勁的賀若弼就極力打壓他。對此，韓擒虎當然不服。很快，雙方的矛盾就從暗中較勁發展到了公開對罵。在一次朝會上，兩人當著楊堅的面開始爭功，賀若弼說：「臣在蔣山（建康城東）死戰，破敵精銳，擒其驍將，威震江左，遂平陳國，可韓擒虎幾乎沒打過一場硬仗，怎麼能與臣相提並論？」

韓擒虎當即反唇相譏：「臣遵奉旨令，與賀若弼南北合圍以取建康，可他卻不遵照計畫，擅自發起進攻，故而遭遇強敵，以致將士傷亡慘重。臣以輕騎五百，兵不血刃，直取建康，收降任忠，擒陳叔寶，據其府庫，傾其巢穴。可賀若弼直到是日黃昏才抵達北掖門，是臣打開城門放他入城的，他連贖罪都尚且不暇，又豈能與臣相比！」

很顯然，兩人的說法各有道理，實在不好說孰是孰非，更難比個高下，所以楊堅呵呵一笑，當場下了定論：「二將俱為上勳！」

可是，儘管皇帝定了調子，還是有人跟韓擒虎過不去，上疏彈劾他入據建康後，曾放縱士卒姦淫陳朝後宮。

此事是否屬實，我們不得而知，但有一點可以確定：韓擒虎的群眾關係遠遠不如賀若弼。不論古代還是今天，也不論官場還是職場，一個人要想混得好，除了要讓老闆賞識之外，跟同事的關係是否和諧也很重要，要是其中有一項不達標，任你拼死拼活也上不去。

所以，看到彈劾韓擒虎的奏疏後，楊堅心裡就犯了嘀咕，隨即宣布：韓擒虎晉位上柱國，賜綢緞八千匹。

然後呢？沒有然後，就這些了。

像賀若弼得到的國公爵位、金銀珠寶、江南美女等等，韓擒虎一樣都沒撈著。不久，楊堅好像是為了安慰韓擒虎，才給了他一個壽光縣公的爵位，食邑一千戶。可是，這個安慰獎實在沒給韓擒虎帶來多少安慰。因為，早在北周時代，年少的韓擒虎就已經從父親那裡承襲了新義郡公的爵位，如今從郡公降為縣公，與其說是安慰，還不如說是懲罰。當然，那個「郡公」是前朝的，在隋朝並不具備認證資格，所以現在得了這個「縣公」，韓擒虎還是要三呼萬歲、叩謝皇恩的。

沒過幾天，楊堅又下了一道詔書，任韓擒虎為涼州（今甘肅武威市）總管，讓他到邊境去防禦突厥。這表面上是委以重任，實則跟貶謫差不多。

跟賀若弼比起來，韓擒虎似乎很冤。不過，塞翁失馬，焉知非福。韓擒虎沒撈到賀若弼那麼多東西，也沒得到楊堅重用，但也因此避免了功高震主、兔死狗烹的下場。若干年後，賀若弼先是遭楊堅猜忌而下獄，此後更被隋煬帝楊廣誅殺，未嘗不是此時的榮寵所埋下的禍根。

陳朝的亡國君臣到了長安後，下場各有不同。

楊廣初入建康時，只誅殺了罪大惡極的施文慶等人，直到將陳朝君臣押回長安，才得知以孔範為首的一幫佞臣，其罪惡比之施文慶也不遑多讓。不久，楊堅便下詔將孔範、王儀等四人全部流放邊地。

在政治上得到隋朝厚待的，有袁憲、蕭摩訶、周羅睺、任忠等人，皆被授予開府、儀同三司等勳職。其中，尤以袁憲最受楊堅賞識。楊堅稱讚他的節操是江東第一人，除拜其開府儀同三司外，還任命他為昌州（今湖北棗陽市南）刺史。

而對於懷揣兩袋黃金投降韓擒虎的任忠，楊堅則頗有微詞，雖然也待他不薄，但還是在朝會上當著群臣說：「平陳之初，我後悔沒有立刻誅殺任忠。此人受主榮寵厚祿，加之被寄予重託，非但沒有殉難報國，反而說他已經無能為力，和古代忠臣比起來，相差何其遠也！」

陳朝降臣的最終遭遇之所以大相逕庭，關鍵就在於楊堅要拿他們當樣板，來對滿朝文武進行「保持臣節先進性教育」。至於陳叔寶本人，楊堅對他也是優容之至。因為楊堅也必須拿他當樣板，來向天下人顯示自己的寬容和厚道。

陳叔寶來到長安後，楊堅對他賞賜極豐，基本上讓他的生活水準保持在王公一級。此外，楊堅還多次召見他，噓寒問暖，班位也跟三品大臣排在一起。每次召他赴宴，也總是細心叮囑樂工不要演奏「吳樂」，以免陳叔寶觸景傷情。

當然，在生活上，楊堅可以對陳叔寶關懷備至，但是在政治上，他卻不會給他任何機會。有一次，負責監視陳叔寶的大臣向楊堅奏報，說陳叔寶要求給一個官號，否則每次參加朝見，總顯得有些不倫不類。楊堅聞言，當即冷笑：「他還想得隴望蜀？真是沒心肝！」

楊堅曾問監視者，陳叔寶每日都做些什麼。那人回話說：「天天喝得酩酊大醉，幾乎就沒清醒的時候。」

楊堅好奇：「他每天喝多少酒？」

答：「和他的子弟每天能喝一石（相當於一百二十斤）。」

楊堅大為驚訝，立即下令減少對陳叔寶的酒水供給。可稍一轉念，楊堅就改口了：「算了，還是讓他喝吧，要不他怎麼過日子！」

陳叔寶在長安的最後歲月，基本上是在酒池裡度過的。對於這樣一個行屍走肉、形同廢物的傢伙，楊堅感到很放心。他對陳朝君臣唯一採取的防範措施，就是把陳朝的宗室子弟遷出長安，發往邊境各州安置，分給他們田地，讓他們自力更生，每年定期發放一些衣料，以保障他們的基本生活。

綜觀楊堅上位之初對宇文宗室的屠殺，以及現在對陳朝宗室的優容，其態度可謂天差地別。同樣是滅掉一個政權，為什麼差別會這麼大呢？

首先，楊堅以隋代周，說好聽點叫禪代，說難聽點就是篡逆，其上位的合法性先天不足，所以他必須把宇文宗室屠戮殆盡，以絕朝野之望，才能鞏固自己的帝位，即便因此而遭罵名，楊堅也在所不惜。而陳朝與北周則不可同日而語：陳叔寶的荒淫無道人所共知，一幫佞臣又竊弄權柄，搞得朝野滋怨、上下離心，所以楊堅伐陳，打的是替天行道、弔民伐罪的旗幟，因此平陳之後，他越是表現出對陳朝君臣的優容，就越能凸顯自己的正義性。

其次，楊堅代周之際，忠於周室或者說不服楊堅的人還為數不少，如果他不施展一些霹靂手段，就鎮不住人心，控制不了局面，因此只有採取暴力方式將宇文一族斬草除根，才能震懾對手，消除所在潛在的反抗因素。而伐陳之時，楊堅已經在位多年，皇帝寶座也已堅如磐石，整個國家的綜合實力更是遠遠高於陳朝，所以才能輕而易舉地將其滅掉；而陳朝亡國之前尚且不是隋朝的對手，亡國之後就更是沒有翻盤的可能。因此，面對陳叔寶這種毫無威脅的寄生蟲，楊堅當然要極盡寬大與優容之能事，以樹立自己聖主明君的道德形象。

總之，在該扮演魔鬼的時候，楊堅絕不會愛心氾濫；而在該扮演天使的時候，楊堅也絕不會亂舞屠刀。說白了，不管是殺人還是愛人，都只是楊堅施展帝王術的一種手段罷了。

# 十三、一代雄主的嚴重缺陷

古人常說伴君如伴虎，對楊堅的臣子而言，對此肯定都有深刻體會。儘管楊堅很善於施展恩威刑賞的帝王術，可他多疑猜忌的性情，還是導致他在統馭臣下的時候，更多地表現出了魔鬼的一面。

楊堅即位之初，便誅殺了梁士彥、劉昉、宇文忻、王誼等一批開國功臣。雖說這些人自己也不是什麼好鳥，但若不是因為楊堅的猜忌，他們也不會鋌而走險，落個身首異處的下場。因此，在楊堅的手底下做事，人人都得學會察言觀色、謹言慎行，否則一句話說錯，就有可能被楊堅一刀咔嚓。

樂安公元諧，就是屬於這種很容易說錯話的人。

元諧是楊堅的太學同學，生性豪爽，不拘小節，跟楊堅從小就是鐵哥們。楊堅代周自立時，元諧也是忠心擁戴楊堅的功臣之一。所以楊堅即位後，元諧官尊爵顯，很是風光了一陣。然而，自從上柱國王誼參與盧賁、劉昉的謀反而被誅後，一直跟王誼關係很好的元諧就遭到了楊堅的猜忌，雖說沒被株連，但卻從此被疏遠了。

平陳之後，元諧為了重新爭取楊堅的信任，就向他提了一個建議，說突厥沙缽略可汗（已歸附隋朝）有利用價值，可任命他為間諜部門的長官（候正），專門對付突厥；同時任命陳叔寶為內政官員（令史），負責管理陳朝舊境的一些政務。

應該說，元諧提此建議的本意還是好的，也是希望朝廷能夠人盡其才，讓每個人都為國家做貢獻，而不是整天坐著吃白飯。可是，元諧卻沒有想到，在官場上，要判斷一個主意是不是好，並不是看你的動機是否出於公心，而是要看你的建議是否符合領導的意圖。

這就是所謂的「政治正確」。而元諧這個建議，在政治上顯然是不正確的。所以楊堅一聽，立刻拉下臉來，說：「朕討平陳朝，本意在於剷除凶逆，拯民於水火，並不是好大喜功。你說的這些，完全不合朕的本意。朕問你：沙缽略對自己國家的山川地形尚不如長孫晟熟悉，如何當候正？陳叔寶整天爛醉如泥，怎麼能把朝廷政務交給他？」

元諧好心提議卻碰了一鼻子灰，只好默然而退。

事後，楊堅回味元諧的話，越想越不對勁——你一個在政治上早就靠邊站的傢伙，憑什麼替沙缽略和陳叔寶伸手要官呢？是不是想藉此樹立私恩、拉幫結派，重啟政治上的第二春?!

讓領導起了這個疑心，元諧的命運就不妙了。就在此時，元諧的一些政敵敏銳地察覺到了元諧的處境，便悍然出手，指控元諧與堂弟元滂、好友田鸞、祈緒等同謀造反。楊堅不由分說，立即將元諧等人逮捕下獄，命有關部門審理。

有關部門一看皇帝這態度，心裡便明白了幾分，於是對元諧等人大刑伺候，很快就從他們嘴裡撬出了口供。據稱：元諧曾陰謀派遣祈緒前往巴蜀，暗中勾結党項人，企圖切斷巴蜀交通線，發動叛亂。另外，元諧與元滂有一次上殿，曾偷偷對元滂說：「我才是人主。殿上那個人，不過是個賊！」然後就命元滂觀察金鑾殿的氣象（古人所謂「望氣」）。元滂說：「楊堅之氣象，有如蹲狗走鹿，不如我們有福德。」

其實這些所謂的口供，一看就知道是屈打成招。可是，楊堅一聽奏報，卻雷霆大怒，立刻將元諧、元滂、田鸞、祈緒全部斬首。

元諧被殺，很多人並不覺得奇怪，因為他早已失寵，又不知輕重亂說話，掉腦袋很正常。但是，沒過多久，一個貴寵無比的朝廷重臣也突然失勢，就讓朝野上下很是驚詫了。

這個人，就是楊堅的族侄、廣平王楊雄。

當時，楊雄官任左衛大將軍，是楊堅最為倚重的大臣之一，與高熲、虞慶則、蘇威並稱「四貴」。楊雄為人寬容豁達，禮賢下士，在朝野上下擁有很好的口碑。然而，正因為這一點，楊堅就把猜忌的目光瞄上了他。

一個人擁有皇帝寵幸，又手握兵權，還頗得人心。這樣的人萬一心懷不軌，後果豈不是不堪設想？思慮及此，楊堅立刻解除了楊雄的左衛大將軍職務，任其為司空。

這就是典型的外示尊崇，內奪其權。司空雖然貴為三公之一，卻是個虛銜。明眼人都看得出來，曾經「貴寵特盛」的楊雄，這回是徹底坐冷板凳了。楊雄自己也心知肚明，所以乾脆閉門謝客，再也不與任何朝臣私下往來，以此避嫌自保。

開皇十年（西元五九〇年）四月，緊繼楊雄之後，又一個開國功臣黯然落馬。

他就是李德林。

常言道，木秀於林，風必摧之。李德林是一個很有才的人，可有才的人都有一個通病，就是難免有些恃才傲物。這樣的人，群眾關係自然是不會和諧的。所以，饒是李德林德才兼備，盡忠為國，並且還是佐命元勳，可在楊堅的朝廷裡整整混了十年，還是在內史令的位子上一動不動，始終未獲升遷。

當時，楊堅最寵信的大臣莫過於高熲和蘇威，可李德林偏偏跟這兩人水火不容。他經常與蘇威在朝堂上吵得面紅耳赤，而高熲當然每一次都站在蘇威那邊，故而經常私下告訴楊堅，說李德林性情暴戾，不堪大用。所以，李德林每次和蘇威就某事爭吵，楊堅最後都會聽蘇威的。

這年春天，楊堅考慮到李德林一直兢兢業業為朝廷做事，既未升職也很少獲得封賞，想想有些過意不去，就打算賜給他一座田莊，並且在全國範圍內由他任選。李德林最後挑了一間豪華酒店。這家酒店原為朝臣高阿那肱的財產，此人於開皇初年因謀反事敗被誅，酒店也被朝廷抄了，此時算是國有財產。該酒店位於衛國縣境（今河南清豐縣），地理位置很好，南來北往的商旅都會在此下榻，所以生意興隆，日進斗金。李德林眼光賊亮，一挑就挑了這個聚寶盆。

楊堅本來就是要賞，所以也不在乎李德林挑的是什麼，馬上就批准了。

然而，李德林剛剛接手酒店沒兩天，就被當地的農民給告了。

嚴格來講，農民告的並不是李德林，而是對酒店的地皮產權提出了異議。這個告狀者說，這塊地皮原來是他們家的，只因當初高阿那肱仗勢欺人，才把地皮搶過去蓋了酒店。後來雖說姓高的倒臺了，可酒店旋即收歸國有，他也只好認命，不敢說什麼。如今，這酒店又變成私人產業了，他當然有權利把地皮討回來。

本來這事跟李德林關係不大，因為這酒店本來就是楊堅所賜，出了問題，朝廷自然也有義務幫他擺平。可問題是這事剛一發生，蘇威馬上跳了出來，告訴楊堅說，李德林其實早知道這塊地產權不清，可他貪圖利益，事前曾給朝廷打報告，說這塊地他已重新購入，現在看來，明顯是欺君嘛！

蘇威所言是否屬實，我們不得而知，但楊堅一向信任蘇威，所以一聽就對李德林大為不滿。此時，素來跟李德林關係不好的司農卿李圓通也趁機火上澆油，說：「此店的利潤，不亞於一千戶食邑。李德林欺君罔上，臣建議將該酒店的營業利潤按日計算，全部追繳。」

楊堅當然不會真的去追繳酒店利潤。他畢竟是皇帝，真要這麼幹就顯得太沒水準了。此事後來的處理結果史書無載，但估計楊堅肯定是給告狀的農民支付了補償金。因為關於這塊土地的爭議純屬歷史遺留問題，朝廷當然要出面擺平，沒理由讓李德林個人買單。

雖然這件事就這麼過去了，李德林在經濟上也沒遭受什麼損失，但楊堅從此卻對他極為反感。以此而言，李德林在政治上的損失其實是不可估量的。

不久，李德林又在朝廷的一項舉措上與楊堅產生矛盾，終於導致二人的關係徹底惡化。

這件事是關於隋朝的基層政權建設問題。

從春秋戰國起，中國就有很嚴密的鄉里制度。秦漢時，百家為一里，十里為一亭，十亭為一鄉。至北魏、北周時，基層組織更趨嚴密，「五家立一鄰長，五鄰立一里長，五里立一黨長」。（《魏書》卷一一〇）儘管基層官員擁有行政和司法權，可以有效地將政府的統治觸角延伸到每家每戶，但弊端也是顯而易見的：這些基層官員跟當地百姓都是鄉黨宗親，彼此身上有幾根毛都是數得著的，一旦百姓之間發生糾紛，請託徇私在所難免，要保證司法審理的客觀公正幾乎是不可能的。因此，隋朝開國時，曾一度取消了基層組織的行政和司法權。

但是，到了開皇九年二月，隨著陳朝的平定和隋朝統治疆域的急劇擴大，加強中央政府在基層的控制力又成了勢在必行之舉。蘇威為此上疏楊堅，建議每五百戶設一個鄉正（鄉長），把行政權和司法權重新下放到地方。而李德林卻對此堅決反對。他認為，原本取消基層的行政和司法權，就是因為鄉里之間不是親人就是朋友，執法很難公平，如今又設置鄉正，令其專管五百家，勢必為害更烈；更何況，有些邊荒小縣，一縣人口都不滿五百家，此令若行，豈不是兩個縣要共管一個鄉？

可是，楊堅還是不顧李德林的反對，採納了蘇威的建議，隨即下詔，命一百家為里，設里正一人；五百家為鄉，設鄉正一人。

開皇十年四月，也就是「酒店用地」事件剛過去沒多久，虞慶則等人就奉楊堅之命，前往關東（函谷關以東）各地巡視，回朝後異口同聲地奏報，稱各地鄉長在審理訴訟時普遍偏袒親友，公開收受賄賂，以致老百姓怨聲載道。

楊堅一看，趕緊下令，準備再度撤銷里正、鄉正的設置。

朝廷政策如此朝令夕改，讓李德林深感不妥。他馬上在朝會上提出異議：「當初設立鄉正，我就堅決反對，如今剛一實施，就又馬上廢止，如此政令不一，實在不符合一個帝王立法治國的本意。臣懇請陛下，從今往後，百官凡是有輕率更改律令者，即以軍法從事。否則的話，民間必然無所適從。」

楊堅一聽，頓時勃然大怒，指著李德林的鼻子大罵：「你好大的膽子，居然敢把朕比作王莽?!」

王莽篡漢後，實施了一系列制度改革，本欲強國富民，不料卻因朝令夕改、舉措乖張而導致經濟崩潰、民怨沸騰，最終身死國滅。平心而論，李德林說楊堅朝令夕改，不過是就事論事而已，並沒有把他比作亡國之君的意思。可是說者無心，聽者有意，楊堅這段時間本來就對李德林很不滿，現在又被他當眾頂撞，自然是氣不打一處來，所以才會有如此過激的反應。

事情鬧到這一步，君臣之間就算是徹底撕破臉了。緊接著，又發生了一件小事，終於成了壓垮李德林的最後一根稻草。

這件事與李德林過世的父親有關。

在古代，朝廷為了提高功臣待遇，通常會為其父祖追贈官爵，但所贈官爵高低通常要參考其生前的職務。李德林身為開國功臣，當然也能享受這個待遇。不過，他父親生前，只是一個區區的校書郎（皇家圖書院校勘官，正九品），即便有所追贈，官爵顯然也不會高。李德林為了顯揚其父，就謊稱其生前官職是太尉諮議（太尉府首席參議官，從六品），企圖獲取朝廷更高的贈官。

李德林在朝中的人際關係本來就不好，如此弄虛作假自然逃不過政敵的眼睛。很快，就有好幾個朝臣同時把他給告發了。

至此，楊堅新帳舊帳一起算，把李德林叫到跟前，毫不客氣地歷數其罪：「你身為內史令，負責掌管朝廷的最高機密，可是最近，朕都沒讓你參與決策，原因就是你的心胸太過狹窄，難以和同僚共事，這些你自己都清楚吧？還有，你欺上瞞下，騙取衛國酒店；妄加父官，騙取朝廷追贈。所有這些，都讓朕極為憤慨，可朕還是一再容忍，希望你能改過。但是現在，朕已無法容你，只能給你一個州安頓了。」

當天，楊堅便下詔，宣布將李德林貶為湖州（今河南唐河縣）刺史。

李德林直到此刻才如夢初醒，只好叩首謝罪，說：「臣不敢奢望再擔任內史令一職，只求能留在京師，就算給臣一個榮譽官職也沒關係。」

然而，楊堅不為所動，還是執意把他貶出了朝廷。貶謫不久，抑鬱寡歡的李德林便死於地方刺史任上，終年六十一歲。

楊堅的猜忌，不僅表現在他與功臣的關係上，也體現在他執政的方方面面。由於楊堅是以篡逆手段上位的，因此，他一方面對每個人疑心重重，總感覺臣子們心裡都有各自的小九九，會不利於他的統治；另一方面，他又對自己的智慧和謀略頗為自負，總以為自己在統馭臣下的時候，完全可以做到明察秋毫。是故，楊堅經常會派遣左右近臣充當祕密員警，暗中監視文武百官的一舉一動，一旦發現誰有問題，立刻治以重罪。

為了打擊官員貪污受賄，挖出一切潛在的腐敗份子，楊堅還暗中派人向一些職能部門的官員行賄，一旦有人中招，不管受賄金額大小，立刻將其砍頭。

此外，楊堅在朝會上處理政務時，若發現哪個朝臣有問題，便會不顧司法程序，當場命行刑官將其抓起來暴打，有時候一天內要連打三四個。由於楊堅命人製作的刑杖比普通的粗，所以不少人禁不住打，當場斃命，以致行刑官都有些手軟。有一次，楊堅發現行刑官在打人時下手不夠重，二話不說就把行刑官砍了。為此，高熲等人頻頻規勸，說：「朝堂非殺人之所，殿廷非決罰之地。」可楊堅根本聽不進去。

高熲鐵定了心要改變楊堅這個壞習慣，所以毫不氣餒，過後便召集文武百官一起上殿，集體請求楊堅治罪。楊堅這才意識到問題的嚴重性，就問負責行刑的禁軍大將田元：「我的刑杖是不是太粗了？」

田元答：「是太粗。」

楊堅問他粗到什麼程度。田元舉起大拇指說：「陛下的刑杖，就跟臣的大拇指一樣粗，打人三十下，不異於普通刑杖數百下，所以很多人會當場斃命。」

楊堅聽了，臉色變得十分難看，不過還是讓田元把刑杖撤了。此後，凡是再發現朝臣有罪當罰，就沒有在朝堂動手了，而是老老實實走司法程序，交給相關部門去處理。

然而，有道是江山易改，本性難移，楊堅忍了沒多久，就再次發作了。

有一次，一個叫李君才的低級軍官入朝奏事，斗膽說了一句話：「皇上對高熲的寵信有些過分！」楊堅立刻火冒三丈，命人杖打李君才，可此時殿中已無刑杖，他就下令用皮鞭，當眾將李君才活活抽死。

此後百官上朝，赫然發現那根粗大的刑杖又放回了原處。

過了幾天，楊堅又因某事發火，又打算在朝堂上打人。兵部侍郎馮基看不過眼，一再勸諫。楊堅不聽，執意把那人打死了。

事後，雖然楊堅有些後悔，對馮基好言慰勉了一番，還責怪百官沒有像馮基那樣及時諫諍，但是，縱觀楊堅在位的二十多年，其猜忌、多疑、刻薄的性情卻幾乎從未改變過。這，不能不說是楊堅身上令人遺憾的嚴重缺陷。作為一代雄主，楊堅統一海內的歷史功績不可謂不大，他在位期間的國力也不可謂不強，但他絕不會料到，隋朝會在他身後短短十幾年間就分崩離析、轟然崩塌。儘管隋朝覆亡的原因很多，但楊堅因猜忌而廢黜太子楊勇、改立次子楊廣，卻未嘗不是導致隋朝二世而亡的主要原因之一。

# 十四、風雲再起：江南、嶺南之亂

自五胡亂華、衣冠南渡後，中國南北分裂的局面整整延續了將近三個世紀，雖然隋朝輕而易舉地消滅了萎靡不振、國力虛弱的陳朝，但這並不意味著江南士民從此就會老老實實地成為大隋王朝的恭順子民。換言之，僅僅通過一場歷時不過三個月的戰爭，並不足以消除南北兩地的士人百姓在將近三百年裡形成的文化差異，更不可能在短時間內自動獲取江南世族對北方王朝的政治認同。

為了迅速彌合上述裂縫，在平陳之後，蘇威便迅速編寫了一本融政治宣傳與思想教育為一爐的小冊子，名曰《五教》，命江南士民無論男女老少都要熟讀背誦。蘇威此舉，本意是想統一人心，可結果卻適得其反，引起了江南士民極大的反感和抵觸。

此外，隋朝統一陳朝全境後，各級官吏為了維護穩定，也極力打壓江南的豪門世族，直接或間接地剝奪了他們原本在陳朝所享有的諸多政治和經濟特權。可想而知，在江南的世家大族，絕不可能乖乖交出自己的既得利益。

所以，到了開皇十年年底，江南各地士民對隋朝統治的怨恨和不滿就已發展到了臨界點，彷彿一座蓄滿岩漿的活火山，隨時會轟然噴發。

恰在這個時候，又不知從哪裡傳出一個謠言，說隋朝要把江南人遷往北方，以便加強對他們的控制。謠言一起，整個江南頓時沸騰了。很快，大大小小的叛亂便在一夜之間遍地開花：婺州

（今浙江金華市）人汪文進、越州（今浙江紹興市）人高智慧、蘇州人沈玄懀各自聚眾起兵，自稱皇帝，設置文武百官；此外，樂安（今浙江仙居縣）、蔣山（今南京市東）、饒州（今江西波陽縣）、處州（今浙江溫州市）、杭州、泉州（今福建福州市）、交州（今越南河內市）等地豪強也紛紛揭起義旗，反抗隋王朝的統治。

一時間，「陳之故境，大抵皆反」。各地叛亂武裝多則數萬人，少則數千人，互相呼應，攻城掠地。凡是抓到隋朝官吏，或開腸破肚，或剁成肉醬分食，還嘲弄那些官吏說：「你今天還能教我念誦《五教》嗎?!」

叛亂的奏報雪片般飛進長安。楊堅急命楊素再度南征。

同年底，楊素率水師從楊子津（今江蘇揚州市南）渡江，橫掃京口（今江蘇鎮江市）、晉陵（今江蘇常州市）、無錫一帶的叛亂武裝，旋即攻克蘇州，生擒在此稱帝的沈玄懀。此時，在越州稱帝的高智慧正據守錢塘江東岸，修建了一百餘里的軍營，大小艦船也布滿錢塘江面。楊素準備發動強攻，大將來護兒獻計：「吳人熟悉水性，水戰對他們有利，且叛亂者多為亡命之徒，我軍若正面強攻，必然付出很大的傷亡。請大帥嚴陣以待，不要交戰，由我率數千精銳悄悄渡江，出其不意從敵營背後發起攻擊，使其進退兩難，定可一戰破敵。」

楊素採納了來護兒的建議。

是夜，來護兒率領數百輕舟渡過錢塘江，趁著夜色對敵營發動奇襲，並燃起沖天大火。楊素看見對岸火起，即刻率主力發起全面進攻，遂大破叛軍。高智慧僥倖逃脫，率殘部從海上逃亡。緊接著，楊素又平定了在婺州稱帝的汪文進，以破竹之勢掃平了江東一帶的叛亂。

隨後，楊素親率主力繼續向南挺進，同時，命大將史萬歲率兩千精銳為前鋒，像一把鋼刀直插南方。

史萬歲是隋軍中出了名的猛將。他是長安人，早年受人牽連發配敦煌，後被秦州（今甘肅天水市）總管竇榮定賞識，收入麾下。開皇三年五月，史萬歲隨從竇榮定、長孫晟出征突厥，與阿波可汗對峙於高越原。竇榮定知道史萬歲是個萬人敵，便給阿波可汗捎話，提議雙方各派一名勇士在陣前決鬥，以決勝負。阿波遂派出一個他認為最能打的將領，到隋軍陣前挑戰。史萬歲飛馬出營，只一個回合，便把那個突厥人砍落馬下，然後提著腦袋大搖大擺地回了軍營。突厥人大為震駭，士氣頓喪。阿波無奈，只好向隋軍求和。

史萬歲單挑厲害，打仗更不含糊。他率部從婺州出發後，一路跋山涉水，攻城拔寨，連克數百個大大小小的武裝叛亂。在長達三個多月的時間裡，史萬歲用急行軍的速度把楊素主力遠遠甩在身後，轉戰一千多里，大小七百餘戰，用一支兩千人的先頭部隊橫掃南方，期間自然是與隋軍主力失去了聯絡，以致楊素和其他將領都以為，這支前鋒部隊十有八九已經全軍覆沒。直到史萬歲把戰報放到竹筒裡，任其在水中漂流，偶然被人拾起，送到隋軍大營，楊素才得知他的戰績和下落。

楊素立刻將史萬歲的事蹟奏報朝廷。楊堅見到奏疏，大為感歎，馬上賞賜給史萬歲的家人十萬錢，以示表彰。

就在史萬歲直插南方的同時，楊素也在閩越取得了輝煌戰績。他先是擊破了溫州叛軍沈孝徹，其後又在天臺、臨海一帶會戰百餘次，基本上肅清了這一帶的叛亂。一直在負隅頑抗的高智慧沒了地盤，不得不南逃泉州（今福建福州），投靠當地叛軍首領王國慶。

此時，楊堅認為江南大部已平，為了表示對楊素的體恤，便命其留下副手繼續平叛，本人則可以回朝接受嘉獎。楊素感動不已，當即回朝，但做完述職報告後，馬上要求返回江南，徹底蕩平叛亂，以絕後患。隨後，楊素回到前線，立刻著手準備進攻王國慶。

此時，王國慶以為隋軍不習水戰，遂全力在陸路設防，而於海路毫無防備。可他萬萬沒料到，楊素居然親率艦隊從海上對他發起了進攻。王國慶大為驚駭，棄城而逃，部眾也隨之一哄而散，或流亡海島，或據守山洞。

楊素一邊派遣將領，兵分數路清剿殘敵，一邊派密使遊說王國慶，命他交出高智慧，投降隋軍，以自贖其罪。王國慶無計可施，只好把高智慧押送到泉州，同時上表請降。楊素旋即將高智慧斬首。其部眾風聞匪首已死，紛紛繳械投降。

至此，江南完全平定。

楊素班師凱旋時，楊堅派出禁軍大將遠赴濬儀（今河南開封市）迎接慰勞。回京後，楊堅更是天天派人前往楊素府邸，噓寒問暖，賞賜不斷，還封他的另一個兒子楊玄獎為儀同三司。如果說，第一次南征陳朝使楊素得以躋身功臣行列的話，那麼第二次平定江南，則為楊素贏取了豐厚的政治資本，使他一躍而為楊堅最為倚重的心腹股肱之一。

楊素之所以能在戰場上所向披靡，按史書的說法，是得益於兩點：「用兵多權略；馭眾嚴整。」（《資治通鑑》卷一七七）

史稱，楊素每次出兵前，必定會千方百計挖出一批違背軍紀的部眾，然後將他們通通砍頭，從而殺戮立威、震懾全軍。每次殺人，多則百餘，少則數十。行刑時，楊素必親往現場觀刑。而每次觀刑時，眼前鮮血飛濺，楊素卻故意視若無睹，跟左右談笑風生。

很顯然，對於楊素麾下的將士來講，殘忍的屠刀與輕鬆的笑容結合在一起，要遠比聲色俱厲的訓話更能讓他們感到軍法的威嚴，也更能讓他們對楊素生出徹入骨髓的敬畏感。

在戰場上，每當楊素率部與強敵對峙時，他的克敵之法既簡單又有效：挑選一二百名敢死隊員，命他們不顧一切往前衝，能攻破敵陣當然最好，若攻不破，退回來的人不管還剩下多少，一律砍頭；然後，又派幾百人衝上去，進行第二波攻擊，再敗則再斬。面對這樣的打法，全軍將士無不斷絕求生之念，人人抱定必死之心。反正橫豎是個死，只能拼了命地往前衝。如此循環往復，直到陷陣破敵為止。因此，楊素的軍隊一旦打起仗來，都是不要命的；這就是楊素屢戰屢勝的祕訣。

當然，無論是楊素的治軍之術還是克敵之法，其核心精神都可以用兩個字來概括：殘忍。

如果楊素只有這一手，那他固然可以打勝仗，但不可能永遠打勝仗，因為一個殘忍的將帥可以讓將士們因恐懼而賣命，卻不可能讓他們自始至終都心悅誠服地效忠於他。

所以，楊素的帶兵辦法除了殘忍之外，肯定還有另一手。

這一手是什麼呢？也是兩個字：厚賞。

在當時的隋朝，楊素在楊堅心目中的分量是沒有幾人可以匹敵的。對於楊素提出的要求，楊堅幾乎「言無不從」。是故，凡是楊素的部眾，只要在戰場上立下尺寸之功，楊素必定為其大書特書，上表求功；而立下大功的，加官晉爵、金帛犒賞更是不在話下。

跟楊素的部眾比起來，其他大將的部屬就沒這麼幸運了。很多人在戰場上立了功，可在上報朝廷的過程中，卻難免受到文臣和經辦官員和掣肘和打壓，所以有功無賞者比比皆是。而由於楊素得寵，他打的報告自然沒人敢刁難。因此，儘管楊素殘忍，可大多數隋朝將士還是願意跟著他混。

江南的叛亂雖然很快就被平定，但楊堅卻深切地意識到，江南士民對隋朝的認同度要遠比他想像的低得多。因此，在接下來的時間裡，就必須有一個政治素質和文化修養絕對夠硬的人物去鎮撫，才可能在最大程度上獲取江南世族和百姓對隋朝的政治和文化認同。

楊堅最終選擇的這個人，就是晉王楊廣。

平陳之後，楊堅本來把楊廣放到了并州（今山西太原市），以他為并州總管防禦突厥，而把三子秦王楊俊放在江都（今江蘇揚州市），以他為揚州總管鎮撫江南，可現在看來，這樣的安排顯然是有問題的，因為江南遠比西北重要得多，而綜合素質和個人能力比楊俊要強得多的楊廣，無疑更應該被放在江都。

開皇十年十二月，楊堅下詔，將楊廣和楊俊調了個位置，以楊廣為揚州總管鎮守江都，以楊俊為并州總管防禦突厥。

事後來看，楊堅的這項決策顯然是正確的——楊廣到任數年後，就積極調動一切政治和文化手段，迅速獲得了江南士民的忠心和擁戴，從而在「版圖的統一」之後，真正實現了「人心的統一」。（參見第二十章《奪嫡進行時》）

就在楊堅鎮撫江南的同時，嶺南忽然傳來一道十萬火急的戰報，稱番禺部落酋長王仲宣發動叛亂，並糾集嶺南各部落酋長，聯兵包圍廣州；其時鎮守廣州的柱國韋洸被流箭射中，壯烈殉國。

楊堅緊急下詔，命韋洸副手慕容三藏全權代理廣州軍務，並命給事郎裴矩迅速前往嶺南，代表朝廷進行巡撫。裴矩抵達南康（今江西贛州市）後，很快招募了數千人馬。此時，王仲宣已派出將領周師舉北上，包圍了東衡州（今廣東韶關市）。裴矩聞訊，立刻率部南下，會同當地將領鹿願攻擊周師舉，一戰將其擊潰，不僅解了東衡州之圍，而且迅速南下廣州，兵鋒直指王仲宣。

正當廣州危急之際，嶺南奇女子冼夫人再次挺身而出，派孫兒馮暄率部馳援廣州。可她沒想到，馮暄與圍攻廣州的叛軍將領陳佛智有私交，遂逗留不進，遲遲不發起進攻。冼夫人得到消息，勃然大怒，立刻命人逮捕了馮暄，同時派另一個孫兒馮盎出征。

馮盎不辱使命，一戰便擊斬了陳佛智，旋即與裴矩、鹿願會師，並與廣州城內的慕容三藏內外呼應，聯手夾擊王仲宣。王仲宣兵敗逃亡，最後不知所終。

至此，廣州圍解。但是，廣大嶺南地區的眾多部落是否願意降服還是個未知數。關鍵時刻，冼夫人親自上場了。她一身戎裝，親率一支精銳騎兵，隨同裴矩巡撫了嶺南的二十幾個州。蒼梧郡（今廣西梧州市）部落首領陳坦等人一見冼夫人出面，不敢遲疑，趕緊前來晉見特使裴矩。裴矩代表朝廷，分別任命陳坦等人為當地的刺史、縣令，命他們仍統原有部眾。於是，嶺南地區完全平定。

裴矩大功告成，回朝覆命。楊堅龍顏大悅，對高熲和楊素說：「當初，韋洸率兩萬正規軍，卻遲遲不能進入嶺南；如今，裴矩僅率三千臨時招募的人馬，便直取廣州，平定叛亂。有臣若此，朕亦何憂！」隨即將裴矩越級提拔，直接任命為民部侍郎。

同日，楊堅下詔，任命馮盎為高州（今廣東陽江市）刺史，追贈馮寶為廣州總管，封譙國公，封冼夫人為譙國夫人，授予她開府置官之權，還給了她調動六州境內各部落軍隊的權力，「若有機急」，可「便宜行事」。由於冼夫人的特殊功勳，楊堅還特赦了馮暄的逗留不進之罪，任其為羅州（今廣東化州市）刺史。此外，獨孤皇后聽說了冼夫人的事蹟，還特地賜給她皇家首飾一副、宴會服裝一套。

冼夫人的傳奇人生，至此達到輝煌的頂點。她把所有皇家賜物都盛放於金篋之中，並將梁朝、陳朝的皇家賜物分別存放。每逢部落舉行節日慶典，冼夫人就把所有賜物陳列於庭院中，讓子孫們觀看，訓誡說：「我事三代主，唯用一忠順之心，今賜物具存，此其報也；汝曹皆念之，盡赤心於天子！」（《資治通鑑》卷一七七）

楊堅給予冼夫人及馮氏子孫的特殊榮寵，首先固然是對其一門忠勇的表彰，但最重要的，還是著眼於嶺南地區的維穩大局。換句話說，朝廷只要緊緊抓牢冼夫人一個，就等於給整個嶺南少數民族地區的穩定買了保險。

很快，楊堅的付出就再次獲得了回報。

當時，番州（原東衡州）總管趙訥貪污腐敗，並且生性暴虐，導致當地的俚族（黎族）、獠族等部落紛紛叛逃。冼夫人意識到這是個潛在的禍患，便祕密遣使入朝，指出馮訥的斑斑劣跡，同時提出了一套針對俚、獠等族的安撫計畫。

楊堅聞報，立刻派出特使前往番州，對趙訥進行調查審訊，果然查出其貪污受賄的所有犯罪事實。楊堅旋即將趙訥斬首，並委派冼夫人全權招撫俚、獠等族。隨後，冼夫人帶上皇帝詔書，以朝廷特使的身分，親自前往俚族、獠族聚居的十幾個州，宣示朝廷的少數民族政策，並不斷與其溝通談判，最後，終於將該地區的所有少數民族部落全部招撫。

楊堅大喜，隨即把臨振縣（今海南三亞市西）賜給冼夫人作湯沐邑，並追贈馮僕（冼夫人之子）為崖州（今海南儋州市）總管、封平原公。

# 十五、危險的仕途

開皇十二年（西元五九二年）七月，隋朝發生了一場政治地震——自開國以來一直被楊堅視為心腹股肱的宰輔重臣蘇威突然落馬，同時受到株連的還有一百多個頗具名望的朝臣。

蘇威的落馬，起因是他與國子博士何妥的矛盾。

在當時的朝廷，蘇威權大勢大，很少有人敢跟他公開叫板，可偏偏何妥是根直腸子，從不買蘇威的帳，經常跟他就各種公事吵得面紅耳赤。蘇威有個兒子叫蘇夔，官任太子通事舍人，年輕聰明，口才很好，尤其對音律很有研究，在朝中享有盛名。有一次，楊堅命何妥與蘇夔共同制定音律，兩人因一些細節問題發生了爭執，互不相讓。楊堅命百官公開討論。百官都是聰明人，當然絕大多數都站在宰相公子這邊，於是何妥的意見就被否決了。

何妥怒火中燒，對親信說：「我當了四十多年的國子博士，難道就栽在這個後生小輩之手?!」旋即回到家中，關起門來，把這些年暗中搜集的有關蘇威的黑材料，全部集中起來，然後洋洋灑灑地寫了一道彈劾奏章，第二天就交到了楊堅手裡。

據何妥所奏，蘇威依仗權勢，與禮部尚書盧愷、吏部侍郎薛道衡、尚書右丞王弘、考功侍郎李同和等人，結成朋黨，把持朝政。文武百官懾於這個小集團的淫威，都尊稱王弘為「世子」、李同和為「阿叔」，以示王弘的地位有如蘇威之子、李同和的地位有如蘇威之弟。

此外，何妥又指控蘇威濫用職權，以非法手段任用堂弟蘇徹、蘇肅為官。類似的事情還有不少。總之，這回何妥是豁出去了，拼了這條老命也要把蘇威整垮。

楊堅見到奏疏，大為驚愕，馬上命四子蜀王楊秀（時任內史令）與上柱國虞慶則共同查辦此案。經過調查，何妥對蘇威的所有指控幾乎全部屬實。楊堅怒不可遏，當即免除了蘇威的所有官爵，僅保留開府儀同三司的勳職，將其勒歸私第，並將盧愷等人除名，同時還把一百多個與蘇威有關係的官員全部治罪。

表面上看，蘇威的落馬似乎是因偶然事件所致，其實稍一分析，就不難看出其中的必然性。首先，蘇威執掌朝柄十餘年，且深受楊堅器重，無論他的本性如何淡泊自守、清廉自律，最終必然難逃「權力導致腐敗，絕對權力導致絕對腐敗」的官場鐵律。所以，即便沒有何妥，遲早也會有別人跳出來揭他的老底。

其次，如前所述，楊堅是歷史上性情最為猜忌的皇帝之一。在他的手底下做事，小心謹慎尚且要遭殃，何況你居然敢在他眼皮底下締結小集團，那當然要吃不了兜著走了。

不過，蘇威的政治生命並沒有到此終結。因為，楊堅對他的器重終究還是有別於常人。

蘇威被勒歸私第不久，楊堅就對他頗為想念，忍不住對左右說：「蘇威是一個有德行的人，只是被小人所誤罷了！」旋即恢復了他入宮朝見的權利。

一年多後，蘇威就被楊堅重新起用，不僅恢復了邳公的爵位，而且官拜納言。此後，蘇威的仕途還將幾起幾落，其人生軌跡不亞於一列急劇起伏的過山車。

就在蘇威首次落馬的三個月後，楊素取代他成為尚書右僕射，與高熲共掌朝政。幾乎與楊素上位同時，一個同樣在平陳之戰中立下大功的重臣，卻遭遇了與楊素截然相反的命運。

他就是賀若弼。賀若弼當時的職位是右領軍（十二禁軍中第八軍）大將軍，官秩正三品。論權力，論品階，楊堅都算對得起他了。可賀若弼生來就是個心高氣傲的人，總覺得自己的功勳和威望都在同僚之上，經常以宰相自許。

楊素上位後，同為功臣的賀若弼卻仍然待在將軍的位子上，這口氣讓他無論如何都嚥不下，於是憤憤不平，逢人便發牢騷，整天怒形於色。

一看賀若弼如此戾氣沖天，楊堅當然很不爽，於是二話不說就把他的官給撤了。賀若弼沒料到是這個結果，頓時「怨望更甚」，天天罵娘，嚴重影響安定團結。楊堅忍無可忍，索性把他抓起來扔進了監獄。

考慮到賀若弼立有大功，所以楊堅就給他最後一個面子，親自審問他：「我讓楊素、高熲當宰相，可你卻常常在大庭廣眾之下罵他們，說他們都是酒囊飯袋，你這是什麼意思？」

賀若弼直到此刻還沒意識到問題的嚴重性，梗著脖子說：「高熲是我的老友，楊素是我舅舅的兒子，我對他們知根知底，才會說這個話。」

賀若弼此言，往輕了說叫做口無遮攔，往重了說就是罵楊堅有眼無珠。道理很簡單：人家皇帝都強調了，楊素和高熲都是他親自任命的，顯然是對他們青睞有加、寄予厚望，可你賀若弼卻口口聲聲罵他們是吃白飯的，還說是因為了解他們才這麼說，這不是明擺著扇楊堅的耳光嗎？

不客氣地說，賀若弼雖然打仗很猛，但在做人方面實在是很幼稚，尤其在政治上，更是個毫無頭腦的低能兒。這樣的人還敢公然跟高熲、楊素叫板，顯然是活得不耐煩了。

隨後，朝廷三公聯名上奏，要求以「心懷怨望、辱罵朝廷」為由，將賀若弼處死。楊堅最後又找他談了一次話，說：「三公按照國法要治你死罪，朕也救不了你，你自己想想還有什麼活命的理由？」

賀若弼到這時候才感到了恐懼，慌忙說：「微臣仰仗陛下神威，率八千軍隊橫渡長江，生擒陳叔寶，這個活命的理由夠不夠？」

楊堅冷笑：「這份功勞早已得到格外重賞，現在還炒什麼冷飯！」

最後時刻，賀若弼總算說了一句聰明話：「臣已蒙格外重賞，今還格外望活！」（《資治通鑒》卷一七八）之所以說這是句聰明話，是因為這話雖然在邏輯上狗屁不通，可在語氣上卻明顯是低頭服軟了，而且聽上去還稍稍有那麼點撒嬌的意味。

美女天天撒嬌很正常，可一個粗人一輩子只撒一次嬌，卻有可能讓人覺得可愛。楊堅聞言，又好氣又好笑。考慮了幾天後，終於將賀若弼特赦，只剝奪了他的所有官爵。

一年多後，賀若弼恢復了爵位，但仍深受楊堅猜忌，從此不再擔任任何有實權的官職。可以說，走到這一步，賀若弼的政治生命就算徹底完結了。

隋朝建國後，經過楊堅君臣十餘年的精心治理，人口逐漸增長，經濟穩步提升，國家開始不缺錢了。開皇十二年年底，有關部門奏報，國庫裡面的錢糧布帛已經多得沒地方放了，只好堆積在走廊和大廳。楊堅一聽，又驚又喜道：「朕實行輕徭薄賦的政策，又頻頻賞賜功臣，庫藏怎麼可能不少反多呢？」

官員答：「這是因為每年的財政收入都大於支出。據粗略統計，朝廷每年賞賜所用的絹帛，最多也才幾百萬匹，所以對庫藏沒什麼影響。」

楊堅很欣慰，便命人興建了一座新國庫，稱為「左藏院」，存放那些多出來的錢糧布帛，同時下了一道「藏富於民」的詔書，稱：「寧積於人，無藏府庫。河北、河東今年賦稅減免三分之一，兵役減少一半，徭役全免。」

國家不缺錢了，大興土木也就在所難免。

開皇十三年（西元五九三年）春天，隋朝的避暑行宮仁壽宮開始興建，位址選在岐州北部（今陝西麟遊縣），以楊素為工程總指揮。楊素推薦了兩個心腹作為這項工程的主要執行人：宇文愷，任檢校將作大匠（代理建築部長）；封德彝，任土木監（土木總管）。

楊堅把這座行宮的建設全權交給了楊素，從規劃、預算到設計施工、徭役徵發，通通不予過問。這對於楊素而言，當然是一個表忠心、博歡心的大好機會。於是，楊素從一開始就給工程提出了高標準嚴要求，不僅規模要大、檔次要高，而且品質要好、進度要快。在這樣的指導思想之下，仁壽宮的建設就成了當地百姓的一場夢魘。為了達到楊素的要求，以宇文愷、封德彝為首的工程指揮部便對負責施工的各級官員下了死命令，「於是夷山堙谷以立宮殿，崇臺累榭，宛轉相屬。役使嚴急，丁夫多死，疲屯顛僕，推填坑坎，覆以土石，因而築為平地。死者以萬數。」（《資治通鑑》卷一七八）

平山填谷建立宮殿，高臺層榭蜿蜒相連；工程時間緊急，官員督促嚴苛，故民工大量死亡；那些因疲勞過度而昏倒的，也都被推進坑裡，用土石覆蓋，填為平地；死者數以萬計。

開皇十五年（西元五九五年）春夏之交，仁壽宮竣工落成。楊堅首次前往仁壽宮視察。由於當時天氣逐漸轉熱，許多民工在完成最後的工程時紛紛倒斃於途，楊素便命人將死屍全部焚燒滅跡

（在古代，人死均用土葬，焚毀屍體相當於是對罪人的一種懲罰）。

如此大規模的焚屍行動，難免會走漏風聲。楊堅還沒到仁壽宮，就已經有人給他打了小報告。楊堅大為不悅。等到了仁壽宮一看，其雄偉奢華之程度頓時把楊堅嚇了一大跳。他當即火起，憤憤地對左右說：「楊素耗盡民力建此離宮，是要讓我結怨於天下人。」

楊素聽到這話，差點就暈了過去。

他費盡心機把這座仁壽宮建得有如天宮一般壯麗，就是想拍皇帝的馬屁，如今卻拍到了馬腿上，自己花了半輩子換來的榮華富貴，豈不是要毀於一旦?!

正當楊素惶惶不安、愁腸百結之時，心腹封德彝卻對他說：「楊公勿憂，等到皇后來了，一定會有恩賜慰勉的詔令。」

果不其然。第二天，宮裡使者就傳召楊素去面聖了。楊素惴惴不安地上殿，卻不見楊堅，只見獨孤皇后滿臉笑容地等著他。楊素行過禮後，聽見皇后說：「您知道我們夫婦老了，沒有什麼可資娛樂的東西，因而盡心竭力建造這座行宮，這難道不是忠孝的表現嗎！」遂賜給楊素錢一百萬、綢緞三千匹。

事情果然不出封德彝所料，楊素不但沒被責罰，反而受到了重賞。

楊素喜不自勝，從此對封德彝大為賞識，經常單獨約見，和他討論一些只有宰相才能參與的政務，並不止一次拍著自己的坐榻說：「封郎遲早要坐上我這個位置。」隨後便向楊堅大力舉薦。很快，封德彝就被擢升為內史舍人（從五品）。

仁壽宮的興建無疑為楊素贏得了又一筆不可小覷的政治資本。儘管以勤儉著稱的楊堅對楊素的靡費之舉一開始頗為反感，但後來的事實證明——這個世界上很少有人能抗拒享樂，即使是以勤儉樸素名垂青史的楊堅也不例外。

仁壽宮建成後，楊堅幾乎每年都要到此避暑，就算頭幾年心裡有些疙瘩，可日子一長，必定會體驗到這座行宮帶給他的種種好處，由此也必定會感念楊素的拳拳忠心。

所以，從開皇中期開始，楊素在楊堅心目中的分量就越來越重了。綜觀隋文帝一朝，絕大多數功臣元勳幾乎都不得善終，可楊素卻始終穩居高位。別人的仕途走得危機四伏、險象環生，乃至最終連腦袋都不保，可他卻走得風生水起、志得意滿，不僅富貴終老，還能澤被子孫。

相對於從開皇中期開始富貴逼人的楊素，許多元勳重臣卻在這時候遭逢了極為不堪的下場。比如虞慶則，就是其中最典型的一個。

虞慶則是隋朝開國第一任宰相班子的重要成員，與高熲、李德林位列同班。勸楊堅誅殺宇文宗室，就是他出的主意。當時，以高熲為首的宰輔重臣都不敢公開贊同，李德林更是堅決反對，可楊堅還是採納了虞慶則的建議。

僅此一事，虞慶則就充分獲得了楊堅的信任和倚重。開皇二年，突厥入寇，虞慶則掛帥出征，部將達奚長儒率兩千人與突厥力戰，幾乎全部戰死，可虞慶則擔心突厥勢強，卻按兵不動，見死不救。按理說，這件事朝廷必然要加以追究，但事後楊堅不但不問責，反而還將虞慶則擢升為尚書右僕射，足見楊堅對他的偏愛。

開皇初年，虞慶則在滿朝文武中可以說是最風光的人之一。他在楊堅心目中的印象開始變壞，是始於開皇四年的突厥之行。

當時，虞慶則與長孫晟奉命出使沙缽略王庭，冊封北周的千金公主為隋朝的「大義公主」。臨行前，楊堅特意交代他：「我想要扶植沙缽略這支勢力，若他要贈送給你馬匹，你就取三五匹就行了。」

當時沙缽略已陷入內憂外患之中，勢力大為削弱，隋朝為了達成「離強合弱」的戰略目的，勢必要竭盡全力保護沙缽略；而在冷兵器時代，馬匹的重要性不亞於今天的坦克，擁有馬匹數量的多寡，直接決定了一個游牧國家的戰鬥力。因此，楊堅才會叮囑虞慶則，若沙缽略要送馬給他，千萬不能實收，拿個意思就行了。

虞慶則滿口答應。到了完成出使任務要回國之前，沙缽略為了獲取隋朝的支持，果然不出楊堅所料，忍痛要送給虞慶則一千匹馬（這對當時內外交困的沙缽略無異於大出血）。照理說，這時候虞慶則就該按楊堅吩咐，只收三五匹，領對方的心意就好了。不料他卻見財眼開，毫不遲疑就收下了。此外，沙缽略為了討好他，還主動提出把女兒嫁給他，虞慶則居然也毫不客氣地照單全收了。

當虞慶則帶著一千匹馬和突厥美女浩浩蕩蕩地回朝後，楊堅心裡的不爽是不言而喻的。然而，考慮到虞慶則此行還算成功，楊堅不但隱忍不發，還加授他上柱國、封魯國公，賜食邑一千戶。

楊堅如此對待虞慶則，誠可謂仁至義盡。假如虞慶則從此能夠深懼盈滿、低調做人，也絕不至於落到身首異處的下場。可惜，虞慶則並不懂得月盈則虧的道理。

開皇九年平陳之後，楊堅大宴群臣。席間，楊堅對眾人說：「高熲平江南，虞慶則降突厥，可謂功勳卓著！」當時因平陳之功開始受到楊堅賞識的楊素趕緊說：「這都是仰賴陛下的威德。」

本來，楊素此言純屬官場上慣用的馬屁話，只要說的人不肉麻，聽的人不噁心，也就沒人會當回事。不料，虞慶則卻當眾發出冷笑，用眼角瞟了一眼楊素，說：「楊素此前打的那些仗，若不是仰仗皇上威德，也斷無獲勝的道理。」

雖然這句話跟楊素說的沒啥兩樣，但分明充滿了揶揄和抬槓的意味。

此言一出，現場的氣氛頓時凝固，本來觥籌交錯、歡聲笑語的宴會大廳忽然間鴉雀無聲。與楊素交情甚篤的某位御史當場站出來，準備彈劾虞慶則。楊堅馬上示意那人坐下，說：「今日朕與諸賢卿計功為樂，不宜彈劾大臣。」

皇帝發話後，氣氛才有所好轉。稍後，眾人比試射箭，輸的人罰酒。虞慶則陰沉著臉坐在一邊，並不參與。片刻後，忽然對楊堅說：「臣蒙皇上賞賜酒食，命我等暢飲盡樂，但有御史在側，實在不敢多喝，就怕酒醉遭人彈劾。」

見過小肚雞腸的，可沒見過這麼小肚雞腸的！我一個堂堂天子都出面替你們打圓場了，可你還是不依不饒，這也太沒意思了吧？

當然，楊堅沒有這麼說。他只是笑笑，然後賜給御史一杯酒，就命他離席了。御史憤憤離場後，虞慶則臉上才重新有了笑容，遂舉杯向楊堅敬酒。直到宴會結束，他的心情都一直很好。然而，虞慶則卻沒有注意到，楊堅看他的眼神已經不對勁了。

原因很簡單——這頓酒，楊堅喝得一點都不痛快！

宴會即將結束時，楊堅最後一次端起酒杯，對群臣說：「飲此酒！願我與諸公等子孫，常如今日，世守富貴。」

虞慶則趕緊起身，與眾人一起，高高興興地喝下了這杯盛滿天子祝福的酒。

可是，虞慶則壓根沒有聽懂楊堅的弦外之音：如果大家謹守人臣本分，不驕不躁，那當然可以共保富貴，可要是給個鼻子就上臉、給點陽光就燦爛，所謂的「常如今日」就絕對是癡心妄想！

事後不久，虞慶則的宰相職位就被楊堅拿掉了，轉任右衛大將軍，沒過幾天，又被降為右武侯大將軍。虞慶則開始感覺不妙了。然而，他真正的噩運還在後面。

開皇十七年（西元五九七年）七月，嶺南人李世賢起兵叛亂，楊堅與群臣商討平叛人選，幾個大將紛紛請纓，只有虞慶則緘默不語。楊堅斜乜了他一眼，冷冷地說：「位居宰相（指他曾經當過宰相），爵乃上公，國家有賊，遂無行意（卻無出征之意），何也？」（《隋書・虞慶則傳》）

虞慶則惶恐不已，趕緊叩首謝罪。

隨後，虞慶則奉命掛帥出征，他的小舅子趙什柱被任命為副手。虞慶則很信任這個小舅子，因為此人腦瓜活絡，辦事能力強。可虞慶則萬萬沒料到，他最信任的這個小舅子，馬上就將變成他的索命小鬼。

趙什柱之所以會窩裡反，是因為他早就和虞慶則的一個愛妾私通。日子一長，他難免擔心姦情敗露，所以一直想找機會整死這個姐夫，好跟自己的情人雙宿雙飛、天長地久。

此次虞慶則被皇帝強令出征，心裡多少有些不樂意。於是出發之前，趙什柱便抓住時機暗中散布言論，說虞慶則心懷怨望，對皇上不滿。此言很快就傳進楊堅耳朵。按慣例，將帥出征前，皇帝都要設宴壯行，賞賜金帛。可由於楊堅已經對虞慶則相當失望，所以在酒宴上自然沒什麼好臉色，賞賜也很菲薄。

虞慶則見狀，心中大為憂懼。

此次出征，仗倒是打得挺順手，因為叛軍純屬烏合之眾，沒兩下就被擺平了。但是，此戰的勝利並沒有給虞慶則帶來絲毫喜悅。原因很簡單——楊堅對他的態度已經讓他生出了非常不祥的預感。

平定李世賢後，虞慶則班師走到潭州（今湖南長沙市）的臨桂嶺，忽然停下了腳步。他帶著趙什柱在山裡轉了幾天，仔細觀察了此地的山川形勢，忍不住說：「這裡實在是險要，若有良將駐守，加之糧食充足，一定不會被攻破。」

在此逡巡數日後，虞慶則實在是沒有勇氣回朝，遂命趙什柱先行回京，以稟報公事為由，觀察楊堅的臉色和態度，然後再做下一步打算。而一心想置姐夫於死地的趙什柱，當然不會放過這個千載難逢的機會，立刻快馬加鞭趕回長安，向楊堅舉報了虞慶則的謀反企圖。

楊堅當即授意趙什柱給虞慶則傳送假情報，誘他回朝。隨後，虞慶則得到小舅子的報告，說皇帝龍顏大悅，準備重重嘉獎他。虞慶則信以為真，遂興沖沖地回到京師，可等待他的，並不是皇帝的接風酒宴和金帛重賞，而是冰冷的鐐銬和陰暗的牢房。

當年十二月十日，朝廷經過調查，證實虞慶則的謀反罪名成立，遂將其斬首。同日，趙什柱一步登天，被楊堅授予柱國之職（正二品勳官）。

這個陰險毒辣的小舅子，終於踩著姐夫的屍體爬上了高位。虞慶則倘若冤魂不散，不知會不會變成厲鬼來找他索命？

仕途就是一條橫跨懸崖、由低往高的鋼絲，自古以來，很少有人能順順當當地通過它走到絕頂；而元勳重臣體量大，走在上面更是晃晃悠悠，比一般人更容易失足。因此，有隋一朝，走到半道便墜落深淵的功臣元勳比比皆是——虞慶則並不是第一個，當然也不是最後一個。

# 十六、苛酷的法網

作為一個雄猜之主，楊堅的剛猛嚴苛對於隋朝的維穩工作固然發揮了一定的積極作用，但其弊端也是顯而易見的，那就是：法律變成了權力的奴僕。

如前所述，楊堅經常出於他的個人意志，繞過司法程序在朝堂上公開殺人。此舉對隋朝政治造成的惡劣影響，並不在於那些被殺的人是否冤死，或者皇帝處置大臣是否公平，而是在於國家法律遭到了皇帝的公然踐踏，從而在很大程度上削弱了法律應有的威信和尊嚴。

開皇十七年三月，楊堅突然頒發了一道詔書，宣布自即日起，中央政府各部門及地方各級政府，其長官在處理下屬的犯罪問題時，若發現適用刑罰很輕，但犯罪情節卻很嚴重者，可以特准該部門長官在法律之外斟酌懲處，必要時還可以將人犯杖斃。

據稱，楊堅頒布這道詔令的理由，是因為他發現「所在屬官不敬憚其上，事難克舉」，亦即很多官吏都不敬重、不服從他們的長官，導致行政效率低下，政令難以推行。

楊堅頒行此令的初衷，當然不能說是錯的，但他採取的這個解決辦法無疑是極不靠譜的。這道詔令，明顯是他自己在朝堂殺人的「經驗推廣」。而令人啼笑皆非的是，這個做法本來就是楊堅的弊政之一，可現在他不但不思悔改，反而將其放諸四海並且常態化，這對隋朝法律秩序和政治秩序的衝擊和破壞，顯然是難以估量的。

當朝廷律法變成了長官意志的附庸，甚至變成了隨時可以被拋棄的贅物，那麼法律所代表的客觀、公平與正義即便不是蕩然無存，至少也是變得面目全非。此外，法律存在的意義本來就是要在所有社會成員之間設定一個「權利的邊界」，也就是說，它既要保障個人的權利不受他人侵犯，也要防止個人越過權利邊界去侵犯他人。如今，楊堅賦予了各級長官法外懲處、甚至是法外殺人之權，這就意味著任何有權力的人，都可以出於私利或者私怨，肆意侵入他人領地，剝奪他人的一切權利，同時讓自己的權利無限擴張。

可想而知，這道詔令是一條多麼可怕的惡法！

史稱，楊堅頒布此詔後，隋朝各級官吏便「上下相驅，迭行捶楚，以殘暴為幹能，以守法為懦弱」。（《資治通鑑》卷一七八）

在官場上，大多數人既是別人的下屬，同時也是其他人的長官，所以，按照楊堅的這條詔令，你今天看哪個下屬不爽就可以把他打個半死，明天哪個長官看你不爽也同樣可以將你杖斃。如此「法外執法」、以個人意志凌駕法律的結果，就等於把官場變成了一條既殘酷又無序的食物鏈——大魚吃小魚，小魚吃蝦米，你吃別人，別人吃你。而最後唯一不被吃的，恐怕就只有處於食物鏈最頂端的至高無上的天子楊堅了。

然而，當整條食物鏈因無序的相互吞噬而崩潰之後，身為「大魚」的楊堅儘管沒有被吃之虞，可他還能吃什麼呢?!

當然，現實情況也許不會發展到如此極端的境地，但至少從理論上看，楊堅所推行的這條惡法指向的就是這樣的邏輯終局。

自古以來，許多統治者都有一個思想誤區，認為法網越是嚴苛、刑罰越是殘酷，老百姓就越會安分守己、不敢犯法。然而，無數的歷史事實證明——這只是統治者的意淫。換言之，刑法寬鬆固然不一定製造良民，但是嚴刑峻法卻必然會製造更多的暴民。

楊堅馬上就會用他的親身經歷，來向我們證明這一點。

由於當時天下盜賊繁多，所以楊堅就下了一道命令，宣布從今往後，凡是偷盜錢物達一錢以上者，一律斬首棄市。不久，就有三個笨伯無視楊堅法令，居然頂風作案，聯手偷了一個瓜。

三人共偷一個瓜，這在古今中外的任何一個國家，估計都很難構成犯罪，充其量也就是違反治安管理處罰條例，罰幾百塊或者關幾天了事。可是，這裡是楊堅的天下，所以這三個偷瓜賊就在劫難逃了。

楊堅正準備樹立典型，一看有人自動撞到槍口上，便一聲令下，砍掉了這三個人的腦袋。

因為一個瓜而砍掉三個腦瓜，這絕對是古今奇聞。隋朝的老百姓們一聽，個個都吐長了舌頭，一臉匪夷所思之狀。

於是，接下來的日子，全國老百姓一下子全都「安分」了，每天遲遲起床，早早就寢，而且不到萬不得已絕不出門，以免惹上麻煩。這樣的日子當然不是人過的，所以很快就有另外三個人跳了出來，聯手犯了一件案子。

這次不是偷瓜案，而是一起綁架案，被綁的人是朝廷專門審理盜竊案的法官。奇怪的是，這三個綁匪綁了人之後，一不要贖金，二不扣人質，而是非常有禮貌地跟法官說了幾句話：「哥幾個綁你，既不圖財也不害命，只為天下人申冤。請你轉告皇帝老兒，自古以來，國家立法，從未聽說只盜一錢就砍頭的。你要不代為轉達，等我們再來，你就沒命了！」說完，三個綁匪就把法官放了。

法官嚇得面無人色，當天就入宮向楊堅做了奏報。

聽完法官的轉述，楊堅陷入了沉默。第二天，一道詔書頒下，那條「盜一錢以上皆棄市」的法令被撤銷了。全國人民歡天喜地，馬上恢復了早出晚歸、忙忙碌碌的生活。

楊堅的這個故事告訴我們——企圖以嚴刑峻法來消滅犯罪，最終只能是一個笑話。

儘管實施史上最嚴峻法令的實驗失敗了，可楊堅動不動就殺人的脾氣卻一點沒變。

按照中國古代的傳統，每年處決囚犯的時間只能在秋季，因為秋天是肅殺的季節，在這個時候殺人才不違「上天好生之德」。可有一年六月，楊堅又因某事而大發雷霆，準備杖殺一個朝臣。時任大理少卿（最高法院副院長）的趙綽堅決反對，說：「夏季盛暑，萬物生長，不可在此時殺人！」

楊堅冷哼一聲，說：「六月之時，雖然萬物生長，但上天也會降下雷霆，我代天而行，有何不可?!」遂將那人活活杖斃。

有道是上有所好，下必甚焉。皇帝喜歡嚴刑峻法，底下當然有人會投其所好。比如趙綽的一個下屬，時任大理掌固（普通辦事員）的來曠為了搏出位，就上奏說，大理寺的審判一向用法太寬，今後應該一切從嚴。

楊堅認為來曠忠直敢言，遂授予他參加早朝，並給了他位列五品的特殊待遇。來曠立刻抖擻起來，以為自己的好日子到了，旋即打了一份報告，指控他的頂頭上司趙綽隨意為囚犯減免刑罰。楊堅立刻命人調查，結果發現來曠所言純屬子虛烏有。楊堅大怒，馬上下令，要把來曠砍了。

照理說，來曠如此喪心病狂、誣陷上司，被砍頭也是活該。而對於無故遭受陷害的趙綽來講，來曠這小子更是罪有應得。然而，趙綽卻是一個公正的執法者，不是睚眥必報的小人。所以，他非但沒有落井下石，反而挺身而出，在大殿上據理力爭，認為來曠不應該死。

楊堅大為不悅，當即從御榻上站起，拂袖而去。趙綽急得在背後大叫：「臣不再談來曠的事了，但另外還有事要奏。」楊堅這才同意他進入內殿奏報。

進入內殿後，趙綽噗通一下跪倒在地，俯首謝罪說：「稟報陛下，臣有三條死罪。」

楊堅愕然。

趙綽緊接著說：「臣身為大理少卿，不能約束屬下，致使來曠觸犯天子，死罪一；人犯罪不至死，而臣身為執法者，卻不能以死相爭，死罪二；臣本無他事，卻妄言有他事要奏，這是欺君，死罪三。」

這就是諫諍的藝術。明明句句是勸天子收回成命，卻無一字不是自責謝罪之辭。聽見如此高明、滴水不漏的諫言，楊堅就算有再大的怒氣也無從發洩了，臉色隨即緩和下來。當時，獨孤皇后也在場，見趙綽如此言辭懇切，遂用兩隻金杯盛酒，賜與趙綽，喝完後連金杯都賞了給他。

隨後，楊堅赦免了來曠的死罪，將其流放廣州。

「來曠事件」剛過去沒幾天，楊堅又因為一件小事要砍一個大臣的腦袋，趙綽力諫，結果差點連命都搭進去。

這件事說起來有點可笑，起因居然是一條內褲。準確地說，是一個大臣穿的內褲顏色不對，所以觸怒了楊堅。

楊堅是不是有病，連人家內褲穿什麼顏色都要管？

其實，不是楊堅有病，而是中國古代有許多莫名奇妙的風俗習慣，其中很多風俗還延續至今。比如說，中國人歷來認為本命年是大吉大凶的，所以如果今年是你的本命年，家裡的老人就會告訴你，這一整年都要穿紅色內褲，這樣才能趨吉避凶。假如你認為這種說法不可信，堅決不穿，估計老人也不能把你怎麼樣，而你當然也不見得就會橫遇厄運。

但是，在古代，內褲穿什麼顏色卻是一件大事，因為它不僅跟本命年有關，而且還跟政治有關。比如我們這裡要說的「內褲事件」，起因就是刑部侍郎辛亶聽人家說，穿紅內褲會官運亨通，所以就天天穿著紅內褲上下班。可不知怎麼著（估計是上廁所的時候被政敵看見了），馬上就有人告到楊堅那裡，說辛亶穿紅內褲是在施行巫蠱，目的是詛咒皇上早點死。

於是，內褲的顏色問題就這樣上升到了政治高度。

紅內褲到底是不是跟巫蠱有關，我們不得而知，但是在古代，施行巫蠱確實是十惡不赦的重罪。楊堅聞言，怒不可遏，也不做調查，馬上命人將辛亶砍頭。

正當這個可憐的辛亶即將成為史上唯一一個因內褲顏色被砍頭的大臣時，趙綽再度站出來據理力爭，對楊堅說：「依照法律，辛亶罪不至死，臣不敢奉命。」

這回，楊堅不再給趙綽面子了，陰著臉說：「你珍惜辛亶的命，卻不珍惜你自己的嗎？」

面對赤裸裸的威脅恐嚇，趙綽不為所動，還是堅持自己的立場。楊堅大手一揮，立刻命人把趙綽押下去砍了。趙綽面不改色地說：「陛下可以殺我，但不可殺辛亶。」

隨後，趙綽被押出大殿，推到外面。行刑官剝下他的衣服，把他的頭按在了鍘刀上。這時，傳令宦官奉命來問趙綽最後一句話：「你到底做何決定？」

趙綽只回了八個字：「執法一心，不敢惜死！」

宦官回稟，楊堅頓時有些動容，但是一時又下不來台，只好拂袖而起，轉身走進內殿。外面的宦官和行刑官面面相覷，都不知道這一刀該不該砍下去。許久，楊堅才從內殿放出話來，讓他們把趙綽放了。

次日，整整想了一夜的楊堅終於有所悔悟，遂召見趙綽，當面致歉，並賞賜給他綢緞三百匹。

至此，辛亶才沒有因為一條內褲而送命。不知道這位堂堂的刑部侍郎從此以後會不會患上「紅褲恐懼症」，但我相信，他至少會從這件事中吸取一個教訓，那就是——封建迷信害死人啊！

緊繼「內褲事件」之後，趙綽和楊堅又鬧了一次不愉快。

這一次可以稱為「劣幣事件」。

在古代，由於缺乏防偽技術，加之鑄造貨幣的技術門檻很低，所以政府通常無法壟斷貨幣的鑄造權。也就是說，民間私自鑄造的貨幣，經常跟政府發行的貨幣一起在市場上流通。當然，歷朝歷代也時常重拳打擊私鑄貨幣，可效果往往並不理想。

比如開皇年間，楊堅就明令禁止民間私鑄的劣幣在市場上流通，可還是有很多人因利益驅使鋌而走險，堅持作案。有一天，相關官員就在市場上抓獲了用劣幣兌換良幣的兩個人。上報朝廷後，楊堅馬上下令斬首。

趙綽當然又反對了。他說：「依照法律，二人應處以杖責之刑。殺他們，於法無據。」

楊堅怒道：「這事與你無關。」

趙綽說：「陛下不以臣愚昧，讓臣主管司法部門，如今卻又胡亂殺人，豈能說與臣無關？」

楊堅一聲冷笑：「一個人去搖大樹，如果搖不動，就應該知難而退。」

趙綽道：「臣想搖動的是天子之心，豈止大樹！」

楊堅又說：「喝稀粥時，如果太燙，就要暫時放在一邊。何況天子之威，豈是你所能壓制?!」

一個皇帝居然要跟臣子如此打嘴仗，足見趙綽的氣場實在有夠強大。楊堅說完，便喝令趙綽退下。可他非但不退，還一邊磕頭一邊前趨，直逼楊堅御榻。楊堅大聲喝斥，趙綽仍不肯退。

碰上這種不要命的，楊堅也實在是沒轍，只好拿出他的「撒手鐧」——拂袖回宮，眼不見為淨，耳不聽不煩。

趙綽能生生把皇帝逼退，頓時給其他正直的朝臣做出了強大的示範。隨後，御史柳彧等人紛紛上疏，聲援趙綽。楊堅無奈，只好打消原意，免了那兩個人的死罪。

像趙綽這樣的硬骨頭，雖然楊堅從感情上很難接受，但是作為一個皇帝，至少在理智上，他是不得不承認趙綽是忠直的。是故，跟趙綽「博弈」了幾個回合之後，楊堅對他就越來越賞識了。此後，楊堅經常召他入宮，讓他直言批評朝政得失。獨孤皇后在場的時候，往往還會給趙綽賜坐。而皇帝凡有所問，趙綽也總是知無不言，言無不盡。楊堅很高興，給他的賞賜，前後數以萬計。

然而，趙綽只有一個，國事卻紛繁萬千。因此，趙綽不可能事事知情，更不可能事事跟楊堅死諫。而楊堅苛酷猛厲的性情，則越到晚年越嚴重。仁壽初年，趙綽去世，楊堅就無所忌憚了，又恢復了從前動輒在朝堂殺人的惡習。

有一年元旦朝會，一些武官衣冠不整，而且佩劍的佩戴方式也不符合相關禮儀。按規定，殿上的御史碰到這種事是必須當場彈劾的。可是那天，楊堅等了很長時間，御史卻始終沒有發話。楊堅大怒，對那個御史吼道：「你身為御史，莫非想彈劾就彈劾，想放縱就放縱嗎？」遂下令將他斬首。

諫議大夫毛思祖趕緊出列勸阻。只可惜，這位毛老兄的氣場遠遠不如趙綽強大，運氣也沒他那麼好。楊堅只瞪了他一眼，就命人把他拖出去，跟那個御史一塊砍了。

楊堅晚年，類似這種草菅人命、「激情殺人」的事情還有很多。比如，有關官員因徵收田賦超過期限——砍頭；武庫守備官因辦公處所的雜草沒有清除——砍頭；左右官員奉命出使地方，收受地方官員贈送的物品，小至一根馬鞭、一隻鸚鵡，被楊堅知道了，也無一例外，全部砍頭，而且楊堅還要親自到場監斬。

楊堅晚年，對楊素越來越寵信。楊素便恃寵擅權，凡是跟他有過節的，必定遭殃。鴻臚少卿（藩屬事務部副部長）陳延曾與楊素結怨，自然也逃不過他的黑手。有一次，楊素偶然經過專門招待外賓的蕃客館，發現院中堆有未及清掃的馬糞，而一幫工作人員卻聚在一起擲骰子賭博，立刻飛報楊堅。楊堅大怒，馬上命人逮捕該館的負責官員及所有參與賭博的人員，全部杖殺；陳延也被抓起來打了個半死，雖然僥倖保得一命，但仕途卻因此玩完了。

隋文帝楊堅在位二十四年，不僅完成了一統天下的歷史使命，而且締造了一個國力強大、民生富庶的太平盛世（史稱「開皇之治」），其歷史功績可謂彪炳千古，加之其個人的儉樸寡欲和勤政愛民，使他完全有資格進入歷史上為數不多的聖明帝王的行列。然而，毋庸諱言，其性情的猜忌嚴苛，以及因此導致的法網的苛酷猛厲，卻無疑給他光輝燦爛的帝王生涯抹上了一層濃厚的陰影。

# 十七、邊塞烽火：不安分的突厥

楊堅滅陳之後，把陳叔寶用過的一副屏風賜給了突厥的大義公主。此舉的用意不言自明，就是想告誡公主：不管是北周還是陳朝，都阻擋不了隋朝統一天下的腳步，所以你最好安心當我楊堅的「義女」，別再胡思亂想。

遺憾的是，楊堅此舉適得其反。他送過去的那副屏風不但沒起到教育作用，反而勾起了大義公主的傷心往事。她一想起已然灰飛煙滅的北周王朝和宇文宗室，每每痛徹骨髓、悲不自勝，而又無由排遣，只好賦詩寄哀：「盛衰等朝暮，世道若浮萍。榮華實難守，池台終自平。富貴今何在，實事寫丹青。……余本皇家子，漂流入虜庭。一朝睹成敗，懷抱忽縱橫。古來共如此，非我獨申名……」

楊堅看過大義公主的《題屏風詩》後，大為厭惡，從此對其恩禮漸薄。

當時，突厥的形勢較之開皇初年已有了一些變化：沙鉢略於開皇七年病卒，將可汗之位傳給了弟弟處羅侯，是為葉護可汗；此後，葉護興兵擊破阿波，又大舉西征達頭，不料中流矢而卒；沙鉢略之子雍虞閭繼立，是為都藍可汗。都藍上位後，表面上延續了沙鉢略的親隋政策，「每歲遣使朝貢」，但心裡卻一直想擺脫對隋朝的依附，重振突厥昔日雄風。

所以，他一直在等待機會。

開皇十三年，機會終於來了。隋朝有個被流放的犯人，名叫楊欽，這一年逃亡到突厥，為了改變生存處境，就費盡心機地設計了一個彌天大謊，然後向都藍密報，聲稱隋朝彭國公劉昶（娶北周宗室女），與殘餘的宇文族人正在密謀，準備推翻楊堅，並派他來與大義公主聯絡，希望突厥發兵襲擾隋朝邊境，與劉昶裡應外合，顛覆隋朝。

都藍聞言，雖然有些懷疑，但最終還是相信了楊欽的話。隨後，都藍對隋朝的態度大為轉變，不但不再朝貢，而且經常發兵劫掠隋朝邊境。楊堅隨即命長孫晟出使突厥，看看到底出了什麼問題。

長孫晟抵達都藍王庭後，跟大義公主見了面，發現她言辭不遜，感到事情不妙。然後，長孫晟經過暗中調查，得知大義公主與情夫安遂迦天天跟楊欽計議，極力煽動都藍與隋朝為敵。長孫晟意識到事情緊急，立刻趕回長安，向楊堅做了稟報。

楊堅命長孫晟再往突厥，務必逮捕楊欽，押回長安問罪。長孫晟遂返回突厥，找都藍要人。都藍兩手一攤，說：「我對境內所有的外國人都做了清查，沒有你說的人。」長孫晟笑了笑，沒再說什麼。當天晚上，長孫晟就帶上重金拜訪了一個突厥高官，探聽到了楊欽的藏身之所，然後連夜突擊搜查，將其抓獲，逕直帶到了都藍面前。

事已至此，楊欽不敢抵賴，只好交代了所有事實，並揭發了大義公主與安遂迦的姦情。一時間，突厥國內輿論大譁，人人深感羞恥。都藍又愧又怒，馬上逮捕了安遂迦，跟楊欽一塊交給了長孫晟。

長孫晟功成回國。楊堅大喜，當即加授其開府儀同三司，並準備命他三往突厥，逼迫都藍廢黜大義公主。

這個可憐的公主，此刻已經成了隋朝和突厥兩方都一致鄙棄的人，她的存在無論對誰而言，都已經沒有了任何價值。在此情況下，楊堅僅僅想把她廢黜，可以說已經是手下留情了。但是，大義公主最終的結局，卻比廢黜慘得多。因為，楊堅剛剛宣布讓長孫晟第三次出使突厥，時任內史侍郎的裴矩就站了出來，自告奮勇要替長孫晟走這一趟。

裴矩為了建功，當然要把此行的難度係數提高一些，於是便向楊堅建言——鑒於大義公主背信棄義，應予以誅殺！

楊堅採納了裴矩的建議。

當時，都藍的堂兄弟染干（處羅侯之子）已被封為小可汗，號突利，位居北方。因突利早年便與長孫晟交好，一心親附隋朝，所以不久前剛剛遣使入朝，請求迎娶隋朝公主。現在，楊堅既然想殺大義公主，便以此為交換條件，讓裴矩去通知突利：「要娶隋朝公主不難，但前提是要說服都藍誅殺大義公主。」

裴矩抵達突厥後，向突利表明了隋朝的意思。突利遂極力遊說都藍，歷數大義公主的種種過失。都藍越想越怒，遂斬大義公主，然後遣使上表，要求再迎娶一位隋朝公主。

兩個可汗都提出了相同要求，而都藍是大可汗，突利只是小可汗，楊堅和多數朝臣當然都傾向於都藍，只有長孫晟持有異議。他說：「據臣觀察，都藍此人反覆無常，沒有信義，他現在之所以仍依附我朝，只因與西面的達頭可汗結怨太深，需要藉助我們的力量。所以，就算我們現在把公主許配給他，他總有一天也會反叛。而且他一旦勢大，達頭和突利也不是他的對手，這樣對我朝將極為不利。依臣看來，處羅侯之子突利對我朝一向順服，兩代人皆是如此，不如將公主許配給他，命他南遷，以此牽制都藍。」

楊堅深表讚許，遂讓長孫晟出使突利王庭，同意了他的請婚要求。

開皇十七年，突利親自入朝迎娶隋宗室女安義公主，楊堅為了進一步離間他與都藍的關係，給了他非常高的接待規格，禮遇甚隆，賞賜極豐。成婚後，突利乖乖聽從隋朝的建議，帶著整個部族向南遷移，定居都斤山（今蒙古杭愛山）。

隋朝這麼做，顯然根本不把都藍放在眼裡。都藍怒不可遏：「我一個堂堂大可汗，反而不如小小的染干嗎?!」從此，都藍便與隋朝正式決裂，屢屢縱兵入寇。

而突利則成了隋朝安插在突厥的一顆釘子。都藍每次出兵，他必先把情報送出，故隋朝邊防極為嚴密，總是令都藍無機可乘。

開皇十九年（西元五九九年）春，突利又通過長孫晟向隋朝遞送了一條加急情報，稱都藍正大肆製造攻城器械，準備進攻大同城（今內蒙古烏拉特前旗）。楊堅立刻下令出兵，分三路北伐：高熲率部出朔州（今山西朔州市），楊素率部出靈州（今寧夏寧武市），燕榮率部出幽州（今北京市），同時對都藍發起進攻。

都藍一看自己還沒有動手，隋朝便已大舉出兵，料定又是突利提供的情報，終於忍無可忍，決定消滅突利。

但是，突利有隋朝撐腰，單憑都藍的力量，還不足以一戰擊潰突利。隨後，都藍立刻派人與達頭可汗聯絡，用大量牛馬換取了達頭的支持，隨即二人聯手，大舉進攻突利。突利猝不及防，在長城腳下被打得大敗，部眾全部潰散。

都藍將突利的兄弟子侄殺了大半，並乘勝南下，兵鋒直指蔚州（今山西靈丘縣）。

突利與都藍交戰時，長孫晟恰好在突利帳內。突利潰敗後，帶著五個親兵跟長孫晟連夜南逃，一夜之間狂奔百餘里，到了凌晨時分，才陸陸續續收集了幾百名殘部。驚魂甫定之際，突利與部下商議，說：「如今兵敗入朝，我只是一個沒用的投降者，大隋天子憑什麼還要對我以禮相待？這一仗雖然達頭也參與了，但我和他往日無冤近日無仇，相信如果投奔他，他還是會收留的。」遂與部眾商定，準備天一亮便轉而向西，投奔達頭。

突利的話，一字不漏地落入了長孫晟的耳中。

跟突利打了這麼多年交道，他自然早就在突利身邊布下了眼線。得知突利的計畫後，長孫晟頗感憂慮。因為突利是他花了好多年才扶植起來的一支突厥勢力，如今雖說兵敗，但留得青山在，不愁沒柴燒。要是突利與他分手，即便半道上不被都藍的人截獲，到了達頭那兒，也不見得能安全。萬一達頭把突利出賣，此後再無人牽制都藍，自己苦心經營多年的對突戰略，豈不是要毀於一旦？

思慮及此，長孫晟決定無論如何也要把突利帶回長安。

但是，突利心意已決，怎樣才能讓他回心轉意呢？

長孫晟眼珠一轉，計上心來，馬上暗中派了一個人，命他火速前往離此最近的一座隋軍要塞，讓守將即刻點燃烽火。

片刻後，遠處即有四柱烽火熊熊燃起。

突利愕然，驚問長孫晟是怎麼回事。長孫晟眯起眼睛，看了半天，才慢條斯理地對突利說：「該要塞位於高處，我們處於凹地，所以他們能看到的四周形勢，我們都看不到。據我估計，一定是守將遠眺，發現了大量敵軍。按照我朝的規定，若敵軍人數不多，便點燃二烽；敵軍人數稍多，點燃三烽；若有大隊人馬逼近，就要點燃四烽。照現在的情形看，烽火足有四柱，必定是有大量敵軍殺到，而且距離很近。」

突利聞言，嚇得腿都軟了，慌忙對部眾說：「趕緊往南走，找最近的城池躲避。」長孫晟在心裡一笑，隨即帶著突利一行向南疾馳，找到一座隋朝城池後，把突利部眾安頓在內，然後帶著突利坐上驛車，直奔長安。

突利入朝後，得到了楊堅的厚待。長孫晟也因保護突利之功，被擢升為左勳衛驃騎將軍（正四品上）。

與此同時，隋朝的北伐大軍也與都藍可汗的軍隊展開了激烈的戰鬥。

高熲的北伐中路軍一路北上，其前鋒大將趙仲卿率三千部眾進抵螽山（今山西大同市北），與突厥前鋒遭遇，雙方會戰七日，隋軍大勝。突厥敗退，逃至乞伏泊（今內蒙古察哈爾右翼前旗）。隋軍追至，雙方再戰，突厥又敗，被俘千餘人，同時被俘獲的各種牲畜數以萬計。

此時，突厥的大部隊趕到，趙仲卿命部眾結成反陣，四面拒敵，雖然敵眾我寡，但隋軍卻頑強地抵抗了五天五夜。到了第六天，高熲率主力趕到，遂與突厥軍展開決戰。

一番大戰後，突厥軍再度潰敗，向北逃竄。高熲率部窮追不捨，一直追過白道川（今內蒙古呼和浩特市北），然後翻過秦山（今陰山山脈東段大青山），又追了七百餘里，才勒住韁繩，班師回朝。

北伐的西路軍由楊素率領，他的對手是達頭可汗。

過去，隋軍與突厥人交戰，一向畏懼縱橫奔突的突厥騎兵，所以長期採用消極防禦的戰術，讓步騎兵與戰車一起結成方陣，四面用鹿砦圍成防禦工事，把最精銳的騎兵包在了最裡層。以此陣形戰鬥，自保固然有餘，但戰鬥力一點都發揮不出來。

因此，楊素此次便採取了截然不同的戰術。他把騎兵置於部隊的最前方，命他們結成騎陣。突厥人歷來自恃騎兵天下無敵，聽說楊素改變打法，不禁竊喜。尤其是達頭，更是欣喜若狂，大笑道：「天賜我也！」然後下馬仰天而拜，旋即親率十幾萬騎兵直撲隋軍。

由於達頭根本不把隋軍放在眼裡，所以呼嘯而出的十幾萬騎兵就像是在草場上打獵一樣，根本沒有一個像樣的陣形。

此時，陳朝降將周羅睺也隨部出征。他為了建功，便向楊素請戰：「敵軍陣形混亂，末將願予以迎頭痛擊！」楊素同意。周羅睺遂率領一支精銳騎兵衝向突厥軍，楊素率主力隨後投入戰鬥。

直到兩軍絞殺在一起，達頭才第一次領教了隋朝騎兵的戰鬥力，包括他的部眾，也一時都反應不過來。他們不禁為自己的大意輕敵而懊悔不迭。然而，此時雙方已陷入混戰，達頭要想改變戰術、重整陣形也已經來不及了。

兩強相遇勇者勝。一邊的隋軍鬥志昂揚、越戰越勇；另一邊的突厥人卻軍心散亂、越打越沒有底氣。很快，突厥大軍就被隋軍打得七零八落，完全喪失了建制，繼而全線潰敗。

混戰中，達頭可汗身負重傷，在貼身侍衛的保護下左衝右突，好不容易才突出重圍，倉皇北遁。而他的十幾萬軍隊則大部被殲，殘餘部眾一邊哀號痛哭，一邊追著達頭的煙塵紛紛逃竄。

隋朝兩路北伐軍相繼大捷。幽州的東路軍並未遭遇突厥人，故很快收兵。

經此大戰，都藍和達頭的實力大為削弱，而隋軍則一舉打破了對突厥騎兵的畏懼，全軍上下都煥發出前所未有的自信和勇氣。

開皇十九年十月，隋朝冊封突利可汗為「意利珍豆啟民可汗」（簡稱啟民可汗），漢語意思是

「智慧勇猛的元首」。本來已經被打成光桿司令的啟民，召集了散落各地的突厥軍民一萬餘人，總算恢復了一點元氣。楊堅命長孫晟率五萬人，在朔州的轄境內，專門為啟民修築了一座大利城（今內蒙古和林格爾縣），作為他的根據地。

突利娶了隋朝的安義公主後，公主未及兩年便病逝了，於是啟民再向隋朝請婚，楊堅遂再度把宗室女義成公主嫁給了他。

雖然啟民及其部眾已經有了一個安身之所，但是在長孫晟看來，此地還並不是很理想。他上疏楊堅，提出了自己的建議：「啟民的原有部眾，現在回歸的已越來越多，但總體實力仍遠遠不及都藍；此外，大利城雖位於長城之內，但仍然無法避免都藍的劫掠攻擊。臣建議，將他們遷移到五原（今陝西定邊縣）一帶，這樣除了長城之外，還可以多出黃河這一道屏障。同時，在南起夏州（今陝西靖邊縣）、北至勝州（今內蒙古托克托縣）、東起黃河中游、西至黃河中下游之間，開鑿一條方形的深溝，作為第三道屏障，然後把他們收容在裡面，才能令他們安心畜牧，避免遭到都藍的攻擊。」

長孫晟給啟民劃定的這塊保護區，就是河套地區，亦即黃河「几」字形的突出部。這裡水草豐美，再加上有長城、黃河、深溝這三道屏障，足以讓啟民及其部眾在此繁衍生息、壯大實力。

楊堅不僅立刻批准了長孫晟的計畫，而且還給啟民又加了兩個保險措施：一，命上柱國趙仲卿率兩萬人進駐河套地區的西面，防禦達頭進攻；二，命代州總管韓洪率步騎一萬，進駐恆安（今山西大同市），負責防禦都藍。

開皇十九年十二月，為了徹底消滅都藍，楊堅又集結了四路大軍，分別由楊素、韓僧壽、史萬歲、姚辯率領，準備大舉北上。就在這時候，從突厥傳來了一個令人意外的消息：都藍被部下刺殺，達頭自稱大可汗，突厥國內一片混亂。

長孫晟趕緊向楊堅建議，趁突厥內亂之機，命啟民派人分道招撫突厥各部，這樣要遠比出兵收穫更大。楊堅同意。隨後，突厥各部果然紛紛南下，歸降隋朝。

開皇二十年（西元六〇〇年）四月，達頭穩定了突厥的內部形勢後，再度南下，兵分兩路入侵隋朝。楊堅命晉王楊廣、楊素、長孫晟從靈武出兵，命五子漢王楊諒、史萬歲從馬邑（即朔州）出兵，分別迎擊達頭。

可笑的是，達頭這一次南侵，根本沒和隋軍交上手，兩路大軍就都被嚇跑了。

先來看楊廣這一路。

此路隋軍以長孫晟為前鋒。由於長孫晟非常熟悉突厥人的生活習慣，知道他們出門從不帶水，一路上都是以河水解渴，所以當他向西進至秦州（今甘肅天水市）時，便命人在多條河流的上游投毒。很快，突厥的軍民和牲畜便大量死亡。突厥人大為恐慌，以為這是上天降下毒水，要滅亡他們，慌忙撤退。長孫晟立刻率部追擊，追斬了一千餘人。

再來看楊諒這一路。

此路以史萬歲為前鋒，當他向北挺進到大斤山（今陰山東段大青山）時，與達頭的主力部隊正面遭遇。達頭很早就聽說過史萬歲的威名（史萬歲在高越原一個回合就將突厥第一勇士砍落馬下，此事早在突厥人中傳得神乎其神），這次風聞隋軍前鋒是他，不免心中惴惴。為了證實這一點，達頭特意派人到隋軍營門前喊話，問：「隋將為誰？」

隋軍士兵答：「史萬歲。」

那人又問：「莫非就是當年的那個敦煌戍卒？」

答：「正是。」

來人不敢再問了，趕緊拍馬回去向達頭稟報。達頭一聽，立刻下令拔營北撤。

得到突厥撤兵的消息，史萬歲馬上率部追擊，一直追出了一百餘里，斬殺數千人。這一來，突厥人更是嚇破了膽，於是沒命地向北逃竄。史萬歲又一口氣追進了沙漠，直到追出幾百里後，連突厥人的影子都見不著了，才意猶未盡地班師回國。

數月後，不甘心失敗的達頭又派侄子俟利伐對啟民發動了一次試探性進攻，結果又被隋軍打了回來，從此再也不敢輕舉妄動。

在隋朝不遺餘力的支持和保護下，啟民及其部眾就像是生存在一個全方位、多層次的安全網和防護罩中。啟民為此感激涕零，上疏向楊堅拜謝，發自肺腑地說：「大隋聖人可汗憐養百姓，如天無不覆，地無不載。染干如枯木更葉、枯骨更肉，千世萬世，常為大隋典牛馬也。」（《資治通鑒》卷一七九）

# 十八、元勳末路：隋朝的員工不好當

開皇末年，隋朝的國力蒸蒸日上，百姓安居樂業，除了北方邊境偶有突厥入寇、嶺南一帶偶有叛亂之外，天下已逐漸呈現出一片海晏河清的太平景象。然而，天下的和諧並沒有改變楊堅的苛酷性情。事實上，越到晚年，楊堅對元勳重臣的猜忌之心不但沒有減弱，反而有越演越烈之勢。

開皇十九年六月，又一個開國元勳莫名其妙地掉了腦袋。

他就是平滅陳朝的功臣之一王世積。

早在北周年間，王世積便以軍功拜上儀同，封長子縣公。楊堅攝政時，尉遲迥叛亂，王世積隨韋孝寬出征，每戰必有功，遂被擢升為上大將軍。隋朝開國後，王世積又進封宜陽郡公。平陳之戰，王世積率水師攻九江，大破陳朝水師，此後又收降大批陳朝將領，兵不血刃地拿下了陳朝的數十座城池。

戰後，王世積因功進位柱國，擢任荊州總管，獲賜綢緞五千匹、食邑三千戶。開皇十七年，桂州（今廣西桂林市）俚族部落酋長李光仕發動叛亂，王世積掛帥出征，迅速將其平定。班師後，進位上柱國，獲賜綢緞二千匹。

有隋一朝，王世積的軍功比之當時名將賀若弼、韓擒虎、史萬歲等，亦可謂毫不遜色。但是，功成名就、位尊爵顯並沒有給王世積帶來多少快樂，反而讓他產生了深深的戒慎和恐懼。因為，隨著時間的推移，他目睹了太多功臣無端獲罪的殘酷現實，也越來越強烈地感受到楊堅的猜忌和刻薄。所以，到了開皇後期，王世積不得不採取「自甘墮落」的手段來避禍，「由是縱酒，不與執政言及時事」，亦即把自己偽裝成了貪杯酗酒、胸無大志的人，並盡量不與當朝的宰輔重臣交往，即便有所接觸，也絕對不敢談到時事。

王世積以為如此一來，自己一定可以遠離權力鬥爭的漩渦、避開君臣相猜的陷阱。然而，一直很看重王世積的楊堅卻對他的「墮落變質」深感痛心，遂強行把他接進宮中住下，並命御醫為他進行「戒酒治療」。（《隋書・王世積傳》：「上以為有酒疾，舍之宮內，令醫者療之。」）

王世積頓時哭笑不得。本欲藉著縱酒的假象逃離楊堅的視線，不料反而弄巧成拙，天天得在皇帝的眼皮底下接受「領導的關懷」，還得被迫服用御醫開出的各種戒酒藥。

王世積受不了，趕緊上奏說自己病好了，並發誓從此一定滴酒不沾，這才得以逃離皇宮，回到了自己家中。

楊堅抓王世積去戒酒，到底是真的出於對他的關心，還是識破他的「自汙」伎倆後逼他「自動現形」的一種手段？

根據後來發生的事實，我們有理由相信是後者。因為「戒酒事件」後，楊堅就把王世積派到了涼州去當總管，並且還命七百名禁軍騎兵陪著他去上任，「令騎士七百人送之官」。如果不是對他不放心，又怎麼可能派禁軍「護送」他去呢？

由此可見，楊堅實在是古往今來最可怕的老闆之一。給這樣的老闆打工，再聰明的員工也別想跟他玩心眼，否則一定會死得很難看。

而王世積似乎就是這種自作聰明的員工。所以，他的下場也注定不會美妙。

開皇十九年，王世積的一個親信部下皇甫孝諧不知犯了什麼罪，遭到官府通緝。他四處躲藏，最後實在沒地方躲，就找到王世積，希望老大收留他。可是，此時的王世積已因「戒酒事件」而遭楊堅猜忌，深感自身難保，當然不可能收留他，於是嚴詞拒絕。

皇甫孝諧無處可藏，遂被逮捕，發配桂州。

對王世積的見死不救，皇甫極為憤怒，所以很快就給朝廷寄了一封揭發信，指控王世積謀反。在信中，皇甫提供了王世積謀反的證據。這個證據是一段對話。說是有一天，王世積讓一個道士算命，問自己未來能否大貴，道士答：「公當為國主。」接著又對王世積的老婆說：「夫人當為皇后。」然後又預言說，王世積不久以後將鎮守涼州。王世積的親信一聽，就對王世積說：「河西，天下精兵處，可以圖大事也！」王世積答：「涼州土曠人稀，非用武之國。」（**《隋書·王世積傳》**）

這段對話繪聲繪色，聽上去很像那麼一回事。楊堅大怒，當即把王世積逮捕入京，命有關部門審查。相關官員很清楚皇帝的心思，於是很快上奏，稱王世積確有不軌之心。楊堅當即下令將王世積斬首。可憐戰功赫赫的一代名將，就這樣稀里糊塗地掉了腦袋。

王世積到底是不是真的想謀反？

答案應該是否定的，而且這個問題不難判斷。首先，王世積既然早就有戒慎恐懼之心，並且不惜「縱酒」以自汙，就證明他對權力和富貴已經沒有野心，只求能保持現狀。那麼，他又怎麼可能當著一幫下屬的面去跟道士討論自己有沒有當皇帝的命呢？

其次，就算這種可能性真的存在，朝廷也不能僅憑一個流放犯的一面之詞就給王世積定罪。何況，皇甫孝諧對王世積懷恨在心是眾所周知的事，其栽贓陷害、打擊報復的動機也至為明顯，可楊堅和有關審查官員，為何都對此視而不見呢？

最後，就算皇甫沒有打擊報復的企圖，朝廷至少應該把涉及此案的道士、王世積親信等人逮捕歸案，以證明皇甫所言不虛。可是，朝廷並沒有這麼做，而是草率定案，並且非常匆忙地殺了王世積。這就有理由讓人懷疑，皇甫的誣告只是王世積之死的一個引子，或者說只是一個藉口，而不是真正原因。

換言之，從表面上看，害死王世積的好像是小人皇甫孝諧，其實，真正的凶手正是隋文帝楊堅。也就是說，就算沒有皇甫孝諧這件事，楊堅遲早也會找別的理由除掉王世積。而王世積之死的真正原因，我們上面已經說過——自視甚高而且生性猜忌的楊堅，絕不容許任何人跟他玩心眼！

具有諷刺意味的是，王世積被殺同日，因犯罪而被流放邊地的皇甫孝諧，居然以此舉報之功而一步登天，被楊堅擢升為上大將軍（從二品勳官）。

王世積出生入死打了一輩子仗，最終好像就是為了染紅皇甫孝諧頭上的烏紗。

就在王世積被冤殺的短短兩個月後，隋朝政壇一位超重量級人物、自開國以來便執掌朝柄的宰輔重臣、楊堅最為倚重的心腹股肱，也黯然落馬了。

他，就是高熲。

如果說別的元勳重臣獲罪，都是因為遭到楊堅猜忌的話，那麼高熲獲罪的理由顯然更為充分——他不僅引起了楊堅的猜忌，還無意中得罪了一個絕不該得罪的人。

這個人就是獨孤皇后。

如果要評選史上對愛情最為專一的皇帝，楊堅一定是毫無爭議的第一名。別的皇帝坐擁後宮三千佳麗，唯獨楊堅一輩子就面對一個黃臉婆，偶爾偷腥一下，皇后就會很生氣，後果就會很嚴重。

當然，至少在形式上，楊堅也是擁有後宮的，只不過天性善妒的獨孤皇后常年把守著後宮的大門，所以後宮的那些美女都成了擺設，只可遠觀，不可褻玩。「獨孤后性妒忌，後宮莫敢進御」。（《資治通鑑》卷一七八）

作為一個富有四海的皇帝，而且是一個功能健全的男人，楊堅擁有一大群合法的美女老婆，卻生生被剝奪了與她們同床的權利。在此情況下，「出軌」就是在所難免的事了。

有一年夏天，楊堅照例到仁壽宮避暑。儘管其後宮形同虛設，可按照禮制，仁壽宮還是要給他配備後宮嬪妃的（用不用是一回事，但配是肯定要配的）。往年楊堅來度假，也沒有哪個嬪妃宮女讓他特別動心，但是這一次，一個美女的出現卻讓楊堅的內心忽然間波瀾大起，於是當天夜裡便臨幸了她。

多年來為妻子守身如玉的楊堅，這回之所以沒守住，其實也不能怪他，因為他遇到的這個美女，是尉遲迥的孫女（當年尉遲迥兵敗後被沒入後宮），從小就是名聞天下的美人胚子，後來又在宮裡養了這麼多年，自然出落成了一個舉世無雙的大美人。這樣的美女，只要是個男人恐怕都難以抗拒，更何況楊堅還是她的法定丈夫。

跟尉遲氏的一夜風流，是楊堅這輩子第一次「出軌」，但也是最後一次。

因為，此事第二天就被獨孤皇后知道了。她得知後什麼也沒說，一直到度完假，從仁壽宮回朝，還是沒有任何反應。可就在楊堅暗自慶幸的時候，有一天早朝結束，就有人向他報告了尉遲氏暴亡的消息。

尉遲氏何故暴亡？這個答案連傻瓜都知道。

楊堅悲憤莫名，可又不敢跟獨孤后發脾氣，只好牽上一匹馬，獨自奔馳出宮，並逕直騎出城外，不走大路，專走小道，一口氣在山谷中奔走了二十多里，以此發洩內心的憤懣。

時任尚書左、右僕射的高熲和楊素，從宦官口中得知皇帝「離家出走」了，頓時大驚失色，慌忙打馬去追。追了半天，總算在深山中找到了失魂落魄的楊堅。

高熲和楊素雙雙下馬，死死拽住楊堅的轡繩，苦苦勸諫。楊堅面朝蒼天，長歎一聲道：「我貴為天子，卻不得自由！」高熲趕緊說：「陛下豈能因為一個婦人而輕天下?!」

高熲這話的意思，可以作兩種理解：一，這個婦人指的是尉遲氏，意思是不要為了一個美人而拋下江山社稷；二，這個婦人指的是獨孤皇后，意思是不要因為皇后善妒就跟她一般見識，應以天下為重。

從當時的語境來看，前者的可能性更大。但是，高熲卻無法阻止別人作第二種理解，尤其無法阻止獨孤皇后做此理解。

楊堅聽了高熲和楊素的勸諫，怒氣稍稍緩解，但還是沒有要回去的意思。高熲和楊素只好在旁邊陪著他。君臣三人就這樣在深山之中默然良久，直到深夜，楊堅才掉轉馬頭，緩緩向城內走去。

楊堅回宮時，自知殺人理虧的獨孤后早已在內殿等候多時。一見老公滿面陰沉地回家了，獨孤后趕緊噗通一聲跪倒在地，不住地痛哭流涕、叩首謝罪。

反正那個狐狸精已經去見閻王了，此刻的獨孤后也不在乎多流幾滴眼淚、多磕幾個響頭。人死不能復生，楊堅當然也沒轍，而且看皇后磕頭磕得那麼辛苦，心頭的憤怒也消了大半，加上高熲和楊素又在一旁拼命替皇后說好話，最終也就原諒了她，隨即命人擺酒，跟皇后乾了幾杯，算是把這不愉快的一頁翻過去了。

可是，楊堅原諒了獨孤后，獨孤后卻不能原諒高熲。

因為，高熲說的那句話很快就落進了她的耳中，而且她偏偏又做了第二種理解——好你個高熲，居然敢把我一個堂堂皇后說成是一個婦人，你也太不把老娘放在眼裡了吧?!

本來，獨孤后是一直把高熲視為心腹的（因為高熲之父高賓是她父親獨孤信的舊部，曾被賜姓獨孤），可經過這件事後，獨孤后就對高熲恨之入骨了。

開皇中後期，太子楊勇逐漸失去楊堅夫婦的寵愛，而晉王楊廣則異常得寵，楊堅夫婦心裡已經有了廢立之意。有一天，楊堅想試探高熲的態度，就說：「有神夢中告訴晉王妃，說晉王當有天下，你看該怎麼辦?」高熲一聽這話很不對勁，趕緊跪地，說：「長幼有序，太子絕不可輕廢！」

楊堅默然良久，一句話也沒有再說。

當時，獨孤后一心要廢黜楊勇、另立楊廣（參見第二十章《奪嫡進行時》），得知高熲的態度後，當即下定決心要把高熲除掉，否則，太子廢立必然遭遇極大阻力。

事實上直到此刻，楊堅對高熲還是相當信任的。但是，緊接著發生的一件事，卻讓他對高熲生出了極大的防範之心。這件事是關於東宮的衛隊問題。

由於楊堅已經不放心楊勇，所以就打算徵調東宮的一部分精銳衛士進入皇宮。高熲極力以為不可，說：「若把東宮精銳調入宮中，那東宮的守衛就太薄弱了。」楊堅一聽臉色就變了：「我經常出宮，身邊需要精銳護衛，太子在東宮修養德行，要那麼多衛隊幹什麼？其實，在東宮設立強大衛隊，本身就是一種陋規，要照我的意思，宮中禁軍輪值交班的時候，分出一部分去戍衛東宮就夠了。宮中禁軍與東宮衛隊，本來就不該有歸屬和建制上的分別，若合二為一，豈不是一項很合理的改革？我對歷史上有關這方面的得失利弊清楚得很，你大可不必拘泥於古人之法。」

在歷史上，東宮依靠強大衛隊發動政變、奪取皇位的例子並不算少，比如南朝劉宋時期，宋文帝因擔心皇族政變，就極大地加強東宮兵力，致使太子劉劭的衛隊多達一萬人，與皇宮禁軍的兵力相等，所以後來劉劭發動政變時，猝不及防的禁軍根本無法抵禦，導致宋文帝慘死在兒子手中。

像這種事，楊堅比誰都清楚，所以他必然要削弱東宮兵力，以防重蹈宋文帝覆轍。而在楊堅看來，高熲之所以反對裁減東宮兵力，根本就不是為了維護古制，而是為了維護他自己的利益——因為，高熲之子高表仁娶了楊勇之女，一旦將來楊勇即位，高表仁就成了駙馬，而高熲就能以天子親家的身分繼續掌權、長保富貴。

一想到高熲有這麼大的私心，楊堅長期以來對他的信任頓時消失了一大半。

開皇十七年，高熲的元配病卒，獨孤后就對楊堅說：「高僕射年紀也老了，沒了老伴怪可憐的，陛下何不幫他再娶一位正室？」楊堅覺得有道理，就對高熲提了出來。沒想到，高熲一聽，不但沒有喜色，反而聲淚俱下，說：「臣已經老了，每日退朝，唯有吃齋念佛、誦讀佛經而已，雖然陛下厚愛老臣，但續娶正妻一事，實在非臣所願。」

楊堅聽了，也就作罷。不久，高熲的小妾生了個兒子，楊堅得知後，也很替他高興。不料，獨孤后卻在旁邊發出冷笑。楊堅問她為何如此，獨孤后說：「陛下到今天還在信任高熲嗎？當初，您要幫他娶一房正室，他心裡想著小妾，就說得冠冕堂皇，欺騙陛下。現在，小妾的兒子都生了，他那些什麼吃齋念佛的鬼話，您還信嗎？說大一點，他這個人的品德，您還能相信嗎？」

楊堅一聽，覺得大有道理，從此對高熲的信任蕩然無存，開始日漸疏遠他。

開皇十八年春，高麗王高元縱兵入寇遼西。楊堅大怒，即命漢王楊諒為元帥、高熲為副帥，率王世積、周羅睺等將領及三十萬大軍，分水陸兩路進攻高麗。不料大軍啟程後，陸路便遭遇水患，糧食不繼，加之瘟疫流行，士卒大量死亡，而水路則在海上遭遇風暴，艦船大量沉沒，不得不相繼班師。

回師後，清點人數，三十萬大軍居然死了十之八九。此次出征，堪稱隋朝自開國以來最慘痛的一次失敗，也是最令人鬱悶的一次失敗，因為隋軍連敵人的影子都沒見著就差一點全軍覆沒了。

此次出征高麗，高熲原本就極力反對，如今損兵折將又勞而無功，至少可以證明高熲的意見是正確的。然而，這件事到了獨孤后嘴裡，卻又成了高熲的一樁罪狀。她對楊堅說：「高熲本來就不想走這一趟，是陛下硬逼著他去的，像這種趕鴨子上架的事情，臣妾早就知道不會有什麼好結果。」

平心而論，不管高熲贊成不贊成此次出征，碰上天災都不是他可以預料的，更不是他想要的，而獨孤后這麼說話，好像此次失利都成了高熲的責任似的。要是在平時，獨孤后這種邏輯混亂的話倒不至於影響楊堅的判斷力，可現在楊堅正在氣頭上，且近來對高熲一直很不滿，所以這話一到楊堅耳朵裡，對高熲的殺傷力還是相當大的。

此外，漢王楊諒雖掛名為此次東征的元帥，但他畢竟還年輕，所以軍事大權其實都在高熲手裡。而高熲自認為肩負楊堅厚望，而且凡事都出於公心，所以也就不避嫌疑，對於楊諒很多不靠譜的提議都予以否決。

高熲這麼做，當然極大地傷害了這位五皇子的自尊心。回京後，楊諒就去找母親獨孤后哭訴，說：「兒臣這次出征，差點就被高熲殺了。」獨孤后馬上告訴了楊堅。楊堅聞言，對高熲的不滿和怨恨又增加了幾分。

開皇十九年，王世積案發，有關部門審問王世積時，問出了一些宮禁中的事情。這些事雖屬雞毛蒜皮，但身為地方大將的王世積本來是不應該知道的。審訊官趕緊追問，王世積供稱是從高熲那裡聽來的。這下子，高熲的麻煩大了。

有關部門將此事上奏，楊堅一聽，頓時大為驚愕。在楊堅看來，這件事的關鍵並不在於高熲向王世積透露了什麼，而是高熲身為首席宰相，居然與手握重兵的封疆大吏私下討論宮禁中事，這種事情的性質是極其嚴重的，給他定一個謀反的罪名都不算冤枉他。

緊接著，審訊官又再接再厲，從王世積口中挖出了更讓人驚駭的事情：說高熲和左衛大將軍元旻、右衛大將軍元冑等人，都曾與王世積私下交結，還收受了王世積的名馬饋贈。

本來，大臣之間互相饋贈物品，也屬人之常情，沒什麼好大驚小怪的，可對於現在正風聲鶴唳、草木皆兵的楊堅來說，這種種跡象似乎都能與結黨和謀反掛上鉤。

楊堅當即撤了元旻、元冑二人的禁軍大將職務。此時，京師內外許多大臣都看出皇帝很可能要對高熲動手了，於是紛紛上疏，異口同聲地證明高熲無罪。在聲援高熲的人中，為首的有上柱國賀若弼、吳州（今浙江紹興市）總管宇文弼、刑部尚書薛冑、民部尚書斛律孝卿、兵部尚書柳述等人。

面對這樣一個力挺高熲的豪華陣容，楊堅這一驚真是非同小可——怎麼回事？你們這些當朝重臣和封疆大吏拿著我楊堅的薪水，屁股怎麼都坐到高熲那邊去了？莫非你們都成了高熲的私人班底，早就不把我這個大隋皇帝放在眼裡了？

賀若弼等人的聲援顯然幫了高熲的倒忙，不僅在最危急的時刻又把他往深淵裡推了一把，而且也害了他們自己。很快，怒不可遏的楊堅便一聲令下，把所有參與聲援高熲的大臣全部抓起來扔進了監獄。至此，滿朝文武再也沒人敢替高熲喊冤。開皇十九年八月，楊堅正式宣布了對高熲的處理結果：罷免上柱國、左僕射等職，以齊國公的身分致仕。

應該說，跟虞世則、王世積等人比起來，高熲這樣的結局已經算很不錯了。不難看出，楊堅對他還是有念舊情的。雖然高熲的仕途已就此完結，但至少保住了元勳的身分和待遇，也保住了一個平安的晚年。

罷免高熲的數日後，楊堅前往秦王楊俊府邸，順便召高熲過去赴宴。席間，高熲淚流不止，悲不自勝，在座的獨孤后也忙不迭地抹了好幾把鱷魚眼淚。楊堅看著高熲，面無表情地說：「朕並沒有辜負你，是你自己辜負了自己。」然後把頭轉向左右大臣，進行了一番語重心長的政治教育：「我對高熲，比對自己的兒子還好，雖然有時候沒和他在一起，但總感覺他就在眼前一樣；可自從他免職退休後，我就徹底把他忘了，好像世上從來沒有高熲這個人一樣。所以說，身為人臣，一定要吸取高熲的教訓，不可以要脅君王，自以為天下第一。」

聽見皇帝如此絕情的話，高熲當然哭得更悲傷了。

然而，緊接著發生的這件事情，差點讓他連哭的機會都沒有了。

高熲府上的總管，發現主子已經失勢，這輩子跟著他混絕對沒有出頭之日，於是就義無反顧地出賣了他。這位總管上疏楊堅，指控高熲父子有謀反之心。他提供的證據跟皇甫孝諧如出一轍，也是「對話體」。他說，高熲退休後，某一日，其子高表仁曾對高熲說：「曹魏年間，司馬仲達（司馬懿）曾托疾不朝，可後來司馬家族卻取得了天下，父親大人如今遭遇的事情，又焉知非福呢？」

可想而知，楊堅聽到這樣的話會憤怒到什麼程度。他當即把高熲逮捕下獄，命有關部門嚴加審理。在這個世界上，「有關部門」是最擅長羅織罪證的，只要領導一個眼色，要給嫌疑人整出什麼稀奇古怪的罪證，都是小菜一碟。

於是，有關部門很快就找到了兩個證人，一個是和尚真覺，一個是尼姑令暉。據稱，真覺曾在去年對高熲說：「明年將有國喪。」令暉幾年前也對高熲說過：「開皇十七、十八年，皇帝有大厄，十九年不可過。」兩個人說的意思一樣，都是預言楊堅活不過開皇十九年。

天知道有關部門是從哪找出這兩個信口開河的方外人士的，總之他們的證詞殺傷力十足，絕對夠得上把高熲滿門抄斬了。楊堅聞奏，憤怒欲狂，遂在朝會上聲色俱厲地對滿朝文武說：「帝王豈是靠強力可求？以孔子這樣的大聖之才，猶然得不到天下，而高熲和他的兒子，竟然敢以晉朝皇帝自比，這是什麼樣的居心?!」

有關部門隨即上奏，要求將高熲斬首，以明正典刑。

不過，最後時刻，楊堅還是起了一念寬大之心。他答覆說：「去年殺虞慶則，今年斬王世積，如果再殺高熲，天下人將會怎麼說我?!」遂宣布將高熲貶為庶民。

十九年前，高熲剛剛當上左僕射時，他母親就曾語重心長地告誡他：「你富貴已極，就差一個砍頭了，今後做人做事，一定要慎之又慎。」老人家沒當過官，可她樸素的話語裡面卻蘊涵著深刻的政治智慧。從那一天起，高熲就常常擔心母親的話會一語成讖，所以一直謹慎小心。可是，在楊堅這樣的老闆手底下打工，你是防不勝防的，不管再怎麼小心，都很難保證不出紕漏。所以，當高熲經歷了一番生死考驗，最後終於躲過「砍頭」的命運後，一種如釋重負、徹底解脫的感覺便在他心裡油然而生。

儘管打拼了一輩子，風光了一輩子，最後卻像拋物線一樣被扔回了「庶民」的原點，可高熲卻因「得免於禍」而「歡然無恨色」。說到底，能給楊堅這樣一個動不動就「激情殺人」的老闆打工這麼多年，不僅轟轟烈烈地幹過一番事業，最後還能保一個善終，已經是一項了不起的成就，更是一件值得慶賀的事了，所以高熲深感知足，無怨無尤。

然而，高熲的故事並沒有到此結束。他本以為能在家裡安度一個含飴弄孫、優遊卒歲的晚年，可短短幾年後，隨著新老闆楊廣的上臺，高熲寧靜的生活就被打破了。

楊廣一即位，就任命高熲為太常，讓他主管禮樂。這本來是個清閒的職務，既不參與朝廷大政，也無關乎經濟民生，可高熲這人就是責任心太強，你不讓他做事倒也罷了，要是讓他做事，他必定要負起責任，而且很有主見。所以，剛一上任，他就跟楊廣鬧了個不愉快。

當時，楊廣下詔徵召北周、北齊時代的音樂人，並鼓勵民間搜集整理一些流傳不廣、即將失傳的樂曲。這本來也不是什麼壞事，可高熲卻認為那些民間樂曲不夠「主旋律」，遂上疏反對，說鼓勵這些樂曲傳播是「棄本逐末」之舉。對此，楊廣當然極為不悅。

不久，高熲又對自己的下屬說：「周宣帝就是因為喜好那些靡靡之音才丟了天下，如今殷鑒不遠，豈能再重蹈覆轍！」楊廣聽說後，更是一肚子不爽。

高熲擔任宰相多年，如今雖說早已靠邊站，只是個不痛不癢的太常，可還是改不了心憂天下的習慣。由於當時楊廣對突厥的啟民可汗恩禮甚隆，高熲就忍不住對同僚發牢騷說：「這個蠻虜在中國待了這麼久，對我國的虛實和山川形勢瞭若指掌，我擔心會有後患。」此外，由於當時朝中的風氣與隋文帝一朝已有很大不同，高熲看不慣，就對觀王楊雄說：「近來朝廷越來越沒有綱紀了。」

這些話當然原封不動都落進了楊廣的耳中。

楊廣頓時忍無可忍。於是，高熲的末日就此降臨。

早在開皇九年平滅陳朝時，高熲就曾不顧楊廣的感受，殺了他的夢中情人張麗華，而當時楊廣也曾意味深長地說過一句話——將來一定要好好「報答」高熲。

如今，報答的時機終於成熟了，楊廣當然不會放過。

大業三年（西元六〇七年）七月，楊廣下詔，以「誹謗朝政」為名，將高熲斬首，三個兒子全部流放邊地。與高熲同日被殺的，還有時任光祿大夫的賀若弼、與時任禮部尚書的宇文弼。

多年以前，高熲之母對他的諄諄告誡，最終還是變成了現實。當刑場上的鍘刀高高舉起的那一刻，高熲也許只能在心裡發出這樣的哀歎——隋朝的員工不好當啊！

高熲死時，年六十七。

蓋棺論定之際，歷史給了高熲很高的評價：「熲有文武大略，明達世務。及蒙任寄之後，竭誠盡節，進引貞良，以天下為己任；蘇威、楊素、賀若弼、韓擒虎等，皆熲所推薦，各盡其用，為一代名臣；自余立功立事者，不可勝數。當朝執政將二十年，朝野推服，物無異議，治致升平，熲之力也，論者以為真宰相。及其被誅，天下莫不傷惜，至今稱冤不已。」（《隋書・高熲傳》）

# 十九、楊廣的「道德秀」

隋文帝楊堅共有五個兒子：太子楊勇、晉王楊廣、秦王楊俊、蜀王楊秀、漢王楊諒，皆為獨孤皇后所生。在這一母同胞的五個兒子中，品德最優、能力最強、聲望最高，也最受楊堅夫婦寵愛的，莫過於次子晉王楊廣。

從某種意義上說，楊廣稱得上是天之驕子。

上天給予他的第一份饋贈，是一張俊美的臉龐和一個聰慧的大腦。他出生後，長安城裡的許多豪門顯宦就對這個明眸皓齒、聰明伶俐的楊家二公子印象深刻並且心生好感。在他的映襯之下，兄長楊勇難免就有些黯然失色。所以楊廣出生不久，楊堅和獨孤氏就把寵愛的目光不約而同地轉向了他。（《隋書・煬帝紀》：「上美姿儀，少敏慧，高祖及後於諸子中特所鍾愛。」）

孩提時代，當同齡人還在流著鼻涕玩泥巴的時候，他就已經因父親的威望和功勳而被北周封為雁門郡公。隨著日漸成長，他在詩歌和文學方面也迅速表現出過人的天賦和橫溢的才華。（上好學，善屬文）

從七歲那年寫下人生中的第一首詩歌開始，楊廣總共給後人留下了一百多篇文章和四十四首詩歌。在他青年時代某一個春天的夜晚，楊廣曾經寫下這樣的詩句：暮江平不動，春花滿正開。流波將月去，潮水帶星來。

這首詩的名字叫《春江花月夜》，其文字節制而純淨，其意象簡約而唯美。在未來的歲月裡，楊廣或許將變得不再節制、不再純淨、更不再簡約，但「唯美」卻始終是他生命中牢不可破的底色。所以，在骨子裡頭，楊廣其實是一個詩人。

楊廣十三歲那一年，楊堅代周自立，登基僅十一天後，就封楊廣為晉王、柱國、并州總管，一年後又授武衛大將軍，進位為上柱國、河北道行台尚書令，仍舊坐鎮并州。并州是隋帝國防禦突厥入侵的戰略要地，楊堅把少年楊廣放在如此重要的位置上，顯然是希望他通過歷練迅速成長為獨當一面的帝國屏藩。

楊廣沒有辜負父親對他的殷切期望。開皇六年，因楊廣在并州任上表現優異，楊堅特地將他調回朝中擔任內史令（宰相）。雖然此項任命只是實習性質，但足以表明楊堅對楊廣的信任和器重已經遠遠超越了其他皇子。開皇九年，年僅二十歲的楊廣又被任命為南征陳朝的最高統帥。攻克建康後，楊廣不但對百姓秋毫無犯，而且第一時間「封存府庫」，於陳朝的公私資財皆「一無所取」，表現出了異常成熟的政治風範。

由於平陳的上佳表現，楊廣為自己贏取了巨大的政治資本，同時獲得朝野上下的廣泛讚譽，「天下皆稱廣，以為賢」。楊堅很是欣慰，隨即進封楊廣為太尉，並且大加賞賜。隨後的幾年裡，楊廣成了名副其實的帝國屏藩，總是在關鍵時刻被楊堅安排在帝國最需要的地方。比如平滅江南之後，北方邊境的突厥人又蠢蠢欲動，楊廣立即回鎮并州；稍後江南各地又發生大規模叛亂，楊廣馬上被調任揚州總管，坐鎮江都（今江蘇揚州）；幾年後突厥再度入寇，楊廣又被任命為元帥北上禦敵。

雖然楊堅也同樣給其他皇子分封了官爵並提供了歷練的機會，但是沒有人能否認，開皇九年之後的楊廣，已經成為隋帝國最為耀眼的一顆政治新星，同時也是五位皇子中綜合素質最高、最為世人稱道和矚目的一個。（《隋書・煬帝紀》：「煬帝爰在弱齡，早有令聞，南平吳、會，北卻匈奴，昆弟之中，獨著聲績。」）

然而，表面上風光無限的楊廣，內心卻隱藏著一道沒人看得見的暗傷。

幾乎從楊廣懂事的時候起，這道暗傷就頑強地盤桓在他的心間，無論怎樣的功績和榮耀都無法將其抹平。尤其是當楊廣地位越高、聲譽越隆時，這個苦悶就會愈加強烈地撕咬著他的靈魂。

這道與生俱來的靈魂暗傷，就是楊廣的出生順位。也就是說，上天幾乎給了楊廣一切，卻唯獨遺忘了一樣最重要的東西——長子之位。

在中國古代「立嫡以長」的遊戲規則下，不管楊廣再有能耐，也不管他的長兄楊勇跟他比起來如何相形見絀，太子之位都只能是楊勇而不可能是楊廣的。從十三歲被封為晉王的那一刻起，楊廣就知道，在「晉王」與「太子」之間橫亙著一道無人可以跨越的天塹——太子遲早有一天會繼承父親的一切，成為至尊無上的皇帝，主宰天下所有人的命運，而他這個晉王無論如何賢明能幹，這輩子也注定只能是一個藩王。

楊廣願意接受這樣的遊戲規則嗎？

他的回答是：不！

作為一個內心充滿了激情和夢想的男人，楊廣絕不允許自己屈從於這樣的遊戲規則。所以，他選擇了抗爭。

當然，抗爭不一定意味著赤裸裸的鬥爭和殺戮。

楊廣知道，身為楊堅的兒子，最好的抗爭就是克制和隱忍，最好的奪嫡武器就是長期刻苦的「道德修行」。從懂事的時候起，楊廣就很善於觀察父母的好惡。他知道父親楊堅最崇尚儉樸、最厭惡奢侈，而母親獨孤氏最欣賞的事情就是夫妻恩愛，最討厭的事情就是男人好色。所以楊廣很清楚，要成為父母心目中最好的兒子，要贏得帝國臣民對他這個晉王的普遍愛戴，他就必須學會克制和隱忍，必須把他與生俱來的野心、夢想、激情、欲望，乃至對種種唯美與奢華之物的由衷熱愛深深隱藏，然後以一副忠孝友悌、恭敬節儉、淡泊寡欲、莊重自持的道德面目出現在父母親和天下人面前。

於是，從青少年時代起，敢於對命運說不的楊廣就開始了一場刻苦而漫長的「道德秀」。他不知道自己能不能成功，也不知道這場秀有沒有終點，可他知道自己必須這麼做。

所以，很快就有了下面這些故事，在朝野上下傳為美談：

有一次，楊廣帶著侍從外出狩獵，暴雨忽然傾盆而下，左右連忙拿出油布雨衣要給他披上，楊廣卻揮手拒絕，說：「士卒皆沾濕，我獨衣此乎？」侍從們一聽，頓時在心裡大為感歎：晉王真是仁義啊！

楊堅夫婦經常會去各個皇子的府上作客。去其他皇子那裡，他們都沒什麼特別的感覺，唯獨每次蒞臨晉王府邸，總會發現一些耐人尋味的細節：比如說，別的皇子府上，所有姬妾侍女都是年輕漂亮、衣裳亮麗的，只有晉王府的侍女都很老醜，而且衣著樸素陳舊，充分顯示著主人的清靜寡欲；再比如，別的皇子府上，所用的帷簾屏帳都是色彩豔麗的昂貴絲綢，只有晉王府一律使用廉價的素絹，充分顯示著主人的儉樸；還比如，別的皇子府上，傢俱陳設都很高檔，各種娛樂設施也是一應俱全，而晉王府裡，卻看不見任何奢華的物品，倒是可以經常看見許多斷了琴弦的樂器，被隨意擺放在無人注目的角落裡，而且上面布滿灰塵，充分顯示了主人的不喜聲色……這樣的一些發現，總是會讓皇帝夫婦甚感欣慰。在他們看來，這個二皇子無疑全盤繼承了他們身上的種種美德。

楊廣坐鎮江都的時候，每當有皇帝身邊的人前來視察，無論地位高低、職務尊卑，楊廣夫婦都會把他們奉為上賓，不但親自站在大門口迎接，而且美酒佳肴熱情款待，臨走時還不忘贈送一筆貴重的禮物。所以，凡是到過江都的人說起楊廣，都會不約而同地豎起大拇指，說：都說晉王仁孝，果然名不虛傳！

最讓獨孤皇后高興的就是：晉王自從娶了蕭妃之後，便與其恩愛有加，儘管府上還有一些侍妾，但從沒跟這些女人生過孩子。所以，在獨孤氏眼中，這個二皇子和他父親一樣，都可以稱得上是普天之下最完美的模範丈夫。因此不論人前人後，獨孤皇后總會不由自主地發出這樣的讚歎：晉王賢明，他人莫及！

楊廣就這樣以他高度的自制力，贏得了父母親和天下人的交口讚譽。多年的臨深履薄和誠惶誠恐，終於把他塑造成了一個完美無瑕的道德君子和人臣楷模。

而這些年裡，他的兄長楊勇都在做些什麼呢？

很遺憾，這位皇太子的種種表現都令人不敢恭維。

首先，他生性率直，明知道父皇為人異常節儉、甚至節儉到了吝嗇的程度，可始終不懂得投其所好。剛當上太子不久，有人送給楊勇一副蜀人製作的精美鎧甲，他仍覺得不夠精美，又在上面加以雕飾。楊堅一看，立刻對他進行了一番憶苦思甜的教育：「自古以來的帝王，從沒聽說過有喜好奢侈享受而能夠長久的。你是儲君，應當以節儉為要務，才有資格繼承社稷。我從前穿的那些舊衣服，每種都會留下一件，時常觀看，以警戒自己。我擔心你當上太子後就忘本了，所以，把我從前用的一把佩刀賜給你，再送你一罐從前喜歡吃的菹醬，你若能常常記起從前，應該能了解我的心意。」

其次，楊堅生性猜忌多疑，動不動就激情殺人，而且殺起功臣來連眼都不眨，可楊勇偏偏對此視而不見，硬要拿自己的腦袋往刀口上撞。

有一年冬至，百官依例到東宮晉見太子，楊勇忽然心血來潮，招呼了一支大型樂隊，舉辦了一場儀式，接受百官道賀。楊堅得知後，大為不悅，隨即在朝會上質問百官：「聽說冬至那天，內外百官相率去朝謁東宮，這是什麼禮？」

分管禮制的太常少卿辛亶一聽這話味道不對，連忙奏答：「前往東宮，只能算是道賀，不能算是『朝謁』。」

「哦？」楊堅斜乜了他一眼，「如果是道賀的話，應該是三五人或十數人，隨來隨去，怎麼會有東宮官吏傳令召喚、定時定點全體集合呢？而且太子身穿正式官服，陳設樂隊，坐在那裡等候百官，朕問你，這麼做符合禮制嗎？」

辛亶慌忙垂下眼簾，不敢再吭半聲。

楊堅一聲冷笑，隨即宣布：「禮儀有等級差別，君臣之間才不會亂了尊卑。太子雖是帝國儲君，但本質上仍是臣子。可是冬至那天，內外大員卻群往東宮朝賀，以各地特產作為貢品。這種違背禮制的事情，今後應當徹底杜絕！」

經過這次「朝賀事件」，太子楊勇在楊堅心目中的地位便一落千丈了。「自是恩寵始衰，漸生猜阻。」（《資治通鑑》卷一七九）

楊勇在父親楊堅這裡失寵了，在母親獨孤氏那裡也同樣遭致了強烈的反感。最主要的原因是——他娶了太多女人。

獨孤后最痛恨的就是男人好色，可她的大兒子偏偏觸犯了這個忌諱！好色倒也罷了，偏偏楊勇又把獨孤后為他明媒正娶的太子妃元氏徹底晾在一邊，專寵一個出身低微的偏妃雲氏，致使元妃過門不久便抑鬱而亡。獨孤后憑著一個女人的直覺判斷，元妃之死，十有八九是狐狸精雲氏下的毒手。可她除了把楊勇叫到面前痛斥一頓之外，實在也拿不出什麼證據去整治雲氏。元妃一死，雲氏就儼然成了東宮的女主人，很快就掌管了宮中的一切內務。

東宮的女人多，自然生出來的孩子就多。短短幾年間，楊勇就給獨孤后生了一大堆孫子，而且還大多是男孫。可人丁興旺絲毫沒有給獨孤后帶來喜悅。每當她看到那一群連名字都記不過來的孫子，眼前立刻就會浮現出楊勇那張好色成性的猥瑣臉龐。

獨孤后始終想不明白：同樣是她和楊堅生的兒子，太子楊勇和晉王楊廣的差別咋就這麼大呢?!對於楊勇的失寵，最高興的人當然就是楊廣了。

他無比欣喜地發現：楊勇幾乎就是他的反面鏡像——凡是他楊廣在父母面前做對了的事情，楊勇幾乎每一件都做錯。這真是老天爺的奇妙安排。

從這個意義上說，楊廣最終之所以能夠奪嫡成功，其實是楊勇在客觀上幫了他的大忙。因為，楊廣固然可以把「道德秀」演繹得天衣無縫、滴水不漏，可如果楊勇稍稍懂得節制和偽裝，稍稍表現出一個好太子和一個好兒子應有的品格和素質，那麼楊廣就很難輕易得手。

在楊勇與楊廣的這種「鏡像效應」之下，楊堅逐漸生出了易儲的念頭。為此，他特地請來了早年便與他關係很好的相面大師來和，讓他暗中觀察五個兒子的相貌，然後做出評估。

很快，楊堅就聽見了他最希望聽見的話。來和的評估報告言簡意賅：「晉王眉上雙骨隆起，貴不可言！」

楊堅心滿意足地笑了：很好，老天爺也投了晉王一票。

隨後，楊堅又與一個名叫韋鼎的侍臣進行了一場不為外人所知的談話。楊堅問：「在我的幾個兒子中，誰能夠繼承帝位？」

韋鼎立刻意識到，眼前的這個問題可能是他政治生涯中面臨的最大一次考驗。

太子已經立了這麼多年，皇帝居然還提出這樣的問題，其中透露出來的廢立之意再明顯不過了。但是，韋鼎卻深感左右為難：一方面，身為人臣，絕不能在這種重大而敏感的事情上輕易表明立場；另一方面，皇帝提出的問題卻不能不回答，並且更重要的是——皇帝的心意不能不迎合！

怎麼辦？

韋鼎沉吟片刻後，終於想到了一個最穩妥的答案：「皇上和皇后最喜歡的人，可以讓他繼承帝位。至於具體是哪一個，臣不敢做任何預言。」

楊堅聞言，忍不住開懷大笑：「賢卿只是不肯明說罷了！」

不出所料，朝臣也投了晉王一票。接下來該怎麼做，楊堅已經心中有數了。

# 二〇、奪嫡進行時

江都是一座繁華富庶而且風情萬種的城市。

楊廣一直覺得，自己和這座城市之間有一種冥冥中注定的緣分。平定江南叛亂後，他被任命為揚州總管，坐鎮江都。從此，這個地方就成了他的第二故鄉。他發現，這座城市的每一個角落彷彿都生長著清麗嫵媚的詩歌意象，而濕潤的空氣中，也彷彿一年四季都飄浮著一種江南文化特有的典雅氣味和精緻芳香。

楊廣靈魂中作為詩人的一面，在這裡獲得了充分的滋養。

當然，楊廣首先是一個政治家。因此，他生命中的黃金十年不可能一味地在這座城市詩意地棲居。相反，在他的十年任期內，這位揚州總管每天都極為繁忙。他做得最多的事情，首先是不遺餘力地延攬江南的名士和各個領域的精英，其次是盡其所能地資助並參與各種文化事業，最後還在繁冗的政務之餘，見縫插針地學習吳語……

所有這一切，迅速博得了江南世族和上層人物對楊廣的好感，無形中也對楊廣所代表的中央政府產生了極大的文化認同。對於剛剛用武力征服江南的隋帝國而言，還有什麼比取得被征服者的文化認同更重要、更緊迫的呢？

這片土地及其在此生存繁衍的人民，已經與中原的文化母體分裂了將近三個世紀。所以，比

「版圖的歸復」更加意義深遠的，無疑就是「人心的統一」。

楊廣意識到了這一點，而他也成功地做到了這一點。

史稱，在這位「允文允武，多才多藝」的揚州總管治下，江南人心穩定，民生富庶，文化也得到了繼承和發展。江南士人情不自禁地對楊廣發出了這樣的讚譽——「繼稷下之絕軌，弘泗上之淪風！」（《隋書．煬帝紀》）

在江都的十年，把楊廣從一個政治新秀打造成了一個成熟的政治家。

因此，到了開皇末年，無論是道德修養還是政治作為，他都已經是隋文帝楊堅心目中最合格的接班人，也是帝國臣民心目中最理想的未來統治者。

計畫的第一步已經取得圓滿成功。接下來，楊廣開始有條不紊地展開第二階段的奪嫡行動。

他知道，母親獨孤后的枕頭風歷來對父親楊堅有著不可估量的影響，所以首先尋求母親的支持。楊廣是藩王，按規定只能「每歲一朝」，也就是一年才能回一次長安，可即便是如此短暫的機會，也能被楊廣緊緊抓住。

開皇二十年，楊廣入朝述職，回江都之前專程去向母親辭行。楊廣一見到母親，立刻淚流滿面。而獨孤后看著這個一年才能見上一面的愛子，也止不住泫然泣下。就在母子相對而泣、氣氛異常傷感之時，楊廣開口了：「兒臣秉性愚昧、才識低下，平生常守昆弟之意，不知何罪失愛東宮，使其蓄積怨恨，欲加戕害。臣時時恐懼會有讒言構陷於父母面前，亦屢屢憂慮會有鴆毒投之於杯勺之間，所以常懷焦灼之念，深恐陷入危亡之境！」

獨孤后鬱積多年的憤怒終於不可遏止地爆發出來：「睍地伐（楊勇乳名）越來越讓人難以容忍

了。我替他娶元氏，他竟不以夫婦之禮相待，專寵阿雲，使她一口氣生下了那麼多豬狗！元妃剛娶過門便被毒害致死，我還沒找他們算帳，現在居然又欺負到了你的頭上！我還沒死尚且如此，我要是一死，他們還不知道要怎樣魚肉你呢！我每每想到東宮沒有嫡子，皇上千秋之後，你們兄弟就得向阿雲生的兒子磕頭問安，心裡簡直是如同刀絞啊！」

楊廣淚如雨下，匍匐在母親腳下不停叩首。獨孤后更是悲不自勝。

就在這一刻，獨孤后做出了她一生中最痛苦也是最重大的一個決定：廢長立幼。

她將在餘生中，用盡全部力量去完成這個最後的心願——讓次子楊廣入主東宮！

博得母親的同情和支持後，楊廣開始著手在帝國高層中尋求政治同盟。

為此，他找到了自己的好友、時任壽州刺史的公關高手宇文述。

楊廣問宇文述有何良策。宇文述說：「太子失寵已久，他的德行無人稱道，而大王的仁孝聞名宇內，才華蓋世無雙，皇上與皇后皆鍾愛大王，四海之望亦歸向大王。這一切世人有目共睹，只不過，廢黜太子、另立儲君乃國家大事，在下處於別人父子骨肉之間，這個事情嘛，實在不好謀劃。」

宇文述賣了個關子，悄悄瞅了楊廣一眼。

楊廣大笑：「在下決心已定，請宇文兄不必有所顧慮！」

宇文述又看了看他，緩緩地說：「滿朝文武，足以左右皇上心思的人只有一個。」

「誰？」

「楊素。」

楊廣一笑。宇文述的看法正與他不謀而合。只要把這位當朝宰相、帝國碩果僅存的元勳大佬拉進來，奪嫡之事就十拿九穩了。

「而真正能讓楊素信任的人也只有一個，」宇文述接著說，「他就是楊素的弟弟：楊約。」

但是，要怎麼跟楊約搭上線呢？

在楊廣萬分期許和極度迫切的目光下，宇文述最後笑盈盈地說：「巧的是，最了解楊約的人，就是在下。」

既然如此，那就啥也別說了，下手吧！

楊廣立即拿出一筆重金，讓宇文述入朝打點。隨後，宇文述便千里迢迢地從南方趕到京城，天天找楊約喝酒。

有朋自遠方來，楊約當然高興。而更讓他高興的是，自從這位老友來訪，老天爺每天都會掉餡餅，而且每一次都準確無誤地砸中了他——不知道宇文述這小子在哪兒發了橫財，每天喝到半醉都要邀他賭博，且每一次都輸得精光；第二天，宇文述馬上又會揣得鼓鼓囊囊地來找他，照例喝酒，照例賭博，照例輸錢！

楊約樂壞了。人生得一如此「良友」，夫復何求？

有一天，楊約照例贏得鉢滿盤滿之後，頗為感慨地對宇文述表示感謝。宇文述眯著一雙微醉的小眼看著楊約，忽然說：「這是晉王的賞賜，命我與你同樂。」

楊約頓時目瞪口呆。連日來的愉快心情一掃而光，取而代之的是一種被愚弄的懊喪。他狠狠盯著宇文述問：「為什麼？」

宇文述不慌不忙地說：「您兄弟二人，功高蓋世，位居要津，長久以來跟滿朝文武結下的樑子恐怕數都數不清；此外，太子這幾年向朝廷提出的要求總不能如願，難免會把怨氣歸結到宰相頭上。試問，您兄弟二人雖然得寵於聖上，可要找你們算帳的人卻不勝枚舉，哪一天皇上要是撒手西歸，你們拿什麼當保護傘？如今太子失寵，主上也有廢黜之意，這您也知道，現在如果要求冊立晉王，只在你的老哥一句話。倘若抓住這個時機建立大功，晉王定會永遠銘記在心。如此一來，你們便可擺脫累卵之危，穩坐泰山之安！」

楊約不得不承認，宇文述的一席話，句句打在了他的心坎上。接下來的具體步驟，也就不需要宇文述教他了。

當天晚上，楊約就找到了楊素。聽完弟弟的一番密語後，楊素頓時興奮得大腿一拍，說：「聰明！我還沒想到『廢立太子』這一層，幸虧你及時提醒了我！」

數日後，皇帝皇后舉辦宴會，楊素入宮作陪。酒過三巡，楊素用一種漫不經心的口吻對皇后說：「晉王孝敬友悌，恭敬節儉，頗有皇上之風啊！」

一句話就扯到了皇后的傷心事。獨孤后的眼淚應聲而落，哽咽著說：「您說得太對了！吾兒對父母有大孝大愛，每聞皇上和我派遣的內使到達，必親自到邊境迎接；每當談及遠離雙親膝下，沒有一次不悲傷哭泣。還有他的妻子蕭妃也非常有愛心，每次我派婢女過去，蕭妃就和她們同寢共食，哪像睍地伐，終日與阿雲尋歡作樂，而且親近小人，陷害骨肉！我之所以越發憐憫阿麼（楊廣乳名），就是怕睍地伐暗中對他下毒手。」

聽完這一席話，楊素心裡就有底了。

既然太子失寵已經是確鑿無疑的事實，那麼楊素當然要把自己的全部籌碼都押在晉王身上。只要晉王成功入主東宮，楊素後半生的權力富貴也就有了保障。於是，當天的宴會上，楊素就太子的問題跟獨孤皇后聊了很久，中心思想當然只有一個：太子品行不端，缺乏才幹，不堪為帝國儲君。

獨孤皇后與楊素深有同感，隨後便暗中送給他一筆重金，目的很明確，就是要楊素以首席宰相的身分，想方設法去配合皇帝廢黜楊勇，另立楊廣。

楊廣就這樣在奪嫡的道路上步步為營、節節挺進，為自己建立了一個最廣泛的統一戰線，同時也給太子楊勇撒下了一個天羅地網。

對此，楊勇當然不會沒有察覺。但是，面對咄咄逼人、穩紮穩打的楊廣，平庸無能的楊勇卻方寸大亂，拿不出任何有效的應對舉措。他唯一能想到的，就是命術士製造「厭勝」，企圖以此對抗楊廣，化解災厄。

所謂厭勝，是盛傳於古代宮廷的一種巫術，其實也就是民間流行的「紮小人」，具體的做法，就是將厭憎的對象畫在紙上，或用泥塑木雕，然後刺心釘眼，繫手縛足，詛咒對方早日死於非命。楊勇用這種招數對付楊廣，顯然是愚蠢可笑的。因為古代對厭勝之術的懲罰極重，一旦被人發現，後果將不堪設想；即便不敗露，這種低級幼稚的做法也不可能傷到楊廣半根汗毛。

如果說厭勝還算是一種比較「積極」的對抗手段的話，那麼楊勇接下來做的事情，則不但愚蠢，而且十分消極，毫無意義：他命人在東宮的後花園裡搭了幾間草寮，命名為「庶人村」，然後穿上布衣，在草寮裡鋪上草褥，每天就在裡面住上幾個時辰，希望以此消除罪業，禳解災厄。

楊勇的這種做法，大致是「齋戒懺悔」與「負荊請罪」二者相加的意思，不過懺悔和請罪的對象不是人，而是冥冥中主宰禍福的鬼神。可是，事到如今，還有哪個鬼神幫得了他呢？老話說得好：福禍無門，唯人自招。

所以，不管是「厭勝」還是「庶人村」，都無法挽回楊勇走向深淵的命運。

當然，楊勇其實也沒做過什麼大惡，可在這個世界上，善惡從來是沒有絕對標準的。在當時的隋帝國，楊堅和獨孤氏的好惡就是善惡的標準，而楊勇從來不懂得去迎合這個標準，最後當然只能是自取滅亡了。而且，楊勇在此最後關頭，仍然找不出自己落到今天這個地步的原因所在，還昏招頻出，其結果非但於事無補，反而只能招致楊堅更深的反感和厭惡。

楊堅知道楊勇已經懼不自安，便故意離開長安住到仁壽宮裡，然後命楊素監視東宮，觀察太子言行，以便找出一些足以廢黜他的證據。

楊素對皇帝的意圖心領神會，隨即前往東宮，要求覲見太子。楊勇一聽帝國大佬楊素來了，頓時又驚又喜，趕緊穿戴整齊，在東宮大殿正襟危坐地恭候。

可外面的楊素卻不急著進去，而是坐在候客廳裡優哉遊哉地喝茶，慢慢品嘗各色美味的小點心。楊勇在大殿裡左等右等，等得花兒都快謝了，還是不見楊素進來，終於心頭火起，怒形於色。

楊素知道火候到了，才不慌不忙地上殿拜見。可想而知，楊勇既沒給他好臉色，說話的口氣也很衝。楊素在心裡無聲地笑了。這就是他要的結果。

隨後，楊素便「如實」上奏楊堅：「太子滿腹怨恨，恐將生變，陛下應嚴加提防！」

就在楊素給太子下套的同時，獨孤皇后也沒有閒著。她人在仁壽宮，卻派了一大批臥底潛伏在東宮內外，凡是楊勇有任何芝麻蒜皮的問題，她都會在第一時間得到報告。而且，抓住楊勇的小辮子後，獨孤后又會發揮想像，在這些黑材料上添油加醋，然後才化成一陣陣的枕頭風吹進楊堅的耳朵。

楊堅的天下本來就是篡來的，所以他這輩子最擔心的事情，就是別人以其人之道還治其人之身。如今楊勇心懷怨望，而且小動作不斷，楊堅自然懷疑這小子會發動政變篡他的天下。尤其是楊素和獨孤后的奏報，更是極大地加深了他的懷疑。

隨後，楊堅便將東宮衛戍部隊中的主要指揮官和精銳悉數調離，同時，又在東宮附近的主要街坊安置了眾多密探，對太子實施了全天候監控。

楊廣的統一戰線相當廣泛，誰也不知道他在朝中擁有多少心照不宣的同盟。就連皇家天文臺台長（太史令）袁充都利用天象對楊堅說：「臣夜觀天象，見太白襲月，此是東宮廢退之兆，臣以為皇太子應當廢黜！」

楊堅沒好氣地說：「天上的異象已經出現很久了！只是大臣們誰也不敢先開這個口罷了。」

迄今為止，所有對楊勇不利的舉報都是來自東宮以外的。楊廣覺得，要迫使父皇下定決心廢黜楊勇，還需要來自東宮內部的更有力的舉報。隨後，楊廣便命心腹段達去策反楊勇的心腹、東宮寵臣姬威。

段達拿著重金拜訪了姬威，一邊把金子堆在他面前，一邊扔下了這麼一句話：「東宮過失，皇上皆已知之；已奉密詔，定當廢立！你若能上書告發，大富貴唾手可得！」

姬威眼裡盯著那堆黃燦燦的金子，耳中聽著段達的話，用手抹著不斷從額角冒出的冷汗，最後終於重重地點了一下頭。

次日，姬威的舉報信就遞到了楊堅手中。

天羅地網就這麼罩了下來，楊勇的滅亡已成定局。

# 二一、楊勇：從太子到廢人

開皇二十年九月末，楊堅從仁壽宮回來，次日朝會，第一句話就說：「我剛回到京師，按說應該高興才對，卻不知為何反而悶悶不樂。」

朝會上的百官面面相覷，都不知該說什麼。許久，吏部尚書牛弘才小心翼翼地說了一句：「臣等沒有盡到職責，才讓皇上憂心勞苦。」

楊堅的目的，是想讓百官提出廢立之議，然後他才順水推舟把這事辦了，沒想到這些傢伙居然一個個都成了縮頭烏龜，連聲屁都不敢放！而牛弘這種不鹹不淡、四平八穩的標準官腔，也實在不比一聲悶屁強多少。

看來，還是要老子親自動手清理門戶啊！

楊堅鐵青著臉，把目光轉向倒楣的東宮官屬們，開始劈頭蓋臉地怒斥：「仁壽宮離這裡沒有多遠，可我每次回到京師，都不得不嚴加戒備、如入敵國，你們想想，這是為什麼？我近日因為腹瀉，只好和衣而臥，本來想睡在靠近廁所的後殿，可唯恐隨時會有緊急事件發生，不得不住到遠離廁所的前殿。所有這一切，難道不是因為你們這幫人企圖敗壞國家，以致朕終日如臨大敵嗎?!」

說完，楊堅立刻下令將東宮總管（太子左庶子）唐令則及多名東宮大臣當場逮捕。然後，命楊素當著文武百官的面，舉一兩個太子悖逆的例子給大家聽聽。

楊素即刻出列，清了清嗓子，只說了一件事。

這件事，是關於開皇十七年彭國公劉昶之子劉居士的聚眾違法事件。

劉居士自少任俠使氣，沒少幹違法亂紀的事，楊堅念在劉昶跟他有故交，就沒拿劉居士治罪，沒想到這小子長大後卻變本加厲，找了三百多個公卿子弟當他的小弟，儼然組成了一個黑社會團夥，天天在街上尋釁滋事，毆打路人，搶劫商賈。楊堅一怒之下，就以謀反罪名把劉居士砍了，並將其黨羽全部廢為庶民。當時楊堅在仁壽宮度假，就命楊素轉告太子，讓太子窮追劉居士餘黨，務必一個也不放過。

據楊素說，當他向太子轉達聖命時，太子忽然滿面怒容，暴跳如雷，說：「居士一黨皆已伏法，讓我到哪裡窮追？你身為右僕射，責任重大，自己去追好了，關我什麼事！」

緊接著，楊勇又當著楊素的面大發牢騷：「當初父皇舉事（篡周立隋），還好成功了，萬一失敗，頭一個被株連砍頭的就是我這個世子，可現在他當了天子，對我反而不如其他弟弟好，不管大小事情都不讓我作主，我覺得自己一點自由都沒有，跟囚犯有啥兩樣?!」

楊素說完，楊堅已經氣得直喘粗氣，群臣也是相顧愕然。許久，楊堅才長長地歎了一口氣，接過楊素的話茬，繼續歷數太子的種種過惡。

當天的朝會，就這樣成了楊勇的批判大會。

楊堅說：「很久以來，我就看出這孩子不堪繼承社稷了，皇后早就勸我廢了他，可我因為他是我布衣時所生，而且是長子，希望他能改過，故隱忍至今。說起他的過惡，每一樁我都記憶猶新。比如有一次，他曾當著他母親的面，指著後宮宮女說：『這些遲早都是我的人。』此言何其狂悖！

還有，他的正妃元氏無端暴亡，我懷疑是有人下毒，就責備他，沒想到他竟然說：『總有一天，我連元孝矩（元妃之父）也殺了！』說這種話，表面上是遷怒他岳父，其實還不是想害我？另外，長寧（楊勇長子楊儼，封長寧王）出生時，我和皇后因為喜歡，就抱過來養，可自從他跟我有了芥蒂後，就屢屢派人來，想把娃兒抱回去。你們說說，世界上有哪個兒子如此防範自己父母的？」

說到這裡，楊堅已經氣得臉都變形了，停頓了片刻，才接著說：「最讓我不可容忍的，就是他對雲妃的寵幸！雲妃是她父親雲定興在外邊跟人亂搞生下的，由此想來，雲妃的生母也不是什麼好貨色，說不定還跟別的男人勾三搭四，雲妃都不見得是雲定興的種！晉朝的時候，太子司馬遹娶了屠夫的女兒，生的兒子長大就喜歡殺豬。如今，倘若雲妃本來就是野種，她生的兒子豈不是亂了皇家血統？我雖然品德不及堯舜，但也不至於把社稷萬民託付給一個不孝子！我一直擔心他會害我，防他如同防敵，現在我決心已下，一定要將他廢黜，以安定天下！」

聽到最後這句斬釘截鐵的話，滿朝文武都知道太子這回是必廢無疑了，所以都不敢吱聲，唯獨左衛大將軍元旻站了出來，說：「太子廢立是國家大事，一旦頒詔，再有後悔也來不及了。自古以來，讒言害人都是無孔不入的，請陛下慎思明察！」

這個元旻就是當初因高熲、王世積一案被免職的人之一，雖然事後不久便官復原職，但這並不等於楊堅對他的猜忌已經完全消除。現在，他居然敢在太子被廢已成定局的情況下還替楊勇叫屈，顯然是活得不耐煩了。

楊堅冷冷地瞥了元旻一眼，也不答話，轉頭命令姬威，讓他以東宮官員的身分把太子的所有罪惡都說出來，意思就是要讓元旻心服口服。

姬威剛才目睹所有東宮大臣都被一鍋端了，早就嚇得魂不附體，此刻皇帝有令，當然不敢遲疑，立刻竹筒倒豆子，一口氣說出了太子的六宗罪：

第一，太子一貫驕狂，曾對姬威說：「如果有人敢對我做的事勸諫，我就殺人，只要殺他一百個，所有諫言自然永遠止息。」

第二，太子一向奢靡，經常在東宮興建亭臺樓閣，一年四季從無間斷。

第三，太子有謀反企圖，不久前東宮左衛率（東宮左侍衛長）蘇孝慈被解職時，太子就氣得怒髮衝冠，揮舞拳頭說：「大丈夫總有一天會揚眉吐氣，這件事我忘不了，到時候一定要出這口氣。」

第四，太子因東宮開支巨大，不夠花銷，就經常向朝廷的財政部門申請撥款；有關部門根據法令，拒絕撥款，太子就咬牙切齒地說：「朝廷自宰相以下，我遲早會殺一兩個人，好讓他們知道怠慢我的下場。」

第五，太子對皇帝心存怨恨，時常說：「聖上老是怪我沒有嫡子，所生都是側室的庶子，可嫡庶真的有那麼重要嗎？北齊的高緯、南陳的陳叔寶，哪個不是嫡子，可到頭來怎麼樣呢？還不都成了孽子?!」

第六，太子一心希望皇帝早死，曾命巫婆算卦，算完後就對姬威說：「皇上的死期就在開皇十八年，眼看馬上就到了。」

姬威說完，楊堅早已氣得渾身發抖、老淚縱橫，只聽他痛心疾首地說：「世上有誰不是父母所生，竟然會悖逆到這種程度！朕最近閱覽《齊書》，每當看見高歡放縱他的兒子，便義憤填膺，朕怎麼可以效法他呢?!」

太子楊勇的公開批判會，終於在皇帝楊堅的這句話中宣告結束。

當天，楊堅就命禁軍包圍了東宮，將楊勇和他的兒子全部軟禁，同時在長安城展開了一場大搜捕，將朝中所有與太子有瓜葛的大臣全部逮捕。

數日後，有關部門在楊素的授意下，指控左衛大將軍元旻暗中依附楊勇，意在託付前程。對此，有關部門提交了一個重要證據，說是每當元旻跟隨楊堅前往仁壽宮時，楊勇經常命東宮大臣裴弘給元旻寫密信，信封上一直都有這樣的標注：「勿令人見！」

楊堅接到奏報，頓時恍然大悟，說：「怪不得！朕在仁壽宮時，經常感到納悶，為何只要發生一點點小事，東宮馬上都會知道，消息傳得比驛馬還快，原來就是這傢伙洩的密！」

元旻此時正在宮中當值，楊堅當即命令士兵將其逮捕。

楊勇被軟禁後，禁軍開始奉命對東宮進行地毯式搜查，目的當然是想搜出一些違禁物品，或者是能證明楊勇圖謀不軌的東西。

可是，禁軍折騰了幾天，什麼違禁品都沒搜出來，只從倉庫、藥房和馬廄中，分別搜出了三樣東西：一：數千枚火燧；二：數斛艾草；三，一千多匹馬。

火燧，也稱火引，古代人取火，以隨身攜帶的火石在鐵器上撞擊，激出的火花噴濺到火引上，即可燃起火焰。

艾草，一種藥草，一般用於中醫的針灸，即用針刺激穴道後，點燃艾草，熏燙穴道，所以稱為「灸」。

就這三樣東西，能證明什麼呢？

歷史上太子謀反事洩，通常都能從東宮搜出一些兵器鎧甲什麼的，這樣才能坐實謀反罪名。可現在，楊勇的東宮裡啥都沒有，就這三樣普普通通的東西，到底能證明什麼呢？

楊素得到奏報後，一時間也有些犯難。楊素經過幾天的苦思，由這三樣東西勾勒出一樁謀反企圖，就完美地浮現了。隨後，楊素就對姬威如此這般、這般如此地交代了一遍。

禁軍搜出這三樣東西，楊堅也深感詫異，隨即追問姬威。姬威早就把楊素給的答案背得滾瓜爛熟了，立刻回稟道：「陛下有所不知，太子是別有居心。陛下住仁壽宮時，太子曾對臣說：『只要用一千兵馬，控制住仁壽宮城門，裡面的人自然會活活餓死。』」

楊堅一聽，更納悶了。即便楊勇真有如此企圖，也無法把這三樣東西都聯繫在一起啊！

接下來，姬威就根據楊素的指示，向楊堅提供了一套天衣無縫的解釋：數千枚火燧，是為了讓東宮軍隊深夜執行任務所用；馬匹當然不用解釋了，哪支軍隊執行任務不騎馬？最難人感到困惑的，其實是艾草；而太子貯藏艾草，當然不是想用它來針灸的，而是在軍隊出發前，把艾草混在草料裡餵馬，這樣可以阻其鼻息，使馬兒只能用口呼吸，發不出嘶鳴。

綜上所述，太子的目的，就是要讓東宮軍隊在某個夜晚從長安出發，神不知鬼不覺地前往仁壽宮，然後跟左衛大將軍元旻裡應外合，封鎖宮城大門，最後把楊堅活活困死在宮城中。

太完美了！面對太子如此處心積慮的計畫，就連楊堅也深感震驚。

其實，能夠想出如此完美計畫的人，當然不可能是平庸無能、只會用厭勝對付政敵的楊勇，而是大半輩子馳騁沙場、縱橫官場、並且出將入相的帝國第一牛人楊素！

隨後，楊素拿著這套「謀反計畫」去詰問楊勇，頓時把楊勇搞得莫名其妙。腦子一向不太好的楊勇，最後只能咬牙切齒地蹦出這麼一句話：「我聽說您的府上養了數萬匹馬，我貴為太子，難道養一千匹馬就是謀反?!」

楊素在心裡笑了。

是啊，我家裡是養了幾萬匹馬，可我沒有一個一心想搞死我的弟弟，也沒有一個吃裡扒外的寵臣姬威，更沒有貯藏艾草以供人聯想的習慣。所以，沒有人會指控我楊素造反，但是，當這些事都攤到你的頭上時，你楊勇就只能自認倒楣了。

很快，除了指控楊勇謀反之外，楊素還把東宮裡面的所有昂貴物品、華服珍玩都拿出來晾在陽光底下，然後命百官前去參觀，以此證明楊勇的生活是多麼奢侈腐朽。

楊堅夫婦看過這些東西，也都很生氣，就派人去質問楊勇。楊勇當然不服。在他看來，歷朝歷代的太子擁有這些東西都很正常，憑什麼他楊勇擁有這些就是腐化墮落？

使者即刻回稟，說太子依舊怨氣沖天，毫無悔過之意。

楊堅夫婦對視一眼，心照不宣。

啥也別說了——廢！

開皇二十年十月初九，一個寒風凜冽的初冬早晨。

已經數日未眠的楊勇睜著一雙血紅的眼睛，看見幾個皇帝使臣面無表情地站在他面前。

他們給他帶來了什麼？是一條白綃？還是一杯毒鴆?!

楊勇嚅動著雙唇，戰戰兢兢地問：「莫非要殺我了嗎？」

沒有人回答他。

片刻後，鬢髮散亂的楊勇在使臣的押送下進入皇宮，腳步踉蹌地走上武德殿。楊勇看見，寬闊的大殿周圍站著一排排軍容齊整、殺氣騰騰的士兵；殿庭的東面站滿了文武百官，西面是所有的皇族和宗室成員；而皇帝本人，則一身戎裝端坐於御座上，正用一種冷酷而威嚴的目光凝視著他。

瞬間被恐懼攫住的楊勇隨即雙膝一軟，跪倒在地。

內史侍郎薛道衡展開詔書，當眾宣讀：「太子之位，實為國本，苟非其人，不可虛立。自古儲副，或有不才，長惡不悛，仍令守器，皆由情溺寵愛，失於至理，致使宗社傾亡，蒼生塗地！由此言之，天下安危，繫乎上嗣，大業傳世，豈不重哉?!皇太子勇，地則居長，情所鍾愛，……而性識庸暗，仁孝無聞，昵近小人，委任奸佞，前後愆釁，難以具紀。但百姓者，天之百姓，朕恭天命，屬當安育，雖欲愛子，實畏上靈，豈敢以不肖之子而亂天下！勇及其男女為王、公主者，並可廢為庶人。」（《隋書・楊勇傳》）

詔書宣讀完畢，楊勇的臉色早已蒼白如紙。他俯首再拜、磕頭謝恩：「臣理當被斬首棄屍於鬧市，以為來者戒惕！幸蒙陛下哀憐，得以保全性命……」一言未了，楊勇已經泣不成聲。

整個宣詔儀式進行的過程中，楊堅自始至終不發一言。楊勇最後一次在這座莊嚴的殿堂上向皇帝施了一個隆重的朝禮，然後轉身黯然離去。

他身後的大殿寂然無聲。

人們只能用沉默向這位不幸的廢太子表示同情。

次日，楊勇的長子、前長寧王楊儼上疏楊堅，請求留在皇宮擔任禁軍侍衛，其辭哀傷懇切。楊堅見信，大起惻隱之心。楊素立刻進言：「伏望聖上就像被毒蛇所螫、不得不壯士斷腕一樣，不要再起憐憫之心。」

十月十三日、亦即太子被廢四天後，元旻、唐令則等太子集團成員全部被處以死刑，妻妾子孫沒籍為奴；其他太子黨成員一部分被賜自盡，另一部分遭受廷杖，本人連同家眷一起沒籍為奴；所有人的田宅財產全部抄沒充公。

同年十一月初三，楊堅下詔，冊立晉王楊廣為皇太子。

當天，這位一貫賢明的新太子就向皇帝奏請了兩件事：一，東宮所用的官服、車馬、器具等等，皆比原來的定制降低一個等級；二，東宮所有官員在太子面前一律不得自稱為「臣」，因為他認為，自己和所有人一樣都是皇帝的臣子。

楊堅笑著批准了新太子的合理請求。他感到很欣慰——不僅為自己英明的廢立舉動深感慶幸，也為隋帝國終於擁有這樣合格的接班人而欣慰不已。

一個月後，在楊廣的大力舉薦下，宇文述被任命為太子左衛率。

宇文述終於用他的聰明才智，幫助晉王打造了一個中國權力鬥爭史上的經典之作，同時也成功地把自己運作成了未來天子最為倚重的心腹股肱。

而在稍早的時候，楊素已經因功獲賞綢緞三千匹，他的弟弟楊約獲賞一千匹。

楊氏兄弟再次被天上掉下的餡餅準確命中，並且嚴格說來，這次砸中他們的還絕不僅僅是數千匹綢緞，而是整個後半生的權力和富貴，是一勞永逸的無窮回報。

廢太子楊勇被囚禁在東宮一個荒涼殘破的院落內，由新太子楊廣負責嚴密看管。

楊勇就這樣驟然失去了一切，連最起碼的人身自由都喪失了。他經常呆呆地站在落滿積雪的院子裡，向著皇宮的方向引頸而望，並且喃喃自語。最後，楊勇再也忍受不了這種地獄般的生活，便一次又一次向楊廣提出請求，要求晉見天子，當面陳述自己的冤屈。

可想而知，廢太子的所有請求無一例外地遭到了楊廣的斷然拒絕。

楊勇絕望了。

這年冬天最後的日子，東宮的下人們時常可以聽見從荒涼的後院裡傳出的一些淒厲的呼喊。那些呼喊一聲長一聲短，飄飄忽忽，時有時無，並且混合在嗚咽的北風中日夜飄蕩，讓東宮的下人們個個覺得毛骨悚然。

一兩個好奇的下人忍不住偷偷跑到後院窺視，驚訝地看到了這樣一幕——披頭散髮的廢太子爬到了一棵掉光了樹葉的老樹上，伸長脖頸，面朝皇宮，眼神驚恐而悽惶，看上去就像一隻折斷了翅膀的大鳥。

那些淒厲而含混的呼喊，就是從他那嘶啞的喉嚨中發出來的。

沒人有興趣去聽他究竟喊了些什麼，只有楊廣聽得很清楚。

他聽見這個廢人在喊：父皇——我冤——父皇——我冤……

很快，楊堅就收到了楊廣呈上的奏報。奏報中說：廢太子楊勇瘋了，而且估計沒有痊癒的可能。

那一年，年已六旬的楊堅總是會有意無意地朝東宮方向的天空投去含義不明的一瞥。沒有人知道，他是否仍然在想念那個日夜在北風中呼喊的兒子。當然也沒有人知道，他眼中是否曾經閃動過一抹蒼老的淚光。

# 二二、楊素：政治變局的操盤手

開皇二十年的太子廢立事件，無疑是隋朝開國以來最嚴重的一場政治變局。在這場前所未有的變局中，新太子楊廣和首席宰相楊素顯然是最大的獲益者，而以廢太子楊勇為首的前東宮集團，則遭到了殘酷的鎮壓和清洗。在歷史上，凡是如此大規模的政治洗牌，其主要操盤手都會乘此機會剷除異己，掃清自己政治前途上的障礙。比如這一次，楊素就處心積慮地搞死了威震朝野的名將史萬歲，而楊廣則在楊素的配合下除掉了四弟蜀王楊秀。

自從韓擒虎去世、賀若弼遭貶後，史萬歲就成了隋朝軍界中最有聲望的元老級人物。開皇十七年春，西南蠻夷部落酋長爨玩降而復叛，史萬歲奉命出征，從蜻蛉川（今雲南大姚縣）進入大西南，一路勢如破竹，連克叛軍多處要塞，然後渡過西洱河（今洱海），進入渠濫川（今雲南大理市以南地區），轉戰一千餘里，以犁庭掃穴之勢，橫掃蠻夷的三十幾個部落，俘虜男女兩萬多人。蠻夷諸部大為震駭，只好遣使向史萬歲請降，並獻上一顆直徑達一寸的夜明珠，還立了一座石碑為隋朝歌功頌德。

史萬歲隨即上奏朝廷，要求將叛軍首領爨玩帶回京師，以免後患。楊堅當即准奏。可爨玩深知自己一旦入朝，這輩子就完了，趕緊拿出重金賄賂史萬歲。史萬歲在沙場上所向披靡、無人難擋，可在糖衣炮彈面前卻沒什麼免疫力，隨即收下重金，班師回朝。

若要人不知，除非己莫為。史萬歲受賄一事，很快就被時任益州總管的蜀王楊秀獲悉了。楊秀立刻派人前去追贓。史萬歲風聞事情敗露，慌忙把所有金銀珠寶全都沉入了江中。蜀王的人一到，查不出任何東西，這件事也就不了了之了。

史萬歲竹籃打水一場空，很是鬱悶。不過好歹沒被人抓住把柄，也算是不幸中的萬幸。回朝後，史萬歲因平叛之功進位柱國，想想此次出征也算值了，便把爨玩和賄金什麼的全部拋之腦後。

然而，史萬歲萬萬沒想到，到了開皇十八年年底，賊心不死的爨玩居然再度揭起了反旗。蜀王楊秀勃然大怒，立刻上疏楊堅，指控史萬歲「受賂縱賊，致生邊患，無大臣節」。

楊堅又驚又怒，馬上下令有關部門對史萬歲立案審查。結果一查下來，史萬歲「受賂縱賊」一事果然不誣，論罪應當處以死刑。楊堅痛心已極，怒而質問史萬歲：「將士出征，朕常掛懷，每念其櫛風沐雨之苦，便寢不安席，食不甘味，可你卻受賄縱賊，致使士卒不得不再次出征，你還算是社稷之臣嗎?!」

至此，史萬歲依然心存僥倖，趕緊抵賴說：「臣留下爨玩，正是擔心蠻夷復叛，才讓他留下鎮守。而且，臣已經班師走到半路，才收到陛下命其入朝的詔書，並不是有意抗旨，更不存在什麼受賄之說。」

楊堅一看史萬歲死到臨頭還在狡辯，頓時勃然作色：「朕一直以為你是個忠直之人，沒想到給你高官厚祿，你反而成了國賊！」遂對有關官員下令：「明天就把這個人砍了。」

史萬歲這才知道皇帝這回是動真格的，慌忙叩首服罪，請求皇帝饒他一死。

當時，左僕射高熲、左衛大將軍元旻等人還在任，馬上出列替他求情：「史萬歲雄略過人，每次行軍打仗，未嘗不身先士卒，尤其善於統率部眾，軍中將士皆樂意為其效力，縱然是古代名將，也未必能勝過他。」

楊堅聞言，才稍微平息了怒氣，遂將史萬歲革職為民，免其一死。

在隋朝當官，只要不被砍頭，大多都還有復出的機會，尤其是像史萬歲這種不可多得的名將，更不可能被長期閒置。一年多以後，史萬歲就恢復了官爵，並率部迎戰突厥，把達頭可汗嚇得屁滾尿流，還追殺了幾百里地，又為隋朝立了一功。

然而，弔詭的是，史萬歲當初受賄枉法卻逃過一死，這回立了戰功，反而成了他的獲罪之尤。

說起來，原因其實也很簡單——史萬歲軍功太盛，搶了楊素的鋒頭，讓楊素非常不爽。

得勝回朝後，史萬歲本欲上表為本部將士請賞，可楊素卻趕在他前面上了道奏疏，聲稱突厥人這次並非入寇，而是看塞上水草豐美，才拉上牛羊過來放牧的。既然人家不是來打仗的，那你把人家殺得屁滾尿流，本來就是很不厚道的事，當然就談不上什麼戰功了。

其實，明眼人都看得出楊素這話很扯淡，楊堅當然也不會看不出來。可當初史萬歲受賄一事，楊堅心裡還有疙瘩，所以就裝傻，採信了楊素的說法，不給史萬歲部任何封賞。

史萬歲當然不服，於是頻頻上表，極力說明當時的真實情形。可是，奏疏呈上如同泥牛入海，楊堅一點反應都沒有。

時隔不久，太子廢立事件就爆發了。楊堅廢黜楊勇後，窮追太子黨羽，忽然就想到了史萬歲，便問左右：「史萬歲在哪？」

楊素立刻回稟：「史萬歲去東宮了。」

這句話，無疑給史萬歲宣判了死刑。

事實上，此時的史萬歲根本沒去東宮，而是正在宮門前安撫他的部眾。由於此前擊破達頭卻有功不賞，他的幾百個部眾正糾集在宮門前，要跟朝廷討個說法，史萬歲向他們承諾：「我今日一定替你們去找皇上問個明白，無論如何，這件事必須有個了斷！」

恰在這時候，楊堅召見他的命令到了。於是，史萬歲就這麼懷揣著一肚子怨氣去見楊堅，而楊堅也正帶著滿腔怒火在等著他，所以君臣二人一見面，場面立刻失控。

還沒等楊堅發話，史萬歲就大聲說道：「將士有功，卻遭朝廷貶抑，臣今天要替將士們問個明白！」

楊堅本來還想問他有沒有去東宮，結果一看史萬歲這副「詞色憤厲」的模樣，頓時氣不打一處來，馬上命左右把他拖出去亂棍打死。

左右把史萬歲拉出去後，過了一會兒，楊堅怒氣漸消，覺得這麼做太過草率，連忙命人去通知停止行刑。可是，現在後悔已經來不及了。就這麼片刻工夫，一代名將史萬歲已經被活活打死在朝堂之上了。

事後，楊堅不得不下了道詔書，羅列了史萬歲的一大堆罪狀，以掩蓋自己「激情殺人」的失誤。詔書中有「懷反覆之方，弄國家之法」、「懷詐要功，便是國賊」等語，基本上將史萬歲的一世英名全盤抹煞了。史稱，史萬歲被冤殺當天，「天下士庶聞者，識與不識，莫不冤惜。」（《隋書·史萬歲傳》）

楊勇被廢，最替他打抱不平的，莫過於楊堅的四子蜀王楊秀。

楊秀從小就有膽色，長大後更是容貌魁偉，「美鬚髯，多武藝」，一副標準的大將派頭，許多朝臣見了他都會心存懼憚。如果楊秀生在普通人家，有這種大將氣質當然是好事，只可惜，他是一個皇子，而如此威風凜凜、霸氣外露的皇子，無論是對未來的皇帝還是對他自己而言，肯定都不是什麼好事。因為，沒有哪個皇帝喜歡看到自己兄弟身上的霸氣。

對此，楊堅曾不止一次地對獨孤后說：「秀兒將來肯定不會有好結果，我在的話，當然沒問題，可到他兄弟即位，他必定會造反。」

一個父親對自己的兒子下此斷語，雖然有失尖刻，但卻不無道理。因為楊堅首先是一個皇帝，所以他必然會以皇帝的視角來判斷一個人。而且，知子莫若父，楊堅敢這麼說，肯定是從他一輩子閱人無數的經驗出發的。

開皇十七年，西南蠻夷不斷發動叛亂，楊堅命大將楊武通出兵征討。

中央軍來到自己的地盤上作戰，楊秀當然不會沒有想法。於是，楊秀就派了一個叫萬智光的心腹去給楊武通當副手，表面上是協助他，其實是監視他，以防他做一些損害益州地方利益的事情。

楊堅聽說後，大為不悅，馬上以「所任非人」為由，對楊秀大加譴責，並在朝會上對群臣說：「壞我綱紀的，是我自己的子孫。就好比猛虎，其他動物都不能傷害他，可是皮毛間寄生的蟲子，卻足以害它性命。」

楊秀被說成老虎皮毛裡的寄生蟲，心裡當然不爽。隨後的日子，他就開始做出一些僭越禮制的事情了：首先，是把車輛馬匹、服飾儀仗等東西搞得相當奢華，不亞於皇帝的規格；其次，還讓人製造了一個渾天儀（古代觀察天象的儀器，皇帝專用）；最後，又窮凶極惡地抓了一批獠族部落的男子，閹割了充當王府裡的宦官，從而嚴重危害了社會的和諧穩定，也加劇了當地政府與少數民族之間的緊張關係。

開皇二十年，太子楊勇突然被楊堅廢黜，楊秀大為不平，說了不少牢騷話。楊廣得知後，擔心這個四弟日後會成為他的大麻煩，便暗中授意楊素鼓搗一份黑材料，把楊秀的種種僭越之舉都寫進去，然後向楊堅揭發。

仁壽二年（西元六〇二年）春，楊素經過多方打探，終於把一份厚厚的舉報材料遞到了楊堅手裡。楊堅看完，勃然大怒，當即徵召楊秀回朝。楊秀感覺不妙，便以生病為由拒絕動身。他的副手源師勸他聽從詔命，楊秀不耐煩地說：「這是我家的事，跟你有什麼相干？」

源師知道，若蜀王出了事，自己也難逃其咎，於是流淚進言：「我身為大王幕府，豈敢不盡心！皇上下詔徵召大王，已有一些時日，若您始終遷延不走，皇上發怒，派一個使臣過來，到時候您又如何證明自己的清白？願大王深思。」

楊秀聽完，雖然心裡有些憂懼，但還是賴著不走。

不出源師所料，當年七月，楊堅就下了一道調令，把原州（今寧夏固原縣）總管獨孤楷調任益州（今四川成都市）總管，接替楊秀。獨孤楷到任後，苦口婆心地勸楊秀趕緊回朝，以免天子震怒。楊秀又猶豫了很久，最後才不情不願地踏上了回京之路。

獨孤楷知道楊秀隨時可能反悔，所以楊秀剛出城門，他就下令守軍高度戒備，以防楊秀殺回來。

獨孤楷所料沒錯，楊秀才走出四十多里路，就越想越不甘心，準備回頭攻擊獨孤楷，可派出探子打探了一下，才知道守軍早已嚴陣以待，遂打消了攻城的念頭，灰溜溜地走了。

十月，楊秀回到長安，楊堅召見了他，但從頭到尾不跟他說半句話。次日，楊堅才派出使臣，把楊秀罵了個狗血噴頭。楊秀慌忙入宮，向楊堅謝罪。楊廣也趕緊裝模作樣地叫上其他親王，陪著楊秀一塊跪在殿庭上，還一把鼻涕一把淚地幫楊秀說好話，乞求皇上原諒。

楊堅痛心地說：「前不久，秦王因為生活奢侈靡費，被我廢為庶民（楊俊於開皇十七年因「好奢侈，違越制度」被廢，於開皇二十年抑鬱而終），這是我以父親之道在教訓他；如今，楊秀僭越犯上，殘害百姓，我只能以君王之道將他繩之以法。」於是把楊秀交給了司法部門。

旁邊一個叫慶整的朝臣趕緊勸諫：「前太子楊勇已廢，秦王楊俊已故，陛下的兒子並不多，何苦嚴厲到這個地步。蜀王性情耿介，若遭重責，恐怕會想不開，臣擔心會出意外。」

楊堅大怒，當場就打算把這個慶整的舌頭割了，群臣紛紛勸諫才作罷。但是，楊堅餘怒未消，又狠狠地對百官說：「我看應該把楊秀拉到街市上斬首，以謝百姓！」

當然了，這只是氣話。楊堅隨即下令，由楊素專門負責對楊秀的調查審理工作。

楊廣為了把楊秀置於死地，就暗中命人製造了兩個木偶，將木偶縛手釘心，披枷帶鎖，一個寫上楊堅的名字，一個寫上楊諒，另外又在一張紙條上寫著：「請西嶽（華山）慈父聖母，發神兵收捕楊堅、楊諒的生魂，就照如此形狀，不要讓他們掙脫。」然後把木偶和紙條一起埋在華山腳下，最後又讓楊素把它們挖出來，聲稱這一切都是楊秀所為。

此外，在楊廣的授意下，楊素又指控楊秀「妄述圖讖」。所謂圖讖，是指與政治有關的預言書，古代很流行這樣的東西，尤其是改朝換代的時候，民間通常會有讖語流傳，也就是用一種很隱晦的方式，預言將來會有什麼樣的政治變動，以及會有一個什麼樣的人當皇帝之類的。據楊素稱，楊秀亂引圖讖，揚言京師將出現「妖異」，只有蜀地最吉祥，還撰寫了一篇檄文，裡頭有「指定時間，興師問罪」等語。

楊素就這樣鼓搗出了一大堆楊秀謀反的證據，然後一併呈給了楊堅。

楊堅大為震駭，難以置信地說：「天下還有這種事?!」

仁壽二年十二月，楊堅正式下詔，把蜀王楊秀廢為庶人，囚禁在宮中，不讓他和老婆孩子見面，同時還株連了一百多個與楊秀有瓜葛的官員。

隋文帝晚年的「太子廢立」和「蜀王被廢」事件，雖然幕後的總策劃是楊廣，但現場操盤手楊素無疑在其中發揮了至關重要的作用。此時的楊素官居尚書左僕射，本來就是隋帝國一人之下、萬人之上的人物，如今又接連廢掉了一個太子和一個親王，其權勢和威望更是達到了人臣的極點。

史稱，經過這場前所未有的政治變局，楊素家族毋庸置疑地已經成為隋朝家族排行榜上的榜首。除了權勢熏天的楊素本人之外，他的弟弟楊約、叔父楊文思、楊文紀，族叔楊忌等人，「並為尚書、列卿」；楊素的那些兒子如楊玄感、楊玄縱等人，對帝國「無汗馬之勞」，也一個個「位至柱國、刺史」。

自古以來，權力與金錢就是一對孿生兄弟。有了權，錢自然就跟著來了。楊素家族的資產，在當時無人可以匹敵：從京師到全國各大城市，到處都有他們的酒店、客棧、商埠、磨坊、田園、豪宅；楊素府上的僕從傭人，多達數千，姬妾也是數以千計；宰相府的建築規模異常龐大，設施裝潢也極盡奢華，其整體規格幾乎可與皇宮媲美。

楊素家的親戚朋友，一個個位居顯要，膽敢得罪他們的，都會遭到貶謫誅殺，而只要你能找關係攀上楊家人，就算什麼本事都沒有，也照樣得到提拔。滿朝文武見了楊素，無不腰彎腿軟、靡然景從。當時，舉國上下，敢跟楊素叫板的，只有御史柳彧、尚書右丞李綱、大理卿梁毗等寥寥數人。

其中，尤以梁毗最為勇猛，是唯一一個敢豁出命來跟楊素**PK**的人。

蜀王楊秀被廢不久，梁毗就對楊素的專權跋扈深為痛恨，遂向楊堅呈上了一道密奏，說：「古人有言，人臣不可以作威作福，否則不但會害你（皇帝）的家，還會敗你的國。臣發現左僕射、越國公楊素，寵幸日隆，權勢日重，朝野上下皆唯其馬首是瞻；忤逆者遭殃，攀附者拔擢；所交結的都不是忠義之士，所提升的都是親朋故舊；黨羽遍布朝野，勢力跨州連縣。四海承平之時，或許沒有問題，一旦天下動盪，必成大禍根源。」

密奏的最後，梁毗又把楊素說成「奸臣」，還拿他比附王莽，勸楊堅吸取歷史教訓，對楊素採取行動。

楊堅當時正寵著楊素，當然聽不進去，隨即逮捕梁毗，並親自審問。梁毗視死如歸，大聲說：「楊素擅寵弄權，在朝時陷害忠良、徇私枉法，出兵在外時，也肆意殺戮將士，殘忍無道。太子、蜀王被廢之日，百官無不震悚，唯獨楊素眉飛色舞，喜形於色，把國家的災難當成了他的幸運。如此大奸大惡之人，陛下豈能容忍?!」

聽完梁毗這番話，楊堅頓時陷入了沉默。最後，楊堅下令釋放了梁毗。

無論楊堅如何器重和信任楊素，梁毗之言還是撩動了他那根極端敏感的猜忌神經。這些年來，滿朝的功臣元勳幾乎都被楊堅猜忌過一遍了，如今這個權傾朝野、榮寵無匹的楊素，當然也不可能是個例外。

隨後的日子，楊堅便開始疏遠楊素了，不久又下了道詔令，宣布楊素身為國之宰輔，勞苦功高，特准他不必親自處理日常政務，只需每三五天來一次朝堂，討論決定一些大事即可。同日，楊約也被外放為伊州（今河南汝州市）刺史。

楊堅對付楊素的手法，正是典型的「外示優崇，實奪之權」。

從這一刻開始，直到楊堅去世，楊素始終坐在冷板凳上，再也無權參與任何朝廷大政。可以想像，假如楊堅多活幾年，楊素肯定不會有好日子過，最後的下場很可能跟那些被貶被殺的元勳功臣沒什麼兩樣。

然而，當時間走到仁壽四年（西元六〇四年），楊堅的生命也隨之走到了盡頭。

這一年正月，楊堅準備前往仁壽宮，宮廷術士章仇太翼預感到楊堅此行不祥，便極力勸阻，可楊堅不聽。章仇太翼最後只好說：「陛下這一去，恐怕就回不來了！」

楊堅勃然大怒。

好你個妖言惑眾的章仇太翼，居然敢當面詛咒堂堂的大隋天子，簡直是活膩了！

隨後，楊堅按照原計劃出發。臨出發前，把章仇太翼扔進監獄，準備等回京之後再把他砍了。

楊堅到仁壽宮後，前面的三個月一直住得好好的，可是到了四月份，當天氣逐漸轉熱的時候，楊堅就突然病倒了，而且此病來勢洶洶，令所有人都深感意外。

七月，楊堅病情加重，預感到時日無多，終於想起術士章仇太翼的預言，便命在長安監國的太子楊廣將其釋放。

同年七月十三日，楊堅病逝於仁壽宮大寶殿，享年六十四歲。

蓋棺論定之際，後世史家大致給了楊堅功過七三開的評價。

關於功績，司馬光在《資治通鑑》中稱：「高祖性嚴重，令行禁止，勤於政事。每旦聽朝，日昃忘倦。雖嗇於財，至於賞賜有功，即無所愛；將士戰沒，必加優賞，仍遣使者勞問其家。愛養百姓，勸課農桑，輕徭薄賦。其自奉養，務為儉素，乘輿御物，故弊者隨令補用；自非享宴，所食不過一肉；後宮皆服浣濯之衣。天下化之，開皇、仁壽之間，丈夫率衣絹布，不服綾綺，裝帶不過銅鐵骨角，無金玉之飾。故衣食滋殖，倉庫盈溢。受禪之初，民戶不滿四百萬，末年，逾八百九十萬，獨冀州已一百萬戶。」

楊堅生性嚴肅穩重，治理國家始終能做到令行禁止，勤於政事。每天一早就主持朝會，直到過了中午都不知疲倦。雖然對錢財很吝嗇，可是賞賜功臣的時候，卻毫不珍惜；對陣亡將士，必厚加撫恤，並派使臣慰問家屬。愛護百姓，鼓勵農桑，輕徭薄賦。自己的生活非常樸素，所有御用物品，破舊之後，仍修修補補繼續使用；除了宴會之外，平時用餐，不過一盤肉而已；後宮嬪妃的衣服，也都洗了再洗，穿了又穿。天下皆受此儉樸之風的影響，從開皇到仁壽年間，民間的男子大多都穿棉布織物，不穿綢緞，裝飾品也不過是一些銅鐵、獸骨、獸角之類的，沒有金銀珠寶。所以在楊堅治下，百姓豐衣足食，國家府庫充盈。隋朝建國時，天下戶口還不到四百萬戶，到了仁壽末年，已超過八百九十萬戶，其中僅冀州（今河北省中南部）人口就多達一百萬戶。

關於過失，司馬光稱：「然猜忌苛察，信受讒言，功臣故舊，無始終保全者；乃至子弟，皆如仇敵，此其所短也。」

然而，楊堅猜忌苛察，聽信讒言，所以功臣元勳，幾乎都不得善終；對自己的兒子，也都視為仇敵，這是他的缺陷。

司馬光的上述評價，基本上完全參考魏徵編撰的《隋書》，而《隋書》成書的時間，與楊堅在世的時間相隔很短，所以其中依據的史料和觀點，基本上可以代表當時真實的社會輿論，也足以代表時人對楊堅的總體看法。

所以，上面這個功過總結，可以視為是對隋文帝楊堅在位二十四年的最為客觀公允的評價。綜觀楊堅一生，他已經盡其所能地完成了一個開國之君的歷史使命，通過他的勤政和儉樸積存下的雄厚國力，與歷史上任何一個朝代初期相比，都可謂毫不遜色。換言之，他已經用一個漂亮的開局，為隋朝打造了一個百年老店的基礎，若接班人努力的話，隋朝未嘗不能成為繼漢朝之後的又一個繁榮昌盛的朝代。

然而，令人遺憾的是，楊堅的接班人楊廣並不努力。所以，隋朝最終也只能曇花一現，成為中國歷史上著名的短命王朝之一。相對於日後強勢崛起的大唐王朝，隋朝的短暫存在，似乎只是起到了一個鳴鑼開道的作用。

# 二三、楊廣「弒父」真相

仁壽四年無疑是楊廣生命中最重要的一個年份。因為這一年，隋帝國的最高權杖終於如願以償地落到了他的手上。

這一年，楊廣三十六歲。十幾年的刻苦修行終於為他換來了人世間最輝煌的報償。

然而，關於楊堅之死，歷來都有很多對楊廣不利的傳聞和記載。這些傳聞和記載把楊堅之死描述得既可疑又神祕，其目的無非是向人們暗示：隋文帝並非壽終正寢，而是死於一場政治陰謀；或者說，是死於一場不為外人所知的宮廷政變，而楊廣被認為就是這場政變的主謀。

事實果真如此嗎？

首先，讓我們來看看官修正史中，關於楊堅之死的普通版：

正月二十七日，楊堅抵達仁壽宮。

正月二十八日，楊堅下詔，將朝廷的財政、賞賜之權以及一切大小事務全部交給太子楊廣。

四月，楊堅開始感覺身體不適；六月，朝廷宣布大赦天下。

七月初十，楊堅病勢突然轉沉，緊急召見文武百官。彌留中的楊堅躺在病榻上，用盡最後的氣力和大臣們一一話別。場面無比傷感，君臣皆歔欷不已。

七月十三日，楊堅死亡。

上面這些文字見於《隋書・高祖紀》和《資治通鑒・隋紀四》。如果史書的記載到此為止，那麼我們完全可以認定：隋文帝楊堅死得極為從容和安詳。對於把江山交給太子楊廣，老皇帝不但沒有後悔，而且是帶著放心滿意的心情撒手西歸的。我們甚至可以想像，他臨終之前，肯定跟百官說了許多「盡心盡力輔佐太子，不要辜負朕之所託」之類的話。

對此，《隋書・何稠傳》中記載的兩個細節可資佐證：差不多在楊堅與百官話別的那一天前後，他又召見了自己晚年親信的大臣何稠，命他負責自己身後的殯葬事宜；隨後又召見太子，用手摩挲著楊廣的脖子，說：「何稠此人做事很用心，我已經把後事託付給了他，行事應當和他商量。」（上因攬太子頸謂曰：「何稠用心，我付以後事，動靜當共平章。」）

「託付後事」的細節充分表明，臨終前的楊堅不但頭腦清醒，而且心境平和；「攬太子頸」的細節則更加有力地證明：楊堅的愛子之情仍然不減於往日。換句話說，他仍然一如既往地對這個帝國的接班人充滿了信心和期望。

然而，事情並沒有這麼簡單。

上述文字只不過是楊堅之死的版本之一。《隋書》的主編魏徵及作者顏師古、孔穎達等人，又在《隋書・楊素傳》和《隋書・后妃列傳》中，給出了另一個非常詳細而且充滿了暗示意味的版本。司馬光在《資治通鑒》中，也基本上原封不動地採納了這個版本。

這是一個繪聲繪色、極富香豔色彩也極富陰謀色彩的故事。

在這個故事中首先閃亮登場的，是一個女人。

這個女人就是陳宣帝的女兒。據說她是一個天生聰慧、美麗絕倫的女人。陳朝滅後，她被納入隋朝後宮，漸獲楊堅寵幸。仁壽二年八月，獨孤皇后病逝，陳氏「進位為貴人，專房擅寵，主斷內事，六宮莫與為比。」

按照這個版本的記載，楊堅患病後，尚書左僕射楊素、兵部尚書柳述、黃門侍郎元岩等朝廷重臣立刻趕赴仁壽宮，組成了臨時內閣。同時，太子楊廣也奉命入住大寶殿侍奉皇帝。楊廣眼見父皇的病勢一天天沉重，料定他時日無多，決定早做防備，於是寫密信給楊素，向他詢問朝廷和百官的情況，並命他做出相應布署，防止朝廷在國喪期間出現動亂。楊素按太子的要求回覆了一封密函。不料，送信的宮人卻誤把信送到了皇帝手上。

楊堅見信，勃然大怒。

他還沒死，太子和宰相就已經暗中聯手在左右帝國政局了，這是什麼性質的問題？這無異於謀逆啊！

楊堅正在氣頭上，忽然看見他最寵愛的妃子陳氏神色慌張地走了進來。楊堅問她出了什麼事，陳氏流著眼淚說：「太子無禮！」然後哀哀戚戚地告訴皇帝，說她早晨如廁時無意中遇見了太子，而太子欲強行非禮她，她拼命抗拒才逃了回來。楊堅一聽，猶如五雷轟頂。他斷然沒有料到，這位溫良恭儉的太子居然是個衣冠禽獸！楊堅躺在御榻上，用力拍打著床板大罵：「這個畜牲怎麼可以託付國家大事？獨孤后誤了我，獨孤后誤了我啊！」

痛定思痛之後，楊堅急召柳述和元岩入內，說：「傳召我兒。」柳述等人剛準備去傳喚太子，忽然聽見皇帝加了一句：「是傳楊勇！」柳述和元岩面面相覷，頓時明白了什麼，連忙入閣撰寫復召楊勇的敕書。楊素聽說此事，立刻報告楊廣。楊廣隨即矯詔將柳述和元岩逮捕，關進了大理獄；

然後緊急調動東宮軍隊進駐仁壽宮，命左庶子宇文述等人控制宮禁出入，命右庶子張衡進入皇帝寢殿，將侍奉皇帝的所有宮女和宦官全部逐出，關在別殿。

當天，仁壽宮就傳出了皇帝駕崩的消息。

由於太子在皇帝死前的一系列異常舉動，使得朝廷內外對皇帝之死的真相議論紛紛。

陳氏和後宮嬪妃聽到皇帝賓天的消息，頓時惶惶不安。當天午後，太子使臣帶著一個金匣子來見陳氏，說要將這個匣子賜給夫人。匣子上有一張紙條，上面有太子楊廣的親筆簽名。陳氏以為裡面是毒藥，大為恐懼，一直不敢打開。使者一再催促，陳氏只好戰戰兢兢地打開匣子。

讓她感到意外的是，匣子裡的東西不是毒藥，而是幾個精緻的同心結。

陳氏身邊的宮女們又驚又喜，互相說：「這回好了，可免一死了。」

可陳氏卻一臉不悅，背過身去不肯答謝。宮女們一起逼迫她，陳氏才勉強向使者拜了一拜。當天晚上，楊廣就帶著一種得意洋洋的表情堂而皇之地走進了陳夫人的寢室……

故事的結局是：楊廣把他父親的這位愛妃、相當於是他後母的陳夫人姦污了。

《隋書》撰寫這則香豔版的「楊堅之死」，目的很明確，就是要把楊廣塑造成一個繼奪嫡之後又「弒父淫母」、陰謀篡位的無恥小人、一個禽獸不如的流氓惡棍！

簡言之，就是要把楊廣「妖魔化」。

然而，當我們對史籍進行更為深入的考查和比對後，就會不無遺憾地發現——這個旨在「妖魔化」楊廣的故事存在太多邏輯上的漏洞和硬傷：

首先是不合常理。

在楊堅之死的「簡易版」中，我們看見，「百官話別」、「託付後事」和「攬太子頸」這三個充分表明楊堅父子和睦的關鍵性細節，都是發生在七月初十這一天或者之後的，而此時無論是楊廣還是楊堅本人，都已經知道他時日無多（事實上楊堅也的確是在三天後就死了），由此可見，這是一個高度敏感的時刻。對於楊廣來講，雖然他距離帝座只剩下最後一小步，但恰恰是這一小步，往往是最危險、也是最艱難的，一著不慎就會功虧一簣、滿盤皆輸。在此情況下，像楊廣這麼一個善於隱忍並具有高度自制力的人，肯定會比平時表現得更為謹小慎微，甚至會在百官面前親自為父親端茶送水、親嘗藥石，這才符合他的一貫性格和處事原則。可恰恰相反，「香豔版」中的楊廣卻在明知道屬於父親的一切很快就將被自己全盤繼承的情況下，一反常態地做出了對自己最不利的舉動——喪心病狂地去非禮陳夫人。

如果此事屬實，那並不能證明楊廣好色，只能證明他愚蠢，十足的愚蠢！

只要再忍耐幾天，整個隋朝天下都是他的，何況一個小小的陳夫人！他怎麼可能為了滿足自己的一時情欲，而葬送自己付出了二十年努力的帝業呢？即使說他已經有把握徹底控制身患重病的父親，可非禮之事一旦洩露，他就必須冒天下之大不韙而採取極端行動。試問，這個一向以精明和謹慎著稱的楊廣，會因為一個女人，而寧可用一場危險的政變來奪取本來已經唾手可得的帝位嗎？

很顯然，這不符合常理。

其次是自相矛盾。

不但楊廣在這個「香豔版」中的表現不合常理，就連這個陳夫人的前後表現也是極度自相矛盾。據《隋書・后妃列傳》記載，陳氏被納入隋朝後宮為嬪，由於「獨孤皇后性妒，後宮罕得進御，唯陳氏有寵」。當時，「晉王廣之在藩也，陰有奪宗之計，」所以「規為內助，每致禮焉。進金蛇、金駝等物，以取媚於陳氏。皇太子廢立之際，頗有力焉。」

這就是說，早在楊廣還是晉王的時候，這個陳夫人就已經利用皇帝對他的「獨寵」，暗中收受楊廣的重金賄賂，從而「有力」地支持了楊廣的奪嫡行動。可見，陳氏與楊廣的關係早已非同尋常。即便他們不是情人關係，起碼也是一對政治同盟。換句話說，他們很早就是一條繩上的螞蚱，其關係可謂一榮俱榮、一損俱損。

既然如此，楊廣為何早不非禮、晚不非禮，偏偏要在皇帝病重、人心不安、朝野矚目的特殊時刻，去非禮這個奪嫡時的政治盟友陳夫人呢？退一步說，即便楊廣真的喪心病狂到如此地步，可這個陳氏既然敢在隋文帝還獨掌大權的時候，就冒著殺頭的危險幫助楊廣奪嫡，卻為何在皇帝已經病危、大權其實已落入楊廣手中的時候，反而拒絕楊廣的示愛、拒絕自己後半生的政治靠山和榮華富貴呢？再退一步說，即便陳氏是一個可以出賣一切但就是不能出賣肉體的「貞潔主義者」，即便她拒絕了楊廣，但也絕對不可能把非禮之事告訴皇帝。原因很簡單：萬一楊廣因她的指控而被皇帝拿下，楊廣難道不會出於報復心理，而把他們當年通賄奪嫡的醜聞全部捅出來，從而把陳氏也拉下水嗎？像陳氏這麼一個歷經兩朝、成功地周旋於皇帝、皇后和藩王之間的絕頂聰明的政治女性，會愚蠢到不知道把非禮之事告訴皇帝將導致什麼樣的嚴重後果嗎？

答案是：陳氏不可能這麼做。所以我們可以據此斷定：《隋書》在「香豔版」故事中，對陳氏的前後記載完全是自相矛盾、不合邏輯的。

最後是張冠李戴。

關於楊廣的這個「香豔版」篡位故事，為何會如此邏輯混亂、漏洞百出呢？最根本的原因，恐怕是因為《隋書》的編撰者魏徵等人並不是這個故事的原創者。最早「創作」出這個故事的作者，其實是隋末唐初一個名叫趙毅的人，《隋書》的記載正是直接取材於趙毅所著的野史——《大業略記》。

這本書的史料來源其實並不可靠，大多是當時民間流行的一些雜談、軼聞和傳說。眾所周知，隋末唐初的百姓對「暴君」楊廣可謂恨之入骨，所以趙毅很可能正是懷著同樣的心情，出於批判楊廣的考慮，才根據民間傳說創作出了這個故事。而《隋書》的編撰者魏徵等人作為新朝大唐的臣子，當然不會放過任何一個批判舊王朝、詆毀舊統治者的機會，所以經過加工處理後，將這個故事收錄進了官修正史。

可就在他們加工處理的過程中，卻出現了一個「張冠李戴」的錯誤。

讓我們先來看看《大業略記》中的記載：

> 高祖在仁壽宮，病甚，煬帝侍疾，而高祖美人尤嬖幸者，惟陳、蔡而已。帝（楊廣）乃召蔡於別室，既還，面傷而髮亂，高祖問之，蔡泣曰：「皇太子為非禮。」高祖大怒，嚙指出血，召兵部尚書柳述、黃門侍郎元岩等令發詔追廢人勇，即令廢立。帝（楊廣）事迫，召左僕射楊素、左庶子張衡進毒藥。帝（楊廣）簡驍健宮奴三十人皆服婦人之服，衣下置杖，立於門巷，以為之衛。素等既入，而高祖暴崩。

很顯然，在趙毅的記載中，楊廣非禮的對象是隋文帝的另一個寵妃：蔡氏，而不是《隋書》所說的陳氏。為什麼會出現這種「張冠李戴」的錯誤呢？這難道僅僅是《隋書》編撰者們一時疏漏導致的筆誤嗎？

這個問題的答案到底是什麼，今天的我們已經無從知曉。但是，這並不妨礙我們做一個推測。也就是說，《隋書》編撰者很可能是考慮到這個蔡氏與楊廣歷來毫無瓜葛，如果說她突然被楊廣非禮，恐怕看上去會顯得突兀，難以取信於人，還不如把蔡氏改成一直與楊廣暗中通賄的陳氏，這樣看上去就顯得順理成章了，而且還可以藉此揭示楊廣大奸大惡的一貫性和長期性。可《隋書》編撰者卻沒有顧及到，把蔡氏偷樑換柱地改成陳氏，反而暴露出我們上面討論過的那個更大的邏輯漏洞。

當然，這一點僅僅是我們的推測。《隋書》如此「張冠李戴」的原因，今天的我們已經不得而知，但有一點是可以確定的，那就是——《隋書》中這個「香豔版」的篡位故事，純粹是在野史的基礎上加工處理的結果。

也許，正是因為取材於野史，所以《隋書》編撰者才不敢貿然把趙毅在「非禮事件」之後極力描述的那個「進毒藥」致「高祖暴崩」的情節收進官史。因為，並沒有強而有力的證據支持「楊廣弒父」的情節，所以魏徵等人只能在《隋書》中採取暗示手法。換一個角度說，假使大唐的開國君臣早已掌握了「楊廣弒父」的證據，那他們肯定會在起兵之初發布的討伐楊廣的檄文中，大張旗鼓地昭告天下，怎麼可能把這個攻擊楊廣的有力武器一直藏著掖著，直到時過境遷之後，才在編撰《隋書》時語焉不詳地進行暗示呢？

可見，所謂「楊廣弒父淫母」的故事並非信史。

綜上所述，我們有理由認為，楊堅並非死於謀殺，而是正常死亡；所謂楊廣與楊素聯手發動政變、害死楊堅奪取帝位云云，也不值得採信。換言之，楊廣雖然在奪嫡前後耍了很多陰謀詭計，先後廢掉了太子楊勇和蜀王楊秀，但最後登基繼位這件事，他還是遵照正常程序的，並未採用什麼不正當手段。

而千百年來，人們之所以對「楊廣弒父淫母」的故事津津樂道，其原因不外乎三點：

一，這個故事充滿香豔色彩和陰謀色彩，充分迎合了人們的獵奇心理。

二，《隋書》編撰者魏徵等人為了證明唐朝建立的合法性，就有必要「妖魔化」楊廣，把他塑造成一個十惡不赦的亂臣賊子。而《隋書》的記載和觀點後來又被司馬光原封不動地照抄，所以才廣為流傳，被人們視為定論。

三，楊廣即位後幹了太多荒唐的事，把剛剛享受了幾十年太平的老百姓再次推進了戰亂和死亡的深淵，最終還葬送了一度繁榮強大的隋帝國，所以人們很願意相信，這傢伙本來就是個惡棍。既然是壞得掉渣的人，那不管把多少壞事記在他頭上，都是情理中事，也完全符合人們嫉惡如仇的善良本性。而且中國人的民族性格喜歡一刀切，判斷事情的標準都是非善即惡、非白即黑，所以一個人只要被認定是壞蛋，那他就不可能幹好事，而隋煬帝楊廣，恰好就是人們心目中最典型的壞蛋。

# 二一四、楊諒起兵

仁壽四年七月二十一日，楊廣在仁壽宮舉行了登基大典，躊躇滿志地登上了皇帝寶座。楊素的弟弟楊約得知老皇帝崩了，大為興奮，趕緊迫不及待地從伊州趕到了仁壽宮，覲見了新天子。楊廣即刻命他返回長安，穩住朝中的局勢，同時暗示他把楊勇處理掉。

楊約心領神會，立刻馬不停蹄地趕回長安，假傳楊堅遺詔，送給了楊勇一杯毒鴆，命他自盡。楊勇不喝，楊約乾脆親自動手，拿出一條繩子把他勒死了。隨後，楊約又集合部隊和文武百官，當眾宣布了楊堅駕崩、新帝即位的消息。

楊廣得知楊約在長安所做的一切，高興地對楊素說：「你那個弟弟，果然能當大任！」

八月初三，楊廣護送楊堅靈柩回到長安。

楊廣剛一回來，一貫善於拍領導馬屁的天文館長（太史令）袁充立刻上奏：「皇帝即位，年齡剛好和堯登基的年齡相同。」言下之意，是暗示文武百官趕緊上表稱賀，跟他一塊拍馬。禮部侍郎許善心看不慣這種醜陋的伎倆，就說：「國家遭遇大喪，群臣不應稱賀。」

楊廣心腹、時任左衛大將軍的宇文述一聽，馬上授意御史彈劾許善心。楊廣二話不說，當即把許善心貶為給事郎，一下就把他的官秩降了兩級。

得知楊堅駕崩、楊廣即位的消息後，最為惶惶不安的人，莫過於楊堅第五子、時任并州總管的漢王楊諒。

這幾年朝中發生的一連串大事，沒有一件不讓楊諒感到憂慮和驚惶：先是三哥楊俊被父皇逼死，緊接著大哥楊勇和四哥楊秀又相繼被廢，現在父皇又突然駕崩，大哥又死得不明不白，楊諒不免惶惑——接下來，這個可怕的二哥楊廣，是不是要把屠刀架到我脖子上了？

讓楊諒在憂懼之中唯一可以自我安慰的，就是此刻他手上握有的兵權。

在五個皇子中，楊堅最寵愛的是楊廣，其次就是楊諒，所以才會把他放在并州總管這個極為重要的位子上。當時，楊諒的管轄範圍非常大：整個黃河以北地區，西自崤山、東至大海（包括今山西全部、河北大部及山東一部），總共有五十二個州掌握在他的手裡；按照古人的說法，這一大片地盤自古就是「天下精兵處」。此外，為了防禦突厥，楊堅還賦予了他「便宜從事，不拘律令」的特權。因此，從軍事角度來看，楊諒並不乏與楊廣博弈的資本，必要時，他完全可以豁出去跟楊廣死拼。

事實上，早在楊勇、楊秀相繼被廢之後，深感唇亡齒寒的楊諒就已經開始未雨綢繆了。他以「突厥方強」為由上奏楊堅，要求整修武備。楊堅批准後，他就開始大舉徵調工兵差役，鍛造兵器，招募壯勇，僅編入麾下的近衛親兵就有數萬之眾。

楊諒拿突厥說事來擴充實力，本來只是個幌子，沒想到突厥人後來真的打過來了，楊諒連忙出兵抵禦，結果卻大敗而回。楊堅一怒之下，就把他麾下的八十幾個將領全部解職，並發配嶺南。這一下，楊諒等於被拔光了羽翼，趕緊上疏求情，說這些將領都是舊部，跟了他好多年了，念在他們勞苦功高的份上，求楊堅從寬發落，把他們留下來將功贖罪。

楊堅一看，心裡更火，答覆他說：「你身為藩王，只能老老實實遵守朝廷命令，怎麼可以強調私人故舊的關係，置國家法律於不顧呢？你小子給我聽好了，哪一天我不在了，你要是敢輕舉妄動，太子（楊廣）抓你就跟抓雞籠裡的小雞一樣容易，你那些心腹將領能頂什麼用！」

楊廣即位後，心裡最顧忌的，也是這個擁兵據地的五弟。所以，縊殺楊勇後，他第一時間就派遣車騎將軍屈突通前往并州，以楊堅遺詔的名義，徵召楊諒回朝。

楊諒最擔心的事情終於發生了。

他很清楚，一旦回朝，自己就像猛虎離開了深山、蛟龍離開了大海，只能變成楊廣砧板上的魚肉。所以，回還是不回，並不是一個問題。以楊諒現在的處境，除了悍然起兵，與楊廣一決雌雄外，沒有其他的路可走。因此，真正的問題就是：要以什麼樣的藉口拒絕回朝，才能獲得部眾的理解和支持？

楊諒看著屈突通呈給他的那份楊堅遺詔，沉吟半晌，心裡忽然有了主意。

他盯著屈突通，說：「這份遺詔是假的。」

屈突通一愣：「大王何出此言？」

楊諒冷笑：「父皇當年與我有過密約，若真是他發的詔書，必在『敕』字旁邊加上一個小點。你自己看看這份所謂的詔書，有那個小點嗎？」

屈突通心裡當然知道這份詔書的真假，但嘴上肯定是不會承認的，所以力辯不屈。楊諒懶得跟他廢話，立刻命人把他驅逐出了并州。

這下子，楊諒跟新皇帝楊廣就算徹底撕破臉了。接下來，這對同胞手足除了刀兵相見，再無其他選擇。

形勢惡化至此，楊諒麾下的文武將吏也被迫面臨他們人生中最重大的抉擇——是提著腦袋跟楊諒幹，還是勸他低頭服軟、面對現實？

楊諒的副手、并州司馬皇甫誕選擇了後者。他涕淚橫流地對楊諒說：「以卑職看來，大王的兵力和資源，都不足以跟朝廷對抗，加上君臣地位已定，順逆形勢不同，就算大王兵強馬壯，也難以取勝。一旦起兵，就得背上叛逆之名，到時候即便想做個平民，也不可得了。」

楊諒大怒，馬上把皇甫誕扔進了監獄。

當然，也有人唯恐天下不亂，所以選擇了前者。楊諒麾下的首席參議官（諮議參軍）王頍（陳朝名將王僧辯之子），向來感覺自己混得很不得志，就想趁此機會出人頭地，遂極力慫恿楊諒跟朝廷死磕，而且向楊諒提出了自己的戰略設想。

他認為，楊諒現在有兩個選擇：一個是直搗長安，推翻楊廣，奪取帝位；再一個是擁兵割據，與楊廣分庭抗禮。當然，前者是積極主動的，後者是消極被動的。王頍說：「大王麾下將吏，家屬都在關中，如果選擇主動出擊，就應該以他們為主力，以迅雷不及掩耳之勢，長驅南下，直入關中；若大王只是想割據北齊故地，就應大量起用關東人（指函谷關以東），他們為了保住家園妻兒，必定會為大王死戰。」

楊諒左想右想，難以取捨，最後決定來個腳踩兩條船：一邊出兵攻擊，一邊鞏固轄境。

出兵總是要有道義藉口的。楊諒想了想，就揚言楊素謀反，而起兵的口號就是：誅楊素，清君側。

楊諒的這兩個舉措，充分暴露了他的愚蠢和無能。

首先，他根本沒有弄清自己起兵的戰略目的到底是什麼。在當時，隋朝已經建立二十多年，天下士民已經享受到久違的統一和太平，因此人心普遍渴望安定、厭惡戰亂。楊諒在這種情況下起兵，肯定是不得人心的，所以他只能孤注一擲，傾盡全力殺進關中，用最短的時間擊敗楊廣，在天下人還沒反應過來之前入主長安，奪取隋朝的統治權。這是當時擺在楊諒面前唯一的、也是最佳的選擇。遺憾的是楊諒卻優柔寡斷、首鼠兩端，既希望奪取天下又想要割據一方，如此自相矛盾的做法，一來只能導致兵力分散，不利於速戰速決，二來還會讓麾下部眾無所適從，不利於軍心的穩定。

其次，楊諒以「楊素謀反」為藉口起兵，顯然是個很傻的主意。要知道，人家楊素當時在京城待得好好的，還是新朝首屈一指的大功臣，說這樣的人會造反，恐怕連楊諒自己都不信。所以，他拿這個來說事，只能徒然成為天下人的笑柄，並且讓自己的起兵完全喪失合法性。其實，楊諒當時最值得利用的藉口，就應該是楊廣的「弒父篡位」。儘管這並非事實，可任何政治鬥爭都是不擇手段的，只要你最終能夠奪取權力，到時候要捏造多少證據，把楊廣抹得多黑，還不都是你一句話的事？況且，當時楊堅的死亡確實比較突然，楊諒完全可以拿這個事情大做文章，讓楊廣跳進黃河也洗不清。雖然天下人不一定會相信他說的話，但也不敢斷言絕無此事。換言之，像這種宮闈內情歷來是無法證實也無法證偽的，所以楊諒完全可以藉此機會混淆視聽，把水攪渾。只有這樣，他才能為自己的起兵找到必要的合法性，使得正義的天平朝自己身上傾斜，從而把這場戰爭的性質從「犯上作亂」變成「替天行道」，最大限度地獲取天下士民的同情和支持。

只可惜，楊諒沒有這樣的政治頭腦，所以他的起兵注定只能以失敗告終。

楊諒確定了「南下攻擊」與「鞏固轄境」並重的戰略思想後，麾下的軍事參議（總管府兵曹）裴文安立刻向他提交了具體的作戰方略，並自告奮勇願為南下先鋒。

他說：「井陘關（太行八陘之五，今河北井陘縣西）以西（今山西省），完全在大王掌握之內，山東（太行山以東，今河北省）的軍隊，也都由我們指揮調動。卑職建議，這兩個地區的兵力，應該全部動員起來，然後以部分兵力留守各地的關隘和要塞，命其根據各自的實際情況適當擴張地盤；與此同時，我們集結全部精銳，南下直撲蒲津關（今山西永濟市西黃河渡口，為進入關中的必經之路），我願充當前鋒，大王率主力隨後跟進，以閃電速度直趨灞上（今西安市東灞河河畔）。如此一來，咸陽以東地區必可傳檄而定，而京師也必然震駭，上下猜疑，將士離心，到時候我軍兵臨城下，發布號令，誰敢不從！旬日之間，大事可定。」

裴文安這番設想，看上去很完美，實際上很荒謬。因為這個計畫如果要成功，必須有一個前提，那就是：楊廣是木頭，包括隋帝國絕大部分由他掌控的將士也都是木頭！

只有這個前提存在，楊諒的兵馬才能像裴文安說的那樣縱橫馳騁，如入無人之境。

可笑的是，這終歸只能是裴文安的意淫。

更為可笑的是，聽完這個癡人說夢般的意淫計畫，楊諒居然興奮得不得了，隨即開始調兵遣將，在東、北、南、東南、西南五個方向同時展開了行動：

東面，楊諒命大將劉建率部出井陘，控制燕趙地區。

北面，命柱國喬鍾葵前往代州（今山西代縣），控制後方局勢，以防楊諒率主力傾巢南下時，有人從背後捅刀子。

南面，命大將余公理率部從太谷（今山西太谷縣）出發，挺進河陽（今河南孟州市），控制中原局勢。

東南方向，命大將綦良率部出滏口（太行八陘之四，今河北武安市西南），挺進黎陽（今河南濬縣）。

西南方向，就是楊諒準備進軍關中的主攻方向，命裴文安、紇單貴、王聃為前鋒，南下進攻蒲州（今山西永濟市），兵鋒直指長安。

由於蒲州的戰略地位極為重要，所以楊廣早就派遣右武衛大將軍丘和以刺史身分進駐蒲州，同時扼守關中門戶蒲津關。

楊諒知道，若強攻蒲州，即便得手，也會付出重大傷亡，遂決定智取。裴文安等人出發前，楊諒親自挑選了數百名精銳騎兵，讓他們穿上當時婦女出行常穿的「羃面長衣」（類似阿拉伯婦女那種蒙住頭臉、長可及地的沙漠裝），交給裴文安，並交代了一番。

裴文安率部進至蒲州城外，命部隊在幾十里外紮營，然後按照楊諒的計策，命那幾百個男扮女裝的騎兵逕直來到蒲州城下，謊稱是從楊諒的漢王府中出逃的宮女，準備回京，請求守門士卒開門放行。

守門士卒不知是計，遂打開城門。漢軍突擊隊就此進入城中。同時，由於楊諒在蒲州經營的時間較久，跟當地一些豪強都有交情，所以早就給他們寫了密信，讓他們配合突擊隊行動。因此，突擊隊一進城，當地豪強便聞風而動，城中頓時陷入一片混亂。

丘和情知有變，立刻逃出蒲州，一溜煙跑回了長安。

裴文安等人兵不血刃地佔領了蒲州。丘和的兩名副手，一個長史、一個司馬均被漢軍生擒。然而，正當裴文安馬不停蹄地向蒲津關進發，準備一鼓作氣渡過黃河時，卻突然接到了楊諒的命令。

楊諒命紇單貴前往蒲津關，但任務並不是渡過黃河，而是讓他燒毀渡口上的黃河大橋；命王聃為蒲州刺史，與紇單貴共同鎮守蒲州；而裴文安接到的命令，卻是讓他即刻趕回并州，說是另有任用。

裴文安大為失望，同時深感困惑。他一回并州，便質問楊諒說：「軍事行動，重在詭祕神速，我們的計畫本來是想出其不意，可大王既不率主力南征，現在又把我召了回來，一旦讓對手部署停當，大事就完了。」

楊諒不聽，當即命裴文安出任晉州（今山西臨汾市）刺史，同時又派遣多位將領，分別進駐絳州（今山西新絳縣）、潞州（今山西長治市）、韓州（今山西襄垣縣）、澤州（今山西晉城市）。

楊諒之所以做出這一系列出人意料的舉動，原因只有一個——他已經放棄南征計畫，一門心思想跟楊廣分灶吃飯、關起門來當土皇帝了。

沒有人知道他為何突然改變主意，但這麼做的後果卻是顯而易見的：在首戰告捷的大好形勢下放棄進攻，轉而採取消極防禦的戰略，就等於把戰略主動權交給了對手，還給對手提供了充分部署的時間，其結果不但只能導致失敗，而且只能加速滅亡。

就在裴文安等人拿下蒲州的同時，北路的喬鍾葵也率部進抵代州。時任代州總管的李景拒絕聽從漢王號令。喬鍾葵遂命將領劉嵩對代州發起進攻，卻被李景一戰擊斬。喬鍾葵大怒，遂以三萬精銳猛攻代州。但是，李景麾下的好多個文武將吏都是打防禦戰的高手，所以代州守軍雖只有區區幾千人，卻打退了喬鍾葵的一次又一次進攻。

# 二五、骨肉相殘的悲劇

丘和丟了蒲州後，本來楊廣還擔心楊諒會乘勝渡河，沒想到他居然又縮了回去，楊廣一下就摸清了楊諒的底牌，心裡大感輕蔑，遂命楊素率輕騎五千反攻蒲州。

楊素率部抵達黃河西岸，徵收當地商船，在船上鋪上稻草（以防人馬踏上去出現腳步聲），然後命將士銜枚，於深夜悄悄渡過黃河，次日拂曉對蒲州發起突然進攻。漢軍被打了個猝不及防，紇單貴棄城而逃，王聃勢單力薄，只好開門迎降。

隨後，楊廣正式任命楊素為并州道行軍總管，並調集數萬精銳，北上討伐楊諒。

楊諒得到消息，立刻集結大軍，準備南下介州（今山西汾陽市），迎戰楊素。可是，楊諒前腳剛出城門，城內當即發生了一場兵變，令他的老巢差點傾覆。

這個發動兵變的人，就是他的大舅子、時任王府主簿（祕書長）的豆盧毓。

楊諒準備起兵時，豆盧毓跟皇甫誕一樣極力反對。他苦苦勸阻，可楊諒就是不聽。豆盧毓無奈地對他弟弟說：「我要是單人獨騎逃回京師，固然可以免禍，但這只是為自己打算，不是為國家。而今之計，只能假裝順從他，等待時機再作打算。」

當時，豆盧毓的哥哥豆盧賢在顯州（今河南泌陽縣）擔任刺史，得知弟弟被楊諒脅迫造反，趕緊上疏楊廣，說：「臣的弟弟素懷志節，必定不會追隨楊諒叛亂，只是遭其脅迫，不得不假意屈從。臣願率部出征，與豆盧毓裡應外合，要拿下楊諒也不是難事。」

楊廣批准。豆盧賢立刻派家人攜帶朝廷詔書，暗中潛入并州，與豆盧毓取得了聯繫。

楊諒根本沒料到豆盧毓會出賣他，還以為這個大舅子回心轉意了，所以南下之前，就把并州的留守大權交給了豆盧毓和一個叫朱濤的親信。

楊諒出城後，豆盧毓馬上把朱濤叫到家裡，進行策反：「漢王叛亂，敗不旋踵，我們豈能坐等滅族，辜負國家！」不料，朱濤卻是漢王的死忠份子，一聽就大驚失色地說：「大王把身家性命託付給我們，你怎麼能說這種話！」說完拂袖而去。

豆盧毓知道現在已是箭在弦上，不得不發，遂追上去一刀砍死了朱濤，接著馬上放出了被關在監獄裡的皇甫誕，一邊商議接下來的辦法，一邊命人關閉了所有城門，以防楊諒殺回來。

可是，城裡畢竟還有很多楊諒的死黨。所以，楊諒剛走出沒多遠，就有人急急忙忙地從背後趕上來，告知了他兵變的消息。楊諒又驚又怒，馬上率部殺回并州城。

豆盧毓眼見大軍殺回，慌忙把自己的嫡系部隊拉上南門。楊諒抵達南門時，城上箭如雨下，差點把他射穿。楊諒急忙轉攻西門。由於時間太過倉促，豆盧毓來不及把這裡的守軍換下，所以楊諒一到，城門立刻打開。

楊諒殺入城中，輕而易舉地擊潰了變軍，並將豆盧毓和皇甫誕雙雙斬首。

正當并州爆發兵變的同時，楊諒派出的其他幾路大軍也頻遭敗績。首先，東南方向的綦良一路上就沒打過一場勝仗，先是進攻慈州（今河北磁縣），攻不下來，只好轉攻相州（今河南安陽市），又被擊退，遂轉進至白馬渡一帶，準備按原計劃攻擊黎陽，但此時軍心已散，失敗只是時間問題。

與此同時，南面的余公理部越過太行陘（太行八陘之二，今河南沁陽市北），進至須水（今河南孟州市東），在此與朝廷的右衛將軍史祥進行了一場遭遇戰，結果大敗。史祥擊潰余公理後，又乘勝攻擊附近的綦良。綦良的部眾風聞友軍已敗，人人均無鬥志，遂還未接戰便譁然四散。

東路軍的劉建，率部圍攻井陘，卻久攻不下。朝廷大將李子雄率幽州步騎三萬，從側翼對劉建發起進攻，於抱犢山（今河北鹿泉市西）下將其擊敗，劉建不得不向西潰退。

北路，喬鍾葵已包圍代州一月有餘。代州守軍雖然奮力抵抗，但畢竟兵力懸殊，眼看城池即將失守，楊廣急命朔州（今山西朔州市）刺史楊義臣馳援代州。楊義臣接到詔書，率步騎二萬連夜南下。喬鍾葵得到戰報，留下一部繼續圍困代州，親率主力北上迎戰。

楊義臣知道自己的兵力不敵漢軍，便事先把軍中的牛和驢子集中起來，總計數千頭，然後命幾百個士兵帶上戰鼓，把這支動物軍團驅趕到山谷中，在此埋伏等待。是日傍晚，兩軍在山谷附近的平原展開會戰，兵刃剛一相交，楊義臣便命埋伏的士兵擊鼓，並把動物軍團逐出山谷。霎時，戰鼓如雷，塵埃蔽天，漢軍以為朝廷軍的兵力遠勝於己，紛紛後退，旋即全線潰敗。

至此，楊諒派出的所有部隊悉數潰散，各個方向的戰場均被朝廷軍牢牢控制，割據為王的計畫顯然已經化成了泡影。此刻，他還能掌控的地盤，就只剩下并州及其南面的晉州、絳州、呂州（今山西霍州市）等寥寥數城了。

楊素為了早日平定楊諒，採取了非常聰明的戰術。從蒲州北上後，他並不去打一路上仍由漢軍佔據的那些城池，而是每個城分出兩千兵馬，僅做象徵性的包圍（其目的僅是防止他們出城尾隨攻擊），然後率主力繞開這些城池，以驚人的速度向并州推進。

風聞楊素正迅速北上，楊諒急命大將趙子開率十幾萬大軍，火速南下據守高壁（今山西靈石縣南），連營五十里，在朝廷軍面前築起了一道銅牆鐵壁。

楊素率軍抵達後，馬上命諸將從正面攻擊漢軍，然後親率一支精銳，攀越懸崖峭壁，神不知鬼不覺地繞到了漢軍大營的後方。

由於漢軍兵力強大，楊素麾下將士多有怯戰之心。為了激勵士氣，楊素便拿出了他的殺手鐧，故意命部隊紮營，然後讓副手挑選三百人守營，其他人隨他一起進攻。大家一聽有守營名額，紛紛拼搶，很快就有三百個兵油子搶到了名額。那些沒搶到的人當然不服，於是整個兵營吵吵嚷嚷，亂成一團。

楊素早料到會有這個場面，便把副手叫進來，詰問外面發生了什麼事。副手據實稟報，楊素一聲冷笑，命副手將剛才搶到名額的那三百個人就地斬首。

當三百顆腦袋全都睜著雙眼滾成一堆的時候，楊素便集合部隊，對著部眾高聲問：還有誰想留守？

這一次，他得到的回答當然是一片沉默。

楊素再問有誰願意出戰，然後就聽到了所有人異口同聲的一聲回答：我！

楊素無聲一笑，隨即大手一揮，全軍立刻像一支離弦之箭，直插漢軍後背。

趙子開及其部眾萬萬沒料到朝廷軍會從後面殺過來。就在他們愣神的間隙，五十里大營已經到處燃起火焰，而且四周響徹隆隆的戰鼓聲。漢軍一下子崩潰了，人人爭相逃命，人馬互相踐踏，徹底失去了抵抗力。楊素旋即與諸將南北夾擊，斬殺了數萬漢軍。其他僥倖未死的漢軍全部逃散。

楊諒得知趙子開的十幾萬大軍竟然一戰而潰，大為恐懼，但是為了避免被包圍的命運，還是硬著頭皮，親率最後的十萬大軍南下，在蒿澤（今山西汾陽市北）列陣抵禦。

人在倒楣的時候，喝涼水都塞牙。楊諒剛剛帶著部隊進入戰鬥位置，老天就開始下雨了，還連著下了幾天幾夜，直把漢軍上下都淋成了落湯雞。楊諒大為沮喪，準備撤退休整。當初力勸楊諒起兵的王頍，料定漢軍這一退，士氣必定更為削弱，遂力阻撤兵：「楊素孤軍深入，士馬疲敝，大王親率精銳士卒迎戰，其勢必勝。如今一看到敵人便自行撤退，不但示敵以怯，而且會令軍心沮喪，更增加敵軍的氣焰，望大王三思，萬萬不可撤兵。」

楊諒不聽，當即把部隊撤回了清源（今山西清徐縣）。王頍情知大勢已去，就暗暗叮囑他兒子：「事情不妙，我軍必敗，你一定要跟緊我。」

王頍話音剛落，楊素大軍就已開始攻擊清源。漢軍士氣低落，幾乎無法組織像樣的防禦，楊諒不得不再次後撤，退保老巢并州。

然而，清源守不住，并州照樣不保。當楊素大軍將并州城團團圍困時，楊諒終於絕望了，遂打開城門向楊素投降。

王頍知道自己一旦落到楊素手裡，肯定會死得很難看，便帶著他兒子偷偷出逃，準備投奔突厥。但是，此時并州四面的所有道路均已被朝廷軍封鎖，王頍父子插翅難飛。最後，王頍對他兒子說：「我的謀略不亞於楊素，只因建言不被採納，才落到今天這個地步。我絕不能束手就擒，讓小人得志。我死之後，你千萬不要投奔親戚朋友。」說完當場自殺。

王頍之子東躲西藏，餓了好幾天，最後實在忍不住，只好投奔親戚朋友，旋即被告發，然後押赴并州斬首，連同王頍的屍首一起被梟首示眾。

楊諒從起兵到投降，前後還不到兩個月。

楊素班師凱旋，將楊諒押回了長安。滿朝文武紛紛上奏，要求將楊諒斬首。楊廣心裡當然也恨不得楊諒早點死，不過他現在已經是天子了，總要表現出一點寬容的姿態。於是，楊廣便用一種極度傷感的口吻對群臣說：「朕現在只剩下兩個兄弟了，心中實在不忍，就讓朕違背一次國法，恕他一死吧。」

隨後，楊廣將楊諒廢為庶民，開除了他的皇族屬籍，並將其軟禁。

死罪雖免，但楊諒這麼活著，實際上比死還慘。沒過多久，楊諒就一命嗚呼了。至於他到底是抑鬱而終，還是被楊廣下了毒手，那就沒人知道了。

至此，楊廣四個同父同母的兄弟已經有三個不得善終，剩下最後一個楊秀雖然還苟活於世，但長期遭到軟禁，已經生不如死，形同廢人。

當年，隋文帝楊堅曾經不無自豪地對群臣說：「前朝的天子們，大多沉溺情欲，寵幸姬妾，致使嫡子與庶子為了繼承權而爭鬥不止，所以才有廢立太子之事，以致國家危亡。朕別無姬妾，五子同母，可謂真兄弟也，怎麼會有這方面的擔憂呢?!」

然而，就是這五個一母同胞的「真兄弟」，卻上演了一幕幕骨肉相殘的悲劇，這對於因「五子同母」而引以為豪的楊堅來講，無疑是一個絕妙而無情的諷刺。

# 二六、惡之花：楊廣的「大業」

仁壽四年十一月，在酒池中浸泡了十多年的亡國之君陳叔寶，終於在最後一盅酒喝到一半的時候一頭歪倒，結束了他荒淫糜爛的一生。

陳叔寶死後，楊廣決定替他做件好事，幫他起一個謚號。雖然已經亡國了，但畢竟是一代帝王嘛，死後總要有個謚號才好。楊廣認認真真地翻閱了好幾遍《逸周書・謚法解》，左看右看，思前想後，最後終於幫陳叔寶挑了一個字：煬。

謚法對這個「煬」字的釋義是：好內遠禮曰煬，去禮遠眾曰煬，逆天虐民曰煬。

楊廣發自內心地認為，對於像陳叔寶這麼一個荒淫奢侈的亡國之君而言，再也沒有哪個字比「煬」更適合做他的謚號了。

充滿諷刺意味的是，短短十幾年後，新朝大唐皇帝李淵和他的大臣們，也是出於與楊廣完全相同的理由，給了楊廣「煬」字的謚號。

結果，陳叔寶得到的「煬」字並沒有被後人記住，反而是楊廣的「隋煬帝」謚號最終得以「流芳百世」。倘若楊廣地下有知，不知對這個黑色幽默會作何感想？

當然，「隋煬帝」是後世的叫法，楊廣給自己的定位和期許一直是——「奄吞周漢、志包宇宙」的千古一帝！

登基的第二年春天，雄心萬丈的楊廣就把隋朝的年號改為「大業」。一切都已禁錮得太久，一切都已壓抑得太久。從大業元年（西元六〇五年）起，深藏在楊廣胸中多年的野心、夢想、激情、欲望，就像嚴冬過後突然解凍的河流，又像春天枝頭瞬間綻開的蓓蕾一樣，開始在滿目春光的天地之間奔湧和怒放……

楊廣堅信，自己很快就能成就一番彪炳日月、照耀千古的煌煌帝業！

大業元年三月十七日，楊廣下詔，命尚書令楊素、納言楊達、將作大匠宇文愷，負責營建東京洛陽。這是隋朝開國以來規模最大的工程。詔令一下，每月投入的工匠民夫就多達二百萬人；大江南北的良材美石紛紛運抵洛陽，用以修建顯仁宮；此外，還廣泛搜羅四海之內的嘉木奇卉、珍禽異獸，以裝點宮苑園林。同時，楊廣還下令，工程竣工後，洛陽郊區及天下各州的數萬戶富商大賈必須遷居洛陽，以充實戶口，繁榮東京。

就在東京工程破土動工僅四天之後，開鑿大運河的命令也隨即發布。

楊廣命尚書右丞皇甫議，徵調河南、淮北各州的男女民工一百多萬人，開始夜以繼日地開鑿「通濟渠」。這條運河全長一千一百公里，連接黃河、淮河與長江：起點是洛陽西苑，引導谷水、洛水注入黃河，再從板渚（今河南滎陽市北）引導黃河水，經滎澤（今河南鄭州市西北）注入汴河，繼而又從大梁（今河南開封市）東面引導汴水進入泗水，匯入淮河；同時又徵發淮南民工十幾萬人濬通古邗溝，再從山陽（今江蘇淮安市）引淮水南下，至揚子（今江蘇揚州市南長江渡口）注入長江。

位於淮南的這最後一段造得最為壯觀：渠水寬約四十步，兩岸修築御道，遍植楊柳。開鑿運河的同時，楊廣還下令修建了四十多座行宮，分布在從長安到江都（今江蘇揚州市）的運河兩岸。

開鑿大運河的命令剛剛發布九天之後，楊廣再命黃門侍郎王弘等人前往江南，負責製造大型龍舟及黃龍、赤艦、樓船等各種船舶數萬艘。

大業元年五月，豪華的洛陽西苑開始興建。此苑方圓二百里，裡面開鑿方圓十餘里的人工海；人工海上築有蓬萊、方丈、瀛州三座「仙山」，高出水面一百餘尺，山上的亭臺樓閣星羅棋布。苑北有龍鱗渠，蜿蜒曲折注入人工海。沿龍鱗渠兩側築有十六座離宮別院，宮門正對波光粼粼的渠水。每院各由一位四品夫人負責管理。十六院中，堂殿樓觀鱗次櫛比，極盡奢靡華麗之能事。

西苑建成之後，每逢秋冬時節，苑中樹葉凋零，十六院的夫人們就命人用綠色的綢緞剪成樹葉形狀，點綴在枝頭上，一旦褪色，立即更換，所以西苑中一年四季都恍如春天。每當楊廣駕臨之時，十六院就爭相以美酒佳肴博取天子寵幸。楊廣總是喜歡在有月亮的晚上，與數千名花枝招展的宮女暢遊西苑，並親自譜寫《清夜遊曲》進行演奏。

大業元年八月，楊廣開始南巡，從洛陽的顯仁宮出發前往江都。楊廣所乘坐的龍舟高四十五尺，長兩百尺，上有四層。最上層有皇帝接見百官的「正殿」，有供皇帝休憩的「內殿」，有供百官辦公用的「朝堂」；中間兩層共有房間一百二十個，皆用黃金璧玉裝飾；下層供宦官宮女居住。皇后蕭氏所乘坐的稱為「翔螭」，規模比龍舟略小，但裝飾毫無二致。其餘供後宮、諸王、公主、百官、僧道、外賓乘坐的各種船舶有數千艘，供禁軍官兵乘坐以及裝載各種物資的還有數千艘。軍隊船隻由士兵自己拉縴，不配民夫，可即便如此，總共動用的拉縴民夫還是多達八萬餘人。

這支規模空前的盛大船隊首尾相接二百餘里，騎兵在兩岸護行，水陸各色旌旗迎風招展，與壯麗的山川交相輝映。船隊所經州縣，五百里範圍內的各級官府都要進貢食品，有的州甚至動用了一百輛牛車來裝載和運送。各地所獻均為精美昂貴的山珍海味，可每次啟程之前，還是有大量吃不完的食物被拋棄和掩埋。

隋文帝楊堅一生克勤克儉，好不容易積攢下的國力、財力和民力，就這樣被楊廣恣意地揮霍著。這個一向以恭謹自持、審慎克己著稱的楊廣，彷彿在一夜之間就變成了另外一個人。

一道接一道的政令，讓隋帝國的各級官吏應接不暇。

一個比一個規模更大的工程，讓數以百萬計的民眾疲於奔命。

一次比一次更豪奢的出手，讓天下人心驚膽戰、目瞪口呆。

原來，這才是真實的楊廣！

二十年的克制和隱忍，終於在一夜之間引發了激情的氾濫和欲望的井噴。

差不多從這個時候起，楊廣就被歷代史家貼上了「好大喜功」、「窮奢極欲」、「荒淫無道」的標籤，並最終被牢牢釘在了歷史的恥辱柱上。

可是，在楊廣自己的心目中，他的所作所為並不能被簡單理解為激情的氾濫和欲望的井噴。因為，在他心中，很早就埋藏著許多遠大的政治理想和宏偉的盛世藍圖。一旦君臨天下，他必然會不惜一切代價地讓它們成為現實。

首先，讓我們來看看，楊廣為什麼要營建東京洛陽，並使其取代長安成為隋帝國新的政治中心。

關於這個問題，《資治通鑒》給出的答案是：楊廣聽信了術士之言和民間流傳的讖語。

據《資治通鑒》記載，楊廣剛登基不久，術士章仇太翼便向他進言：「陛下的命屬木，而雍州（京畿長安）地處破木之沖，不宜久居；且讖語有言：『重建洛陽，恢復晉朝之天下』！」

據說此言立刻打動了楊廣，於是他幾天後便下詔營建東京。

然而，作為御極之初第一項重大的政治舉措，楊廣耗費無數人、財、物力重建一個新洛陽，難道僅僅是因為章仇太翼的一句話嗎？

答案是否定的。

前文已述，隋文帝在位期間，雖然在疆域上實現了天下一統，但是北方與南方事實上仍然是貌合神離。畢竟南北兩地已經分裂隔絕了三百年，歷史刻下的傷口雖然已經停止了流血，但是橫亙在它們之間的那道無形而巨大的裂痕，卻難以在短時間內被表面的統一所彌合。這種裂痕不可避免地表現在政治、經濟、文化、社會風尚、民間習俗等各個方面，嚴重削弱了一個統一國家所應具有的凝聚力和穩定性。而京師長安則地處帝國的西北一隅，「關河懸遠，兵不赴急」，一旦山東（崤山以東）或江南地區發生叛亂，等到中央得到消息做出反應時，不但已經貽誤了戰機，而且地方上很可能已經遭到破壞。

所以，為了加強中央政府對四方疆域尤其是江南地區的控制，為了南北兩地能夠消除歷史隔閡，完成從形式到精神的真正統一，在地處南北結合部的洛陽營建一座新都，把帝國的權力中樞從西北一隅遷移到中原地區，就是勢在必行之舉，更是隋帝國的長治久安之計。一旦遷都洛陽，則「控以三河，固以四塞，水陸通，貢賦等」，不但在政治上意義重大，而且對促進南北地區的經濟和文化交融也有深遠的作用和影響。

職是之故，楊廣才會在營建東京的詔書中稱：「我有隋之始，便欲創茲懷、洛，日復一日，越暨於今。念茲在茲，興言感哽！朕肅膺寶曆，纂臨萬邦，遵而不失，心奉先志！」（《隋書．煬帝紀》）

這段話的意思是：「有隋一朝自肇始之日起，便欲以河、洛地區為創業之地，日復一日，直至於今。由於長久思慮掛念此事，所以一講起來就令人激動哽咽！朕敬承大寶、君臨萬邦，一意遵行而不忘卻，一心奉行先帝之志！」

說遷都洛陽是楊堅的遺志，固然不足為憑，但我們起碼可以從楊廣的自我表白中看出一點，那就是——營建東京、遷都洛陽是他長久以來深思熟慮的一個政治構想和戰略決策，絕非聽信術士之言的結果，更不是一時心血來潮的產物。

而「開鑿大運河」與「遷都洛陽」一樣，也是楊廣包羅宏富的戰略構想中至關重要的一個有機部分。

繼大業元年開鑿「通濟渠」後，楊廣又於大業四年（西元六〇八年）下令開鑿「永濟渠」。這第二期工程同樣徵發了河北諸郡的一百多萬民工，先疏濬沁水下游，使之與黃河灌通，再利用一些天然河道北上直貫涿郡（今北京），全長一千公里。

大業六年（西元六一〇年），大運河的第三期工程「江南河」又破土動工。以京口（今江蘇鎮江）為起點，引長江水經太湖流域，直達餘杭（今浙江杭州），入錢塘江，全長四百多公里。

至此，這條全長二千五百多公里的大運河，終於完整地出現在了世人面前。

對楊廣來講，這是一項空前絕後的創舉，也是一件震古鑠今的傑作。

可是，對數百萬承擔開鑿工作的民工而言，這卻是一條榨乾他們血汗、甚至剝奪了他們生命的血淚河，是一根吸盡大江南北民脂民膏的吸血管。

對隋帝國而言，這是一條貫穿南北的經濟大動脈，一條彌合歷史裂痕的文化紐帶，一條造福後人、利益萬世的黃金水道。

而對今天的我們來說，這既是讓人驚歎的歷史奇蹟、是一筆豐厚的文化遺產，也是隋煬帝逆天虐民、施行暴政的一個有力證據和直觀說明……

大運河似乎什麼都是，可它似乎什麼也不是。

如果我們執意要追問：大運河到底是什麼？楊廣開闢大運河到底是功是過？那麼，首先我們不得不承認，大運河確實是關乎當時社稷民生的一項重大的基礎設施建設。「通濟渠」、「永濟渠」、「江南河」，加上隋文帝時期開闢的「廣通渠」，地跨南北，橫貫東西，溝通了渭水、黃河、淮河、長江四大流域的航運。其全線開通之後，「商旅往還，船乘不絕」（《舊唐書·李勣傳》），極大地便利了民眾往來、商業流通和國家漕運，推動了南方地區的城市開發，繁榮了社會經濟，同時促進了南北兩地的文化融合。唐人皮日休在《汴河銘》中說：「北通涿郡之漁商、南運江都之轉輸，其為利也博哉！」

然而，無庸諱言，這一切都是建立在百萬民工的累累白骨之上的。大運河的三期工程，包括營建東京的工程，所徵調的數百萬民工全部是無償勞動，男丁不夠就徵發婦女充役。面對官府強加在他們頭上的勞役，百姓們被迫放棄田間生產，背井離鄉，拋家棄子，奔赴到千里之外的工地上。而楊廣對工程完工的期限又訂得很緊。各級官吏為了自己的政績，就必須如期、甚至提前完成責任內的工程量。所以他們往往不顧民工死活，調動一切手段迫使他們長時間、超負荷地工作。如果民工們忍受不了這種勞動強度，等待他們的只有鞭子和拳腳。

體能的嚴重透支，伙食和工作條件的惡劣，醫療和勞保措施的欠缺，導致了大量民工的死亡。一群又一群汗盡血乾的民工，就這麼倒在了自己挖掘的溝渠內。據《資治通鑒》稱：「官吏督役嚴急，役丁死者十四五，所司以車載死丁……相望於道。」《隋書・食貨志》稱：「僵仆而斃者十四五」。

唐朝的皮日休說：「盡道隋亡為此河，至今千里賴通波。」皮日休是矛盾的。

明朝的于慎行說，隋煬帝「為後世開萬世之利，可謂不仁而有功矣！」于慎行也是矛盾的。

秦始皇修建的萬里長城，隋煬帝開闢的大運河，都成了我們這個民族、乃至全世界不可多得的文化遺產，而秦始皇與隋煬帝也無一例外地成了「暴君」與「獨夫」的代名詞。

「隋朝在中國歷史上所起的作用，同大約早八個世紀的秦朝一樣。兩者都在經歷長期的混亂之後，重新統一了中國，然後，都為中國的發展做出了十分重要的貢獻。……秦朝統治者的偉大貢獻是：統一全中國，修建公路和開挖運河，修築長城，統一度量衡，統一文字，擴大並鞏固疆土。隋朝統治者的成就與此非常相似，且同樣窮極民力財力。他們重建部分失修的萬里長城，開挖後被稱為『大運河』的龐大的運河系統的主要河段。這一大運河滿足了將已成為全國經濟中心的長江流域同仍是政治中心的北方連接起來的迫切需要，但為此付出的財產和生命的代價是十分昂貴的。……此項工程的發起者隋煬帝雖使他的朝代縮短了許多年，但給子孫萬代卻帶來莫大的好處。他雖實行暴政，但其統治將被認為具有不朽的功績。」（斯塔夫里阿諾斯《中國通史》）

中國歷史上典型的兩大暴政，卻催生了後人眼中的兩大文明瑰寶。當時使用的手段越是殘忍，付出的代價越是高昂，所催生的文明瑰寶就越發璀璨，越能吸引後人崇仰的目光。

也許，這就是所謂的「惡之花」。

也許，這就是歷史的吊詭。

# 二七、經略四夷：大國的虛榮

從大業元年到大業七年（西元六一一年）間，楊廣除了在內政上完成一系列重大舉措外，又把自信的目光投向了八荒四夷，以雷霆萬鈞之勢展開了一連串對外擴張和強勢外交。

早在隋文帝楊堅在位期間，便有許多朝臣紛紛傳言，說南邊的林邑王國（今越南中南部）盛產奇珍異寶，楊廣當時就動了心思。即位後，他自然就把林邑列為第一個征服對象了。

大業元年正月，交州道行軍總管劉方剛剛平定交州（今越南河內市東北）叛亂，楊廣便命他乘勝南下，征服林邑。劉方旋即兵分兩路，命大將甯長真率步騎一萬，從越裳（今越南甘祿縣）出發，自陸路進攻林邑，自己則親率艦隊，從比景（今越南箏河河口）入海，渡海包抄攻擊。

林邑國王梵志聞報，立刻派軍扼守各處險要。劉方率部登陸後，一路勢如破竹，擊潰了沿途的守軍，並越過闍黎江（今地不詳），兵鋒直指林邑都城典沖（今越南茶蕎城）。

梵志大為驚駭，慌忙出動自己的王牌軍——大象部隊。

在冷兵器時代，大象部隊就相當於今天的裝甲部隊，其強大的殺傷力是普通的步騎兵無法比擬的。劉方的部隊一遇上這個兵種，頓時吃了大虧。劉方想了好幾天，終於找到了應對的戰術。他命部下大量挖掘深坑，在坑上覆蓋樹枝雜草，然後主動向林邑軍挑戰。等到雙方接戰後，劉方就佯裝敗北，將大象部隊誘入了遍地深坑的包圍圈。

結果，那些龐然大物紛紛墜入坑中，四周埋伏的隋軍遂一躍而出，紛紛放箭，將坑中的大象射殺。而那些僥倖沒有墜坑的大象，則驚慌奔逃，反而衝亂了自己的軍陣，踩死了很多士兵。劉方乘機揮師反攻，大敗林邑軍，俘虜了一萬多人。

此後，劉方連戰連捷，迅速向縱深挺進，通過八天的急行軍，進抵林邑都城。梵志不敢戀戰，棄城渡海而逃。當年四月，劉方進入典沖，繳獲林邑宗廟裡用黃金鑄造的牌位十八個，並勒石記功，然後班師凱旋。

同年八月，隋朝剛剛征服林邑不久，東北邊境傳來戰報，稱契丹入寇營州（今遼寧朝陽市）。楊廣大怒，即命正在東突厥啟民可汗處巡視的文臣韋雲起（時任通事謁者，從六品），就地徵調突厥部隊討伐契丹。啟民接到詔書，立刻調撥了二萬精銳騎兵，交給韋雲起指揮。

韋雲起是個地地道道的文臣，這輩子根本沒打過仗，可這次面對的卻是窮凶極惡的契丹人，這仗他要怎麼打？更糟糕的是，啟民交給他的這兩萬突厥人馬，表面上說是受他指揮，可心裡壓根就瞧不起他。因為突厥人自由散漫慣了，就算是個武將來帶他們，也不見得能帶得動，何況還是個從沒上過戰場的文人！

可是，這些桀驁不馴、重武輕文的突厥人很快就會發現，他們大錯特錯了——以為只有武將才能帶兵，而文人只能動動嘴皮子、搖搖筆桿子的想法，絕對是一種錯誤！

韋雲起臨危受命後，立刻把這兩萬突厥兵分成了二十個營，每個營一千人，兵分四路，同時進發。韋雲起下令，各營之間相距一里，不准交錯混亂，聽到鼓聲就前進，聽到號角就停止，並特別強調，除非奉有軍令，否則紮營之時，不准任何人在營中騎馬奔馳。

頒布完號令，韋雲起又命傳令兵在各營中反覆宣布好幾遍，直到三令五申之後，才擊鼓出發。對於這些號令，突厥人當然是當成了耳旁風，所以隊伍第一天紮營，就有一個低級軍官故意騎著馬在營裡縱橫馳騁。韋雲起二話不說，把人抓過來咔嚓一刀就砍了，並讓傳令兵把人頭拿到各營示眾。全軍上下頓時全部傻眼。

他們這才知道，這個叫韋雲起的傢伙不是吃素的。隨後，所有突厥將領凡是參見韋雲起時，皆跪地而行，渾身顫抖，連抬頭看一眼都不敢。

韋雲起的威信就此建立。二萬精銳騎兵迅速進抵契丹轄境。由於契丹部落歷來受突厥管轄，所以看到突厥大軍突然來到，他們並不驚訝，更沒有防備。韋雲起命一個突厥將領去見契丹人，揚言要前往柳城（營州治所），跟高麗人進行貿易，所以要跟他們借個道。

契丹人當然滿口答應。

為確保行動的隱祕性，韋雲起對所有將士下令：膽敢洩露此次出征任務者，殺無赦！

現在，只要是韋雲起的命令，絕對是沒人敢違背了。隨後，大軍如入無人之境，推進到契丹大營的五十里外，然後迅速發起閃電攻擊。契丹人猝不及防，稍作抵抗後便繳械投降。突厥軍共俘獲契丹男女四萬餘人、牲畜不計其數。韋雲起下令，將其中的男人全部斬首，然後把一半婦女和一半牲畜賜給突厥人，將剩下的全部帶回長安。

韋雲起身為文臣，受命於危難之際，不但不辱使命，而且在沒有動用隋朝一兵一卒的情況下，就輕易地平定了契丹，幾乎是創造了一個奇蹟。楊廣大喜，馬上召集文武百官，說：「韋雲起用突厥軍隊平定契丹，堪稱文武全才，朕今日親自舉薦他。」隨即擢升韋雲起為侍御史（從五品）。

隋文帝一朝，在外交戰略方面最有建樹、功勳最大的人，非長孫晟莫屬。然而，到了隋煬帝一朝，長孫晟的鋒頭就被裴矩搶光了。

自從開皇十三年自告奮勇出使突厥起，裴矩開始在隋帝國的外交領域嶄露頭角。大業三年（西元六〇七年），時任吏部侍郎的裴矩又奉楊廣之命，負責掌管西域諸國與隋朝的貿易。從此，裴矩便成了隋帝國外交舞臺上最惹眼的人物，並成為隋朝交通西域的第一人。

當時，西域諸國與隋朝的貿易活動主要集中在張掖（今甘肅張掖市）。裴矩知道楊廣好大喜功，很看重隋朝的國際影響力，就在張掖設立了一個部門，專門採訪那些來此貿易的外國人，仔細詢問他們國家的山川地形、風俗民情，以及服飾文化等等，然後精心編撰了一本《西域圖記》，詳細介紹了西域的四十四國家，並專程回朝呈給了楊廣。

此外，裴矩還命專家根據採訪所得的資料，繪製了一套具有重要價值的地圖。該地圖起於敦煌，西至地中海（當時稱西海），東西距離長達二萬里，幾乎橫貫歐亞大陸。裴矩不僅在其中標明了各國的關隘要衝，而且詳細繪出了從隋朝前往地中海的三條交通線：

北路，從伊吾（今新疆哈密市）出發，沿天山山脈，過西突厥王庭，然後穿過羅馬帝國，抵達地中海；中路，從高昌（今新疆吐魯番市東）出發，經焉耆、龜茲、疏勒等國，越過蔥嶺（帕米爾高原），再經康國、安國等地（今烏茲別克斯坦），然後穿過波斯王國，抵達地中海；南路，從鄯善（今新疆若羌縣）出發，經于闐，過蔥嶺，再經吐火羅（今阿富汗），入北婆羅門王國（今巴基斯坦），然後穿過天竺（印度），從海路抵達地中海。

在獻上書和地圖的同時，裴矩還呈上一道奏疏，說：「如今，以我隋帝國之威德，加上將士的驍勇，過大漠、越崑崙皆易如反掌。問題在於，西突厥（今新疆北部及中亞東部）與吐谷渾（今青海）分別控制羌、胡等國，將我國交通西域的線路攔腰切斷，故而西域諸國朝貢不通。而今，西域商人東來，無不向我大隋暗表忠心，引頸翹首，願為臣藩之國。若我國遣使招撫，不需動用武力，西域諸國都會歸附，而西突厥和吐谷渾更可從容消滅。統一戎狄與華夏的時機，看來已經成熟！」

見到裴矩的工作如此卓有成效，楊廣大喜過望，當即賞賜綢緞五百匹，並天天命裴矩上殿，坐在御榻旁邊，親口詢問西域諸國的各種情形。裴矩對答如流，並極力強調：「西域諸國多有奇珍異寶，而吐谷渾也很容易征服。」

楊廣聞言，頓時怦然心動，「慨然慕秦皇、漢武之功」，立刻擢升裴矩為黃門侍郎，並把交通西域、經略四夷的任務交給了他，然後命他再赴張掖，用一切手段招撫西域諸國。

裴矩殫精竭慮地做了那麼多工作，又是編書又是畫地圖，為的當然就是得到這個足以令他享譽天下、名垂青史的任務，所以欣然接受。

平心而論，裴矩所做的上述工作，在中國古代的對外交通史上確實具有重大意義，而他隨後展開的一系列對外擴張和外交行動，也對當時的隋朝做出了不小的貢獻。從這個意義上說，作為有隋一朝的「外交雙雄」之一，裴矩的影響力甚至比長孫晟還要大，頗有青出於藍、後來居上之勢。

然而，遺憾的是，無論裴矩創造了多麼輝煌的歷史功績，都難掩其代價的沉重與高昂。當初長孫晟經略漠北、削弱突厥，基本上全憑縱橫捭闔的智慧與謀略，只是在必要的情況下，才對外輸送一些利益，但由此換來的回報卻巨大而深遠。反觀裴矩的外交戰略，幾乎從一開始就走上了一條與長孫晟完全不同的道路：「引致諸胡，啗之以利，勸令入朝」。

說白了，就是四個字——金錢外交。

裴矩的手法，就是用巨額金錢去購買那些小國對中國表面上的尊敬和名義上的效忠。這種做法，似乎締造了一個萬邦來朝的盛世，實際上卻是在浪費納稅人的金錢，甚至是在透支一個國家的未來，其弊端是顯而易見的。

儘管最終將這種外交政策付諸實行的人是決策者楊廣，但裴矩作為首倡者和執行者，顯然也難辭其咎。事實上，裴矩積極爭取並展開外交活動的初衷，本來就是為了迎合好大喜功的楊廣，同時也是為了博取自己的政績和聲譽。因此，只要能達到「招撫西域」、粉飾太平的目的，不管付出多少代價，裴矩和楊廣一樣都在所不惜。

關於這麼做的代價和後果，司馬光在《資治通鑑》中作了這樣的記載：

「自是，西域諸胡往來相繼，所經郡縣，疲於迎送，靡費以萬萬計，卒令中國疲弊以至於亡，皆矩之倡導也。」（《資治通鑑》卷一八〇）

「自西京諸縣及西北諸郡，皆轉輸塞外，每歲巨億萬計；經途涉險及遇寇鈔，人畜死亡不達者，郡縣征破其家。由是百姓失業，西方先困矣。」（《資治通鑑》卷一八一）

綜合這兩段記載，大意就是，自從裴矩對西域諸國展開金錢外交（啗之以利）之後，西京長安所屬各縣，以及西北各郡的財稅收入，全都要輸送到塞外，每年以億萬計。由於路途遙遠，地勢險惡，沿途經常遭到盜匪洗劫，民夫和牛馬往往在中途死亡，不能抵達目的地。而郡縣政府則把責任推到百姓頭上，實施嚴厲懲罰，致使很多百姓家破人亡。從此，許多百姓紛紛逃離家園，放棄農業生產，隋帝國的西部地區首先陷入了貧困。

除此之外，各國商人頻頻來往於西域與長安之間，所經郡縣，各地方政府無不疲於應付，招待費用數以億計，終於使得隋帝國的人、財、物力逐漸枯竭，進而導致滅亡。

這一切，歸根結柢都是始作俑者裴矩惹的禍。

不難看出，司馬光把隋朝國力衰竭、以致最終滅亡的責任全部歸咎於這種「金錢外交」，肯定是失之武斷的，而將其全部歸咎於「裴矩的宣導」，則更是以偏概全，顯然不夠公允。但無論如何，司馬光的說法至少有一點是對的，那就是——一針見血地指出了楊廣與裴矩這種外交戰略的實質。

這種實質是什麼？一言以蔽之，就是「大國的虛榮」。

綜觀楊堅與楊廣、長孫晟與裴矩、文帝一朝與煬帝一朝在外交戰略上的差異，我們可以用最簡單的兩個詞來概括，前者是「務實」，後者是「務虛」。雖然務虛的事情表面看上去往往更有光環，也更值得炫耀，但到頭來，人家務實者收穫的是實打實的利益，可務虛者收穫的，卻只能是一個金玉其外、敗絮其中的「虛胖的大國」。

中國人歷來都有盛世情結，具體的原因我們不得而知，但有一點是肯定的，那就是——大多數時候，中國人都過得太苦了，所以腰包稍稍鼓一點，就會趕緊鬧點大的動靜出來，生怕左鄰右舍不知道咱發達了。說白了，這就是暴發戶心態在作祟。

楊廣雖然是個如假包換的龍種，而且是個貨真價實的富二代，但就衝著他追求「大國虛榮」的那個勁兒，我們就不難看出，在骨子裡頭，他其實還是缺乏貴族氣質，終究只是個暴發戶。

要看清楊廣如何打腫臉充胖子地追求大國虛榮，下面的故事很能說明問題。

那是大業六年（西元六〇一年）的春節，由於當時裴矩的外交政策已經取得豐碩成果，所以很多外國元首和酋長都齊集東都洛陽，要跟中國人一起度過這個普天同慶的傳統佳節。楊廣為了顯示國家的強盛，就在元宵節這天舉辦了一場規模空前的慶祝活動。

活動在端門外大街舉行，場地的周長足有五千步，主辦方為廣大老百姓和外國友人精心準備了各種各樣的節目，有歌舞、戲劇、雜技等等；演員陣容十分龐大，僅「絲竹樂隊」就有一萬八千人，聲音足足傳出數十里外，不用電視轉播也能讓郊區的農民兄弟們一飽耳福；演出現場燈火通明，亮如白晝；演出從傍晚開始，然後通宵達旦，一直持續到次日天明，所以壓軸曲目想必也不會是《難忘今宵》，而是《難忘今朝》。不，據史書記載，人家這次盛會為期整整一個月，每天都演通宵，所以若一定要有壓軸曲目的話，也應該是《難忘今月》。

這一個月下來，花的錢當然不會是小數目。據史書模糊形容，也稱「所費巨萬」。那些小國的元首和酋長們，在接受中國政府熱情款待並享受這份文化大餐的同時，肯定會為中國的不缺錢而咋舌不已。

這，就是楊廣要的效果。不就是一點小錢嗎？算得了啥？我們中國地大物博，人口眾多，而且人民勤勞質樸，政治覺悟還都很高，給他們加再多的稅他們也沒意見，所以國家根本不缺錢！

歷時一個月的演出活動結束後，很多外國友人都對中國的繁榮富庶留下了深刻而美好的印象。絕大多數外國元首和酋長，都帶著這份美好的記憶戀戀不捨地回國了。但與此同時，卻有更多的外國人像潮水一樣湧進了洛陽。

他們都是商人。

聽說中國是世界上最不缺錢、而且最讓外國人有賓至如歸之感的國家，所以，他們都來了。

當然，他們不是來看文藝表演的，而是來經商賺錢的。

不知道他們的元首和酋長們有沒有寫信通知他們，說「人傻、錢多、速來」，總之，他們一到洛陽就直接給楊廣打了報告，紛紛要求進入洛陽東市開店營業。

通過一場盛會就吸引了這麼多外商來華投資，楊廣很高興，不但一律批准，而且還命令有關部門大力改善投資環境，把東市的店鋪全部裝修一新，並要求所有店鋪的門臉和招牌必須整齊劃一，讓外商們好好見識一下中國政府招商引資的誠意和決心。

在最高領袖的親切關懷下，外商們在洛陽東市的店鋪紛紛開張了。一時間，市場裡「盛設帷帳，珍貨充積，人物華盛」，顯示出一派欣欣向榮的局面。而市場中大小店鋪的裝修裝潢都很高檔，就連擺攤設點的賣菜小販屁股下面的坐墊，都是用價格不菲的龍鬚草編織的（時至今日，龍鬚草仍然是製造膠版紙、複印紙和鈔票紙的優質原料）。

為了顯示中國的不缺錢和熱情好客，楊廣還下了一道命令，要求洛陽城內所有酒店的經營者，一看到從門口經過的外國人，必須熱情邀請人家進來喝酒吃飯，而且分文不取，任由外賓們白吃白喝。

是的，你沒有看錯。楊廣下的命令，就是不許任何酒店收外國人一分錢。

根據楊廣的要求，如果外賓們酒足飯飽之後，對於不用買單的現象感到詫異的話，酒店老闆就必須背誦一句有關部門設計的廣告語，說：「中國不缺錢，所以喝酒吃飯從來不用買單。」（《資治通鑑》卷一八一：「中國豐饒，酒食例不取直。」）

每當聽到這句話，外賓們總是一邊打著飽嗝，一邊驚歎不已。

西方流行一句諺語：「天下沒有白吃的午餐。」可這話到了隋朝的東都明顯就不好使了。如果

第一個說這句話的外國人到過隋朝，或者略微了解一下中國歷史，他肯定會為自己的孤陋寡聞、沒有見識而深感羞愧。

不過，天天任外國人白吃白喝，在洛陽開酒店的那些人豈不虧死？

關於這一點，史書沒有記載。據我估計，那些老闆每個月肯定都能從政府有關部門得到補貼，或者說，這些酒店可能都是國營的。可不管是民營還是國營，政府每月肯定都要劃撥一筆專項資金來堵這個「酒食例不取直」的窟窿，否則連會計都沒法做帳。

為了國家形象工程的建設，楊廣可謂煞費苦心。除了所有酒店都讓外國人白吃白喝外，楊廣還專門指示有關部門，必須狠抓市容市貌的建設，務必做到不留任何死角，不漏掉任何一個細節。

雖然楊廣喜歡打腫臉充胖子，裴矩也一意迎合他，但隋朝的綜合國力在當時的亞洲的確是首屈一指的。這也就決定了，隋朝的外交戰略不會是單純的利益輸出和「金錢外交」。必要的時候，楊廣和裴矩也是會揮動大棒的。

比如吐谷渾，因位於隋朝與西域的必經之路上，戰略地位至關重要，且一直不是很順從，所以就挨了隋朝的一頓狠揍，並被一舉吞併。

吐谷渾是鮮卑人的後裔，立國於青海，國主也稱可汗，官制、服飾等與中國略同，風俗卻與突厥相似。從北周年間到開皇初年，吐谷渾曾屢屢入寇。楊堅即位不久，便命上柱國元諧率步騎數萬西征吐谷渾，大破之。開皇十一年，吐谷渾遣使入朝，奉表稱藩。開皇末年，其國爆發內亂，國人殺死其可汗，立可汗之弟伏允。

伏允上位後，表面上依舊對隋朝稱臣納貢，但卻時常派間諜刺探各種機密情報，顯然已有不軌之心，令楊堅深感厭惡。大業三年末，鐵勒寇邊，楊廣命大將馮孝慈擊之；鐵勒旋即遣使謝罪。楊廣遂乘勢命裴矩招撫之，並讓其出兵攻擊吐谷渾，以將功贖罪。

大業四年（西元六〇八年）七月，鐵勒悍然發兵，大破吐谷渾。伏允不知道鐵勒是奉楊廣之命來打他的，還一溜煙逃到隋朝邊境，向楊廣告急求援。楊廣即命楊雄、宇文述等人率大軍去「接應」。伏允一看隋軍來勢洶洶，心知不妙，趕緊掉頭西逃。隋軍在他後面拼命追擊，連克曼頭（今青海共和縣西南）、赤水（今青海興海縣）二城，斬殺三千餘人，俘獲其王公大臣二百餘人，並男女四千口。

伏允先是亡奔積石山（今青海東南阿尼瑪卿山），躲了一陣子，收集了一些逃亡部眾後，又於大業五年（西元六〇九年）五月，率部進入覆袁川（今青海祁連縣北黑河上游）。楊廣聞報，即命內史元壽進兵金山（今青海湟中縣北），兵部尚書段文振進兵雪山（今甘肅、青海交界處），太僕卿楊義臣進兵琵琶峽（今青海門源縣西），將軍張壽進兵泥嶺（今青海剛察縣北大通山），迅速對伏允完成四面合圍。

伏允大驚失色，慌忙找了一個替身，讓他穿上可汗的衣服，率部眾往一個方向突圍，然後趁隋軍的吸引力轉移之機，僅率數十名騎兵往相反的方向狂奔，終於僥倖逃出了包圍圈。在他身後，那支被他拋棄的部隊旋即被隋軍全殲。

吐谷渾有一個名叫仙頭的親王，原本還想負隅頑抗，見伏允徹底失敗，遂率部落男女十萬餘人，攜各種牲畜三十萬頭，向隋朝投降。

同年六月，楊廣正式宣布，將吐谷渾東西四千里、南北二千里的轄境併入隋朝版圖，在其地設立了鄯善（今新疆若羌縣）、且末（今新疆且末縣）、西海（今青海海晏縣）、河源（今青海興海縣）四郡，以及縣、鎮、戍所若干。

此後，伏允流亡党項，嘗夠了寄人籬下的滋味，一直到大業末年，隋朝國內大亂，才得以鹹魚翻身，正式復國。

征服吐谷渾後，隋朝的下一個打擊目標，就是西突厥。

西突厥由阿波可汗建立。開皇中期，阿波被東突厥的葉護可汗（及沙缽略之弟處羅侯）生擒，其國人另立泥利可汗，泥利死後，兒子繼位，是為處羅可汗。處羅的母親向氏是中國人，泥利死後改嫁其弟婆實。開皇末年，向氏隨婆實入朝，恰遇達頭可汗與隋朝作戰，道路斷絕，從此滯留長安。

大業初年，處羅統禦無方，國人多叛，且經常與鐵勒交戰，敗多勝少。裴矩得知其內憂外患的處境後，遂建議楊廣乘勢招撫。大業四年，楊廣派遣使臣遊說處羅，以其母向氏為籌碼，軟硬兼施地勸其歸附。處羅無奈，只好遣使朝貢，向楊廣獻上了珍貴的汗血馬。

但是，處羅只是擔心其母安危，並非真心歸附。大業五年，楊廣西巡，召處羅前往祁連山大斗拔谷覲見。西突厥的大臣們唯恐楊廣有詐，紛紛反對，處羅便找了個藉口推辭掉了。楊廣勃然大怒，但一時也沒什麼辦法。

大業七年（西元六一一年），西突厥的部落酋長射匱遣使入朝，向隋朝請婚。裴矩頓覺這是個離間西突厥的大好機會，遂對楊廣說：「處羅不來朝見，只因其勢力還比較強大。臣建議用計削弱他，分裂其國，如此便容易控制。射匱是達頭可汗的孫子，其部落早在西突厥建立之前就已稱雄西方，其後失勢，才不得不依附處羅。如今遣使求婚，意在尋求外援。我若順水推舟，許其可汗之位，必能令其與處羅自相殘殺，西突厥自然一分為二，只能都聽命於我朝。」

裴矩的這個策略，正是當初長孫晟對付東突厥的拿手好戲。楊廣當即採納，遂召見射匱的使者，說處羅桀驁不馴，射匱一心向善，只要射匱能擊敗處羅，隋朝必將公主嫁給他，並立他為西突厥的可汗。

使者回國後，轉達了楊廣的許諾。射匱大喜，遂發兵進攻處羅。處羅一向對射匱毫無防備，故而大敗，遂丟下妻子兒女，率數千騎兵逃亡高昌。高昌王擔心得罪隋朝，連忙上奏。楊廣遂命裴矩等人前往高昌，命處羅入朝。

處羅走投無路，只好乖乖地跟著裴矩到了長安。

見到楊廣時，處羅慚悚難安，說：「臣總領西面諸蕃，因而不能早來朝拜，罪責極深，臣心裡悚懼，非言語所能道盡。」

楊廣大笑，說：「過去，我朝與突厥交兵不止，大家都不得安寧。現在好了，四海清寧，與一家人無異，朕有心安養天下萬民，就像天上只有一個太陽，萬物皆可生長，可要是有兩三個太陽，萬物豈能安寧？你過去事務繁多，朕可以理解，現在既然來了，朕心裡十分歡喜，你也不必太過自責。」

隨後，楊廣設宴款待了他。

然而，面對滿桌的美酒佳肴和山珍海味，聽著美女吹奏的絲竹管弦，處羅的臉色卻始終怏怏。因為他知道，自己混到今天這一步，跟亡國的陳叔寶也沒啥兩樣了。

第二年，楊廣就把處羅的舊部一分為二：命其弟闕度率老弱殘兵一萬餘人，居守會寧川（今甘肅靖遠縣）；命原西突厥的特勒（相當於公爵）大奈率其他部落，居守樓煩郡（今陝西靜樂縣）。至於處羅本人，則從此被留在了楊廣身邊。不管楊廣巡遊到哪裡，他就只能跟到哪裡，跟養在籠子裡的金絲雀沒什麼兩樣。

從大業元年到大業七年，隋朝不僅先後征服了林邑、契丹、吐谷渾、西突厥，而且交通西域，東征流求（今臺灣島），宣慰赤土（約在今馬來半島），將中國的赫赫聲威遠播八荒四夷。一時間，真臘（約今柬埔寨）、婆利（約在今馬來半島）、倭國（今日本群島）等周邊小國紛紛來朝，稱臣納貢，無不奉隋朝為宗主國。

經略四夷的同時，楊廣還像一個瘋狂的「驢友」一樣，馬不停蹄地到處巡視。

楊廣向來最鄙視的，就是那些「傅脂粉、坐深宮，不與百姓相見」的帝王。所以，從登基的那一天開始，他便下定決心，要用自己的目光去丈量帝國每一寸壯麗的山河，要零距離地去感受並觸摸自己親手締造的煌煌大業，還要用帝國雄壯而盛大的軍容，去震懾四夷、鷹揚國威……

大業元年，楊廣第一次下江都。

大業三年，楊廣第一次北巡，經涿郡、榆林郡（今內蒙古托克托縣），到達東突厥啟民可汗的王庭（陰山山脈北）。

大業四年，楊廣二次北巡，從洛陽前往五原郡（今內蒙古五原縣），出塞巡視長城。

大業五年，楊廣西巡，經扶風（今陝西鳳翔縣）、過星嶺（今青海西寧市北）、出張掖，至燕支山（今甘肅永昌縣西），命高昌等西域二十七國元首前來朝見。

大業六年，楊廣二次下江都。

大業七年，楊廣第三次北巡，前往涿郡。這一次，楊廣就不再是單純的旅遊了。他要為他構劃已久的一場大規模戰爭做最後的準備工作……

# 二八、盛世藍圖上的小小斑點

大業五年，隋朝天下共有一百九十個郡、一千兩百五十五個縣、八百九十萬七千五百四十六戶、四千六百一十萬九千九百五十六人；疆域範圍東西長九千三百里，南北寬一萬四千八百一十五里。

史稱，「隋氏之盛，極於此矣。」（《資治通鑒》卷一八一）

楊廣即位不過數年，就獲得了古往今來任何一個帝王夢寐以求的一切——社會穩定、人口增長、民生富庶、國力強盛、四海升平、萬邦來朝……

一幅名為「大業」的盛世藍圖，就這麼光芒四射地展現在了世人面前。

然而，在這幅幾近完美的盛世藍圖上，楊廣很快就發現了一個小小的斑點。

這個斑點就是高麗。

高麗為「高句麗」的簡稱，是中國古代東北少數民族扶餘人於西漢末期建立的一個政權，其疆域東西跨度三千一百里，南北跨度二千里，大抵包括今遼寧東部、吉林南部和朝鮮半島的北部與中部。

值得一提的是，古代高麗與後來的王氏高麗根本不是一回事，無論從歷史淵源、疆域範圍還是從民族構成來看，二者之間都毫無本質聯繫。古代高麗是中國古代東北少數民族建立的政權，其領土有三分之二在遼東、亦即今天中國的遼寧省東部，朝鮮半島的地盤實為擴張所得。而王氏高麗則是在古代高麗滅亡兩百多年後創立的王朝，其創立者王建也根本沒有高句麗族的血統。據王建在《十誡書》中自稱：「朕賴三韓山川陰佑，以成大業。」可見王建是三韓人，與古代的高麗人毫無關係。（所謂三韓人，是朝鮮半島南部古代居民的總稱，包括馬韓、辰韓、弁韓三支，是後來朝鮮半島居民的主要來源）。

大業年間，當周邊國家普遍對隋朝稱臣納貢的時候，唯獨桀驁不馴的高麗始終不願臣服。這對於完美主義者楊廣而言，當然是不可容忍的。因為高麗一天不臣服，他的「大業」就談不上完美。

事實上，高麗對隋朝的挑釁由來已久。早在開皇十八年，高麗就曾入寇遼西，並「驅逼靺鞨，固禁契丹」，同時暗中聯絡東突厥，企圖共同對抗隋朝。高麗此舉極大地激怒了楊堅君臣。於是，舉國上下都發出了征服高麗的呼聲——「開皇之末，國家殷盛，朝野皆以遼東為意。」（《隋書·劉炫傳》）

開皇十八年六月，楊堅下詔廢黜了高麗王高元的王位，派遣水陸大軍三十萬人征討高麗。然而天不佑隋，大軍出發不久便接連遭遇水患、瘟疫和海上風暴，故未及踏上高麗國境便減員十之八九，不得不黯然班師。這對楊堅和隋朝而言，無疑是個奇恥大辱。

儘管隨後高元為了避免全面戰爭，被迫遣使謝罪，並上表自稱「遼東賤惡如糞土的臣子高元」，但背地裡卻不甘為隋朝臣藩，一直在暗中拉攏已經歸順隋朝的東突厥。大業三年，楊廣北巡至啟民可汗王庭，碰巧高麗使者也在那裡。啟民不敢隱瞞，遂帶著高麗使者一同晉見楊廣。

隨同出巡的裴矩趁機向楊廣進言：「高麗本是商朝末代王孫箕子的封地，在兩漢及晉朝年間，都曾經設為郡縣，而今卻不肯臣服，儼然另成一個國度。先帝意主征伐，由來已久，只因楊諒無能，出師不利。現在正逢陛下盛世，怎能輕易放棄，使衣冠文明之地淪落為化外蠻夷之邦？如今，他們的使節親見啟民舉國漢化，臣以為可以利用他們的恐懼心理，迫使高元入朝稱臣。」

這番話正中楊廣下懷。他隨即命人向高麗使者宣詔：「朕因啟民可汗誠心歸順帝國，故親自駕臨他的王庭。朕明年將前往涿郡，你回去告訴你們國王，讓他前來覲見，不必心存疑慮。朕接待他的禮節，將和啟民可汗一樣。如果不來朝貢，朕將率領啟民可汗，一同前往你們的國土巡視！」

楊廣最後這句話，顯然已經是威脅恐嚇了。

可是，對於大隋天子的威脅恐嚇，高麗的反應卻極為冷淡。

不，應該說是根本沒有反應——楊廣既沒等到高元入朝覲見，也沒有看到高麗王國盡到它應盡的臣藩禮節。

楊廣憤怒了。他決定打一場開國以來規模最大的戰爭，讓那個不知天高地厚的高元和他的彈丸小國付出血的代價！

於是，從大業四年起，楊廣便開始積極整頓和擴張軍備了。他下令，在全國範圍內向富人徵收捐稅，用以購買數量龐大的戰馬。由於國家在短時間內大量收購，致使每匹戰馬的價格高達十萬錢。同時，他還命令有關部門檢閱武庫中的各種武器、裝備和輜重，務求精良新穎，一旦發現粗製濫造，立刻將監造軍械的官員斬首。此外，楊廣在大業四年下令動工的洛陽至涿郡的「永濟渠」，其主要目的也是為東征高麗開闢一條快捷的運輸補給線。

大業七年春，當國內所有大型工程相繼竣工，疲憊不堪的臣民們剛剛想緩一口氣的時候，楊廣就迫不及待地發布了討伐高麗的詔書。

是年二月底，楊廣下達總動員令，命全國軍隊不分路途遠近，一律前往涿郡集結。隨著楊廣的一聲令下，一道又一道十萬火急的敕令，便從洛陽的顯仁宮迅速飛向了帝國的四面八方。

三月，幽州總管元弘嗣奉命前往東萊（今山東萊州市）海口，督造三百艘戰艦。由於軍令嚴急，監工官吏拼命督促，全體工匠日夜站在水中勞作，片刻不敢休息，致使腰部以下都生出蛆蟲，死亡人數達到十之三四。

四月，全國各地的精銳部隊紛紛奉命北上，如江淮的水兵、弓箭兵，嶺南的短矛突擊兵等，皆絡繹不絕地湧向涿郡。

五月，河南、淮南、江南各郡奉命製造輜重運輸車五萬輛，送往高陽郡（今河北定州市），用以裝載軍服、盔甲、帳幕；同時徵調黃河南北的大量民夫隨軍北上，以供軍需。

七月，再次徵調長江和淮河以南的民夫和船隻，將黎陽倉（今河南濬縣境內）和洛口倉（今河南鞏縣東）的糧食運往涿郡，船隊首尾相接一千多里。與此同時，滿載著軍隊、武器和攻城器具的大小車輛也日夜不停地在各條道路上穿梭奔馳，途中基本上始終保持著數十萬人，道路為之堵塞。時逢盛夏，大量士兵和民夫紛紛倒斃，致使屍體枕籍，惡臭滿途，天下為之騷然……

由楊廣親自駕駛的這輛帝國戰車，就這樣轟轟隆隆地衝上了戰爭軌道。

然而，戰車剛剛啟動，隋帝國的後院就起火了。

因為，老百姓的生存底線被突破了。

戰爭動員令一下，山東地區就成了主要的戰備後勤基地。從大業六年開始，楊廣就下令在山東設府，命當地百姓負責飼養戰馬，以供軍用；同時，又徵調大批民夫運送糧食前往瀘河（今遼寧錦州市）、懷遠（今遼寧遼中縣）二鎮。由於運輸量大，路途遙遠，致使大量車輛和牛馬損毀死亡。

眼看一批又一批的車輛牛馬都一去不返，官府只好再次徵發六十多萬名車夫，命他們兩人一組，每組配一輛小型手推車，負責運送三石糧食前往遼東。

可官吏們都忽略了一個嚴重的現實問題：這些車夫一路上要吃什麼？牛可以吃草，人卻必須吃糧。而這六十多萬早已傾家蕩產的農民，根本沒有能力自帶口糧，其結果是：每輛小推車上的三石軍糧，恰好成了兩個車夫一路上的口糧！

臨近二鎮的時候，手推車上的糧食也差不多被吃光了，這六十多萬名車夫自知犯了死罪，只好一哄而散，各自逃命。可想而知，這些走投無路的破產農民最終的選擇只能是揭竿而起。

由於頻繁的徭役擠佔了耕種時令，導致山東、河北等地的大量農田荒蕪，各地爆發饑荒，糧食價格飆漲，一斗米賣到了數百錢。而各級貪官污吏卻依然橫徵暴斂，不計一切後果地竭澤而漁。此外，再加上黃河氾濫、洪澇成災，一時間天災人禍紛至沓來，老百姓衣不蔽體、食不果腹，被徹底逼到了死亡的邊緣。

做良民已經沒有活路了，做暴民可能還有一線生機！

大業七年冬天，山東鄒平人王薄率先拉起了反旗。他自稱「知世郎」，然後精心創作了一首政治宣傳歌曲《無向遼東浪死歌》，積極號召廣大人民拿起武器，捍衛自己的生存權。歌中唱到：長白山前知世郎，純著紅羅錦背襠。長矟侵天半，輪刀耀日光。上山吃獐鹿，下山吃牛羊。忽聞官軍至，提刀向前蕩。譬如遼東死，斬頭何所傷！

這首通俗易懂、振奮人心的宣傳歌曲一經問世，立即成為當年齊魯大地最火爆的流行歌曲。四面八方的流民、饑民和難民，齊聲高唱這首讓人熱血澎湃的歌曲，像潮水一樣湧向了王薄據守的長白山（今山東鄒平縣南）。

王薄的勢力逐漸壯大，其部眾在齊郡（今山東濟南市）、濟北郡（今山東茌平縣西南）一帶縱橫出沒，攻擊官軍，劫掠府庫，穿金戴銀，吃香喝辣，原本饑寒交迫的日子忽然變得滋潤無比。

看著這一切，山東各地的英雄豪傑不禁怦然心動。於是，大大小小的反叛勢力就在一夜之間遍地開花：

先是在平原郡（今山東陵縣）崛起了一個「阿舅賊」。此人原名劉霸道，本是官宦子弟，家境殷實，而且生性豪爽，喜歡行俠仗義，家中食客常有數百，算是當地黑白兩道都叫得響的人物。所以劉霸道一揭竿，四方變民立刻紛湧來附，部眾一下子發展到十幾萬人。

隨後，又有孫安祖聚眾於高雞泊（今故城縣西），張金稱聚眾於河曲（約在今河北臨西縣一帶），高士達自稱聚眾於清河（今河北清河縣）……他們嘯聚山林，神出鬼沒，到處攻擊城邑，劫掠資財，讓地方政府大為頭疼。雖然楊廣親自下令，由軍隊配合地方政府大力圍剿，一旦捕獲變民立即斬首，但仍然遏止不了反叛的勢頭。

在大業七年這些大大小小的起義群雄中，有一個當時還名不見經傳的小人物，後來卻成了這批人中聲望最著、勢力最強的義軍領袖。他雄據河北，自稱「夏王」，直至唐王朝建立後仍然割據一方，是武德初年秦王李世民東征路上的主要對手之一。

這個人就是竇建德。

竇建德是漳南（今河北故城縣）人，與孫安祖同鄉，自小勇武過人，在鄉里有俠義之名。隋政府招募東征士兵時，竇建德因驍勇之名被任命為二百人長，同鄉的孫安祖也在徵召入伍之列。可孫安祖因家中遭遇洪災，妻子兒女皆餓死，因此對官府恨之入骨，堅決不肯應徵。當地縣令大怒，將其逮捕並施以鞭刑。孫安祖憤而刺殺縣令，逃亡至竇建德家中。

竇建德將他藏匿起來，對他說：「當今皇上不恤民力，欲征高麗，天下必將大亂。大丈夫若不死，當建功立業，豈能成為東躲西藏的逃犯！」隨後，竇建德便幫孫安祖召集了二百多個壯士，讓他們到高雞泊一帶落草為寇。

儘管竇建德自己也知道隋朝已經失去人心，天下必將大亂，可他對自己在隋朝軍隊中的前程似乎還抱有幻想。所以，儘管他可以不遺餘力地幫助孫安祖去反叛隋朝，可自己卻仍然捨不得扔掉「二百人長」這塊雞肋。

最後，還是當地官府幫他下了這個決心。

本來竇建德窩藏孫安祖一事，當地官府已經有所察覺，加之張金稱、高士達等盜匪凡有洗劫，皆自動避開竇建德家所在的那條街，當地官府據此認定，竇建德必然與盜匪暗中勾結，於是隨後就將他的一家老小悉數逮捕，全部斬殺。

至此，萬念俱灰的竇建德終於無奈地邁出了人生中最重大的一步——脫下隋朝軍裝，帶著手下的二百名士兵投奔了高士達。不久，孫安祖被張金稱所殺，所屬士卒全部歸附竇建德，部眾增至一萬多人，聲勢日漸壯大。由於竇建德能夠禮賢下士，與普通士卒同甘共苦，所以人們都願意為他效命，越來越多的人投到了他的麾下。

就這樣，這個準備到遼東戰場去當炮灰的「二百人長」，搖身一變就成了遠近聞名的「草頭王」。竇建德絕對想像不到自己會有這麼一天，而更讓他想像不到的是，短短幾年後，他就將擁兵割地、稱霸一方，並且與天下群雄一起逐鹿中原！

大業八年（西元六一二年）正月初一，隋帝國的一百一十三萬三千八百名遠征軍終於在涿郡完成了集結，同時就位的運輸和後勤人員的數量是士兵的兩倍。

正月初二，大軍出征之前，準備御駕親征的楊廣特意舉行了三場隆重而莊嚴的祭祀。首先在桑乾河畔祭告戰神，繼而在臨朔宮祭告上帝，最後又在薊城（涿郡郡治所在地，今北京市）北郊祭告馬神。

同日，楊廣親自頒發遠征軍的建制令及所有將軍的任命狀：將一百一十餘萬名士兵分成左右各十二軍，每軍設大將、次將各一人；每軍之中，騎兵分成四團，每團十隊，每隊一百人；步兵也分為四團，每團二十隊，每隊百人；其他的重裝備和散兵也各分四團；所有步騎兵團每團各設偏將一人；此外，每軍各設「受降特使」一人，直接聽從皇帝命令，負責招降慰撫，不受各軍大將節制。遠征軍中，各團的頭盔鎧甲、帽穗馬纓、旗幟旌幡的顏色各不相同，而前進、後退、行軍、紮營則都有統一的號令和規定。

正月初三，這支空前龐大的帝國遠征軍從薊城北郊正式開拔。第一軍出發後，每日派遣一軍，兩軍相距四十里，依次出發，魚貫前進，整整用了四十天，大軍才出發完畢。各軍首尾相接、鼓角相聞，旌旗綿延達九百六十里。此外，楊廣的十二禁軍，以及朝廷的三台、五省、九寺的隨駕官員也緊跟在大軍後面出發，連綿亦達八十里……

史稱：「近古出師之盛，未之有也！」（《資治通鑒》卷一八一）

# 二九、慘重的失敗：一征高麗

大業八年三月十四日，隋朝遠征軍抵達遼水（今遼河）西岸，與嚴陣以待的高麗軍隊隔河對峙。楊廣命工部尚書宇文愷趕造三座浮橋，準備搶渡遼水。

浮橋很快就造好了。左屯衛大將軍麥鐵杖自告奮勇，率領前鋒部隊衝了上去。可當他們衝到距離東岸一丈開外的地方，忽然全都止住了腳步，而且集體傻眼。

因為，橋根本沒有架到對岸——宇文愷為了搶時間而趕造出來的浮橋，居然比河面寬度足足短了一丈有餘。

趁隋兵愣神的間隙，大批高麗軍隊迅速進入了防禦陣地。麥鐵杖帶著將士們跳進水中，拼命游向對岸，冒死向高麗陣地發起強攻。可高麗軍隊已經完全佔據了有利地形，衝上灘頭陣地的隋軍士兵只能成為他們的活靶子。漫天箭雨呼嘯而下，士兵們紛紛倒地。左屯衛大將軍麥鐵杖、虎賁郎將錢士雄、孟叉等前鋒將領全部陣亡。

楊廣斷然沒有想到，這個在國內完成了多項大型建設項目的宇文愷，竟然會在戰場上製造出如此不堪的「垃圾工程」！可如今大敵當前，楊廣也只能強抑怒火，急命少府監何稠把浮橋加長。兩天後，浮橋終於架到了對岸。隋軍傾巢而出，與高麗軍隊在東岸展開激戰。

這一戰，隋軍取得了壓倒性勝利。高麗軍隊在戰場了扔下了一萬多具屍體，倉皇敗退遼東城

（今遼寧遼陽市）。隋朝大軍乘勝東進，將遼東城團團圍困。

此次出征，楊廣不僅帶了百萬軍隊，還帶了一支「觀戰團」，成員由西突厥的處羅可汗、高昌國王麴伯雅等四夷元首組成。楊廣命他們隨同出征，當然是想讓他們見識一下隋軍的戰鬥力，同時用現場教育的形式，讓他們牢記違抗隋帝國的下場。

隋軍初戰告捷後，楊廣便興致勃勃地帶著他的「觀戰團」渡過遼水，在剛剛取得勝利的戰場上來回巡視。

楊廣的得意之情溢於言表。

因為，從屍橫遍野的戰場上，楊廣看見了帝國軍隊的一往無前和戰無不勝；從觀戰團成員的眼神中，楊廣看見了他們發自內心的恐懼和敬畏。

為了充分表明大隋軍隊是一支弔民伐罪的王者之師，也為了進一步取得觀戰團的畏服，楊廣勒令全軍：高麗軍隊一旦投降，必須馬上接納安撫，一律不得再行攻擊！

這道命令，對於困守在遼東城中的高麗軍隊而言，無疑是一道福音。

接下來，每當隋軍費了九牛二虎之力攻上城牆時，遼東守軍立刻舉手投降。隋軍將領當即停止進攻，命人飛報後方的皇帝，請示旨意。可等到楊廣的旨意下達，遼東城中的守軍早已重整旗鼓、繼續頑抗了。

如此三番五次，遼東守軍一再故伎重施，居然屢試不爽。

楊廣難道是傻瓜，明知受騙也不願收回成命？

楊廣當然不是傻瓜。可問題在於，他並不認為自己受騙了。一貫偉大、光榮、正確的楊廣，怎麼可能受騙呢？在他看來，一定是底下的將士沒有正確貫徹他的指示精神，招撫無方，才會導致高麗守軍降而復叛。所以，他絕對不會收回成命。

既然皇帝如此執迷不悟，那將士們當然只能敷衍了事了。隨後，隋軍攻城的力度大為減弱，因為誰也不願冒著九死一生的危險，去做這種勞而無功的事情。

後來發生的事情可想而知——直到這一年六月，遼東城依然固若金湯，隋朝遠征軍始終未能向鴨綠江前進半步。楊廣勃然大怒，親臨城下督師，並召集所有將領訓話：「你們自恃高官顯爵，又是豪門世家，就可以把我當成一個隨便糊弄的昏庸之輩嗎？在京師的時候，你們都反對我御駕親征，其實就是怕我看出你們的毛病。我今天來這裡，就是要看你們的作為，並且隨時準備砍掉你們的腦袋！你們今天怕死，不肯盡力，難道不怕我明天就殺了你們?!」

皇帝的訓辭擲地有聲，不容置疑。將領們驚惶失色，面面相覷。

隨後，楊廣便在城西數里的六合城坐鎮指揮。

在皇帝的親自督師下，隋軍將士只好加大攻城力度，但誰也不願豁出命去真打，所以遼東城依舊巋然不動。

就在隋朝陸軍圍攻遼東的同時，右翊衛大將軍來護兒也率領江淮水軍從東萊郡（今山東萊州市）橫渡黃海，逆浿水（今大同江）而上，在距平壤六十里處與高麗水軍展開了遭遇戰。

此戰隋軍大勝。來護兒隨即挑選四萬精銳，乘勝直抵平壤城下。高麗出兵迎戰，再次潰敗，逃入城中。來護兒一路追殺，出奇順利地攻入了平壤城。

如果一場戰役打得太過順手，謹慎的將領肯定會感到心裡發毛。尤其是如此輕而易舉地打進一個國家的首都，理智的將領更應該意識到其中有詐。

可是，來護兒為了搶一份頭功，把應有的謹慎和理智全都拋到了九霄雲外。所以他根本就沒有意識到，此刻的高麗軍隊已經在平壤城中給他張開了一個口袋。

隋朝軍隊攻進城中後，開始大肆搶掠，完全喪失了警惕性。高麗軍隊猛然從埋伏已久的大街小巷中衝殺出來。隋軍猝不及防，幾乎全部被殲。來護兒僥倖殺出重圍。等他逃回泊船碼頭的時候，四萬精銳只剩下幾千殘兵。

經此大敗，來護兒只好退守海浦（今大同江口），再也不敢輕舉妄動。

遼東城久攻不下，楊廣只好改變戰略，命左翊衛大將軍宇文述、右翊衛大將軍于仲文等九名將領率大軍繞過遼東，兵分九路，從遼河東岸沿線各地，向平壤方向快速挺進，準備於鴨綠水（今鴨綠江）西岸會師，再渡江直搗高麗腹地，對平壤發動總攻。

這是一場長途奔襲戰。

這種戰術的要訣有二：一，給養必須充足；二，進軍速度要快。但是，這兩點顯然是一對悖論：如果士兵帶上過多的給養，行軍速度必然會慢下來；如果行軍速度要快，必然不能帶上過多的給養。

宇文述等九路大軍現在就面臨這個問題。他們從邊境的瀘河和懷遠二鎮出發，每個士兵都帶著人馬所需的一百天糧草，加上鎧甲、刀槍、衣物、輜重、攻城器具、炊事用具、帳篷等等，平均每個士兵所背負的重量都在三石以上。士兵們不堪承受，只好偷偷「減負」，一邊走一邊把背負的糧食悄悄丟棄。

楊廣很快就察覺了，立刻下了一道死命令：有膽敢丟棄糧食者，斬無赦！

命令下達後，士兵們不敢在行軍路上亂丟，只好趁每次紮營的時候，在營帳下挖坑，然後把糧食偷偷埋掉。結果，當九路大軍共計三十多萬人在鴨綠江西岸會師的時候，糧食就已基本告罄了。

沒有糧食就不能打仗。如果硬著頭皮跨過鴨綠江、深入高麗腹地，除非一戰拿下平壤，否則軍隊斷糧，後方的給養又跟不上，那無異於死路一條！

作為九路軍總指揮的宇文述對此深感憂慮，卻又一籌莫展。

就在這時，高麗重臣乙支文德忽然來到了宇文述的軍營中，宣稱奉高元之意前來投降。

面對高麗人居心叵測的「請降」，宇文述的指揮部裡出現了兩種截然相反的意見。

右翊衛大將軍于仲文認為，應該立即將乙支文德逮捕。因為他臨行前曾奉楊廣密旨：「如果高元或乙支文德前來請降，絕不能放他走！」所以不管高麗人是真降還是假降，都應該先把乙支文德抓起來再說。

軍中慰撫使（受降特使）、尚書右丞劉士龍則堅決主張把乙支文德放歸。因為大軍出征前，慰撫使們就被天子授予了不受大將節制的特權，而且他們的使命就是專門受降宣慰，以顯示天朝恩威，如果因禁「請降使」，那無異於是對他這個「受降使」的莫大侮辱，所以他斷然反對拘押乙支文德。

對於進退維谷的宇文述來說，乙支文德這個時候來請降，簡直是扔給了他一根救命稻草。因為現在軍中缺糧，不趕緊班師大家都得餓死。所以，宇文述現在根本不關心如何處置乙支文德，而是極力強調：既然皇帝早就下過命令，說高麗一旦投降必須馬上接納，不得再行攻擊，那麼現在高麗降了，大軍就趕緊班師吧！

大家都有天子楊廣的旨意作為依據，到底該怎麼辦？乙支文德該如何處置？大軍該何去何從？

三人激烈爭執。由於力主班師的宇文述也傾向於劉士龍，所以于仲文不得不妥協，同意把乙支文德放回去。

於是，劉士龍接受了乙支文德的降表，然後就放他走了。

乙支文德走出隋軍大營的時候，臉上分明帶著得意的笑容。因為他這一趟來，說是請降，其實真正的任務是刺探隋軍虛實。而現在他已經知道，這支隋軍雖然兵力強大，但馬上就要斷糧了！所以，接下來該怎麼對付這支來犯之敵，乙支文德已經成竹在胸。

乙支文德走後，于仲文越想越不對勁，覺得這傢伙根本不像是來投降的，遂一再敦促宇文述，趕緊下令全軍開拔，再把乙支文德抓回來。此刻的宇文述一心想要班師，當然不同意。最後，于仲文不得不亮出了自己的底牌。

表面上，于仲文是宇文述的副手，但楊廣一直很賞識于仲文的才幹和韜略，所以此次出征之前，楊廣特地面諭各軍將領：凡有重大軍情，各軍一律聽從于仲文的統一節度！

也就是說，日常的行軍作戰聽宇文述的，碰上特殊軍情則聽于仲文的。當然，楊廣這個命令並未當著宇文述的面宣布，而是讓于仲文在必要的情況下才亮出來。現在，于仲文亮出了這把「尚方寶劍」，宇文述就無話可說了。

既然人家奉了密旨，那違抗他就如同違抗皇帝，宇文述當然不敢承擔這個罪名，只好硬著頭皮命令各軍立刻拔營，渡江追擊乙支文德。

望著身後的數十萬追兵，乙支文德笑了。

他本來還想回去搬兵來殲滅這支斷糧的敵軍，沒想到它反而自己送上門來了。乙支文德遂命部下回頭迎戰，然後佯裝敗北。跑出幾十里路後，回頭再戰，結果再敗，然後又繼續跑路，跑沒多遠又回頭再打……如是一日七戰，七戰皆「敗」，結果就一路把隋軍引到了平壤城下。

隋軍七戰皆捷，頓時士氣大振，遂全力急進，一口氣渡過薩水（今清川江），在離平壤僅三十里處的山麓紮營。

乙支文德一邊加緊布署軍隊，一邊再次遣使向宇文述投降，說：「貴軍如果班師，鄙國立刻讓高元前去覲見天子。」

對此，于仲文當然不信，堅持要進攻平壤、活捉高元和乙支文德。可這一次，宇文述無論如何也不想再聽于仲文的了。他決定班師，就算抗旨也在所不惜。

理由很簡單：眼前的平壤城高壕深，糧草充足，且高麗軍隊以逸待勞，士氣高漲；而隋軍不但長途奔馳，疲憊不堪，而且進不能攻、退不能守，既無糧草、也無援兵……這仗叫宇文述怎麼打?!

所以，就算明知道高麗人玩的還是「詐降」的老把戲，宇文述也堅決要把它當成真的來接受，否則他必將和這三十萬大軍一起餓死在這裡。

宇文述隨即不顧于仲文的反對，命令軍隊結成方陣撤退。畢竟他還是主帥，這個權力還是有的。

但是，宇文述到這一刻才下定決心撤退，已經來不及了。

站在平壤城頭的乙支文德大手一揮，早已蓄勢待發的高麗軍隊瞬間衝出城門，從各個方向對隋軍發起猛烈進攻。

隋軍且戰且退，於這一年七月二十四日退至薩水。這一天，烈日當空，灼熱的太陽凶猛地炙烤著大地，寬闊的薩水河面在驕陽的曝晒下閃耀著一片令人目眩的白光。

這是一片即將把三十萬隋軍全部吞噬的死亡的白光。

隋軍開始爭先恐後地渡河，薩水河上頓時人喊馬嘶、一片慌亂。而高麗軍隊卻列著整齊的戰陣，站在他們身後的岸上靜靜地看著。當隋軍全部進入薩水，並渡至河中央的時候，高麗指揮官一聲令下，全軍突然排山倒海地殺了過來。隋朝大軍瞬間崩潰，士卒四散逃命。負責殿後的右屯衛將軍辛世雄等人戰死。宇文述、于仲文和剩下的將領們帶著少數隨從向西狂奔，一日一夜跑了四百五十里，狼狽不堪地逃到鴨綠江畔。而高麗軍隊則在後面緊追不捨，幸而將軍王仁恭率部殿後，擊退了高麗軍隊的進攻，宇文述等人才得以渡過鴨綠江，逃出生天。水軍來護兒風聞陸軍慘敗，也慌忙起錨，連夜率艦隊撤回東萊。

最後，這九支共計三十萬五千人的遠征軍回到遼東的時候，僅剩下二千七百人。陣亡和被俘人數達三十萬二千三百人，幾近全軍覆沒；同時喪失的武器、裝備、輜重等物更是數以億計。

楊廣幾乎不敢相信這是真的。這個四十四年來一直順風順水、無往不利的天之驕子，終於遭遇了他人生中第一次慘痛的失敗。

失敗的打擊來得太過迅猛，並且因毫無心理準備而顯得尤其沉重。

大業八年七月二十五日，神情恍惚的楊廣默默登上龍輦，從涿郡啟程南返。

這場聲勢浩大、規模空前的遠征，就在這一幕令人難堪的失敗中草草收場。一直到車駕返抵洛陽，楊廣依舊終日不發一言。人們看見天子臉上寫滿了從未有過的憤怒和困惑。

曾經活力四射、自信滿滿的楊廣，一下就變成了霜打的茄子。

也許，這並不是什麼壞事。因為挫折本是人生的題中之義，也是生命成長的必經過程，就像許多小孩子在學習木匠、鐵匠這種手藝活的時候，如果手上弄出了血，他們的師傅就會說：「那是這門手藝進到你身體裡面去了。」而今，生命中的第一次失敗雖然深深刺痛了楊廣，可這何嘗不是某種有益的東西正在進入他的體內呢？也許，命運之神正是希望以這樣的方式，往這位剛強易折的帝王身上，注入一些必要的柔韌性和抗挫折能力，讓他學會以一種成熟而理性的姿態，重新來打理這個已然危機四伏的龐大帝國。

在哪裡跌倒就從哪裡爬起來。這個世界上的人，沒有誰不是這麼走過來的。

可問題在於，楊廣能夠從這次失敗中汲取教訓嗎？

人們很快就有了答案。

可答案並不令人樂觀。

# 三〇、瘋狂的戰車：二征高麗

隋帝國的臉被丟盡了，肯定要有人來為帝國遭遇的這場重大損失買單。

首當其衝者，當然非工部尚書宇文愷莫屬。就是這傢伙在戰場上製造了垃圾工程，才導致隋軍首戰失利，不但損兵折將，而且士氣大挫。所以，宇文愷罪無可赦。

可讓人意外的是，九月十三日楊廣才回到洛陽，十月八日宇文愷就死了。

他並非死於楊廣之手，而是自己病死的。沒有人知道他的死是否與重大失職導致憂懼成疾有關，只知道他死得非常及時，不僅避開了皇帝的屠刀，而且保全了身後子孫的福祿。

相比之下，尚書右丞劉士龍就沒那麼幸運了。他是堅決主張放歸乙支文德的人，而隋軍最後就是被乙支文德打敗的。所以楊廣認為，不殺劉士龍，無以謝天下。

這一年十一月八日，劉士龍被斬於洛陽鬧市。同日，宇文述和于仲文被罷黜所有官爵，貶為庶民。隨後于仲文又被楊廣投進了監獄，不久後便抑鬱而終。

該殺的殺、該貶的貶了，楊廣總算出了一口惡氣。至於說他本人是否應該為這次失敗承擔什麼責任，那是他連想都沒有想過的。

身為大隋天子，不辭勞苦御駕親征，深入前線指揮戰鬥，有錯嗎？

諄諄告誡軍隊，恪守義兵義戰的原則，發揚王者之師的風範，嚴禁沒有必要的屠城和殺戮，有錯嗎？

為士兵準備最充足的給養，提供最全面的裝備，有錯嗎？

為了防止前方將領獨斷專行，為了杜絕個人英雄主義，讓將領們相互制約、群策群力，充分發揚集體主義精神，有錯嗎？

沒錯，都沒錯！

錯的是高麗人，他們狡詐成性，背信棄義，不知好歹！錯的是士兵們，他們違抗命令，丟棄軍糧，所以自食其果。錯的是將領們，他們只顧個人榮辱，無視全域安危，才讓敵人擊中了軟肋……

至於楊廣本人，當然是沒有錯的。

一貫偉大、光榮、正確的楊廣，怎麼會有錯呢?!

所以，這個剛剛從灰頭土臉的失敗中爬起來的楊廣，很快就做出了一個新的決定。

他決定繼續開動他的戰車，不惜一切代價二征高麗！

大業九年（西元六一三年）正月初二，一道徵調天下軍隊齊集涿郡的詔令，再次從洛陽飛出，立刻傳遍了整個帝國。

不滅高麗，楊廣誓不甘休！

接到詔令的隋朝各級官吏，不約而同地在心裡生出了一個問題——皇帝是不是瘋了？這場傾盡全國之力、竭盡天下之財的戰爭剛剛遭遇慘敗，數百萬民眾因為這場戰爭而掙扎在破產和死亡的邊緣，數十萬帝國將士剛剛捐屍沙場，這個瘋狂的皇帝竟然還想不顧一切地讓這一幕重演?!

官員們傻眼了。

而人民憤怒了。

大業九年，越來越多的人義無反顧地加入了造反的行列。

除了王薄、劉霸道、張金稱、高士達、竇建德之外，齊郡（今山東濟南市）人孟讓、北海（今山東青州市）人郭方預、平原郡（今山東陵縣）人郝孝德、河間郡（今河北河間市）人格謙、勃海郡（今山東陽信縣）人孫宣雅等各自聚眾起兵、四處劫掠，其部眾多者十幾萬，少的也有數萬，在山東（崤山以東）地區縱橫馳騁，令各地官兵聞風喪膽，焦頭爛額。

叛亂的烽火在急劇蔓延，可楊廣卻不以為意。

按照楊廣對歷史的領悟，幾百年來的中國政治一直是門閥世族在玩的遊戲。正所謂「天下以智力相雄長」，真正的政治智慧和政治力量從來只掌握在少數貴族的手中，農民們要麼是這場遊戲中無足輕重的配角，要麼純粹就是跑跑龍套、當當道具而已，絕對成不了氣候、翻不了大浪！而眼下，各郡縣長官心急火燎呈上來的奏報也不能說明任何問題，什麼「盜賊蜂起」，什麼「賊兵勢大」，根本就是這些貪生怕死、敷衍塞責的的地方官吏替自己的無能所找的藉口。楊廣覺得，所謂的叛亂不過就是一些窮瘋了的暴民在聚眾搶劫而已，等他滅了該死的高麗，回頭再來收拾這些小毛賊也為時不晚。

由於各地民眾紛紛逃避兵役，致使東征軍隊遲遲未能集結，左右趁機勸諫皇帝緩圖高麗。楊廣大怒說：「高麗小虜，侮慢上國！今拔海移山，猶望克果，況此虜乎?!」（《資治通鑑》卷一八二）

在此之前，楊廣已經再度起用了他的寵臣宇文述。楊廣在詔書中稱：「宇文述因兵糧不繼，致使王師陷於困境，此乃軍吏調度不善之過，非宇文述之罪，宜復其官爵。」隨後宇文述不但恢復了所有官爵，而且還被加封開府儀同三司。

這就是寵臣。即使在戰場上一敗塗地、損兵折將，也不妨礙天子替他回護開脫，甚至是給他加官晉爵。

大業九年春天，楊廣再度御駕親征，於三月初四率領百萬大軍進抵遼東，拉開了第二次東征高麗的序幕。四月二十七日，楊廣車駕渡過遼水。二十九日，楊廣命宇文述和上大將軍楊義臣再次繞過遼東奔襲平壤，命左光祿大夫王仁恭進攻新城（今遼寧撫順市北），楊廣自領各軍從正面猛攻遼東城。

這一次，楊廣汲取了上次的教訓，不再遙控指揮，也不再裝腔作勢地充當什麼「王者之師」了，而是讓各軍將領自己拿主意——只要能把遼東城這塊硬骨頭啃下來，愛怎麼打就怎麼打！

於是，將軍們開始擼起袖子各顯神通。一時間，隋軍不但用上了飛樓、撞車、雲梯等大型攻城器械，而且挖掘了多條地道，夜以繼日地從四面八方向遼東城發起空前猛烈的進攻。

然而，遼東城中的高麗守軍卻再次表現出了超乎尋常的堅韌和頑強。

隋軍一刻不停地強攻了二十多天，雙方傷亡慘重，可遼東城卻還是沒有陷落的跡象。

楊廣最後想了一個辦法。

他命人趕造了一百多萬個大布袋，在裡面填滿泥土，準備從城外的平地開始堆築，一直堆築起一條與遼東城牆等高、寬三十步的大道，然後讓步兵往上衝鋒；同時製造多輛裝有八個輪子、高出城牆的巨型樓車，夾在「布袋大道」的兩側，命弓箭兵在樓車上居高臨下地射擊城頭上的高麗守軍，配合步兵的衝鋒。

這真是一個絕妙的創意——一個完美無瑕、穩操勝券的作戰計畫。

楊廣不禁為自己的聰明才智和奇思妙想而大感得意。一股提前到來的勝利的喜悅洶湧地激盪在他的心間。楊廣忽然詩興勃發，立即策馬躍上遼東城外的高崗，情不自禁地吟出了那首被後人長久傳頌的「樂府體」名作《白馬篇》：

白馬金具裝，橫行遼水傍。問是誰家子？宿衛羽林郎。
文犀六屬鎧，寶劍七星光。山虛弓響徹，地迥角聲長。
宛河推勇氣，隴蜀擅威強。輪台受降虜，高闕翦名王。
射熊入飛觀，校獵下長楊。英名欺衛霍，智策蔑平良。
島夷時失禮，戎服犯邊疆。徵兵集薊北，輕騎出漁陽。
進軍隨日暈，挑戰逐星芒。陣移龍勢動，營開虎翼張。
銜冠入死地，攘臂越金湯。塵飛戰鼓急，風交征旆揚。
轉鬥平華地，追奔掃大方。本持身許國，況復武功彰。
曾令千載後，流譽滿旂常！（宋・李昉《文苑英華》）

直到十幾年後，李世民與魏徵等大唐君臣對楊廣這首大氣磅礴、意象瑰麗的上乘之作依然津津樂道，讚不絕口。

可令人遺憾的是，楊廣雖然在遼東留下了自己文學生涯中的這首經典之作，到頭來卻依舊未能收穫他一直在期待的這場高麗戰爭的勝利。

換句話說，楊廣高興得太早了。

隨著各項準備工作的順利進展，楊廣胸有成竹地確定了總攻日期。他堅信，一旦發起總攻，這座又臭又硬的遼東城必定一戰可下，而整個高麗的滅亡也必定指日可待。

與此同時，遼東城頭上的高麗守軍看著忙忙碌碌的隋軍士兵，很快就明白了隋軍的作戰意圖。他們睜大著恐懼的雙眼，預感到遼東城的末日馬上就會降臨。

就在這千鈞一髮的時刻，命運之神再度棄楊廣而去，又一次站到了高麗人那邊。

大業九年六月末的一天，一封來自國內的信件——不，準確地說，是一道來自洛陽的加急戰報送抵遼東的天子行在。

接到戰報的那一刻，楊廣如遭電擊。他感覺彷彿有一把利刃猛然從他的後背刺入，並狠狠地穿透了他的心臟。

什麼消息令他如此震驚？

楊玄感造反了！

如果說，遍及各地的農民起義在楊廣眼中只不過是蚍蜉撼樹的話，那麼楊玄感的叛亂則無異於一場政治地震，讓楊廣立刻感到了統治根基的搖晃。因為楊玄感是貴族，是楊廣心目中最有資格、最有能力玩政治的貴族。

楊玄感是楊素的長子。大業二年，楊素病逝，楊玄感襲爵楚國公。造反前，他的職務是上柱國、禮部尚書，在帝國的政治高層擁有不可估量的影響力。楊廣很清楚，這樣一個根深勢大的重量級人物起兵反叛，必將產生「振臂一呼、應者雲集」的可怕效應，從而引發巨大的政治離心力，促使更多的門閥世族和元勳顯宦激生出謀求天下的政治野心！

楊廣的擔心是對的。

戰報中說：楊玄感自黎陽（今河南濬縣）起兵後，四方紛起回應，短短時間部眾就達到十幾萬人。就在楊廣圍攻遼東的同時，楊玄感已經迅速兵臨洛陽城下，對帝國的政治中樞造成了嚴重威脅。此外，楊玄感圍城不過數日，洛陽城中的貴族和高官子弟竟然有四十多人出城投降，如韓擒虎的兒子韓世㗵、觀王楊雄（楊堅族侄）的兒子楊恭道、來護兒的兒子來淵、周羅睺的兒子周仲、虞世基的兒子虞柔、裴蘊的兒子裴爽、鄭善果的兒子鄭儼等等。楊玄感為了收攏人心，一律對他們委以重任。

看著這一大串熟悉的人名，楊廣的心頭不禁掠過一陣強烈的恐懼。

這是他一生中從未有過的對於皇權失落的恐懼。

楊廣即刻下令逮捕隨軍出征的楊玄感的兩個弟弟：虎賁郎將楊玄縱和鷹揚郎將楊萬石。

但是，楊廣遲了一步。

早在數日前，二楊已經接獲兄長密信，然後在楊玄感的密友、兵部侍郎斛斯政的幫助下暗中逃離了軍營。此時，斛斯政已經暗中投奔了高麗人，而楊氏兄弟也正飛奔在南下東都的路上。楊廣勃然大怒，一邊下令在軍中徹查楊氏同黨，一邊快馬傳書，命各地官吏嚴密盤查過往行人，務必捉拿楊氏兄弟。

數日後，楊萬石在高陽郡（今河北定州市）被抓獲，隨後押至涿郡斬首；只有楊玄縱成功逃回了楊玄感的駐地。

大業九年六月二十八日深夜，二更時分，隋朝東征大軍的所有將領被祕密召至天子御帳中，準備接受最新的指令。

楊廣反剪著雙手背對眾將領。在一陣長久的沉默之後，眾將看見面白如紙的皇帝緩緩轉過身來，艱難地從嘴裡吐出了兩個字：班師。

一場一百萬人的大撤退，就這樣在夜色的掩護下悄悄進行。所有人都接到了一個相同的命令：除了隨身武器之外，任何人不准攜帶任何一件多餘的東西。

第二天清晨，當遼東城中的高麗偵察兵躡手躡腳地接近隋軍營地的時候，眼前的一幕讓他們目瞪口呆——所有武器、糧草、裝備、帳篷、輜重、攻城器械，外加一百多萬個已經填滿泥土的大布袋，全都原封不動地堆在那裡，而整座隋軍大營則靜悄悄地空無一人。

一夜之間，一百萬隋軍士兵就彷彿人間蒸發了，一個也沒有剩下。

這唱的是哪一齣?!

用了好長時間，高麗人才回過神來——原來一場滅頂之災已經和他們擦肩而過。高麗軍隊在城中敲鑼打鼓，慶賀他們絕處逢生。不過整個上午他們都還心有餘悸，不敢貿然出城，直到午後才派出更多偵察兵往各個方向去查看，但仍然擔心隋軍在使詐。兩天後，當高麗軍隊確定隋軍已經撤離，才出動騎兵一路尾隨，在隋軍橫渡遼水的時候發動攻擊，砍殺了數千隋兵。

隋朝大軍無心戀戰。他們拋下遭受圍攻的殿後部隊，頭也不回地朝本國邊境狂奔而去。

第二次東征高麗就這樣無果而終。

# 三一、楊玄感叛亂

冰凍三尺非一日之寒。

楊玄感的叛亂雖然來得極為迅猛而突然，但是他奪取天下的政治野心卻是由來已久的。

在所有兄弟當中，楊玄感最酷似他的父親楊素——「體貌雄偉，美鬚髯；好讀書，善騎射。」（《隋書・楊玄感傳》）他年輕時因父蔭而位至柱國（勳官二品），與父親楊素在朝會上位列同班。當時楊堅覺得不妥，便當廷宣布把他的官秩降了一品。楊玄感隨即拜謝，說：「沒想到陛下對微臣如此恩寵，居然在朝堂上成全了臣的個人孝心！」

一句話，不但化解了自己被當廷降級的尷尬，而且同時維護了三個人的臉面，讓皇帝高興，讓父親欣慰，還令他本人博得了忠孝之名，真可謂一言既出，三全其美。

很多朝臣當時便料定：如此聰明的一個年輕人，其前程一定不可限量。

楊玄感早年歷任郢州（今湖北鐘祥市）、宋州（今河南商丘市）刺史，在地方上政績頗著。楊素死後，楊玄感回到中央，襲爵楚國公，拜鴻臚卿，不久擢升禮部尚書。由於出身名門、位尊爵顯，加上具有較高的文學修養，使得楊玄感的盛名遠播海內，天下名士紛紛趨附，競相來往於他的門下。

這一切，當然會引起楊廣的猜忌。

同時，楊玄感也感到了強烈的不安。

其實，楊玄感的不安早在楊素在世的時候就已經開始了。眾所周知，楊素既是隋朝的開國元勳，又在楊廣奪嫡繼位的過程中建有大功，所以晚年不免居功自恃，多次在楊廣面前流露出驕矜之色，被楊廣視為「無人臣之禮」，於是君臣間猜忌日深。幸而不久後楊素去世，才避免了一場兔死狗烹的悲劇。

過後，楊廣曾親口對左右說：「倘若楊素不死，終將被族誅！」

這句話很快就落進楊玄感的耳中，令他大為恐懼。他深知，楊氏一門權傾朝野，有盛名於天下，滿朝文武又多是父親當年的手下將吏。如此雄厚的政治資本，必定會被天子視為嚴重威脅，所以天子才故意放出那句話，目的就是對他們楊氏一族進行警告。

楊玄感覺得，楊廣那句話就是懸在楊氏族人頭上的一把利劍，隨時有可能掉下來。

與其坐致危亡、任人宰割，不如鋌而走險、放手一搏！

從此，楊玄感開始和他的弟弟們日夜密謀，準備發動政變，廢黜楊廣，擁立秦王楊浩（楊廣的侄子）為帝。大業初年，楊玄感隨同楊廣西巡，行至大斗拔谷的時候，部分隨駕官員和衛戍部隊與天子失散，楊玄感立刻準備下手襲擊楊廣。可他的叔父楊慎卻極力勸阻，認為當時人心穩定，國勢強盛，動手的時機尚不成熟。

楊玄感只好放棄。幾年後，楊廣開始計畫遠征高麗，楊玄感遂主動向兵部請纓，表示願意領兵出戰。他之所以這麼做，一方面是想藉此表現忠心，麻痹楊廣；另一方面，則是想掌握兵權，藉機起事。楊廣果然被他迷惑，對其忠心大表讚賞，說：「將門必有將、相門必有相，此言果然不虛！」隨後便逐漸恢復了對他的信任，並時常讓他參預中央決策。

大業九年二征高麗，楊廣將楊玄感派駐黎陽倉，讓他負責督運軍隊糧餉。當時，農民起義已經大面積爆發，天下人心思亂，楊玄感遂故意拖延東征軍隊的補給，試圖以此削弱隋軍的戰鬥力，讓他們被高麗人消滅在遼東戰場上，然後趁機起事。

楊廣發現糧餉不繼，一再發令催逼。楊玄感擔心夜長夢多，於是斷然起兵，揮師直取東都，並向天下人發出了這樣的口號：「我身為上柱國，家累巨萬金，至於富貴，無所求也。今者不顧破家滅族者，但為天下解倒懸之急、救黎元之命耳！」（《隋書・楊玄感列傳》）

楊玄感奪取天下的第一步，就是直取東都。這雖然在很大程度上搖撼了隋王朝的統治根基，在政治上可以算是一著妙招，所以一下子就獲取了廣大貴族子弟的回應和追隨，但是，從軍事角度以及長遠規劃的角度來看，此舉顯然不是上策。

關於這一點，早在楊玄感起兵之初，他的一位多年密友、也是他起事後最主要的一位智囊就已經告訴過他了。可惜，楊玄感沒有重視他的意見。

向楊玄感獻策而不被採納的這位智囊，就是日後瓦崗寨的義軍領袖、在隋末群雄中聲譽卓著的一位重量級人物——李密。

和楊玄感一樣，李密也是貴族之後。其父李寬是隋朝的上柱國、封蒲山公，雖不及楊氏顯赫，卻也是名重一時的人物。

李密從小志向遠大，仗義疏財，喜歡廣交朋友。但是，他的仕途卻遠沒有楊玄感那麼順利。他早年曾在宮中擔任禁軍將領，有一次當值，楊廣恰好從他身邊經過，忽然停在他面前，深長地看了他一眼，隨後就告訴宇文述：「剛才左翼衛隊中有個皮膚黝黑的年輕人，我發現他的眼神異於常人，最好不要讓他擔任禁軍侍衛。」

李密就因為皇帝的這句話丟了官，從此與仕途絕緣，在家中閉門讀書。他曾經騎在牛背上讀《漢書》，旁若無人，渾然忘我，被楊素遇見，視為奇人。楊素請他到家中一番暢談，大為欽佩，對楊玄感說：「李密見識深遠、氣度不凡，你們兄弟無人可及。」從此，李密便與楊玄感成為好友。

二人雖成莫逆，但身分地位相差懸殊，所以楊玄感有意無意之間，還是會瞧不起這個從貴族淪為寒士的李密。

李密看在眼裡，有一天忽然對楊玄感說：「朋友相交，貴在坦誠，我今天就不奉承你了。說實話，如果是兩軍對壘，決斷戰機，呼嘯衝鋒於敵陣之中，我不如你；可要是驅策天下賢俊，讓他們各安其位、各盡所能，你不如我！既然如此，你怎能自恃階高，輕視天下士人呢？」楊玄感聞言大笑，從此更加佩服李密。

楊玄感起事後，李密自然被他視為心腹智囊。楊玄感問李密：「你一向以拯濟蒼生為己任，如今時候到了，你有何良策？」

李密就是在這個時候，向楊玄感提出了謀取天下的上、中、下三策。

他說：「天子出征，遠在遼東塞外，距幽州（涿郡）足有一千餘里，南有大海（渤海），北有強大的胡虜（西突厥、契丹等），中間僅有遼西走廊是其與國內聯繫的唯一一條生命線，形勢極為險峻。如果你親率大軍，出其不意、長驅直入佔領薊縣（涿郡郡治所在地），奪取臨渝（今河北撫寧縣東），控其險要，扼其咽喉，那麼東征軍歸路既被切斷，高麗人勢必從他們背後發起攻擊。旬月之間，糧秣給養告罄，軍隊不戰而潰，你就能兵不血刃地將楊廣擒獲！此乃上策。」

楊玄感略微沉吟，說：「告訴我中策。」

李密說：「關中自古乃四塞之地、天府之國，如今雖有隋將衛文升據守，但此人不足為慮。我們若率大軍擊鼓向西，所經城池一律不加攻打，直取長安，收其豪傑，撫其士民，據險而守。天子縱然班師，但根據地已失，我們便有足夠的時間審慎籌畫，穩步進取。」

楊玄感又想了想，說：「告訴我下策。」

那一刻，李密若有所思地看了楊玄感一眼，楊玄感也回視了李密一眼。

就在那一瞬間的眼神交流中，李密對未來已經有了一絲不祥的預感。他預料楊玄感一定會選下策，而下策必將遭致滅亡。

這樣的預感讓李密很悲傷，但他還是把下策說了出來：「派出精銳，晝夜奔馳，襲取東都，號令天下！問題是，萬一一百天拿不下來，天下之兵四方而至，那就不是在下所能預料的了……所以，這是下策。」

果不其然，當李密不得不說出下策時，楊玄感發出了一聲不以為然的冷笑。他說：「你所謂的下策，實乃上策！如今百官眷屬皆在東都，若先取之，足以動搖士心、顛覆國本。倘若所經城池概不攻拔，何以顯示義師威武?!」

李密沉默了。

他太了解楊玄感了。這是一個被一帆風順的命運寵壞了的世族子弟。他身上的自負、虛榮與驕矜，簡直和楊廣如出一轍。

在追求成功的道路上，他們都喜歡走捷徑。但是有時候，「捷徑」也可以用另外一個詞來表達——短路。

是的，短路。所謂快速成功的終南捷徑，往往也是通向滅亡的最短道路。這句話對於楊廣適用，對於楊玄感同樣適用。

李密現在就很想把這句話告訴楊玄感，可最後他還是忍住沒有說。

因為他知道，說了也是白說。

楊玄感率大軍圍困洛陽後，一邊日夜猛攻，一邊分兵數路，扼守洛陽周邊的戰略要地，並切斷了各個方向的補給線：以五千兵力封鎖慈磵道（洛陽城西），另派五千人封鎖伊闕道（洛陽城南），負責阻擊關中方向來的隋朝援軍；命韓世咢率三千人進圍洛陽東面的滎陽（今河南滎陽市），命顧覺率五千人攻佔虎牢關（今河南滎陽市西），負責抵禦南下的隋朝援軍。

東都危在旦夕。留守長安的代王楊侑急命刑部尚書衛文升率兵四萬馳援東都。衛文升經過華陰（今陝西華陰市）時，特意命人掘開坐落在此的楊素墓地，並且剖棺戮屍、剉骨揚灰，以此向楊玄感表示不共戴天和決一死戰之心。

隨後，衛文升率部穿過崤谷（今河南三門峽市東南）和澠池（今河南澠池市），一面與叛軍作戰，一面迅速進抵金谷園（洛陽西北）。

楊玄感出兵迎戰衛文升。他身先士卒，每戰必手執長矛衝鋒陷陣，隋兵大為震駭，驚呼是項羽再生。雙方經過多日交戰，隋軍數戰皆敗，士卒幾乎傷亡殆盡，加之糧草不繼，衛文升只好率殘部退守邙山南麓。楊玄感乘勝追擊，準備將隋軍全殲。不料，他的弟弟楊玄挺竟然在混戰中被流箭射死，楊玄感不得不稍稍退卻。

就在洛陽岌岌可危、衛文升又瀕臨絕境的時候，隋朝的遠征軍終於回師中原。戰場上的形勢開始逆轉。

楊廣命虎賁郎將陳稜進攻楊玄感的根據地黎陽，命右侯衛將軍屈突通進駐河陽（今河南孟州市），命左翊衛大將軍宇文述率大軍隨後跟進，又命來護兒從東面馳援東都。

一切都在李密的預料之中，甚至比李密預料的更糟——起事還不到一個月，天下之兵已經蜂擁而至。

然而，此時的楊玄感彷彿沒有意識到危險的來臨。他不但日漸疏遠李密，轉而信任別的謀士，而且還在部將李子雄的煽動下企圖稱王，只是被李密勸阻才悻悻作罷。李密對左右感歎道：「楚公熱衷於造反，卻不知道如何取得最終的勝利，我等現在盡成甕中之鼈了。」

面對隋朝大軍對他形成的反包圍，楊玄感再次犯下了一個不可饒恕的戰略錯誤。他聽信李子雄的計策，把本來就不多的兵力分成兩路，一路抵拒已經屯兵黃河北岸的屈突通，一路繼續進攻衛文升。但是，屈突通很快就突破了他的防線，順利渡過黃河，與衛文升部和洛陽城中的樊子蓋部遙相呼應，對楊玄感形成了前後夾擊之勢。

楊玄感敗局已定。

直到此刻，他才決意實施李密當初提出的中策——西進關中，據守長安。

大業九年七月二十日，楊玄感無奈地解除了對東都的包圍，率部西進潼關。宇文述與屈突通、來護兒、衛文升等人合兵一處，率大軍在背後拼命追擊。

數日後，楊玄感進至弘農（今河南三門峽市）。時任弘農太守的蔡王楊智積（楊堅侄子）對左右說：「楊玄感西取關中的計畫一旦成功，將來就很難收拾了。我們現在想辦法套住他，讓他無法西進，不出十天，定可將其生擒！」

楊智積隨後派了一些父老，出城攔住楊玄感的馬頭，說：「如今弘農兵力薄弱、防守空虛，但囤積了很多糧草，很容易攻取。」楊玄感信以為真，立即兵臨弘農城下。楊智積順勢登城叫罵，誘他攻城。楊玄感果然大怒，命令士兵停止西進，開始進攻弘農城。

面對如此不可救藥的楊玄感，近乎絕望的李密最後一次規勸他：「用兵之道貴在神速，何況追兵轉眼立至，豈能在此逗留！如果進不能入據潼關，退又無險可守，大軍一旦潰散，你拿什麼保全自身？」

可是，楊玄感卻什麼都聽不進去。

楊智積略施小計，就把他牢牢鎖定在了弘農城下。事實上，弘農城並不像那幾個一臉厚道的父老所說的「兵力薄弱、防守空虛」，而是兵力強大、城防堅固。

楊玄感猛攻三天，弘農城紋絲不動。等到楊玄感回過神來準備放棄弘農、繼續西進的時候，宇文述的幾十萬大軍已經鋪天蓋地地殺到了。

楊玄感布陣五十里，且戰且退，可一天之內三戰皆敗。

八月初一，楊玄感退至董杜原（今河南靈寶市西），在這裡被迫與隋軍進行決戰。

戰鬥的結果可想而知——楊玄感全軍覆沒，僅帶著十餘騎兵逃奔上洛（今陝西商州市）。到最後，連那十幾名親兵也各自逃散，楊玄感身下的坐騎也被射殺，只好和他的弟弟楊積善徒步逃亡，來到了一個叫「葭蘆戍」的地方（今河南靈寶市西南）。

那一年秋天的曠野上，楊玄感和楊積善就這樣沒命地奔跑著，遠遠看上去就是兩個小黑點，在遼闊蒼茫的天地之間微微蠕動。最終，楊玄感停下了腳步，對楊積善說：「我不能接受別人的殺戮和侮辱，你取我的性命吧。」

當生命與尊嚴二者不可兼得時，貴族楊玄感寧可選擇後者，也絕不讓自己的生命只靠蠕動來延續。

沒有人知道楊積善手起刀落的那一刻，楊玄感臉上是一種怎樣的表情。也許那上面什麼都有，諸如困惑、悔恨、痛苦、憤怒、絕望等等，也許什麼都沒有，只有一臉木然。

楊積善殺掉楊玄感後，企圖自刎，但下手不夠狠，僅僅在脖子上抹了一道口子，隨即被追兵抓獲，與楊玄感的屍體一起被送到了楊廣面前。楊廣盯著楊玄感那顆汙血凝結的頭顱，大感快意，但仍覺餘恨未消，遂下令在洛陽鬧市寸磔楊玄感的屍骸，將其切成碎塊，剁成肉醬，最後扔進火中燒成了灰燼。

楊積善向楊廣苦苦求饒，自稱他曾手刃楊玄感，希望以此微功乞求活命。楊廣瞪著他看了很久，扔下一句話：「倘若如此，那你更是一隻可惡的梟鳥！」遂把楊積善的姓改為「梟」，然後命文武百官或用刀砍，或拿箭射，一直把楊積善砍得血肉模糊、射得像一隻刺蝟，最後才把他的屍體車裂。

楊玄感自大業九年六月初三在黎陽起兵，到八月初一兵敗身亡，前後還不到兩個月。他的突然崛起炫人眼目，而他的滅亡卻和他的崛起一樣迅速。

楊玄感叛亂雖然旋起旋滅，但它給楊廣和隋帝國刻下的政治傷口卻沒那麼容易癒合。自從這場叛亂之後，楊廣無奈地發現：自己的政治威望已經被嚴重削弱，人氣指數急劇下滑，降到了他即位以來的最低點。

還有什麼，比這個更能讓一個驕傲的帝王感到失望和惱怒的呢？

楊廣決定大開殺戒，藉以震懾天下，重塑威望。他對負責追查楊氏同黨的大臣說：「楊玄感振臂一呼，從者十萬！以此足以證明，天下的人口太多也不是什麼好事，太多了就會相聚為盜。此次的一干人犯若不徹底追查、一概誅殺，就無以警醒當世、懲戒將來！」

在楊廣的旨意下，大臣們依照寧枉勿縱的原則開始大肆株連，上至當朝大員，下至普通士民，一口氣捕殺了三萬多人，流放了六千多。此外，由於楊玄感圍攻東都時曾經開倉賑糧，於是朝廷便將當時接受賑濟的百姓全部活埋，一個也沒有放過。

至此，這個世界上曾經跟楊玄感有過絲毫瓜葛的人，幾乎都被無情地抹掉了。

只有少數漏網之魚逃過了這場大屠殺。其中一個就是李密。

早在楊玄感兵敗前，李密就已悄悄離開了他，準備投奔其他義軍，不料半路上被隋軍抓獲。李密用黃金賄賂看守，使他放鬆了看管，然後趁其不備再度逃亡，投奔了平原郡的變民首領郝孝德。

兵慌馬亂中，隋朝官吏以為漏掉的只是一隻小蝦米。

可他們沒想到，短短幾年後，這個叫李密的人就成了一條翻江倒海的大魚。

# 三二、楊廣的自慰：三征高麗

東征高麗成了楊廣生命中最可怕的一場噩夢。

連續兩年，發兵兩百多萬，耗費資財無數，國庫為之一空，天下蕭然，民生凋敝，可換來了什麼呢？除了盜賊成群，烽煙遍地，世家大族離心離德，整個帝國傷痕累累之外，東征高麗沒有給楊廣帶來任何好處。

楊廣陷入了前所未有的糾結之中。

是要從此金盆洗手，坦然承認失敗，把目光和精力轉向剿匪和治理內政？還是要再接再厲，愈挫愈勇，在哪裡失去的就從哪裡找回來？

瘋狂的楊廣最終選擇了後者。他要整兵再戰——三征高麗！

大業十年（西元六一四年）二月初三，楊廣詔令百官就三征高麗之事舉行廷議。可是一連三天，隋帝國的朝會大殿上始終鴉雀無聲，文武百官沒有人發出一個字。

朝堂上死一般的沉默。

沉默有時候並不代表默許，而是代表無言的反抗。但是，楊廣並不這麼理解。他的理解是：既然你們都不反對，那我就不和你們廢話了。

二月二十日，集結軍隊三征高麗的詔令再度傳遍隋朝天下。

從某種意義上說，這是大隋王朝的死亡通知書。就在這張死亡通知書發出的四年後，曾經繁榮而強大的隋王朝便訇然瓦解、不復存在了。

大業十年三月十四日，楊廣率領三征高麗的大軍向涿郡出發。

士兵們一路上紛紛逃亡。

三月二十五日，楊廣抵達臨渝宮（今河北撫寧縣東），在郊外祭祀黃帝，並斬殺抓回來的逃亡士卒，用他們的鮮血祭祀戰鼓。

然而，士卒大量逃亡的現象依舊屢禁不止。

七月十七日，楊廣終於帶著這支充滿恐懼和抵觸情緒的軍隊到達懷遠（今遼寧遼中縣）。同時，來護兒的水軍渡過渤海，在畢奢城大敗前來迎戰的高麗軍隊，並乘勝渡過鴨綠江，兵鋒直指平壤。

此時的高麗，實際上也已經筋疲力竭了。

很顯然，這是一個厤稈打狼兩頭怕的局面。這兩次喪師費財的大戰固然拖垮了隋帝國，但同時也讓小小的高麗元氣盡喪。此刻的高麗軍民普遍存在著怯戰心理，尤其是一年前的那場遼東之戰，至今還讓他們心有餘悸。

面對捲土重來的隋朝水陸大軍，高麗王高元也是惶惶不可終日。他最終只好選擇了妥協。

七月二十八日，高元遣使前往隋軍大營，向楊廣奉上了降表。為了表明誠意，高元特意把逃亡高麗的斛斯政逮捕，用囚車押回。

如果是前兩次，楊廣一定會斷然拒絕，並且親自攻進平壤，活捉高元。但這一回，楊廣卻忍不住一陣竊喜。

因為，今非昔比了。大隋帝國風起雲湧的叛亂，已經不能讓楊廣再漠然置之了。只要能盡早使高麗臣服，讓自己撈回一個大隋皇帝應有的面子，楊廣就感到很滿意了。更何況，一路上親眼看見那麼多士兵不顧砍頭的危險紛紛逃亡，更讓他這個南征北戰的皇帝對隋軍的真實戰鬥力有了一個比較理性的評估。假如真的跟高麗決戰，是否能踏平這個強悍的小國，是否真能把高元手到擒來，其實也還是個未知數。

所以，面對高元那份辭真意切的降表，楊廣不假思索地接受了，並即刻傳令來護兒班師回朝。三征高麗就這麼不尷不尬地落下了帷幕。

楊廣和他的帝國，終於取得了一個聊勝於無的、充滿自慰色彩的勝利。

對隋帝國的許多將領來講，這種意淫式的精神勝利讓他們感到極為難堪。不，是讓他們覺得萬分恥辱！

一征高麗大敗而回，二征高麗無果而終，三征高麗不了了之，這算哪門子事?!

就在楊廣明令來護兒班師的時候，老將來護兒就曾經想抗命不遵、自取平壤。（《資治通鑒》卷一八二：來護兒集眾曰：「大軍三出，未能平賊，勞而無功，吾竊恥之！」）雖然來護兒最後還是被部下勸服，悻悻然班師回朝，但三征高麗最終居然是這樣的結果，實在是讓人有理由為之傷心扼腕。

大業十年八月初四，楊廣從懷遠班師。大軍行至邯鄲（今河北邯鄲市）時，當地變民首領楊公卿突然率八千人偷襲了禁軍後衛第八隊，在皇帝的眼皮底下搶走了四十二匹膘肥體壯的上等御馬。

此次遭襲雖然沒有對楊廣造成威脅，卻在楊廣心中投下了一道揮之不去的陰影——如今的隋朝天下到底有多少反賊？

沒有人數得清，幾年來隋帝國到底爆發了多少叛亂，冒出了多少反賊，唯一能描述事實的說法只能是——數不勝數。

自楊玄感起兵後，新一輪農民起義的數量更大、範圍更廣，幾乎到了無郡不亂、無處不反的地步。下面，我們就羅列一張清單。這張清單很長，而且仍還是不完全統計：

大業九年七月，餘杭（今浙江杭州市）人劉元進、梁郡（今河南商丘市）人韓相國各自起兵回應楊玄感。劉元進部眾數萬，進據吳郡（今江蘇蘇州市），自立為天子、設置百官；韓相國部眾十餘萬，被楊玄感任命為河南道元帥。

八月，吳郡人朱爕、晉陵（今江蘇常州市）人管崇起兵，共推劉元進為主，隨後皆任尚書僕射，有部眾十萬，屢破隋兵。同月，信安（今廣東高要縣）人陳瑱起兵，部眾三萬，攻佔郡城。

九月，東海（今江蘇連雲港市西南）人彭孝才起兵，濟陰（今山東曹縣西北）人吳海流起兵，蒼梧（今廣西梧州市）人梁慧尚起兵，東陽（今浙江金華）人李三兒、向但子起兵。

十月，東郡（今河南滑縣東）人呂明星起兵。

十二月，唐縣（今河北唐縣南）人宋子賢，自稱彌勒佛下生，聚眾舉行「無遮大會」，準備起兵襲擊路經此地的楊廣，後來事洩被殺。同月，扶風（今陝西鳳翔縣）一個叫向海明的和尚亦自稱彌勒出世，率數萬部眾起事，隨後稱帝，改元白烏。

日後聲勢浩大的杜伏威、輔公祏起義，也是發生在這個月。杜伏威是章丘（今山東章丘市）人，輔公祏是臨濟（今山東章丘西北）人，二人是刎頸之交。杜伏威時年才十六歲，但勇猛異常，出戰必定在前，撤退必定殿後，所以被部眾推舉為首領。杜伏威自稱將軍，率部轉戰淮南，先後吞併了另外兩支變軍苗海潮和趙破陳的部眾，聲勢大振，隨即進逼江都，大破江都留守宋顥的部隊。

大業十年二月，扶風人唐弼起兵，自稱唐王，立李弘芝為帝，有部眾十萬人。

四月，彭城（今江蘇徐州市）人張大虎起兵。

五月，延安（今陝西延安市）人劉迦論與匈奴人結盟，自稱皇王，改元大世，有部眾十萬人。

六月，建安（今福建建甌市）人鄭文雅、林寶護起兵，部眾三萬，攻佔郡城。

十一月，長平（今山西高平西北）人司馬長安起兵，攻佔郡城。同月，離石（今山西離石縣）的匈奴部落酋長劉苗王聚眾起事，自稱皇帝，部眾數萬人，大破前來圍剿的隋軍。

大業十一年（西元六一五年）二月，上谷（今河北易縣）人王須拔起兵，稱「漫天王」，國號燕；另一變民首領魏刀兒，號「歷山飛」；各有部眾十餘萬，北聯東突厥，轉戰於燕趙地區（今山西、河北等地）。

……

夠了，不需要再羅列了。這個剛剛取得統一還不到三十年的隋帝國，如今已然分崩離析、搖搖欲墜，而大業初年那個「社會穩定、民生富庶、四海升平、萬邦來朝」的所謂盛世，也早已千瘡百孔、面目全非！

彷彿只在轉眼之間，隋煬帝楊廣就駕著他的帝國馬車，從大業的巔峰一頭墜入了黑暗的深淵。

可是，這一切並未引起楊廣的充分警覺。他依然自信滿滿地認為，遍布天下的這些造反的泥腿子，都不過是烏合之眾，不用幾年就會被官軍蕩平剿滅。所以，在他看來，煌煌大業仍將一如既往地向前推進，任何人都無法阻擋……

大業十年十月底，楊廣剛回到西京長安，就迫不及待地發布了一道詔書，命令已經向隋朝投降的高元按照臣藩之禮入朝覲見。

為了征服高麗而付出了慘重代價的大隋天子楊廣，需要一點最起碼的補償。哪怕純粹是精神上的。然而，讓楊廣大失所望的是——高元一點反應也沒有。

楊廣在長安苦等多日，不用說高元，連一根高麗人的毛都沒見著。

詐降，又見詐降！為何我的人生總見詐降?!

楊廣惱羞成怒，幾欲吐血。

最後，楊廣發出了一聲歇斯底里的怒吼——老子要四征高麗，誰也別攔著我！

是的，楊廣說他要四征高麗。

即便不能證明自己可以，他也要證明自己不可以。

然而，不管可不可以，楊廣已經什麼都證明不了了。倒不是說有誰成功地勸阻了他，而是空空如也的國庫攔住了他——如今的隋帝國，再也沒有那份雄厚的國力，可以為楊廣提供一百萬軍隊及其所需的物資和糧餉了。

意識到這一切的時候，楊廣鬱悶難當。為了消除自己的鬱悶，楊廣決定第四次北巡。四征高麗的錢花不起，四次北巡的錢他還是花得起的。

大業十一年八月初五，楊廣向帝國的北部邊境出發了。

此時的楊廣並不知道，一場比三征高麗的失敗更讓他難以想像的噩夢，正悄悄匍匐在道路的前方。準確地說，它匍匐在雁門郡。

# 三三、雁門之圍：驚魂三十三天

秋天的塞北高原。天似穹廬，籠蓋四野。

一望無際的原野上，盛大的天子車隊浩浩蕩蕩向北而行，連綿不絕的各色旌旗在朔風中獵獵招展。一隻孤獨的蒼鷹在車隊上空無聲盤旋。繞了幾圈後，它忽然投下莫名而驚惶的一瞥，振起羽翼向遠方天際急急掠去。

大業十一年（西元六一五年）八月十二日，天子車隊緩緩抵達雁門郡（今山西代縣）；齊王楊暕（楊廣次子）率後衛部隊駐紮崞縣（今代縣南崞陽鎮）。

此時，雁門以北的大地正滾過一陣劇烈的顫慄。

那是鐵蹄踐踏下的顫慄。四天前，東突厥的始畢可汗率領數十萬精銳騎兵從塞外呼嘯南下，此刻正風馳電掣地朝雁門撲來。

他的目標是——殺死楊廣。

始畢可汗是啟民可汗之子，名叫阿史那咄吉。大業五年，啟民可汗卒，咄吉繼位。啟民之所以能夠坐穩可汗的位置，並且在後來的許多年裡不斷發展壯大，全賴隋朝的鼎力支持和悉心保護，所以他才會對隋朝感恩戴德，並終身以臣藩之禮恭謹事隋。毫不誇張地說，隋朝對啟民及其部族恩同再造。對此，啟民自己也是沒齒不忘。按道理，始畢應該和其父一樣，深深感念隋朝的恩德才對，可現在為什麼會突然反目呢？

原因有二：第一，時移勢易；第二，楊廣一朝的外交戰略出了問題。

首先，當初的啟民只是突厥的小可汗，而且被大可汗都藍打得差點滅族，所以除了尋求隋朝的庇護之外，沒有其他的路可走，當然要對隋朝執臣藩之禮。可到了始畢這一代，形勢已不同往日：東突厥不但已經在隋朝的羽翼之下逐漸發展壯大，而且早已離開河套地區的「庇護所」，回到了漠北的廣闊天地。換言之，如今的始畢無論是地盤還是實力，比之當年的都藍或沙鉢略都已有過之而無不及。所以，他事奉隋朝必然不會像啟民當初那麼恭謹。

其次，為了制約勢力逐漸膨脹的始畢，裴矩依照當年長孫晟的戰略，建議楊廣對突厥實施離間，亦即以宗室女嫁給始畢的弟弟叱吉，然後封他為南面可汗，以此牽制始畢。楊廣依計而行，不料叱吉因畏懼始畢，根本不敢接受隋朝的賜婚，所以隋朝的離間之策便落空了。而始畢得知此事後，對隋朝的態度自然更加不遜。

裴矩一看離間之策落空，頓時惱羞成怒。為了洩憤，他想了一個陰招，以貿易之名將始畢的一個心腹謀臣史蜀胡悉誘殺於馬邑（今山西朔州市），然後派人通知始畢說：「史蜀胡悉背叛可汗前來投降，我已為你把他斬殺。」

始畢當然不可能傻到相信他的話。所以，裴矩使用如此陰損的招數，除了令事態惡化之外，別無任何好處。從此，始畢便斷然與隋朝決裂，再也不入朝納貢了。

大業七年後，隋朝叛亂蜂起，國力大為削弱，始畢遂生出顛覆隋朝天下的野心。

幾年來，他一直在耐心地等待。現在，楊廣居然不顧突厥翻臉的危險出塞北巡，主動送上門來，始畢當然不會放過這個機會。

八月十三日，也就是楊廣到達雁門的第二天，始畢可汗的數十萬鐵騎就已將雁門團團包圍。隋朝君臣驚恐萬狀，隨駕的文武百官開始手忙腳亂地組織防禦，命人拆卸民宅的木石修築城防工事，同時布署軍隊防守四面城門。

然而，形勢是嚴峻的。雁門城中的軍民總計有十五萬人。從人數上來講，應該可以支撐一段時間，可關鍵的問題是——城中囤積的糧食只夠食用二十天。

也就是說，如果援兵不能在二十天內到達，那麼這十五萬人——包括朝廷的袞袞諸公、隋朝的宗室成員，甚至包括天子楊廣本人，都將被活活餓死！

突厥人的攻勢異常凌厲，短短幾天便把雁門郡下轄的四十一座城池攻克了三十九座，只剩下楊廣所在的雁門和齊王楊暕駐守的崞縣。突厥人徹底掃清雁門周邊之後，才開始集中兵力猛攻雁門。戰鬥十分激烈，一支流箭甚至「嗖」的一聲射到了楊廣面前，只差幾步就把他射了個對穿。

那一瞬間，楊廣心膽俱裂，遂下意識地抱住他的幼子趙王楊杲放聲大哭。

楊廣苦心維繫了大半生的驕傲和尊嚴，就在這一刻轟然坍塌。一直到好幾天後，人們還能看見楊廣那異常紅腫的雙目和驚魂未定的眼神。

權力和地位並不能使人免於恐懼和軟弱。尤其是在死神面前，一個皇帝的恐懼和一個平民的恐懼大抵相去不遠；而由於各種外在包裝的剎那脫落，使得一個天子的軟弱，看上去往往要比一個草民的軟弱更為不堪。

死神面前人人平等。這似乎是上天在創造這個不公平的世界時唯一顯得公平的地方。

面對突厥人夜以繼日的進攻，宇文述擔心城池隨時可能陷落，於是勸楊廣挑選數千精騎拼死突圍。可他的提議卻遭到了多數人的反對。納言蘇威說：「守城，我們的力量綽綽有餘，而騎兵野戰卻是突厥人之所長。陛下是萬乘之君，怎麼能輕舉妄動？」

民部尚書樊子蓋也認為：應該堅守城池，摧折突厥人的銳氣，然後緊急徵調四方軍隊前來勤王。

除此之外，樊子蓋還提了一條建議。

這條建議直接觸及了當下最敏感的一個政治話題，以致楊廣乍一聽就有些冒火。樊子蓋說：「陛下應該親自撫慰將士，告諭他們不再征伐遼東，並高懸重賞，如此自必人人奮發，何愁不能擊退突厥！」

在場的內史侍郎蕭瑀（蕭皇后之弟）趕緊補充說：「按突厥人的風俗，可賀敦（可汗的后妃）可以參預軍事決策，依臣之見，應即刻遣使將陛下的處境告訴義成公主，就算沒什麼幫助，反正也不會有何損失。現在的問題在於：將士們普遍擔憂，一旦解除了突厥的威脅，又必須去征伐高麗。倘若陛下公開宣布赦免高麗，曉諭將士一意對付突厥，則軍心穩定，勢必奮勇作戰。」蕭瑀話音剛落，近臣虞世基等人也連忙隨聲附和。

楊廣算是聽出來了，這幫人是拐著彎兒在勸諫哪！

不，豈止是勸諫，這簡直是要脅——是借突厥人的刀在要脅啊！楊廣憤怒地想，知道朕最終不會放棄四征高麗，你們就在這節骨眼上來這麼一手。朕就奇怪了，守雁門和征高麗有必然聯繫嗎？難道不放棄征高麗，這雁門就沒法守了？天底下有你們這麼當臣子的嗎？一看敵人把刀架到天子脖子上，就跟天子講條件、做交易，這算是哪一門臣子?!

楊廣雖然很生氣，可他沒辦法。因為生死存亡的關頭，他沒得選擇。交易就交易吧，楊廣想，等老子離開這該死的雁門，到時候征不征高麗還不是老子一句話的事?!

最後楊廣點了點頭，並即刻走到第一線視察和慰問將士，在宣布赦免高麗的同時又頒布命令：「凡守城有功者，無論平民還是士卒，一律直升六品，並賞賜綢緞一百匹；六品以上官員則依序晉級。」詔命一下，士眾歡呼雀躍，軍心大振。於是在接下來的日子裡，雖然突厥日夜猛攻，城中軍民傷亡慘重，但雁門卻依然頑強屹立。

城池一時半會是攻不破的，要命的是——倉庫的糧食在急劇銳減之中，吃一天就少一天。雖然實行了壓縮配給，但是剩下的糧食卻已經屈指可數了。

形勢萬分危急，而突厥人把城池圍得水洩不通，傳令四方勤王的詔書又很難送出去。怎麼辦？所有人絞盡腦汁地想了十天，依舊一籌莫展。

到了第十一天，楊廣大腿一拍，終於有了主意。

八月二十四日，數百根浮木被拋到流經雁門的汾水河上，並迅速順流而下，漂向下游的各個郡縣。每一根浮木上，都綁著一道用黃帛寫就的勤王詔。

隨後的日子裡，各郡縣長官相繼接獲詔書，紛紛募兵奔赴急難。在各郡應徵勤王的隊伍中，屯衛將軍雲定興手下一個十六歲的小兵給他獻了一計。

這一計，事後被證明取得了很好的效果。

這個小兵建議，隊伍大量攜帶軍旗和戰鼓，然後大張旗鼓設置疑兵，藉此迷惑敵人、製造恐慌。他說：「始畢膽敢以舉國之師包圍天子，必定認為我們倉促之間不能及時救援，所以我們應該大張軍容，白天令數十里幡旗綿延相續，夜晚則鉦鼓齊鳴，讓敵人以為我方援軍已大量集結，勢必聞風而遁。否則敵眾我寡，萬一突厥傾巢來攻，我們必定難以抵擋。」

雲定興覺得有道理，欣然採納了這個十七歲小兵的建議。

這個小兵，就是李世民。

這是史書有載的李世民在隋末歷史舞臺上的第一次亮相。他的身分雖然有點卑微，但作為一個即將在幾年後縱橫天下的軍事統帥，其智慧和謀略已經在此露出了端倪。

楊廣除了浮木傳詔外，還採納蕭瑀的建議，派遣密使從小道潛行至突厥王庭，向義成公主求救。義成公主立即寫信給前線的始畢可汗，謊稱國內有變。

始畢半信半疑，但是連日來已經不斷有偵察兵回報——隋朝東都及各郡援軍已大量集結，正往雁門方向迅速移動，前鋒已抵達忻口（今山西忻州市忻口鎮）。

最佳戰機已經錯過了，再拖下去凶多吉少。

大業十一年九月十五日，始畢可汗不得不命令軍隊即日解圍，全線後撤。

楊廣如釋重負，立刻派出兩千騎兵一路尾追，在馬邑攻擊並俘虜了兩千多名突厥的老弱殘兵，總算出了一口惡氣。

突厥人撤退的那天，城中的糧食也基本告罄。所有人都長長地鬆了一口氣！

雁門驚魂三十三天，楊廣好似去鬼門關走了一趟。

和死神的這次親密接觸，給楊廣留下了相當不愉快的記憶。

本來從大業八年起，楊廣就得了失眠症，自這場「雁門驚魂」後，他更是患上了嚴重的神經衰弱，每晚必須由一群美女為他揉搓按摩才能勉強入睡。

不知道在那些輾轉反側的夜晚，楊廣會不會屢屢墜入這樣的夢境——

他煢然一身、披頭散髮地奔跑在一條懸空的棧道上，左邊是寒冰，右邊是烈焰，後面是一群面目猙獰的人揮舞著刀劍在拼命追趕。

楊廣沒命地奔跑，而棧道一直在猛烈地搖晃。

不知道跑了多久，前面有一群人突然擋住了他的去路。他們目光如刀，面色如鐵，看上去很面熟，可楊廣無論如何就是看不清他們的臉。然後，楊廣的脖頸被什麼東西死死纏住了，而且越纏越緊、越纏越緊……

假如楊廣曾經做過這樣的夢，那他很快就會知道——這不是夢，而是現實。

兩年多後在江都離宮，雖然沒有寒冰和烈焰，但確有一群「熟人」站在他的面前，然後用一條絹巾勒住了他的脖子……

# 三四、天下無賊

大業十一年十月三日，楊廣回到了東都。

一回來，楊廣就做了三件事情，一一「兌現」他在雁門所做的承諾。

第一件事，是賞賜將士。

可是，楊廣的賞賜不但沒有引來將士們的感激和歡呼，反而招致一片怒罵。

因為，天子的出手異常吝嗇，完全背棄了當初的諾言。豁出性命守衛雁門的將士有一萬七千人，最後獲得功勳的只有一千五百人；此外，官階的封賞也比原來說好的低了很多，物質上的賞賜則連影子都沒有。樊子蓋極力勸諫，認為天子不能不講誠信。楊廣盯著他看了許久，說：「你是想收買人心嗎？」樊子蓋嚇得面無人色，一句話也不敢再說。

第二件事，就是關於再征高麗的。

楊廣同樣出爾反爾，公開在朝會上興致勃勃地提出了四征高麗的計畫，令朝野上下瞠目結舌。

第三件事，是秋後算帳。

楊廣要跟大臣們算帳——身為大隋臣子，竟敢在危急關頭強迫皇帝與他們進行交易，這筆帳豈能不算?!

為了殺一儆百，楊廣只單獨拎出了一個人：國舅爺蕭瑀。

楊廣對文武百官說：「突厥狂妄悖逆，能有什麼作為？當初突厥圍困雁門，只因未能及時解圍，蕭瑀就嚇得不成樣子，有失人臣體統，朕絕不寬恕！」

當天，蕭瑀就被貶為河池（今陝西鳳縣）太守，逐出了朝廷。

就是這個蕭瑀，日後成了大唐開國的民部尚書、高祖李淵的心腹重臣，封宋國公，至太宗時代更是位居宰輔，官任尚書左僕射。李世民給他的評價是：「此人不可以厚利誘之，不可以刑戮懼之，真社稷臣也！」並曾賜一句古詩給他，稱：「疾風知勁草，板蕩識誠臣！」貞觀十七年（西元六四三年），蕭瑀與長孫無忌等人的畫像被並列懸掛在凌煙閣，成為歷史上著名的「凌煙閣二十四功臣」之一。

大業十二年（西元六一六年）正月初一，楊廣在東都舉行新年朝賀，天下有二十餘郡的元旦賀使缺席。

原因無非是兩個：要麼郡城已落入變民之手，要麼是特使在中途被變民所殺。

這是隋王朝開國以來從未有過的事情。楊廣終於意識到了問題的嚴重性，開始派遣十二路招討使分赴各地，負責徵調軍隊鎮壓叛亂。

到了五月，楊廣在朝會上向大臣們詢問叛亂的情形。宇文述說：「漸漸少了。」楊廣問：「比以前少多少？」宇文述說：「只剩下不到十分之一。」楊廣看了看他，又把目光轉向其他人。

納言蘇威垂下目光，悄悄把身子挪到了柱後。

楊廣瞥了一眼，悶聲喊道：「蘇威，你來回答。」

蘇威硬著頭皮走了上來，說：「此事非臣主管，臣確實不知，只知道……憂患在逐漸迫近。」

話了。

楊廣皺了皺眉頭：「這是什麼意思？」

蘇威看了一眼宇文述，又看了看皇帝和其他人。他知道，自己再不說實話，就沒人跟皇帝說實話了。

但是，說實話需要付出代價，老臣蘇威今天就決意承擔這個代價。

他說：「從前，叛賊據有長白山（距洛陽五百七十公里），而今卻近在汜水（距洛陽六十五公里），皇上，您覺得這意味著什麼？」蘇威瞄了一眼皇帝，又說：「況且，往日的租賦丁役，而今都無處徵收，這難道不意味著百姓都變成盜匪了嗎？據臣所知，最近各地奏報的叛亂情形多不屬實，致使朝廷失去正確判斷，所以不能及時剪除。再者，皇上當初在雁門曾經許諾不征遼東，而今卻再度徵發兵糧，如此，叛亂又怎能止息？」

真是哪壺不開提哪壺！

蘇威的最後這句話嚴重惹惱了楊廣，以至於他前面說的那些全部被楊廣當成了耳旁風。

進諫是一門精妙的藝術，並不僅僅是「忠心」二字所能概括，可惜老臣蘇威不善此道。

楊廣一言不發，立刻站起身拂袖而去。

五月初五端陽節，文武百官紛紛送上各種奇珍異寶向皇帝獻媚，唯獨蘇威送了一本《尚書》。他在朝中的政敵立刻抓住把柄向皇帝告狀，說：「《尚書》中有『五子之歌』，說的都是夏朝君主太康如何荒唐暴虐、宴遊無度，導致社稷傾圮、家國喪亡之事，蘇威這是藉此在影射皇上，其意大為不遜啊！」

楊廣心中的怒火開始沸騰。

既然你蘇威喜歡哪壺不開提哪壺，那朕就幫你提一提！楊廣隨即召見蘇威，讓他就四征高麗一事提出詳細的計畫。

那天，楊廣一直盯著蘇威那張憂國憂民的老臉，眼中充滿了挑釁和揶揄。

蘇威沒有躲避，不卑不亢地提出了他的「計畫」：「此次東征，臣以為不必調動正規軍，只要赦免天下盜匪，一夜之間便可得數十萬人。派他們去東征最合適，這些人喜於免罪，必爭先立功，高麗自可滅亡！」

此言一出，楊廣彷彿挨了一記響亮的耳光，一張臉立刻漲得像豬肝。他拿高麗的事情為難蘇威，就是想看蘇威的笑話，不料反倒被他結結實實嘲弄了一把。

蘇威啊蘇威，你可真是頭老狐狸！前幾天問你盜匪的情況，你偏偏拿高麗說事，現在讓你提四征高麗的計畫，你就拿「數十萬」盜匪來抬槓。天下的盜匪有那麼多嗎？數十萬？怎麼從來沒人跟朕提過？如果天下真有那麼多盜匪，朕還能穩穩當當坐在這金鑾殿上嗎？你蘇威分明就是危言聳聽、信口雌黃！你是想藉盜匪來嚇朕，好讓朕放棄東征是吧？告訴你，門都沒有！

當天的廷對又鬧得很不愉快。楊廣滿臉怒容，一言不發，蘇威只好快快告退。蘇威一走，御史大夫裴蘊馬上奏稱：「蘇威此言大為不遜，天下哪有那麼多盜賊！」

「這個糟老頭，一肚子詭詐！」楊廣咬牙切齒，「想拿盜匪來威脅我，我恨不得賞他幾個大嘴巴子！念在他是開國老臣，並且……」楊廣故意頓了頓，接著說，「並且無甚重大過失，且再忍忍他吧。」

裴蘊一聽就明白了。天子要蘇威的「過失」，那還不是小事一樁？裴蘊隨即唆使一個叫張行本的河南平民狀告蘇威，說：「蘇威當初在高陽（今河北定州市）選拔官吏時，曾經濫授職務；還有，蘇威怕突厥人怕到了骨子裡，雁門圍解之後竟然連東都都不敢回，力勸皇上回西京，實在有失大臣風範。」

裴蘊設計的此次誣陷其實很不高明，其告狀者的身分和告狀辭都破綻百出。試想，一個河南的小老百姓，憑什麼論斷蘇威在高陽有過「濫授職務」的行為，他的標準是什麼？證據在哪裡？再者，雁門圍解後蘇威勸諫皇帝回西京的事情，他一個布衣張行本憑什麼知道？就算知道，一個當朝宰輔向皇帝勸諫也是屬於份內之責，什麼時候輪到一個平頭百姓來指手畫腳、說三道四了？

由此可見，裴蘊陷害同僚的手段實在很低級，很粗糙。

但是，這並不重要。因為，楊廣要的就只是一個拿蘇威開刀的藉口，管它低不低級、粗不粗糙！楊廣即刻命有關部門對蘇威立案審查，結果當然是「有罪」。於是，楊廣下詔歷數其罪，然後將蘇威貶為庶民。一個月後，又有人上疏指控蘇威與突厥人暗中勾結，圖謀反叛。楊廣命裴蘊調查，結果自不待言，蘇威謀反罪名成立，被裴蘊宣判死刑。

蘇威百口莫辯，只好向楊廣磕頭謝罪，並且磕得滿頭是血。

這下，楊廣終於滿意了，命人將他釋放，說：「暫時還不忍心殺他。」隨後將蘇威及其子孫三代的官爵全部罷黜，廢為庶民。

大業十二年，四方叛亂愈演愈烈，帝國的現狀令人觸目驚心。隋王朝上至宰輔、下至黎庶都對此心知肚明，但是卻無人敢言。因為，皇帝楊廣寧可相信他的寵臣宇文述說的是實話——天下的盜賊只剩下不到十分之一了。

換句話說，楊廣寧可相信天下無賊。

這年初秋，在隋帝國上空漫天飛舞的壞消息，一條也沒有飛進楊廣的耳朵。

楊廣只聽見了一則好消息，一則令他龍顏大悅的好消息：當初楊玄感叛亂時，幾千隻龍舟全部被焚毀，現在，由宇文述督造的第二代龍舟又全部造好了，而且規模比第一代更大、裝飾更豪華。

楊廣很高興。自從大業八年東征高麗以來，他已經好久沒這麼高興了。善於察言觀色的宇文述馬上進言，勸他去江南散散心。楊廣覺得有道理，當即宣布暫緩東征，擇日南巡，三下江都！

一些有良知的官員再也不忍心保持沉默了。右候衛大將軍趙才第一個站出來勸諫：「今百姓疲勞，國庫空虛，盜賊蜂起，政令不行，願陛下早回西京，安撫萬民！」

楊廣不由分說地把趙才扔進了監獄。

建節尉任宗第二個站出來勸諫，當天就在朝堂上被亂棍打死。

這一年七月十日，規模龐大、盛況空前的龍舟隊第三次從東都洛陽出發了。

龍舟剛剛行至建國門，第三個不怕死的勸諫者又站了出來。他叫崔民象，是一個從九品的奉信郎。崔民象向楊廣奉上諫書，開頭第一句就是：「今盜賊充斥……」楊廣一看到這幾個字，馬上命人撕裂他的嘴巴，然後一刀砍了。

龍舟行至汜水，又一個九品的奉信郎王愛仁再次勸諫天子停止南巡、西返長安，楊廣又砍了他，繼續前行。

龍舟行至梁郡（今河南商丘市），當地百姓聯名上書，說：「陛下若執意南巡江都，天下將不再為陛下所有！」楊廣勃然大怒，命人將他們全部砍殺。

後來就再也沒人敢阻攔了，楊廣乘坐的龍舟終於一帆風順地駛向了江都。

離開洛陽時，意興飛揚的楊廣曾作詩向後宮嬪妃告別，其中一句是：「我夢江都好，征遼亦偶然。」江都一直是楊廣魂牽夢繞的地方，是他靈魂的故鄉，所以他希望江都能夠消除他的疲憊、撫平他的焦慮、療治他的創傷，成為他生命中又一個嶄新的起點。

可此時的楊廣並不知道，這一去，他就再也沒有回到洛陽。美麗的江都，並非另一個嶄新的起點，而是他生命的終點。

# 三五、李密：跨越生命的低谷

李密覺得自己像一條船。

一條破船。

幾年來他一直像一條破船一樣在隋朝末年的怒海狂濤中漂泊。

他先是投奔了郝孝德。可郝孝德當他是蹭飯的傢伙，始終沒給他好臉色看。

李密又投奔了王薄。王薄對他倒還客氣，可一直把他當客人。雖然好吃好喝伺候，卻始終讓他在一邊涼快著。

李密很鬱悶——要想參預山寨決策，論資排輩，少說也要等上一百年。

鬱悶的李密只好下山繼續漂泊，由於身無分文，一路上只能以剝樹皮、挖草根為生。後來再也走不動了，就在淮陽郡（今河南淮陽縣）的一個小山溝裡落腳，改名劉智遠，教幾個農村孩子讀書識字，勉強糊口。就這麼過了幾個月，鬱鬱不得志的李密寫下了一首五言詩，藉以抒發自己年華虛度、壯志未酬的痛苦和失落。詩的最後幾句是：「秦俗猶未平，漢道將何冀？樊噲市井徒，蕭何刀筆吏。一朝時運會，千古傳名諡。寄言世上雄，虛生真可愧！」此詩既成，李密仰望蒼穹，不覺悲從中來、泣下沾襟。

就在李密寫下那首「反詩」之後，他的身分立刻引起了鄉民的懷疑，有人到淮陽太守那裡告了密。官府立刻發兵前來搜捕，李密只好再度逃亡。

走投無路的李密最後逃到雍丘（今河南杞縣），想投靠他的妹夫、雍丘縣令丘君明。丘君明一看是李密，頓時嚇了一大跳。

這個大舅子眼下可是朝廷追捕的要犯，是人人避之唯恐不及的喪門星哪！誰要是敢窩藏他，誰仕途立刻玩完，腦袋搬家！

丘君明留也不是，不留也不是，最後只好把他送到一個密友王季才那裡。所幸王季才是一個俠肝義膽之士，一向敬佩英雄豪傑，所以不但欣然收留，還把女兒嫁給了李密。

李密就這麼撿了一條命，還意外地撿了一個老婆。如果不出現什麼意外，李密很可能會在這雍丘地界上當一個循規蹈矩的倒插門女婿，日出而作，日落而息，平庸度日，直至終老。倘若如此，那歷史上也就沒有什麼瓦崗英雄李密了。

不過，命運似乎注定要讓未來的李密在隋末唐初的天空下振翅飛翔，所以，還沒等李密享受完蜜月，命運馬上又安排了一場災難，再次把李密推向痛苦的深淵。

早在李密剛剛來到雍丘縣的時候，丘君明的堂侄丘懷義就馬不停蹄地跑到朝廷告了密。楊廣頒下一道敕書，命丘懷義用最快的速度把敕令交到梁郡通守楊汪手上，命他逮捕李密。楊汪接獲敕令，立刻率兵包圍了王季才家。

這一次，李密似乎在劫難逃了。可出乎所有人意料的是——官兵居然撲了一個空。

因為李密這天恰好出門，無意中躲過了一劫。可是，跑了和尚跑不了廟。一無所獲的官兵一怒之下，把王季才一家和縣令丘君明一家全部滅門，殺得雞犬不留。

幾十口人一瞬間全都成了李密的替死鬼。李密悲憤交加，再次踏上漫漫的流亡路。

在一次又一次顛沛流離的逃亡生涯中，絕望的李密逐漸悟出了一個道理——對於一條沒有方向的船來說，任何方向的風都是逆風。

所以，必須為自己的人生尋找一個堅定不疑的方向。李密把歷盡滄桑的目光投向帝國的四面八方，開始在隋朝末年瀰漫的烽煙與熊熊的戰火中重新尋找……

最後，他的目光終於停在了一個地方。

這個地方叫瓦崗。

瓦崗寨的首領名叫翟讓，本來是東郡（今河南滑縣）的一個法官（法曹）。可有一天，這個翟法官自己卻犯了死罪，被關在牢裡等候處斬。

一個叫黃君漢的獄吏向來很仰慕翟讓，於是半夜偷偷摸到他的牢房，對他說：「翟法司，如今的天意民心皆已彰顯，眼看就要改朝換代了，你怎麼還坐在這兒等死呢?!」

翟讓又驚又喜，馬上從地上跳起來，說：「翟讓已是圈中待宰的豬羊，是生是死，全在先生手上。」

黃君漢打開翟讓的枷鎖腳鐐，親自把他送出了監獄。翟讓感激涕零，不停地叩首，說：「翟讓萬幸，蒙先生再造之恩！可我走了，先生怎麼辦？」

黃君漢大怒：「本以為公是大丈夫，可以拯救天下蒼生之命，所以我才冒死營救，怎麼反而跟小兒女一樣哭哭啼啼？你只管逃命吧，不用擔心我。」

就這樣，翟讓逃離了近在咫尺的死神魔爪，一直逃到瓦崗（今河南滑縣南），於大業七年聚眾拉起了反旗。附近變民紛紛來附，部眾很快發展到一萬多人。在歸附的人中，有兩個勇猛過人的少年很快就引起了人們的矚目，並在短短幾年後迅速成長為隋末唐初叱吒風雲的人物。

其中一個叫單雄信。還有一個叫徐世勣。

這個徐世勣，就是後來的初唐名將、名列「凌煙閣二十四功臣」之一的李世勣（李勣）。投奔瓦崗的這一年，徐世勣年僅十七歲。他祖籍離狐（今山東荷澤西北），後遷居衛南（今河南滑縣東），字懋功，所以很多人也叫他徐懋功。他是個富二代，史稱其「家多僮僕，積粟數千鐘，與其父蓋（徐蓋）皆好惠施，拯濟貧乏，不問親疏」。（《舊唐書·李勣傳》）

很顯然，這樣一個家境富裕、樂善好施的少年投身起義，絕不是迫於生計，而純粹是為了實現他的人生抱負和自我價值。這樣一種高起點，決定了少年徐世勣自然要比那些只知道搶糧、搶地盤的人擁有更為遠大的發展空間。他後來的生命歷程及其一生的輝煌功業，就很好地證明了這一點。

李密循著生命的新方向來到瓦崗，可他一來就傻眼了。

因為這裡橫行著一大群草頭王，讓他吃不準究竟要把自己的未來押在哪一桿旗幟上。

除了翟讓之外，這裡還有外黃（今河南民權縣西北）人王當仁、濟陽（今河南南考縣東北）人王伯當、韋城人周文舉、雍丘人李公逸等等，個個牛皮烘烘、眼高於頂。李密忙忙碌碌地穿梭於這群牛人之間，苦口婆心地向他們講解「削平群雄、一統天下」的大計，可這幫牛人基本上都拿他當笑話，根本沒人買他的帳。

李密再度陷入了迷茫。

在李密的苦苦等待和堅持下，一則改變他命運的歌謠終於隨風吹到了瓦崗。

準確地說，這是一則政治歌謠，名叫《桃李章》。其大意是說楊氏終將滅亡，李氏終將興起。瓦崗寨的這幫牛人不太相信一個讀書人的什麼天下大計，可他們卻很容易相信民間流傳的政治謠言。所以，當他們一邊回味著歌謠、再一邊聽李密暢談大計的時候，這味道就越來越不一樣了。

將取楊氏天下的人，莫非就是這個姓李的傢伙?!

後來，他們又聽說了李密好幾次大難不死的傳奇故事，於是越看越覺得李密像是未來的帝王，對他的態度開始大為轉變。

李密的好運終於來了。

通過這段時間對這些變民首領的仔細觀察，李密已經牢牢鎖定了一個人，決定將自己的未來與他的未來緊密捆綁。

他就是翟讓。

李密覺得翟讓是這幫牛人中實力最強的，而且麾下人才濟濟、極具發展潛力，於是便通過王伯當的引薦，正式加入了翟讓的陣營。剛一加盟，李密就小小地露了一手——他向翟讓獻策，並且親自運作，很快就把瓦崗周邊的多股小盜匪成功收編，給老闆送上了一份豐厚的見面禮。翟讓喜出望外，頓生相見恨晚之感，開始讓他參預山寨的決策。

李密遂力勸翟讓奪取天下。他說：「劉邦、項羽皆以布衣之身而成就帝王功業。如今主上昏庸無道，天下民怨沸騰，朝廷精銳之師盡喪於遼東，國家與突厥的關係也已全面惡化，而主上卻仍巡遊江南，委棄東都，此乃劉邦、項羽奮起之時也！以足下之雄才大略，加之士馬精良，足以席捲二京，誅滅暴虐，滅亡隋氏指日可待！」

翟讓聽完後笑了笑。他向李密道了聲謝，然後說：「我們只是群盜而已，旦夕偷生於草莽之間，君之所言，非我所能及也！」

在這個世界上，人和人的差別是很大的。有的人富有天下，卻仍然覺得事業不夠大、功績不夠顯赫、生命不夠輝煌，所以仍然要努力奮鬥，或者說使勁折騰，比如當今的隋朝天子楊廣。而有的人，只要在某塊地盤上當老大，能對一群人發號施令，整天不愁吃不愁穿，並且無拘無束自由自在，他就心滿意足了，比如眼下的瓦崗首領翟讓。

李密看著這個草頭王翟讓，內心忽然感到無比失望。

他萬萬沒想到，翟讓居然是這麼一個安於現狀、不思進取的人。當今天下是一個英雄輩出、不進則退的時代，苟且偷安就意味著坐致失敗，也無異於自取滅亡。自己能把未來綁在這種胸無大志的人身上嗎？

當然不能！

差不多從這個時候起，一個大膽的想法就躍入了李密的腦海——自立門戶。

# 三六、瓦崗的新任大佬

李密的自立計畫，並不是想離開瓦崗拉一隊人馬單幹。他沒那麼笨。

天下大亂已經好些年了，四方的割據群雄早已紛紛走向做大做強的階段，這種時候，手中沒有一兵一卒的人要想從零開始，無異於自尋死路，就算不被官兵剿滅，遲早也會被群雄吞併，連成長壯大、割地稱王的機會都沒有，遑論逐鹿中原、問鼎天下?!

況且，眼下這座兵強馬壯的瓦崗寨就是一筆現成的博弈資本，李密又何苦另起爐灶呢？

所以，李密的自立計畫並不是要另立山頭，而是如何把胸無大志的翟讓取而代之，然後堂而皇之地坐上瓦崗寨的頭一把交椅！要做到這點似乎很難，但絕非不可能。要論躍馬橫刀、上陣殺敵的本事，李密或許不敢跟人叫板，可要論心機和謀略，李密自信整座瓦崗絕無出其右者。

李密自立計畫的第一步是——製造輿論、收攬人心。

為此，他鎖定了一個人：賈雄。此人是翟讓的軍師，精通陰陽術數，翟讓一向對他言聽計從。只要搞定這個人，就等於控制了翟讓的大腦。

隨後的日子，李密千方百計結交賈雄，很快與他成了好友。所以，當翟讓向賈雄詢問，是否應該聽從李密的建議出去打天下時，賈雄立刻瞇起眼睛，搖頭晃腦地掐了半天指頭，然後兩眼放光說：「此計吉不可言，吉不可言哪！」

翟讓一聽，頓時有些興奮。可賈雄接下來的話，卻無異於給了他當頭一棒：「不過……您如果自己稱王，恐怕不太吉利，要是擁立李密這個人，定當無往不利。」

翟讓頗為鬱悶：「照你這麼說，蒲山公大可自立，又何必來追隨我？」

「您有所不知啊！」賈雄說，「他之所以來追隨將軍，是因為您姓翟。翟者，澤之義也，蒲草非澤不能生長，所以他需要您。當然，將軍也同樣需要他。」

賈雄的話對翟讓來講就是天意。後來的日子，儘管心裡不大舒服，可翟讓還是不得不對李密刮目相看。

差不多在這個時候，一個名叫李玄英的洛陽人也來到了瓦崗。此人據說走遍了四方群雄的山寨，為尋訪李密的下落歷盡了無數艱辛，現在終於找到了，眼中頓時閃動著激動的淚花。

瓦崗的老少爺們好奇地問他：為什麼滿世界找李密呢？

李玄英答：因為這個人將取得隋朝天下。

人們又問：憑什麼這麼說？

李玄英答：就憑那首傳遍天下的政治歌謠《桃李章》。

人們又問：《桃李章》跟李密有什麼關係？

李玄英一笑，然後對歌謠做了一番極具說服力的詮釋。他說：「歌中唱到：『桃李子，皇后繞揚州，宛轉花園裡，莫浪語，誰道許。』這裡的『桃李子』，指的就是姓李的逃亡人；『皇后繞揚州』，就是指天子逃到了揚州；『宛轉花園裡』，是說天子歸來無日，最終會轉死溝壑；『莫浪語，誰道許』就是一個『密』字；合起來解釋，就是李密將取隋朝天下的意思。」

「哦……原來如此！」人們恍然大悟。後來，瓦崗的老少爺們看見李密，總會不由自主地仰視，目光中充滿了敬畏之情。

不久，又有一個叫房彥藻的人領著幾百號弟兄前來投奔李密。據說，此人本是宋城縣尉，當初曾和李密一起追隨楊玄感起兵。楊玄感敗亡後，房彥藻就像個沒娘的孩子，一直在苦苦尋覓李密的下落，如今總算找到了，自然是跟李玄英一樣熱淚盈眶。

瓦崗的老少爺們大為感歎：李密正是眾望所歸啊！

就這樣，經過一番處心積慮的炒作，李密的人氣指數迅速飆升，儼然成了瓦崗寨的明星人物。

第一步取得成功後，李密開始實施第二步計畫——建立戰功、樹立威望。

他再次向翟讓提出了開拓根據地的建議：「如今四海沸騰、不得耕耘，公士眾雖多，卻沒有足夠的軍糧儲備，只靠間歇性的劫掠，供應必定時常中斷。一旦大敵來臨，曠日持久之下，士眾必然潰散。不如先取滎陽，而後養精蓄銳，待士馬肥壯，方能與人爭鋒。」

這一次，翟讓毫不遲疑地採納了李密的建議，立刻發兵攻克了金堤關（今河南滎陽市北黃河關隘），隨後又攻陷了滎陽郡下轄的大多數縣城。

其時的滎陽太守、郇王楊慶無力抵擋瓦崗軍的鋒芒，趕緊向朝廷告急。楊廣隨即調任勇將張須陀為滎陽通守，命他對付瓦崗軍。

大業十二年十月，張須陀率部進入戰場，開始對瓦崗軍發起攻擊。這幾年，翟讓多次敗於張須陀之手，聽說他來了，大為驚恐，馬上想要跑路。李密阻止他說：「張須陀有勇無謀，且軍隊在戰場上又多次獲勝，如今已成驕兵。我認為一戰便可將其生擒，將軍只管嚴陣以待，李密保證能為將軍破敵！」

翟讓不得已，只好命士兵列陣，準備迎戰。李密另派一千人悄悄埋伏在了大海寺北（今滎陽市北）的樹林中。

張須陀一向瞧不起翟讓，所以一進入戰場馬上命軍隊結成方陣發起進攻，翟讓果然不支，向後退卻。張須陀乘勝追擊，一口氣向北追了十餘里，正好撞進了李密張好的口袋。李密命伏兵突然發動襲擊，張須陀猝不及防，軍隊陣形大亂。李密遂與翟讓、徐世勣、王伯當等部聯合反攻，將官軍團團包圍。張須陀奮力殺出重圍，可回頭一看，左右將領卻未能全部脫險，馬上又轉身殺了進去，拼死營救他的部將。如此連續往返數次，最後身中數創，筋疲力竭，被徐世勣斬於馬下。其副手鷹揚郎將賈務本也身負重傷，率殘部五千人逃奔梁郡，隨後不治身亡。

張須陀陣亡後，麾下將士為其哀號痛哭，數日不絕。河南各郡縣官兵風聞張須陀大敗，且主副二將全部陣亡，頓時士氣盡喪。

這一戰，瓦崗軍大獲全勝。

這是瓦崗軍與張須陀交戰數年、屢遭敗績之後取得的第一場勝利，而首功之人當然非李密莫屬。為了表示對李密的感謝和尊重，翟讓終於讓李密建立了自己的番號和大營，所部號稱「蒲山公營」。

然後，翟讓向李密提出了分手。他知道，李密斷非久居人下之輩，而自己一時又不甘心擁他為老大，只好想出這個分道揚鑣的辦法。翟讓說：「現在糧秣已足，我打算回瓦崗，先生如果不願回去，聽任先生自便，我們就此別過吧。」說完，翟讓向李密拱了拱手，率大軍與輜重往東而去。

李密見翟讓如此堅決，也不好說什麼，隨後率部西進，迅速抵達康城（今河南禹州市西北），然後不費一兵一卒就把附近的幾座城池勸降了，並且獲取了大量的財物、糧草和軍用物資。李密把得到的金銀財寶全部分給了手下，自己則分毫不取。士眾大為感動，越發效忠於他。

聽到李密兵不血刃、連下數城的消息後，還沒走出多遠的翟讓就後悔了。他不得不承認，李密確實是一個高人，而且很可能真是負有天命之人。萬一他就是真龍天子，那現在與他分手，豈非白白斷送自己的大好前程？思慮及此，翟讓隨即掉轉馬頭，命令大軍回過頭去追隨李密。

看見翟讓帶著一臉尷尬的笑容來到面前時，李密知道，自己的計畫基本上成功了。

此刻，李密的威望、功勳、軍事才能、人格魅力都已躍居翟讓之上，儼然已是瓦崗寨的精神領袖。然而，李密絕不滿足於此。他要的是瓦崗的頭一把交椅——不折不扣、實至名歸的頭一把交椅！

要走完這最後一步，李密知道自己必須再幹一票大的。

大業十三年（西元六一七年）春，李密正式向翟讓提出了襲據洛口、攻取東都、亡隋社稷、號令四方的戰略計畫。

他說：「當今天下，昏主蒙塵，遊蕩江南，群雄競起，海內饑荒，明公以英傑之才，統驍雄之旅，宜當廓清天下，誅剪群凶！豈可流落草莽，自甘為小盜？今東都士庶離心，留守諸官政令不一，明公若親率大軍，直取興洛倉（今河南鞏縣東），發粟米以賑窮乏，四方遠近誰不歸附？百萬之眾，一朝可集！繼而養精蓄銳，傳檄四方，招攬天下英豪，傾覆隋之社稷。若將軍能用僕計，天下可彈指而定也！」

此刻，李密雖然仍自稱「僕」，並尊稱翟讓為「將軍」，可翟讓心裡比誰都清楚，眼下他這個「將軍」對李密只有言聽計從的份了。他用他那一貫保守而謹慎的口吻說：「此乃英雄之略，非僕所能勝任，一切惟先生之命是從！請先生率部先發，僕為殿後。」

這一年二月九日，李密與翟讓各率七千精銳，從陽城（今河南登封縣東南）北面出發，翻越方山（今河南滎陽市西南），進入羅口（今河南鞏縣西南），迅速攻克興洛倉，隨即開倉賑糧，任百姓自取。於是，四方百姓扶老攜幼，蜂擁而來，短短時間便有數十萬難民絡繹不絕地湧到洛口。

興洛倉一丟，隋東都留守、越王楊侗立刻慌了神，急命虎賁郎將劉長恭徵召步騎二萬五千人，討伐李密。

當時，東都士民普遍認為李密的部隊只不過是一群烏合之眾，肯定不堪一擊，所以都想趁此機會建功立業。一時間，京都的「國子」、「太學」、「四門」等學生以及皇親國戚、世家大族的子弟皆爭相從軍。朝廷大喜，連忙取出武庫中最精良的武器和鎧甲裝備他們。數日後，這支服飾光鮮、盔甲鋥亮的貴族軍隊就浩浩蕩蕩地出征了，一路上鉦鼓齊鳴，旌旗招展，場面蔚為壯觀。

陽光照耀著這一張張意氣風發的青春臉龐。可是，這不是太學組織的春日踏青，也不是貴族子弟的郊遊狩獵。這是去打仗，去玩命，去見識淋漓的鮮血，去直面醜陋的死亡！

這群從不知戰爭為何物的年輕人準備好了嗎？

和這群年輕人一樣，劉長恭也很自信。他的計畫是自己從正面進軍，命河南討捕使裴仁基率部從汜水包抄變民軍後方；兩軍約定於二月十一日在興洛倉南面會師，然後將瓦崗軍合圍聚殲。

計畫雖然周全，但李密卻不會坐以待斃。他通過偵察兵的報告，很快就弄清了隋軍的作戰意圖。

李密決定主動出擊。他和翟讓從部眾中挑選出精銳士卒，分成十隊，派四隊埋伏在橫嶺之下，負責阻擊裴仁基部，然後親率六隊挺進到石子河東岸嚴陣以待。

劉長恭率部渡過洛水，於次日拂曉抵達石子河西岸。他看見對岸的瓦崗軍兵力薄弱，大為輕視，準備一戰將其殲滅，遂命令士兵不許吃早飯，立刻列陣迎敵。

翟讓趁隋軍立足未穩，首先發起攻擊。但是，隋軍在兵力上佔有絕對優勢，翟讓逐漸不支。李密立刻率部從隋軍戰陣的中間攔腰楔入。隋軍本來便已又累又餓，經此衝擊，一下子潰不成軍。劉長恭慌忙脫下耀眼的大將戰袍，倉皇自小路逃回東都。

在他身後的戰場上，那些從未拿過武器的學生和貴族子弟們，頓時成了瓦崗軍隨意砍殺的活靶子。這與其說是一場戰鬥，還不如說是一場屠殺。他們幾乎是在毫無反抗的情況下，就一片一片地被砍倒在血泊中。他們圓睜的雙眼中，寫滿了無助、恐懼和絕望。

當這一天的太陽高高升起的時候，這支二萬五千人的貴族軍隊，已經有超過半數的人永遠躺在了石子河岸，再也感受不到陽光的照耀。

這一仗，瓦崗軍不但大獲全勝，而且繳獲了隋軍所有精良的武器、輜重和裝備，一時間聲威大振，而李密的功勳和威望也在此刻達到了頂點。

大業十三年二月十九日，在徐世勣和王伯當等人的勸說下，翟讓終於下定決心，正式推舉李密為盟主，上尊號「魏公」；並設立高壇，恭請李密即位，改年號為魏西元年；同時設立行軍元帥府，置三司，六衛。李密封翟讓為上柱國、司徒、東郡公，以單雄信為左武候大將軍，徐世勣為右武候大將軍，其他部眾各有任命。

瓦崗寨的新一任大佬就這樣煉成了。

李密站在瓦崗的高壇上，躊躇滿志地遙望著東都洛陽，遙望著整個天下……

# 三七、楊廣的鴕鳥術

從大業十三年的春天起，李密開始步入人生的巔峰階段。而瓦崗寨也從此名聞天下，進入了一個飛速發展的全盛時期。

這一年春天，趙魏（約今河南省）以南、江淮以北的各地變民軍紛起回應，如齊郡（今山東濟南市）的孟讓，平原郡（今山東陵縣）的郝孝德、王德仁，濟陰郡（今山東定陶縣）的房獻伯，上谷郡（今河北易縣）的王君廓，長平郡（今山西晉城市）的李士才，淮陽郡（今河南淮陽縣）的魏六兒、李德謙，譙郡（今安徽亳州市）的張遷、田黑社、田白社，濟北郡（今山東茌平縣西南）的張青特，上洛郡（今陝西商州市）的周比洮、胡驢賊等，全部歸附瓦崗、尊奉「魏公」旗號。

李密盡皆授予官爵，命其仍統原有部眾，同時設立《百官名冊》遙領各部。此外，遠近四方的小股變民和青壯百姓也像潮水一樣湧向了瓦崗軍駐紮的洛口，部眾一下子激增至數十萬人。瓦崗軍一舉成為當時聲勢最大的一支反政府武裝，而李密也成了天下群雄中鋒頭最健的一個領袖人物。

由於部眾激增，李密命人緊急修築了一座方圓四十里的洛口城（今河南鞏縣東），作為「行軍元帥府」所在地，同時也作為瓦崗軍的新根據地。隨後，他又派遣部將房彥藻率軍向東面擴張，先後攻克安陸（今湖北安陸市）、汝南（今河南汝南縣）、淮安（今河南泌陽市）、濟陽（今河南南考縣東北）等郡。

一時間，黃河以南的郡縣悉數落入瓦崗軍之手。

接下來，李密自然而然把目光轉向了那個最大的、也是最後的目標——東都洛陽。

這一年四月，李密任命新附的孟讓為總管、封齊郡公，命他率精銳步騎二千人突襲東都。或許是李密事先已經命孟讓的先頭部隊化裝成了隋軍，或許是孟讓自己採用了什麼別的計策誘開了城門，總之在四月九日這一天深夜，孟讓的部隊居然成功突入了洛陽外城，在豐都市（洛陽東市）四處縱火並大肆劫掠。洛陽外城軍民猝不及防，紛紛逃進皇宮，以至於宮城中的台、省、府、寺全都住滿了驚恐萬狀的難民。

由於是在夜裡，洛陽守軍不辨瓦崗軍人數，不敢貿然出擊，所以孟讓如入無人之境，在東市整整劫掠了一夜，一直到次日黎明才呼嘯而去。等到隋軍回過神來時，原本繁榮富庶的東市商業區早已被夷為平地。

此次行動雖然只是突襲，並未佔領東都，但卻給東都的留守朝廷和周邊郡縣造成了極大的恐慌。數日後，鞏縣縣令楊孝和舉城投降了李密。與此同時，屯兵百花谷（今鞏縣東南）的河南討捕使裴仁基也暗暗生出了投降的想法。

因為，他現在的日子很不好過。

石子河一仗，由於裴仁基未在預定的時間到達戰場，致使孤軍深入的劉長恭遭遇慘敗，所以裴仁基對此次失敗負有不可推卸的責任；並且劉長恭敗後，裴仁基又屯兵觀望、怯戰不前，所以他一直擔心朝廷降罪。

更讓裴仁基不安的是，他身邊還有一顆釘子，一顆朝廷特意安插的釘子。

他就是隨軍的監察御史蕭懷靜。

此人不但負有監軍之責，而且歷來與裴仁基不睦，一直在挖空心思抓他的小辮子，向朝廷打小報告。裴仁基天天被他搞得食不安枕、寢不知味，因此投降瓦崗的想法便越來越強烈。

對於裴仁基的狼狽處境，李密瞭若指掌。

他很快就派出勸降使者，向裴仁基許以高官顯爵。裴仁基終於下決心投降，遂率部進駐虎牢關（今河南滎陽市西），準備獻出關隘作為歸降李密的見面禮。蕭懷靜察覺他的異志，暗中上疏奏報楊廣。裴仁基得到消息，即刻斬殺了蕭懷靜，向李密獻關投誠。李密大喜過望，隨即封裴仁基為上柱國、河東公。

更讓李密感到欣喜的，還不僅僅是得到虎牢關和裴仁基，而是順帶得到了他麾下的一員猛將——秦叔寶。

秦叔寶，名瓊，以字行世。齊州歷城（今山東濟南歷城區）人，早年在隋將來護兒帳下，深得來護兒賞識。他的母親去世時，來護兒特地遣使慰問，來護兒左右大感詫異，說：「士卒死亡和家中有喪的人多了去了，將軍從不過問，為何獨獨為秦叔寶之母弔唁？」

來護兒答：「此人勇悍，加有志節，必當自取富貴，豈得以卑賤處之！」（《舊唐書·秦叔寶傳》）

其後，秦叔寶調到張須陀帳下，隨他一起討伐據守下邳（今江蘇邳縣）的變民首領盧明月。當時盧明月擁眾十餘萬，氣焰極為囂張，而張須陀所部只有一萬多人，兵力懸殊，隋軍難以取勝。雙方對峙十餘日後，隋軍糧草已絕，只能撤退。撤軍前，張須陀對眾將士說：「我軍一撤，賊兵必定傾巢來追，其營寨自然空虛，我軍若以千人襲之，可獲大利。只是此次行動非常危險，有誰能夠前往？」眾皆默然。

只有秦叔寶和另一個叫羅士信的人主動請纓。張須陀遂命他們各領一千人躲藏在蘆葦蕩中，然後率大軍後撤。盧明月果然傾巢出動，追擊隋軍。秦叔寶和羅士信立刻率部飛馳至盧軍營寨，留守寨中的士兵慌忙緊閉寨門。秦、羅二人身先士卒，攀上盧軍的塔樓，砍倒了他們的大旗，並砍殺了幾個守衛，然後打開大門。隋兵一擁而入，開始縱火焚燒。很快，變民軍的三十餘座營寨就全部起火，熊熊火焰和滾滾濃煙直沖雲霄。

盧明月大呼上當，急忙回軍。張須陀趁勢發起反攻，大破變民軍。盧明月僅帶著數百騎兵落荒而逃，十幾萬部眾或死或降，基本上全軍覆沒。

這場奇襲行動扭轉了整個戰局，秦叔寶的勇氣和威名從此聞於遠近。後來，秦叔寶又在多次平叛戰役中建功，被授予建節校尉。大業十二年十月，張須陀在滎陽戰敗陣亡，秦叔寶遂投於裴仁基麾下，所以此次跟隨裴仁基一起歸降了李密。

差不多在秦叔寶歸附李密的同時，還有一個傳奇人物也來到了瓦崗。

在歷代有關隋唐的演義、小說和評書中，以及千百年來的民間故事中，這個人一直具有很高的知名度，用「如雷貫耳」、「婦孺皆知」來形容他一點也不為過。

這個人就是程咬金。

時至今日，中國老百姓對「半路殺出個程咬金」、「程咬金的三板斧」這些俗諺依然耳熟能詳、津津樂道。可在正史中，程咬金使用的武器卻不是笨拙的斧頭，而是靈活的長矛（槊）；他使用「程咬金」這個名字的時間其實也很短，加入瓦崗不久，他就改了一個很嚴肅的名字——程知節，此後也一直以此名行世。可是，「程咬金」這個名字基本上家喻戶曉，但「程知節」這個歷史人物在民間卻鮮為人知。

也許，這就是演義和小說的力量。它們雖然改變了歷史人物的本來面目，甚至在一定程度上顛覆了歷史真相，但與此同時，它們卻能讓一個個記載簡略、面目模糊的歷史人物變得血肉豐滿、人盡皆知，也能讓一些充滿了英雄主義色彩的傳奇故事深入人心，並且永世流傳。

程咬金就是其中的典型一例。在演義和小說中，程咬金出道之前經歷了很多傳奇故事，可在正史中，程咬金投奔瓦崗之前的經歷卻只有寥寥幾筆：「程知節，本名咬金，齊州東阿（今山東東阿縣）人。少驍勇，善用馬槊。大業末，聚徒數百，共保鄉里，以備他盜。後依李密……」（《舊唐書·程知節傳》）

雖然秦叔寶和程知節的生平不像演義那麼色彩斑斕，但是在隋末唐初波瀾壯闊的歷史上，他們也的確稱得上是威名赫赫的人物。在此後相當長的一段時間內，秦叔寶和程知節的名字也始終綁在一起，連袂演繹了一幕幕亂世英雄的成長歷程——大業十四年（西元六一八年）李密失敗後，他們一起歸降了王世充；後來發覺王世充「器度淺狹」、生性多詐，遂一起向唐朝投誠，效力於秦王李世民；武德九年（西元六二六年），他們作為「玄武門之變」的骨幹一起參與了李世民的奪嫡行動；貞觀十七年（西元六四三年），他們又一同進入了「凌煙閣二十四功臣」的行列。

秦叔寶和程知節來到瓦崗後，李密立刻任命他們為驃騎將軍，並挑選了八千精銳，分別隸屬於四名驃騎將軍，號稱「內軍」，亦即近衛軍。李密時常誇口說：「這八千精銳足以抵擋百萬大軍！」

得人心者得天下，得人才者得天下。大業十三年的李密不無得意地發現——他似乎二者都有了。隋朝的天下似乎已經唾手可得。接下來，只要把近在咫尺的這塊硬骨頭——東都洛陽啃下來，李密覺得自己就足以號令天下了。

可是，這塊硬骨頭卻沒那麼好啃。因為洛陽城裡還駐守著二十多萬裝備精良、訓練有素的隋朝正規軍。要消滅他們，談何容易?!

不過，在李密眼裡，這二十多萬士兵與其說是東都朝廷固守洛陽的資本，還不如說是他們不得不背負的一個巨大包袱。因為，這二十多萬人每天都要張口吃飯。

這是多大的一筆消耗啊！幾年來，這支數量龐大的洛陽守軍一直依賴的就是東都周邊的兩大軍糧儲備基地：興洛倉和回洛倉。而興洛倉早已被李密佔據，下一步，李密只要再把回洛倉（今河南偃師縣北）拿下來，就能把洛陽城中的二十多萬軍隊和留守的文武百官活活困死！

這才是攻取東都的上上之策。李密想。

大業十三年的初夏，瓦崗軍與隋軍在回洛倉展開了激烈的爭奪。

四月十三日，李密命裴仁基和孟讓率二萬人進攻回洛東倉，迅速將其攻克，遂縱火焚燒洛水橋，同時大肆劫掠。

洛陽的隋軍立刻出兵反攻，將裴仁基擊敗。

裴仁基撤退後，李密馬上親率大軍擊退了隋軍，再次佔據回洛倉，隨後分兵進攻偃師城（今河南偃師縣）和金墉城（舊洛陽西北角）。

李密的計畫是一鼓作氣佔領這兩座城池，然後與回洛形成一個戰略協防的犄角，同時又能達到肅清洛陽周邊、縮緊包圍圈的目的。

然而，瓦崗軍在偃師和金墉卻遭到了隋軍的頑強抵抗。眼看這兩座城池在短時間內難以攻克，而回洛倉又無險可守，李密只好在四月十五日放棄回洛，撤回洛口。

李密的撤兵對東都而言無疑是一個巨大的福音，因為洛陽城已經斷糧數日了。越王楊侗當機立斷，趁李密回洛口喘息休整的間隙，命軍隊前往回洛倉運糧。

為了防止瓦崗軍發動突然襲擊，楊侗命五千人駐守豐都市、五千人駐守上春門（洛陽東北第一門）、五千人駐守北邙山……在從洛陽到回洛倉的路上，一共派駐了九營部隊，分據要地，嚴密防守，終於把回洛倉中的一部分糧食運回了東都。

當長長的車隊滿載而歸，從上春門進入洛陽的時候，越王楊侗長長地鬆了一口氣。有了這些救命的糧食，他就能死守東都，和李密打一場持久戰！

讓隋軍在眼皮底下運回了糧食，也就意味著自己的戰略意圖被粉碎了。李密大為惱怒。四月十九日，李密親率三萬人馬再次佔領了回洛倉，並挖掘壕溝，修築城牆，發誓不讓隋軍再從這裡得到一顆糧食。

楊侗急命光祿大夫段達等人率七萬大軍進攻李密。四月二十一日，兩軍在回洛倉的北面會戰，隋軍戰敗，撤回洛陽。

四月二十七日，李密命幕僚祖君彥撰寫了一篇討伐楊廣的檄文，隨即向四方郡縣發布。

這是一篇洋洋灑灑的長文，文中痛快淋漓地歷數了楊廣的「十大罪」，最後總結說：「罄南山之竹，書罪未窮；決東海之波，流惡難盡！」（我們今天所說的成語「罄竹難書」，其典故正出於此。）

這麼說其實是有些誇張的。平心而論，這篇檄文中對楊廣的批判大多屬於事實，也的確表達了天下人的憤怒、道出了百姓的心聲，但不可否認，其中還是有一些指責純粹是屬於道聽塗說、無中生有。

不過，這一點已經沒有人在乎了。別說這「十大罪」似乎有羅織的嫌疑，就算憑空捏造一百條罪、一千條罪，也難以完全發洩天下人對楊廣的心頭之恨。在大業末年的老百姓眼裡，包括在絕大多數後人眼裡，楊廣幾乎就是魔鬼的化身，就是罪惡的代名詞！所以，任何潑到他身上的髒水都會讓人拍手叫好，而不會有人替他喊冤。

東都雖然暫時擺脫了糧荒，可卻擺脫不了孤立無援的處境。如果長久沒有援兵，遲早會被李密攻陷。所以，必須把東都危急的消息送到江都——告知天子楊廣。

可這個任務顯然是艱巨的。因為，從東都到江都之間的廣闊地域，基本上已全部落入變民軍之手。

越王楊侗把這個艱巨的任務交給了太常丞元善達。

元善達不辱使命，穿越重重險阻從小路抵達江都，終於見到了楊廣。他聲淚俱下地對楊廣說：「李密擁百萬之眾圍攻東都，並佔據了興洛倉和回洛倉，城中糧草將盡。若陛下速還東都，李密等烏合之眾必然潰散，否則的話，東都必定陷落！」

元善達說完，哽咽不止。

那一刻，楊廣不禁有些悚然動容。

元善達一退下，天子近臣、金紫光祿大夫虞世基就注意到了天皇帝陰鬱的臉色。他知道，楊廣最不想聽見盜賊猖獗的消息。過去，他也曾在這方面做過諍諫，可無一例外地觸逆了龍鱗。所以後來虞世基學乖了，只一心一意取悅天子，於是君臣關係自然變得十分融洽。

這一次，虞世基當然知道該怎麼做。他輕描淡寫地對楊廣說：「越王年少，被這些人誆騙了！倘若形勢果真如此嚴峻，元善達又何由至此?!」

楊廣一聽，頓時勃然大怒：「元善達這小子，竟然敢當廷欺君！」於是立刻命他前往東陽郡（今浙江金華市）徵集糧草。

這其實是叫他去送死。隨後，元善達就在半路上被變民軍殺了。

從此，再也沒人敢跟天子提起有關盜賊的情況。

很好。天下太平，一切正常。

元善達帶來的不愉快，轉眼就被楊廣拋到了九霄雲外。江都的離宮依舊一派歌舞昇平。

此時此刻，楊廣是否真的對帝國分崩離析的現狀毫不知情？是否真的對正在他周遭發生的這一切漠不關心？

對此我們不得而知。我們唯一知道的是——自從去年來到江都後，楊廣就把頭深深地埋在溫柔鄉裡，似乎在刻意當一隻鴕鳥，一隻兩耳不聞天下事的鴕鳥。

我們不知道，楊廣這麼做，到底是出於一種「天命在我、無遑多慮」的盲目樂觀，還是出於一種破罐子破摔的逆反心理。我們只知道，西元六一七年春夏之間，李密一直在不遺餘力地打天下，而楊廣也一直在不遺餘力地當鴕鳥。

他們似乎兩不相礙，各得其所。

# 三八、大澤龍方蟄，中原鹿正肥

正當李密如火如荼地在河南開展他的反隋大業的這一年、也是楊廣沉浸在江都的溫柔鄉中樂不思蜀的這一年，在河東、隴西、河西、江南等地迅速崛起了一個個割據政權。

他們是劉武周、梁師都、郭子和、薛舉、李軌、蕭銑……還有一個就是李淵。

這是意欲顛覆隋帝國的第二波力量。相對於大業七年到大業十二年的那一波反隋浪潮，大業十三年掀起的這一波顯然動靜更大、來勢更猛。而且，這幾個核心人物的能量和號召力，也遠比此前的那些暴民更為巨大。

因為，他們不是泥腿子。他們都來自隋帝國的軍隊內部和社會上層……

劉武周，馬邑（今山西朔州市）人，少年時「驍勇善射，交通豪俠」，其兄劉山伯屢屢詈罵：「汝不擇交遊，終當滅吾族也！」（《舊唐書．劉武周傳》）劉武周忍受不了嚴厲的管束，遂離家出走，到了東都洛陽，投於太僕卿楊義臣帳下，其後隨軍東征高麗，以軍功授建節校尉。

當上軍官後，劉武周衣錦還鄉，調任當地的鷹揚府校尉。馬邑郡太守王仁恭視其為英雄，對他大為賞識，讓他當了自己的親兵隊長。不久之後，劉武周因職務之便與王仁恭的侍妾私通，由於擔心事情洩露，又見其時天下大亂，遂心生異志，在郡城中大造輿論：「今百姓饑餓，死人相枕於野，王府尹居然緊閉糧倉，不加撫恤，這豈是為民父母應有的做法！」

劉武周別有用心的煽動很快產生了效果，往日交遊的十幾個同郡豪傑馬上前來投奔。劉武周隨即與他們一起設計刺殺了王仁恭，然後開倉賑糧，傳檄全郡，迅速糾集了一萬多名部眾。劉武周自稱太守，並遣使奉表投靠了東突厥。

大業十三年二月，隋雁門郡丞陳孝意與虎賁郎將王智辯一同出兵討伐劉武周，將其包圍在桑乾鎮（今山西朔州市東南）。東突厥即刻出兵援助劉武周，共同擊敗了隋軍。王智辯被斬於戰陣之中，陳孝意倉皇逃回雁門。

三月中旬，劉武周率軍攻佔了樓煩郡（今山西靜樂縣），並襲取汾陽行宮，將其中的隋朝宮女悉數俘獲，獻給了東突厥。始畢可汗隨即送給劉武周一批戰馬作為回報。劉武周自此兵勢大振，很快又攻佔了定襄郡（今內蒙古和林格爾縣）。不久，始畢可汗煞有介事地封其為定楊可汗，並頒發給他一面狼頭大纛。

大業十三年三月下旬，劉武周登基稱帝，改元天興。

梁師都，夏州朔方（今陝西橫山縣）人，世代為郡中豪族，他本人曾在隋軍中擔任鷹揚郎將。大業十三年春，梁師都率數十名徒眾刺殺郡丞唐宗，據郡而反，並自稱大丞相，北連突厥。隋將張世隆領兵討伐，被梁師都打敗。不久後，梁師都率部接連攻陷雕陰郡（今陝西綏德縣）、弘化郡（今甘肅慶陽縣）、延安郡（今陝西延安市）。有了地盤，又有突厥相助，梁師遂有恃無恐，於大業十三年三月登基稱帝，國號為梁，定都朔方，改元永隆。

東突厥的始畢可汗也送給了他一面狼頭大纛，封其為大度毗迦可汗。隨後，梁師都引突厥兵侵入河套，攻破了鹽川郡（今陝西定邊縣）。

郭子和，同州蒲城（今陝西蒲城縣）人，曾在隋禁軍左翊衛任職，因被指控犯罪而貶謫到榆林郡（今內蒙古托克托縣）。郭子和被貶到這裡時，正逢當地爆發大規模饑荒，人心思變，郭子和便暗中結交了十八個不怕死的弟兄，攻擊郡城，生擒了郡丞王才，以不恤百姓之罪將其斬首，並開倉賑糧。

隨後，郭子和自稱永樂王，改元正平；南連梁師都，北附東突厥，並與梁師都易子為質。不久，始畢可汗封郭子和為平楊天子，郭子和堅辭不受，始畢可汗改封其為屋利將軍。

薛舉，河東汾陽人，隨其父徙居金城（今甘肅蘭州市）。史書稱其「容貌魁偉，凶悍善射，驍武絕倫，家產巨萬」，並結交眾多豪傑，「雄於邊朔」。（《舊唐書．薛舉傳》）

薛舉早年任金城府校尉，到了大業末年，隴西（隴山以西）一帶百姓饑餒，叛亂蜂起，金城縣令郝瑗徵召了數千名士兵，命薛舉率領，負責討伐地方叛亂。大業十三年四月三日，郝瑗舉行了一個出征儀式，大擺酒宴為薛舉壯行。宴席進行到一半，鎧甲剛剛分發到士兵手上，薛舉就與其子薛仁果和十三個黨羽在儀式上突然劫持了郝瑗，隨後發兵將郡縣官吏悉數收捕，並開倉賑糧。兵變後，薛舉自稱西秦霸王，改元秦興，封長子薛仁果為齊公、次子薛仁越為晉公，同時招攬四方變民，剽掠官府戰馬，勢力迅速壯大。

大業十三年夏，薛舉親率二千精銳襲擊枹罕郡（今甘肅臨夏市）。守將皇甫綰率所部一萬人出城迎戰。薛舉一馬當先衝入敵陣，部眾緊隨其後，大敗隋軍，並一舉攻克枹罕。當時，羌人部落酋長鍾利俗擁兵兩萬據守岷山（今甘肅舟曲縣西），見薛舉勢大，遂率部歸附薛舉。

薛舉兵威大振，遂進封薛仁果為齊王、授東道行軍元帥，封薛仁越為晉王、授河州（枹罕改河州）刺史，隨後攻城掠地，所向披靡，連克西平（今青海樂都縣）、澆河（今青海貴德縣）二郡，數日間盡有隴西之地，部眾增至十三萬人。

大業十三年七月，薛舉登基稱帝，同時建立宗廟社稷。

李軌，武威姑臧（今甘肅武威市）人，為人機敏，博覽群書，家境富裕，常賑濟貧困，頗為鄉人稱道。大業末年，李軌任鷹揚府司馬。其時薛舉起兵金城，縱橫隴西，李軌與同郡好友曹珍、梁碩等人商議說：「薛舉殘暴，必來侵擾，郡官庸怯，無以禦之。而今我等應當同心戮力，保據河右，靜觀天下之變，豈能甘於束手就擒、妻離子散?!」

於是，李軌與眾人共謀舉兵。可大家推來讓去，誰也不想當首領。曹珍對眾人說：「常聞圖讖云：『李氏當王』！而今天李軌在此，這難道不是天命嗎？」李軌遂被推為共主，隨後聚眾起事，劫持郡丞韋士政和虎賁郎將謝統師，據守郡城。

大業十三年，李軌自稱河西大涼王，改元安樂，設置百官，並於次年登基稱帝。

蕭銑，後梁宣帝曾孫，祖父蕭岩是後梁明帝蕭巋之弟，開皇初年叛隋降陳，陳朝滅亡後被隋文帝楊堅所殺。此後家道中落，到蕭銑這一代，家境已十分貧寒。蕭銑從少年時代起，就靠替人抄書勉強糊口，同時孝養母親。直至楊廣登基，太子妃蕭氏冊立為皇后，蕭銑才依靠外戚的關係被任命為羅川（今湖南湘陰縣東）縣令。

大業十三年，巴陵郡（今湖南岳陽市）的一批少壯軍官董景珍、雷世猛等人密謀起兵反隋，可他們自忖人微言輕，缺乏號召力，於是遣人致意蕭銑，要推他為共主。

早有復國之思的蕭銑大喜過望，當即回信：「我之本國，昔在有隋，以小事大，朝貢無闕。乃貪我土宇，滅我宗祊，我是以痛心疾首，無忘雪恥。今天啟公等，協我心事，若合符節，豈非上玄

之意也！吾當糾率士庶，敬從來請。」（《舊唐書・蕭銑傳》）

當天，蕭銑就募集了數千名士兵，自稱梁公，同時改易隋朝服色，建立梁朝旗幟，隨後率眾前往巴陵與董景珍等人會合。遠近變民紛紛來附，起兵五日，部眾已達數萬人。

蕭銑到達巴陵後，築壇告天，自稱梁王，改元鳳鳴；次年四月，蕭銑稱帝，國號為梁，同時設置文武百官，一切典章制度皆依梁朝舊制。

西元六一七年，大隋帝國山河裂變、乾坤倒轉，一個又一個亂世英雄爭先恐後地浮出了歷史水面。

很顯然，這些身處帝國上層的軍官、富豪、貴族、前朝後裔起兵的目的，與前期造反的那些底層民眾截然不同——他們不是為了向朝廷爭取生存權，而是為了向楊廣爭奪統治權！所以一旦起兵，他們便會迫不及待地分疆裂土、稱帝稱王，向隋王朝的統治合法性發起強烈的挑戰。

此外，這些原本便已掌握了一定的政治和經濟資源、並且擁有相當軍事實力的新一波叛亂者，在戰場上的表現也遠非前期的那些農民軍可以比擬。親自參與過隋末大起義的魏徵，就曾在他編撰的《隋書》中，對農民軍的戰鬥力做過這樣的評價：「彼山東之群盜，多出廝役之中，無尺土之資，十家之產，豈有陳涉亡秦之志，張角亂漢之謀哉！皆苦於上欲無厭，下不堪命，饑寒交切，救死萑蒲。莫識旌旗什伍之容，安知行師用兵之勢?!但人自為戰，眾怒難犯，故攻無完城，野無橫陣，星羅棋布，以千百數。豪傑因其機以動之，乘其勢而用之，雖有勇敢之士，明智之將，連踵覆沒，莫之能禦。」

所以，從大業七年到大業十二年間風起雲湧的農民起義，充其量只是拉開隋帝國滅亡的序幕而已。最終能夠顛覆隋朝社稷、重建帝國政治、決定歷史走向的，只能是貴族！

如果說，四年前首義失敗的貴族楊玄感就像是第一根出頭的椽子，那麼這些繼起的貴族和精英們，則像是從四面八方射出的利箭，在同一時刻飛向了同一個政治標靶，讓隋王朝幾乎在一瞬間喪失了政治號召力，並且在軍事上面臨接踵而來的強大威脅和顧此失彼的巨大危險。從大業十三年開始，駐紮在各地的帝國軍隊只能在多條戰線上各自為戰，根本無法集結起像當初聚殲楊玄感那樣的優勢力量。面對這些來勢凶猛的割據政權，隋朝的政府軍只能從初期的主動進攻紛紛轉入戰略防禦，唯求確保所轄郡縣的一時之安，再也無力實施大規模的圍剿和有效的反攻。

隋王朝的天下已經岌岌可危。

大澤龍方蟄，中原鹿正肥！

四方群雄躍躍欲試，最終究竟鹿死誰手？

大業十三年五月，一個擁兵一方、實力雄厚的封疆大吏，在耐心地蟄伏數年、冷靜地縱觀天下大勢之後，終於遲緩而堅定地出手了。

他，就是李淵。

李淵是典型的門閥世族出身。他的祖父李虎是西魏「八柱國」之一，官至太尉、尚書左僕射。父親李昞官至安州總管、柱國大將軍。北周建德元年（西元五七二年），李昞卒，年僅七歲的李淵襲爵唐國公。由於李淵的母親與獨孤皇后是親姐妹，所以隋朝建立後，姨父楊堅和姨母獨孤后對李淵很照顧，於開皇元年任命他為天子的近身侍衛——千牛備身，後來又讓他在畿輔地區和西北的戰略要地歷練，輾轉擔任譙、隴、岐三州刺史。

大業九年初，李淵從地方太守任上被調回朝中擔任衛尉少卿，其時正逢楊廣二征高麗，李淵趕赴懷遠鎮，負責督運糧草軍需。途經涿郡時，李淵與好友、煬帝近臣宇文士及進行了一次密談，「言天下事」。儘管李淵與宇文士及的具體談話內容史書無載，但從事後來看，此時的李淵隱然已有問鼎天下之志。

不久，楊玄感叛亂爆發，李淵被緊急調回弘化（今甘肅慶陽市）擔任留守，並主持潼關以西十三郡的軍事。李淵遂按下起兵之意，靜觀事態變化。大業十一年四月，李淵轉任山西、河東討捕使，負責鎮壓當地叛亂。因平叛得力，於次年出任太原道安撫大使，同年年底又升任太原留守。

對李淵而言，太原無疑是他開創帝王大業的理想根據地，因為此地不但糧餉充足，戰略地位十分突出，而且還是五帝時期聖君唐堯的發祥地，恰與李淵「唐國公」的爵銜相契，所以自從以安撫大使的身分進駐太原後，李淵便已「私喜此行，以為天授」。（《大唐創業起居注》）

大業十三年五月，李淵用計除掉楊廣安插在他身邊的王威和高君雅，並於六月正式起兵，自封大將軍，以裴寂為長史，劉文靜為司馬，以長子李建成為左領軍大都督、統率左三軍，次子李世民為右領軍大都督、統率右三軍，以四子李元吉為太原留守，然後揮師南下，兵鋒直指長安。

李淵一路勢如破竹，連克霍邑（今山西霍州市）、臨汾（今山西臨汾市）、絳郡（今山西新絳縣），於九月初進抵河東（今山西永濟市）。河東城扼守黃河渡口，可謂關中門戶，其戰略地位十分突出。此城長期由屈突通經營鎮守，防禦極為嚴密，且地勢險峻，易守難攻。李淵率部圍攻多日不果，遂留下部分兵力繼續圍攻，然後與李建成、李世民親率主力，渡河入關。

李淵一進入關中，各地隋朝官吏立刻望風而降，紛紛獻出所轄郡縣。其中，華陰縣令李孝常獻出了下轄的永豐倉，極大地滿足了義軍的糧草和物資需求。

九月末，李淵集團展開了一系列軍事行動，開始縮小對長安的包圍圈：李淵率主力從馮翊郡（今陝西大荔縣）西進；劉弘基、殷開山率軍六萬，南渡渭水，進駐長安故城（漢長安）；李世民率十三萬人進駐阿城（秦阿房宮故址）；李建成率部從新豐（今陝西臨潼縣）直驅長安。

十月四日，各路大軍共計二十餘萬集結於長安城下。李淵不斷遣使，向隋長安留守衛文升等人表明自己「匡扶社稷」的立場，可衛文升不予理睬。

十月二十七日，李淵大軍開始攻城。十一月九日，義軍將領雷永吉率先攻上城牆，李淵大軍同日攻克長安。進入長安後，李淵命李建成和李世民封存宮廷府庫，收取隋朝的檔案圖籍，嚴禁士兵燒殺擄掠。

十三歲的代王楊侑躲進了東宮，身邊的所有侍從全部作鳥獸散，只有侍讀姚思廉一人留在楊侑身邊。義軍士兵攻進東宮，準備衝上大殿時，姚思廉挺身護住楊侑，厲聲喝斥說：「唐公舉義是為了匡扶帝室，爾等不得無禮！」

到了這一步，姚思廉為了保住代王的小命，也只好代表朝廷承認現實，老老實實陪李淵玩一場「匡扶帝室」的政治秀了。

隨後，李淵畢恭畢敬地把代王楊侑從東宮接到了大興宮，然後自己住到了舊長安的長樂宮，以示君臣之別，同時廢除了隋朝原來的所有法令，另行頒布了過渡時期的十二條約法。

十一月十一日，李淵逮捕西京副留守陰世師、骨儀等十多人（衛文升已於數日前憂懼而亡），宣布了他們「貪婪苛酷、抗拒義師」等多條罪狀，隨後將其斬首。除了這十幾個「首惡元凶」之外，李淵對朝中百官都極力加以安撫，對長安百姓也是秋毫無犯。

十五日，李淵奉代王楊侑登大興殿，即皇帝位，是為隋恭帝，同時改元義寧，遙尊遠在江都的楊廣為太上皇。

十七日，新天子楊侑授予李淵「黃鉞」、「符節」，任命他為大都督、尚書令、大丞相，進封唐王，以武德殿為丞相府。

十八日，榆林（今內蒙古托克托縣）、靈武（今寧夏寧武市）、平涼（今寧夏固原縣）、安定（今甘肅涇川縣）等郡皆派遣使節入京，尊奉新天子和新朝廷，實際上就是歸附了李淵。

十九日，楊侑下詔：帝國所有政治、軍事事務，全部文武官吏的任免，朝廷的一切法令刑賞，全部交由丞相府管轄；只有祭祀天地和宗廟社稷的事務，才向天子奏報。

稍後，李淵任命裴寂為丞相府長史、劉文靜為司馬，封李建成為世子，李世民為秦公，李元吉為齊公。

一場「匡扶帝室」的政治秀就這麼轟轟烈烈地開演了。雖然所有人都知道，十三歲的小皇帝楊侑只不過是這場政治表演中的一個道具，唐王李淵才是這個新朝廷真正的主宰，但是這場演出卻不是可有可無的。因為，這是中國歷史上每一個篡位奪權的人都必須遵循的潛規則。

# 三九、翟讓之死

從大業十二年初秋到大業十三年夏末，天地走完了一個四季的輪迴，而楊廣也在鶯歌燕舞的江都當了一年的鴕鳥。

這一年裡發生了很多驚天動地的大事，基本上都被楊廣的「鴕鳥術」成功遮罩掉了。可讓楊廣鬱悶的是，自從元善達帶來關於東都的壞消息後，他維繫了將近一年的遮罩網就彷彿被撕開了一道口子，更多讓人討厭的壞消息接踵而至。

這些消息都是關於東都的。

楊廣聽說，那個破落貴族李密真的攻佔了洛口倉和回洛倉，還像一個窮凶極惡的瘋子一樣緊緊咬著東都不放，不但把它啃得遍體鱗傷，而且隨時有可能把它一口吞掉。

楊廣很生氣。他不得不從溫柔鄉中抬起他那高貴的頭顱，狠狠地關注了一回現實。

大業十三年五月下旬，楊廣命監門將軍龐玉、虎賁郎將霍世舉率關中部隊增援東都。同年七月初，楊廣再命江都通守王世充率江淮精銳、將軍王隆率邛地黃蠻（四川西昌少數民族）、河北大使韋霽、河南大使王辯等人各率所部馳援東都，共同討伐李密。

東都洛陽曾經是楊玄感人生中最大的一場噩夢。為了得到東都，楊玄感付出了一切，包括最後葬送了自己的生命。而對如今的李密來說，東都也正在成為他生命中最大的一個泥潭。眼前的洛陽城看上去近在咫尺、唾手可得，可李密的數十萬大軍圍著它打了好幾個月，卻始終一無所獲。

李密會不會因為這座東都而變成第二個楊玄感？

李密的帳下幕僚柴孝和對此深感憂慮。

就像當初李密勸楊玄感西進關中一樣，大業十三年五月，柴孝和也向李密提出了相同的建議。他說：「秦地山川險固，秦朝與漢朝皆憑藉它而成就帝王霸業。而今之計，最好是命翟讓留守洛口，命裴仁基留守回洛，由您自己親率精銳，西進襲取長安。一旦攻克西京，大業的根基穩固，然後再揮師東下、掃平河洛，如此天下可傳檄而定。方今隋失其鹿，四方群雄競逐，若不趁早下手，恐怕會有人搶先，到時候後悔都來不及啊！」

可令人遺憾的是，當年的楊玄感拒絕了李密，而今天的李密也同樣拒絕了柴孝和。

人是會變的。當年的李密只是一個幕僚，現在的李密卻是一個領袖。

屁股決定腦袋，位子決定思維。此時的李密當然會有一些新的想法。他說：「此計誠然是上策，我也想了很久了。但昏君還在，他的軍隊也還很多，我的部屬都是山東（崤山以東）人，見洛陽未下，誰肯跟我西進關中？況且軍中的多數將領皆出身盜匪，如果我獨自西進，把他們留在這裡，我擔心他們誰也不服誰，萬一產生內訌，大業會瞬間瓦解。」

不能不說，李密的擔心是有道理的。

他的情況與當年的楊玄感有所不同。楊玄感出身政治豪門，而且本身又位高權重，在帝國政壇和軍隊中都擁有巨大的影響力和號召力，所以他起兵後對自己的部屬和軍隊也具有絕對的控制力。在此情況下，他沒有聽從李密的建議及時入關，導致隋朝大軍把他圍困在四戰之地，這肯定是失策的。

而李密呢？在來到瓦崗之前他只是一個窮愁潦倒的落魄貴族、一個四處漂泊的失業青年，僅僅是憑藉他的心機、智謀和運氣，再加上一則語焉不詳的政治謠言，才使他後來居上地篡奪了瓦崗的領導權，說難聽點就叫做「鵲巢鳩佔」。因此他對瓦崗群雄的控制力實際上是很有限的，他的領袖地位也並不像看上去那麼穩固。在此情況下，如果放棄洛陽、西進關中，很可能就會導致他所說的兩個問題：一，屬下的山東豪傑不聽號令，各行其是；二，瓦崗內部產生內訌，自相殘殺。其實還有第三個最大的隱患李密沒有說出來，那就是——如果他獨自西進，完全有可能喪失瓦崗的領導權，更別提什麼四方群雄的「盟主」地位了。

所以，明明知道「西取長安」才是上策，明明知道洛陽是一個危險的四戰之地，可他卻毫無辦法。在攻下洛陽之前，李密和瓦崗軍哪兒也去不了。

這是李密的無奈。

為了拿下東都，李密可以說拼盡了全力。大業十三年五月，他多次親率大軍攻入了東都的西苑，與頑強的隋朝守軍進行了一次比一次更慘烈的廝殺，然而每一次都被隋軍擊退。其中一仗，李密甚至身中流箭，差點掛掉，不得不在回洛倉的大營中療養了多日。

這一年五月底，龐玉、霍世舉等第一批隋朝援軍抵達東都。越王楊桐當天就命龐玉、霍世舉、段達等部於夜晚出城，對回洛倉發動奇襲。李密和裴仁基倉促應戰，結果被打得大敗，士卒死傷被俘的超過一半。李密只好放棄回洛，退守洛口。龐玉和霍世舉一路乘勝追擊，最後進駐偃師，與瓦崗軍對峙。

六月十七日，經過休整的李密對隋軍發起反攻，在洛陽東北的平樂園與隋軍會戰。這一戰李密幾乎出動了全部精銳，把騎兵置於左翼，步兵置於右翼，中軍則全部使用弓弩兵，對隋軍發起了猛烈進攻，終於大敗隋軍，再次奪回了回洛倉。

九月初，隋武陽（今河北大名縣）郡丞元寶藏獻出郡城，投降了李密。李密隨即派遣徐世勣率五千人北渡黃河，與元寶藏、郝孝德等部會師，一舉攻佔了黎陽倉。

黎陽倉是隋帝國在河北最大的糧食儲備基地，其規模之大、儲糧之多，不亞於東都的洛口倉與回洛倉，所以攻佔此倉的戰略意義十分重大，因而再度引起了震撼。短短十天之間，便有二十多萬河北的青壯年投奔了瓦崗軍。與此同時，武安郡（今河北永年縣東南）、永安郡（今湖北新州縣）、義陽郡（今河南信陽市）、弋陽郡（今河南光山縣）、齊郡（今山東濟南市）的隋朝將吏也紛紛舉城向李密投降；甚至包括已經稱王的幾大義軍首領、如竇建德和朱粲等人都忙不迭地派遣使節去晉見李密，表示歸附之意。

就在瓦崗軍攻克黎陽倉的同時，以王世充為首的第二批隋朝援軍也已在東都完成了集結。九月十一日，越王楊桐命部將劉長恭率東都部隊，與龐玉、王世充等部共計十萬人，大舉進攻李密據守的洛口。

隋軍與瓦崗軍就在洛水隔河對峙。

楊廣從江都發出了一道詔令，命所有討伐李密的部隊皆受王世充一體節制。接下來的日子，李密和王世充就在東都附近展開了一場曠日持久的拉鋸戰和消耗戰。

雙方的第一次較量是在十月底，王世充在黑石（今河南鞏縣南）紮營，留一部分兵力守衛大營，親率精銳在洛水北岸布陣。李密接到戰報，立刻率部迎戰。

瓦崗軍剛剛渡過洛水，還未站穩腳跟，王世充就下令嚴陣以待的士兵發起進攻。結果瓦崗軍大敗，士卒紛紛落水。李密大怒，一邊集合步兵殘部，命他們退保月城（防衛洛口倉的要塞），一邊親率精銳騎兵直奔隋軍的黑石大營。

結果就出現了一個戲劇性的場面：王世充追著瓦崗殘部向北而去，準備進攻月城和洛口；而李密則帶著騎兵往南去了，準備端掉洛水南岸的隋軍大營。

雙方好像要各打各的。不過這麼打，王世充肯定是吃虧的。因為李密的月城經營日久，城防異常堅固，可王世充的黑石大營卻是昨晚剛剛建的，絕對經不起李密的衝鋒。

果不其然，李密的騎兵剛剛攻上去，守營的隋軍就慌忙燃起烽火。而且怕王世充看不見，一燃就燃了六柱。正在圍攻月城的王世充頓時傻眼了。他此次出征所帶的糧草、物資、輜重可都在黑石大營裡頭，要是讓李密給燒了，那他就等於不戰自敗了。王世充不得不匆忙解圍，回師自救。李密一看「圍魏救趙」之策成功，立刻回頭迎擊王世充。

由於隋軍倉促回師，奔跑之中早已散了陣形，而李密所率領的都是麾下最精銳的騎兵，所以此戰王世充大敗，被殺死三千多人。

洛水戰敗後，王世充一直緊閉營門，一連十幾天拒不出戰。

前方的王世充按兵不動，東都的越王楊侗心裡馬上犯了嘀咕——皇帝把你從江都調到這兒，可不是讓你來度假的！何況又給了你節制各軍之權，你王世充要是當了縮頭烏龜，這仗還怎麼打?!

於是，楊侗天天派使者前往黑石大營，說是慰問王世充，實際上是催他出戰。

王世充迫於無奈，只好給李密下了一道戰書。十一月九日，雙方於夾石子河（河南鞏縣東南洛水支流）進行了一場大規模會戰。此戰李密全軍出動，旌旗南北綿延達數十里。兩軍列陣之後，瓦崗軍的前鋒翟讓首先對隋軍發起攻擊，結果一戰即潰，迅速向後退卻。王世充奮起直追，不料卻一頭鑽進李密給他張好的口袋。

王世充剛剛衝到瓦崗軍的中軍前方，王伯當和裴仁基就忽然從兩翼殺出，橫切他的軍陣，生生割斷了他的後軍。而李密則親率中軍猛攻他的正面。隋軍被切成兩段，首尾不能相顧，而王世充又三面受敵，士眾失去指揮，霎時潰散。王世充拼死突圍，扔下無數士兵的屍體，帶著殘部向西而逃。

從軍事角度而言，瓦崗軍的戰鬥力絕對是一流的。但是從政治上來說，瓦崗集團內部卻始終潛伏著一個巨大的隱患，那就是——權力結構的不穩定。

說白了，就是誰也不服誰。在這一點上，李密比任何人的感受都更加深刻。所以他不得不睜大眼睛，對周圍的人和事始終保持著高度警覺。

大業十三年冬天，最讓他擔心的事情終於出現了。有一小撮人正蠢蠢欲動，試圖挑戰他的權威。準確地說，這是一個小集團。而這個小集團的核心人物，就是瓦崗寨過去的領袖翟讓。

翟讓從一把手的崗位上退下來之後，日子倒也過得輕鬆自在。他仍然掛著司徒的頭銜，過去的弟兄們照樣尊重他，衣食住行的待遇也一點都沒變。翟讓本來就沒有問鼎天下之志，對於權力也沒有什麼野心，所以退居二線後，一直很享受這種養尊處優、閒雲野鶴的生活。他什麼事也不用操心，又不愁吃不愁穿，人生至此，夫復何求！

然而，翟讓可以滿足於這種閒雲野鶴的生活，他身邊的人卻很不甘心。

跟著翟老大出來混就是圖個大富大貴，而今老大你居然早早退居二線，把軍政大權拱手送給了李密，你自己不要富貴不打緊，可弟兄們怎麼辦？跟你混了這麼多年，到頭來卻竹籃打水一場空，這口氣叫大夥如何嚥得下？

所以，翟讓讓權這件事，自始至終都讓他的手下人想不通。

司馬王儒信就一直勸翟讓從李密手裡重新把權力奪回來，自立為大塚宰，總攬全域。可翟讓卻一口回絕。一看翟讓如此「不爭氣」，他的老哥、時任柱國的滎陽公翟弘馬上跳了起來。這個翟老哥是個粗人，說話從來不繞彎，一開口就喊：「皇帝你應該自己當，憑什麼要讓給別人？你要是真不想當，我來當！」

翟讓聞言大笑，把他老哥的話當成了笑料。可這句話很快就落進了李密的耳中。在李密聽來，這可不像笑話，而是對他的莫大威脅。

李密全身的神經立刻繃緊了。

不久，心腹房彥藻又向李密稟報了一件事：他日前攻克汝南郡（今河南汝南縣）時，翟讓曾向他警告：「我聽說你在汝南得到了大量金銀財寶，卻全都送給了李密，什麼都沒給我！李密是我一手擁立的，以後的事情如何，還很難說啊！」言下之意，他既然可以擁立李密，當然也可以隨時把李密廢了。

為此，房彥藻和李密的另一心腹鄭頲力勸他幹掉翟讓。

他們說：「翟讓貪財好利，剛愎自用，又不講仁義，根本沒把您放在眼裡，應該早做打算。」

李密遲疑地說：「現在局勢還不穩定，如果自相殘殺，會給遠近一個什麼榜樣？」鄭頲說：「毒蛇螫手，壯士斷腕，為的是顧全大局，萬一翟讓搶先下手，後悔都來不及！」

李密又想了想，最後終於下定了決心。

數日後，李密擺了一桌豐盛的酒席，邀請翟讓、翟弘，以及一干親信翟摩侯、王儒信等人一同赴宴。席間有裴仁基、郝孝德陪坐，房彥藻和鄭頲在往來張羅，翟讓背後則站著單雄信、徐世勣等一干侍衛。眾人一坐定，李密就開口說：「今天宴請高官，不需要太多人，左右留幾個人伺候就夠了。」說完，他左右的侍衛都走了出去，可翟讓的侍衛卻站著不動。

沒有翟讓的命令，他們不會動。

李密和房彥藻對視一眼，房彥藻連忙堆著笑臉請示說：「今天大家要飲酒作樂，天氣又這麼冷，司徒的衛士們都辛苦了，請主公賞賜他們酒食。」

李密瞟了瞟翟讓，說：「這就要請示司徒了。」

翟讓一聲乾笑，說：「很好。」

隨後，房彥藻就把單雄信、徐世勣等人領了出去。宴會廳裡除了主賓數人之外，就只剩下李密的一個帶刀侍衛蔡建德。

眾人寒暄片刻，菜還沒上齊，李密就命人拿了一張新造的良弓出來，讓翟讓試射。翟讓接過去，剛剛把弓拉滿，李密就給蔡建德使了一個眼色。蔡建德突然抽刀，從翟讓的背後一刀砍在他的脖子上。翟讓一頭栽倒在地，從鮮血噴湧的喉嚨口發出牛吼一般的慘嚎。還沒等眾人反應過來，蔡建德就已經把翟弘、翟摩侯和王儒信三人全部砍死。

外面廂房的單雄信、徐世勣等人聽到嚎叫聲，立刻跳起來奪路而逃。跑到大門口時，徐世勣被守門衛士砍傷了脖子。王伯當從遠處看見，大聲喝令衛士住手。單雄信等人慌忙跪地求饒，其他的侍衛們驚恐萬狀地站在那兒，不知如何是好。

李密很快走了出來，高聲宣布：「我與諸君同起義兵，本來就是為了除暴平亂。可是司徒卻專橫貪虐，欺凌同僚。今日只誅殺翟姓一家，與諸位沒有干係。」一說完，命人把受傷的徐世勣攙扶進去，親自為他敷藥。

翟讓的部眾風聞翟讓已死，都準備各奔東西。李密先是命單雄信前去宣慰，隨後自己單人獨騎進入翟讓軍營，一再勸勉，終於說服了他們，然後命徐世勣、單雄信和王伯當分別接管了翟讓的部眾。至此，整個瓦崗軍營的恐慌和騷動才逐漸平息。

翟讓之死是瓦崗高層權力鬥爭的一個必然結果，也是集團內部矛盾的一次集中體現。

從表面上看，李密成功消滅了內部最大的一支異己勢力，順利收編了翟讓的心腹和部眾，使自己的權力和地位得到了鞏固。可實際上，瓦崗內部的隱患和不穩定因素並未就此消除，反而有愈演愈烈之勢。因為經過這場流血事件之後，李密身邊的將吏都變得人人自危，幾乎每個人都在擔心自己會成為第二個翟讓。

一種看不見的憂慮和恐慌就像一場可怕的瘟疫一樣，從此在瓦崗軍中迅速蔓延。

從這個意義上說，翟讓之死並沒有為瓦崗的歷史掀開新的一頁，反而成為瓦崗從全盛走向衰落的一個轉捩點。雖然此後的瓦崗軍在戰場上仍然是所向披靡、勝多敗少，但是敗亡的危機卻已經在強大的表面之下悄悄醞釀。

得知翟讓被李密幹掉後，王世充發出了一聲悵然若失的歎息。

因為他知道瓦崗高層始終存在矛盾，尤其是翟讓和李密，絕對不可能長期在同一個屋簷下共存共榮。所以王世充一直認為這是他消滅瓦崗的機會。他在心裡默默把寶押在了翟讓這邊，希望翟讓能把李密收拾掉，然後他再輕鬆地收拾翟讓。

可結果卻與他的希望截然相反。

通過多次交手和這段時間的觀察，李密這個對手越來越讓王世充感到可怕。他在一聲長歎後，說了這麼一句話：「李密天資甚高，做事聰明果決，來日是一條龍還是一條蛇，實在難以預料！」

大業十三年年底，休整了一個多月的王世充出兵夜襲洛口倉城，不料李密早有防備，命郝孝德、王伯當、孟讓等人在倉城周邊設伏。隋軍遭遇埋伏，王世充麾下驍將費青奴戰死，士卒被殺一千餘人。

王世充連遭敗績，連精心策劃的偷襲也徹底落空，頓時有點灰心喪氣。越王楊侗連忙遣使慰勞。王世充大發牢騷，說他兵力太少，而且長期作戰已經疲憊不堪云云。楊侗不得不又給了他七萬人，才算堵住了他的嘴。

王世充得到了這支生力軍，頓時有了底氣，於大業十四年（西元六一八年）正月初大舉反攻，終於在洛水北岸擊敗李密，迅速將部隊推進到鞏縣北郊。這是王世充與李密交手數月以來取得的第一場勝利，不禁令他大為振奮。正月十五日，王世充命各軍在洛水上搭建浮橋，準備乘勝進攻洛口倉。

然而，人多不見得就是好事。因為軍隊數量的龐大與番號的錯雜，極有可能導致號令不一、指揮失靈。眼下，正在搶渡洛水的隋軍就出了這個問題。還沒等王世充下達總攻命令，先行架好浮橋的部隊就率先發起了進攻。虎賁郎將王辯一馬當先，率領部隊一下就攻破了李密大營的周邊柵欄。瓦崗守軍頓時一片慌亂。

此時，只要隋軍堅持進攻，李密馬上就會潰敗。可就在這節骨眼上，王世充卻突然下令吹響了收兵的號角。因為，他只看見大軍在渡河的時候行動錯亂、步調不一，根本不知道前方的王辯已經成功突破了敵人大營。

正在奮力突進的王辯聽到號角聲，不得不率部後撤。李密乘機帶領敢死隊發動反擊。隋軍大潰，為了爭奪浮橋逃命，光落入河中溺斃者就有一萬多人。王辯戰死，士卒各自逃散，大軍瞬間瓦解。王世充帶著自己的嫡系部隊逃離戰場，不敢回東都去見越王，只好北上投奔河陽（今河南孟縣）。

當天夜裡，王世充率殘部橫渡黃河時，突然風雨交加，氣溫驟降，士卒又凍死了一萬多人。逃到河陽時，十幾萬大軍只剩下區區幾千人。王世充把自己關進了監獄，以此向越王請罪。

得到大軍慘敗的消息後，越王楊侗也只有苦笑而已。要是在平時，一個敗得這麼慘的將帥早該被砍成肉醬了，可眼下，越王能殺王世充嗎？

不能。不但不能殺，還要慰勞他、犒賞他、捧著他、哄著他。要不然怎麼辦？有王世充在，好歹還能牽制李密，還能把李密拒於東都之外；要是沒有王世充，東都可能轉眼就會被李密吃掉。

雖然王世充屢戰屢敗，可還是要鼓勵他屢敗屢戰。

所以，越王楊侗不但絲毫不敢責備王世充，反而派使節前去向王世充宣布特赦令，然後又賞賜給他金銀、綢緞、美女，百般勸慰，讓他回洛陽。

吃了敗仗還能得賞賜，不知道王世充有沒有感動得熱淚盈眶。不過既然朝廷如此厚愛，王世充實在沒什麼好說的，隨後糾集殘部一萬餘人回了東都，駐紮在含嘉城（洛陽北城內），只求自保，不敢出戰。

李密連敗王世充，士氣大振，遂乘勝進攻東都，一舉奪取了金鏞城（舊洛陽城西北部）。李密命人將城門、城牆、官邸、民房等等全部修葺一新，將瓦崗總部遷進城內，以此對東都進行威懾。隨後，李密擁兵三十餘萬，在邙山南麓列陣，進逼洛陽上春門。

眼看李密的場面越搞越大了，東都附近的一大批隋朝官吏趕緊率部投降了李密，而遠近的義軍首領如竇建德、朱粲、孟海公、徐圓朗等人也紛紛遣使奉表，鼓動李密登基稱帝，屬下的裴仁基等人也勸李密早正位號。

面對所有人的勸進，李密只說了八個字——東都未克，不可議此。

# 四〇、江都政變

西元六一八年是一個奇特的年份。

因為，這一年的隋朝天下有不下二十個年號，並且還是不完全統計。

這一年，首先是隋煬帝楊廣的「大業」十四年，同時也是隋恭帝楊侑的「義寧」二年，稍後還是唐高祖李淵的「武德」元年；此外，東都的越王楊侗也在這一年被王世充等人擁立為帝，所以又稱「皇泰」元年。

還有，那些大大小小的草頭王們對這一年也各有各的叫法：隴西的秦帝薛舉稱「秦興」二年；河西的涼帝李軌稱「安樂」元年；馬邑的定楊天子劉武周稱「天興」二年；朔方的梁帝梁師都稱「永隆」二年；河北的夏王竇建德稱「五鳳」元年；魏縣的許帝宇文化及稱「天壽」元年；江南的梁帝蕭銑稱「鳴鳳」二年；東南的楚帝林士弘稱「太平」三年……

然而，不管這一年有多少個年號，歷史最終只會承認其中一個。換句話說，這些如同雨後春筍一樣冒出來的年號，注定要一個接一個被淘汰掉。

而第一個被淘汰出局的，就是楊廣的「大業」。

大業十四年，楊廣五十歲，知天命之年。

楊廣現在的天命是什麼？

四個字：及時行樂。既然一切都已無可挽回，那麼除了及時行樂，除了不停地用酒精和女人來麻醉自己之外，楊廣還能做什麼呢？

今朝有酒今朝醉，管他明朝酒醒何處！

這就是楊廣在生命最後的日子裡身體力行的人生哲學。

他在江都的離宮中開闢了一百多座精緻的別院，每一座院落都美侖美奐，而且美女常住，美酒佳肴常備。楊廣每天讓一院作東，然後帶著蕭皇后和寵幸的嬪妃們一院一院地宴飲作樂，天天和她們一起喝得酩酊大醉。

楊廣通曉天象，並且喜好吳語。某一個春天的夜晚，華枝春滿，天心月圓，楊廣與蕭后一起坐在璀璨的星空下，靜靜地仰觀天穹。後來楊廣粲然一笑，對蕭后說：「外間大有人圖儂（我），然儂不失為長城公（陳叔寶），卿不失為沈后（陳朝皇后沈婺華），且共樂飲耳！」

是啊，星光如此美麗，歲月如此靜好，楊廣有什麼理由過於悲觀呢？

人生何妨長醉，杯中自有乾坤！山河破碎又怎麼樣？社稷覆亡又怎麼樣？只要能像陳叔寶一樣保有爵祿和富貴，只要美女、美酒和美景常在眼前，他的下半輩子就可以過得與世無爭，自在逍遙！

楊廣一生中一直保持著一種習慣，即使是在這個迷亂而頹廢的春天裡也依然保持。他經常會長時間地攬鏡自照，欣賞著銅鏡中的那個人。

這顯然是一種典型的自戀。

有點遺憾的是，在這個春天裡，楊廣看見的不再是那個玉樹臨風、英氣逼人的瀟灑帝王，而是一個鬢髮散亂、面目浮腫、神情倦怠、目光空洞的中年男人。

儘管這個鏡中人已經變得讓楊廣感到陌生，但是他並沒有過於失望。因為這個鏡子裡的人仍然擁有一個寬闊飽滿的額頭，一個端正挺拔的鼻樑，以及一個微微揚起的下頷。

夠了，這就夠了。縱使失去所有，楊廣相信自己依然能夠擁有一個帝王最後的高貴與尊嚴！

楊廣到最後似乎也看淡了死亡。有一天，他忽然似笑非笑地對著鏡中人說：「好頭頸，誰當斫之?!」

蕭后偶然聽到，不禁大驚失色，問他為何說出如此不祥之語。楊廣淒然一笑，幽幽地說：「貴賤苦樂，更迭為之，亦復何傷?!」（《資治通鑑》卷一八五）

西元六一八年，楊廣知道，自己已經回不了那個烽火連天的中原了，他現在唯一能做的就是保住江東而已。為此，楊廣準備遷都丹陽（今江蘇南京），以防李密兵鋒越過長江。

楊廣把此事拿到朝會上討論，文武百官立即產生激烈的爭執。以內史侍郎虞世基為首的大臣都極力贊成，表示沒有比這個更好的計畫了；而右武侯大將軍李才等人卻堅決反對，認為楊廣應該立刻返回西京，藉此安定天下。

最後心直口快的李才說不過巧舌如簧的虞世基，只好憤然離殿。門下錄事李桐客依然堅持說：「江東低窪潮濕、地勢險惡，而且耕地太少，如果要對內奉養皇家、對外供應三軍，百姓難以負荷，恐怕最終仍將激起變亂！」李桐客話音剛落，御史們立刻發出彈劾，說他譭謗朝政。

反對的聲音就此被徹底打壓。公卿們紛紛阿附楊廣，說：「江東之民盼望聖駕由來已久，陛下南下長江，親臨安撫，此乃大禹之事功也！」

遷都之議就這麼定了下來。丹陽郡隨即破土動工，開始大力修建皇宮。

可是，楊廣已經無福消受丹陽的這座新皇宮了。因為軍隊早已離心離德，一場震驚天下的「江都政變」馬上就將爆發。

剛開始，將士們還沒想發動政變，只一心想著叛逃。

因為他們都是關中人，思鄉心切，見楊廣毫無西返之意，只好三十六計走為上。禁軍郎將竇賢首先率部西逃，結果被楊廣的騎兵追了回來，馬上斬首示眾。

然而，殺一卻不能儆百。將士逃亡的現象仍然有增無減、屢禁不止。

楊廣絕對想不到，就連他最為倚重的一個心腹將領也有了叛逃之心。

這個人就是虎賁郎將司馬德戡。

司馬德戡不光想一個人逃，而且還想煽動大家一起逃。他首先對他的兩個好友發出了試探。一個是虎賁郎將元禮，一個是直閣將軍裴虔通。司馬德戡說：「如今士兵人人都想逃亡，我打算告發，又怕先被士兵殺了；要是不報告，一旦事發，也難逃滅族之罪。到底該怎麼辦？還有，聽說關中已經淪陷，李孝常就因為獻出華陰叛降，皇上就逮捕了他的兩個弟弟，準備處死。我們的家屬都在關中，萬一有人步李孝常之後塵，那我們豈不是大禍臨頭?!」

元禮和裴虔通也是一副恐懼無奈之狀，只能愁眉苦臉地說：「事已至此，該怎麼辦？」

司馬德戡盯著他們的眼睛，說：「和士兵一塊逃！」

元禮和裴虔通相視一眼，重重點頭：「善！」

一個大規模的逃亡計畫就此啟動。越來越多的朝廷官員和軍隊將領迫不及待地加入了他們的行列。這些人包括內史舍人元敏、虎牙郎將趙行樞、鷹揚郎將孟秉、符璽郎李覆、牛方裕、直長許弘仁、薛世良、城門郎唐奉義、醫正張愷、勳侍楊士覽等等。幾乎各個級別各個部門的文武官員全都捲入了這個計畫。

由於參與的人數眾多，所以逃亡計畫逐漸從祕密轉為公開。最後將吏們甚至在大庭廣眾之下也毫不避諱地討論他們的叛逃行動。有個宮女再也看不下去了，只好報告蕭皇后：「外間人人欲反！」蕭后面無表情地說：「任汝奏之。」宮女隨即向皇帝稟報，楊廣勃然大怒。

皇帝很生氣，可後果並不嚴重。

因為只有一個人掉了腦袋，就是那個告密的宮女。楊廣認為這是她危言聳聽，所以二話不說就把她砍了。後來，又有人忍不住向蕭后稟報，蕭后說：「天下事一朝至此，無可救者，何用言之？徒令帝憂耳！」（《資治通鑒》卷一八五）從此，再也沒人多管閒事了。

楊廣既然執意要當鴕鳥，那麼叛逃計畫當然就沒有半點阻力了。虎牙郎將趙行樞很快就把計畫告訴了一個人，要拉他入夥。正是這個人，導致這個叛逃計畫瞬間升級成了政變行動。

他就是宇文述的次子、時任將作少監的宇文智及。

司馬德戡等人原本計畫於大業十四年三月十五日集體逃亡，可宇文智及卻告訴他：「主上雖然無道，但威信尚存，命令也還有人執行。你們一旦逃亡，恐怕會像竇賢那樣自尋死路。而今上天欲亡隋室，四方英雄並起，既然同心逃亡之人已有數萬，不妨幹一票大的，此乃帝王之業！」

司馬德戡豁然開朗，與宇文智及和趙行樞等人商議之後，決定擁護宇文智及的兄長、時任右屯衛將軍的宇文化及為領袖，發動政變，弒殺楊廣。

宇文化及是一個典型的紈綺子弟，仗著他父親宇文述在朝中的地位，驕矜狂暴，貪贓枉法，所以打從少年時代起就被長安百姓稱為「輕薄公子」。當眾人把政變計畫向他和盤托出，告知他這是帝王之業，並暗示將由他取代楊廣成為天子時，浮躁輕狂的宇文化及當即欣然接受。

隨後，司馬德戡命許弘仁和張愷進入禁軍軍營，對將士們說：「陛下聽說你們即將叛逃，就準備了大量毒酒，打算舉辦宴會，在宴席上把你們全部毒死，只跟南方人留在江都。」眾人聞言，大為恐懼，紛紛相互轉告，一致決定回應司馬德戡等人的政變行動。

三月十日，司馬德戡召集全體禁軍軍官，正式宣布了他的行動方案，眾人齊聲高呼：「願聽將軍號令！」是日下午，司馬德戡盜取了宮中御馬，連同早已準備好的武器一同分發給了政變官兵。當天夜裡，元禮和裴虔通在宮中當值，負責做內應；城門郎唐奉義負責將宮城的所有城門虛掩，接應政變部隊。三更時分，司馬德戡在東城集結了數萬名士兵，燃起火把互相呼應。楊廣半夜忽然醒來，看見火光照亮了江都的夜空，問左右發生了什麼事。裴虔通不慌不忙地答道：「草坊失火，士兵們正在撲救。」

與此同時，宇文智及和孟秉等人也在宮城外集合了他們的部眾一千餘人，隨後劫持了仍忠於楊廣的將軍馮普樂，命令士兵迅速封鎖各個主要路口。深夜，住在宮城外的燕王楊倓（楊廣的孫子）發現軍隊有異動，意識到有重大事變，急忙從芳林門旁邊的水洞進入宮城，準備稟報楊廣。

可他走到玄武門時就進不去了，因為裴虔通早已守衛在此。

楊倓只好向城樓喊話，說：「臣今夜突然中風，命在旦夕，希望能見皇上最後一面。」

年少的楊倓儘管機靈，可如此粗糙的謊言恐怕連他自己都不會信！裴虔通立刻打開城門，不過不是放他進來，而是將他逮捕囚禁。

三月十一日凌晨，司馬德戡把軍隊交給裴虔通，命他控制了宮城的各個城門。裴虔通隨後率領數百名騎兵衝進了成象殿，殿上的宿衛士兵大喊：「有反賊！」裴虔通隨即下令關閉所有城門，只開東門，勒令所有宿衛士兵放下武器，然後把他們從東門驅逐了出去。右屯衛將軍獨孤盛察覺情勢有變，未及披上鎧甲，慌忙帶著十幾名侍衛從營房衝了出來，迎面碰見裴虔通，厲聲質問道：「哪裡來的軍隊？為何情形如此詭異？」

裴虔通冷冷地瞥了他一眼，說：「形勢所迫，不關將軍的事，請將軍不要輕舉妄動！」

獨孤盛破口大罵：「老賊！說什麼屁話！」隨即帶著手下人衝了上去。

可他們才十幾個，裴虔通這邊卻有幾百人。片刻之後，獨孤盛和他的手下就全部倒在了血泊中。

驚聞宮內發生政變，御前帶刀侍衛（千牛）獨孤開遠迅速帶著幾百名士兵趕到玄覽門，準備入宮保衛皇帝。可宮門早已緊閉。獨孤開遠敲門大喊：「陛下，我們手裡還有軍隊，足以平息叛亂，只要陛下親自出來督戰，人心自然平定，否則就大禍臨頭了！」

然而，任憑獨孤開遠把宮門擂得山響，宮中卻悄無聲息，始終沒有半點回應。士兵們本來就沒什麼鬥志，見此情狀，只好各自散去，獨孤開遠最後也被變軍逮捕。

至此，政變軍徹底控制了整座皇宮。司馬德戡率領軍隊從玄武門大搖大擺地進入宮城。楊廣慌忙脫下御袍，換上便裝，倉皇逃進西閣。裴虔通等人帶兵衝到了東閣，宮廷女官（司宮）魏氏馬上打開閣門。這個魏氏也是楊廣的心腹，可早已被宇文化及收買，包括玄武門的衛兵也是被她矯詔調開了，才會讓裴虔通等人輕而易舉地佔據了玄武門。

政變軍從東閣進入永巷，逢人便問：「陛下在哪？」一個宮女用手指了指西閣，校尉令狐行達立刻拔刀，率先衝向了西閣，裴虔通等人帶著士兵緊隨其後……

此刻，清晨的陽光已經把整座皇宮照亮。

楊廣站在閣樓上，看見他最親信的幾個大臣和將軍帶著一隊全副武裝的士兵用最快的速度進入了他的視野。他們目光如刀、面色如鐵，鋥亮的鎧甲和刀劍在溫暖柔媚的陽光下閃爍著森冷而堅硬的光芒。

一個淒涼的笑容在楊廣的臉上緩緩綻開。

他知道——這就是終點。

這就是他一直在等待也一直在逃避的那個宿命的終點。

而眼前這個美麗的春天就是一座巨大的墳墓，終將把屬於他的一切徹底埋葬。無論是他的生命、他的功業、他的江山，還是他的詩歌、他的醇酒、他的美人，一切的一切，都將在這個萬物生長的春天裡終結、腐爛、消亡……

楊廣從閣樓的視窗看著率先迫近的令狐行達，忽然用一種平靜的語氣說：「你是想殺我嗎？」

令狐行達遲疑了一下，躲開楊廣的目光，說：「臣不敢，臣只想奉陛下西還。」

楊廣被令狐行達從閣樓上帶了下來，然後他的目光就一直定定地看著裴虔通。從楊廣當晉王的時候起，這個裴虔通就始終跟隨在他左右，是他最為寵信的幾個心腹之一。而今連他也反了，楊廣不禁有些傷感。他對裴虔通說：「卿難道不是我的故人嗎？是何怨恨促使你謀反？」

裴虔通說：「臣不敢反，只是將士思歸，準備奉迎陛下回京師而已。」

楊廣歎了一口氣，說：「朕也想回去，只因上江（長江中上游）的運糧船沒到，才一直延遲，現在就和你一道動身吧。」

十一日上午，裴虔通讓士兵把楊廣看押起來，然後命孟秉等人出宮迎接宇文化及。

宇文化及跟著孟秉等人策馬朝宮中走去。不知是因為激動還是害怕，此時的宇文化及居然抖成了一團，連一句完整的話也說不出來。一路上不斷有人前來晉見，宇文化及都是扶著馬首，低著頭，嘴裡喃喃地說：「罪過、罪過……」

司馬德戡在宮門迎接宇文化及，隨後引上大殿，尊稱他為「丞相」。

裴虔通對楊廣說：「百官都在朝堂上了，陛下必須親自出去慰勞。」隨即把自己的坐騎牽了過來，逼楊廣上馬。楊廣嫌鞍轡破舊，不肯上馬，裴虔通只好換了一副全新的，楊廣才不情不願地騎了上去。裴虔通一手持刀、一手牽馬，把楊廣帶到了大殿前。變軍興奮地吶喊嚎叫，鼓譟之聲響徹宮城。

宇文化及一見楊廣，衝著裴虔通一邊擺手一邊大喊：「何必把這個東西牽出來？趕緊帶回去做掉！」

楊廣神情黯然地問裴虔通：「虞世基在哪？」

變軍將領馬文舉在一旁冷冷答道：「已經砍了。」

楊廣被帶回了寢殿。當時蕭后、嬪妃，以及一干宗室親王皆已被政變軍軟禁，楊廣的身邊只剩下他最寵愛的幼子、十二歲的趙王楊杲。司馬德戡和裴虔通等人刀劍出鞘地環視著他們父子二人。

楊廣一聲長歎，說：「我有何罪，一至於此？」

馬文舉說：「陛下違棄宗廟，巡幸無度，外勤征討，內極奢淫，使青壯死於刀箭、女弱亡於溝璽，四民失業、盜賊蜂起；並且專寵佞臣，文過飾非，拒絕勸諫，還說沒罪?!」

楊廣苦笑著說：「要說我辜負了百姓，這是實情；至於說你們，榮華富貴、應有盡有，為何要做得這麼絕？今日之事，誰是主謀？」

「普天同怨，何止一人！」司馬德戡冷冷地說。

片刻之後，宇文化及又派遣內史舍人封德彝前來歷數楊廣的種種罪狀。楊廣傷心地說：「卿是士人，為何也參與謀反？」封德彝無言以對，慚悚而退。

最後的時刻到了。

由於害怕，站在楊廣身邊的趙王楊杲一直在嚎啕大哭。裴虔通手起刀落，首先砍死了楊杲，鮮血濺滿了楊廣的衣服。裴虔通正欲對楊廣下手，楊廣忽然站起來說：「且慢！諸侯之血入地，尚且要大旱三年，何況斬天子之首?!天子自有天子的死法，豈能用刀砍？拿鴆酒來！」

這就是一個帝王最後的高貴與尊嚴。

楊廣做到了。

然而，這些造反者沒有答應他。司馬德戡使了一個眼色，令狐行達猛然揪住楊廣的領口，狠狠把他按回原位。

楊廣踉蹌坐下。其實他很早就給自己和後宮準備了毒酒，他曾經對嬪妃們說：「如果賊兵來了，你們先喝，然後我再喝。」可等到政變爆發時，左右侍從作鳥獸散，楊廣再想找毒酒已經找不到了。

現在，楊廣最後悔的就是自己為何不隨身攜帶一瓶。他用絕望的目光最後看了看這些昔日的臣子，然後緩緩解下身上的絹巾，遞給了令狐行達。

令狐行達面無表情地接過去，一下就勒住了他的脖子。

絹巾越勒越緊、越勒越緊。

楊廣看見自己的一生呼嘯著從眼前飛過……

這是西元六一八年的陰曆三月，一個陽光明媚的春天。江都的離宮鶯飛草長，鮮花盛開，迷離的柳絮彷彿一萬隻白色的蝴蝶在整座皇宮中飄舞和盤旋。天空散淡而高遠，純淨得就像初生嬰兒一塵不染的臉龐。

就在這個美得讓人窒息的春天裡，楊廣停止了呼吸。

楊廣死後，名義上先後有三個傀儡皇帝和三個影子朝廷分別在江都、西京和東都尊奉隋朝正朔，可誰都知道——隋王朝已經名存實亡。

大業十四年三月十一日是隋煬帝楊廣的忌日，實際上也是隋朝的忌日。

# 四一、「輕薄公子」的攝政之路

一代帝王就這麼淒涼地走了。雖然保住了全屍，可是卻死無葬身之地。無處安葬的一個客觀原因是——楊廣從沒給自己修過陵墓。

中國歷代帝王往往在登基伊始就會花大力氣修建自己百年後的地下寢宮，唯獨楊廣沒有這麼做。他一生耗費巨大的精力和無數民脂民膏修建了遍及天下的離宮別館，同時也給後人留下了一條澤被萬世的大運河，可唯獨漏掉了自己的終極歸宿。

天下之大，楊廣卻連一個坑也沒給自己留下。

沒有人知道這是為什麼，只知道楊廣被縊殺後，蕭后和宮人們拆下幾片床板，給楊廣和幼子楊杲做了兩口簡陋的棺材，然後就讓他們孤零零地躺在離宮西院的流珠堂裡，從此再也無人問津。

直到宇文化及北上之後，亦即大業十四年八月末，江都太守陳稜才按照天子禮儀，把楊廣葬在了離宮西側的吳公台下，總算讓他入土為安。此時距楊廣被殺已經將近半年，中間隔了整整一個潮濕而悶熱的夏天，楊廣的屍體沒有經過任何處理，按說早該腐爛。可讓人意想不到的是，楊廣入殮的時候，據說面容依然栩栩如生，讓眾人大為駭異。（《隋書・煬帝紀》：發斂之始，容貌若生，眾咸異之。）武德五年（西元六二二年）八月，唐朝平滅了江南，又將楊廣改葬到了江都附近的雷塘（今揚州市北平岡上）。

楊廣死後，蕭皇后和六宮嬪妃們並沒有喝下楊廣給她們準備的毒酒。她們苟活了下來，無可奈何地成了宇文化及的玩偶。

蕭皇后雖然逃過一死，但是此後的命運卻極為不堪。大業十四年五月，宇文化及把蕭后和六宮嬪妃一起帶到了中原。其後宇文化及敗亡，蕭后又落到竇建德的手中。再後來，東突厥的處羅可汗又從竇建德手裡要走了蕭皇后。一直到貞觀四年（西元六三〇年），當李靖和李世勣率領唐軍破滅突厥之後，蕭后才終於被唐朝政府以相應的禮節迎回了長安。

皇帝沒了，天子的寶座空空蕩蕩。總得有人坐上去。

宇文化及現在當然是不能坐的。他也必須演一場政治秀，先推一個傀儡上去，然後在適當的時候再玩一回「禪讓」的遊戲。

要先推誰上去呢？

宇文化及想到了楊廣的四弟蜀王楊秀。

這是隋文帝楊堅五個兒子中唯一在世的一個，十幾年前就被楊堅罷官軟禁。楊廣即位後雖然沒有殺他，但也始終不讓他恢復行動自由，而且擔心他背後搞小動作，所以每次出巡總是帶在身邊。

此刻，楊秀就被關在江都的禁軍軍營中。

宇文化及覺得，蜀王楊秀在目前的宗室親王中資格最老，而且又因長期囚禁幾乎成了一個廢人，所以立他最為順理成章，也最為安全。

可是，宇文化及的提議卻遭到了眾人的反對。宇文智及提出了另一個人選，那就是與他私交甚篤的秦王楊浩（楊俊之子）。

宇文化及同意了。他覺得反正這皇位遲早是他的，現在牽誰出來走這個過場對他來講沒有任何區別。

新皇帝的人選一敲定，剩下來的宗室親王就沒有任何存在價值了。當天，蜀王楊秀和他的七個兒子，齊王楊暕（楊廣次子）和他的兩個兒子，以及燕王楊倓，包括隋室的所有親王和外戚，無論老幼全部遭到屠殺。

其中死得最稀里糊塗的，可能就要屬齊王楊暕了。

楊暕歷來失寵於楊廣，父子之間長期互相猜忌，所以政變爆發當晚，楊廣就曾滿腹狐疑地對蕭后說：「莫非是阿孩（楊暕乳名）所為?!」而當宇文化及派人準備誅殺楊暕時，楊暕並不知道父親已被弒，居然以為來人是楊廣所派，故央求說：「且慢殺我，我不會辜負國家！」來人一聲冷笑，不由分說就把他拖到大街上砍了。楊暕至死還以為是父親楊廣對他下的毒手。

清理完隋宗室，接下來就輪到楊廣的那些心腹重臣了。

內史侍郎虞世基、御史大夫裴蘊、左翊衛大將軍來護兒、祕書監袁充、右翊衛將軍宇文協、千牛宇文晶、梁公蕭鉅等人，以及他們的兒子，都沒能逃過這場滅頂之災。

讓人感到奇怪的是，政變發生的時候，他們都在幹什麼呢？這些人幾乎都是玩了一輩子政治的老手和人精，難道關鍵時刻都成了瞎子和聾子？對這麼大動靜的一場政變，難道他們事先果真毫不知情，以至最終束手就擒，任人宰割？

不，其實他們中早已有人事先得到了密報。

政變前夕，江都縣令張惠紹就已經探知有人即將謀反，立刻向御史大夫裴蘊做了稟報。裴蘊隨即和張惠紹一起制定了一個緊急行動方案，決定矯詔逮捕宇文化及，然後入宮保護楊廣。可是，當裴蘊把政變消息和他們的應變計畫向內史侍郎虞世基報告時，虞世基卻認為消息不可靠，把計畫壓了下來，沒有採取任何行動。還沒等裴蘊想出別的辦法，政變就爆發了。裴蘊仰天長歎：「跟虞世基這種人商量，只能誤大事啊！」

裴蘊說得沒錯，跟虞世基商量，不誤事才怪。虞世基這幾年來最主要的工作就是替楊廣遮罩各種壞消息，所以早就形成了條件反射，任何天大的壞消息到他這兒都成了捕風捉影、危言聳聽。這次所謂的政變消息當然也不會例外。

從這個意義上說，虞世基這麼做不叫「誤事」，而叫「盡職」。道理很簡單，他要是不具備如此強大的遮罩功能，楊廣早把他一腳踢了，怎麼會把他倚為心腹？

所以這場政變是注定要發生的，或遲或早而已。

在這場政治清洗中，有少數大臣倖免於難，其中一個就是時任黃門侍郎的裴矩。

他早料到有這麼一天，所以自從來到江都後就一直表現得很低調，即便是對僕從差役也是執禮甚恭，尤其是想方設法討好軍隊。去年八月，他就向楊廣提出了一個收買人心的建議。他知道軍隊中的很多將士在江都都找了姘頭，於是決定做個順水人情，就對楊廣說，將士們之所以鬧著回家，是因為老婆孩子都在京師，如果允許他們就地娶妻，人心自安。楊廣覺得很有道理，就按他說的做了。大部分禁軍官兵就這樣在江都找到了他們人生的第二春，當然要打心眼裡感激裴矩。

所以政變發生後，士兵們都嚷嚷著說：「裴大人是個好人，沒他什麼事！」而且當時裴矩一見到宇文化及，立刻非常識趣地上前跪地叩頭，一臉棄暗投明的表情，自然讓宇文化及也大生好感。

就是憑著這樣的本事，才使得裴矩在整個江都朝廷徹底崩盤的時候，仍然不失為一支逆市飄紅的堅挺個股，幾天後就成了宇文朝廷的右僕射。

該殺的都殺了，該降的也都降了，昔日的輕薄公子宇文化及開始堂而皇之地踏上「攝政」之路。他自稱大丞相，總百揆，以蕭皇后的名義擁立秦王楊浩為帝，但卻一直把他軟禁在別殿，命士兵嚴密看管，只是讓他在各種詔書上簽字蓋章而已。隨後，宇文化及又任命二弟宇文智及為左僕射、三弟宇文士及為內史令，徹底掌控了江都朝廷的軍政大權。

大業十四年三月二十七日，宇文化及任命左武衛將軍陳稜為江都太守，同日宣布大軍返回長安，帶著傀儡皇帝楊浩、蕭皇后，以及六宮嬪妃一同啟程，沿水路北上。其龍舟隊的盛大排場與當初的楊廣一般無二。

宇文化及躊躇滿志、無比風光地站在巨大的龍舟上，感覺輝煌的人生正在不遠處向他微笑招手。此刻的他絕對不會料到，有兩次兵變正埋伏在道路的前方，差點終結了他剛剛開啟的這場帝王美夢。

第一次兵變，發生在龍舟隊啟程的這一天。

當天傍晚，船隊行至離江都不遠的顯福宮，三名禁軍將領便開始了密謀。一個是虎賁郎將麥孟才，另外兩個是虎牙郎錢傑、沈光。麥孟才說：「我等受先帝厚恩，而今卻俯首侍奉仇敵，受其驅使，有何面目苟活於世？我一定要殺了他，雖死無憾！」沈光也流著淚說：「這正是我期望將軍的。」

是日夜裡，麥孟才積極聯絡軍隊中的舊交，迅速糾集了數千部眾，約定於次日拔營前襲殺宇文化及。然而人多嘴雜，消息很快洩露。宇文化及帶著心腹將領連夜逃離大營，同時通知司馬德戡先對麥孟才等人下手。

深夜，沈光忽然聽到軍營中人喊馬嘶，估計已經走漏了風聲，立即帶兵撲向宇文化及的營帳，可是帳中已空無一人。出來的時候，沈光恰巧撞見了江都政變的主要策劃者之一、其時已被提拔為內史侍郎的元敏。沈光慶幸自己事敗之前還能殺一個墊背的，隨即歷數了元敏的條條罪狀，然後一刀砍了他。與此同時，司馬德戡已經率大軍包圍了軍營。經過一番血戰，麥孟才、沈光、錢傑及其部眾數百人全部戰死。雖然明知此戰必敗，可自始至終卻無一人投降。

兵變總算是平息了，還好有驚無險。宇文化及在心裡對司馬德戡大為感激。

可讓他萬萬沒想到的是，船隊行駛到彭城郡（今江蘇徐州市）的時候，第二次兵變立刻接踵而至。更讓他意想不到的是，這次的主謀居然是司馬德戡。

其實宇文化及一上臺，很多人馬上就後悔了。因為這位「輕薄公子」不僅沒有半點能耐，而且驕奢之狀比楊廣有過之而無不及。

把楊廣的六宮嬪妃都據為己有就不說了，龍舟隊的一切排場都刻意模仿楊廣也不說了，單就他在日常政務中的表現，就足以讓人大失所望。他每次進入大帳的時候，總是大大咧咧地面南而坐，譜雖然擺得很大，可百官凡有進奏，他卻一概保持沉默，什麼話也不說。

這樣的沉默，是代表睿智和深沉嗎？

不，誰都很清楚，他這是胸無韜略、不敢決斷。

每次下帳後，宇文化及馬上會召集唐奉義、張愷等一幫心腹，商量百官所奏議的事，等別人幫他出了主意，他才命人擬就相關詔書，拿去給楊浩簽字蓋章。

大夥把腦袋別在褲腰上搞政變，到頭來擁護的居然是這麼一個既驕矜又無能的笨蛋，怎能不令眾人齒冷血熱?!

司馬德戡第一個跳了起來。他埋怨當初主張擁護宇文化及的趙行樞說：「我被你害慘了！當今要撥亂反正，必須依靠一個英明的領袖，可宇文化及昏庸愚昧，又被一大群小人包圍著，大事必敗無疑，你說該怎麼辦？」

司馬德戡之所以跳起來，其實也不完全是出於公心。還有一層原因他沒說，那就是宇文化及並不信任他。

宇文化及總攬大權之後，封司馬德戡為溫國公、加光祿大夫，幾天後又調任禮部尚書。表面上加官進爵，極為尊崇，實際上是褫奪他的兵權。司馬德戡大為不滿，只好把所獲的賞賜全都拿去賄賂宇文智及，通過他向宇文化及說情，好不容易才重新掌握了一點兵權——負責統領一萬多人的後軍。

但是，這點兵權其實也是不穩固的。因為宇文化及始終防著他，哪一天要是把他兵權卸了，司馬德戡就徹底任人擺布了。所以，司馬德戡不得不先下手為強。

聽完司馬德戡的牢騷後，趙行樞兩眼一翻，說：「這全看我們自己了，要廢他也不是什麼難事！」

於是，二次兵變的計畫就這麼定了下來。

但是司馬德戡還是有些信心不足。因為宇文化及現在是大丞相，手裡掌握了十幾萬軍隊，而他只有區區一萬多人。萬一暗殺不成，雙方開打，司馬德戡的勝算並不大。為了保證計畫萬無一失，司馬德戡決定找一個外援。

他找的人，是其時盤據在濟陰郡周橋（今山東定陶縣東南）的變民首領孟海公。

司馬德戡給孟海公寫了一封信，此後一直在等待回音。然而，孟海公一直沒有回音。兵變的時機就這麼在焦灼的等待中流逝。

宇文化及很快得到了消息，於是設計逮捕了司馬德戡。計畫中的兵變就此流產。

殺司馬德戡之前，宇文化及問他：「你我同心協力、共定海內，冒著九死一生的危險。而今大事方成，正是共用富貴的時候，你為何又要謀反？」

司馬德戡說：「我們之所以誅殺楊廣，是因為無法忍受他的荒淫暴虐，沒想到閣下的所作所為比他還要嚴重！情勢所迫，不得不如此。」

隨後，司馬德戡被絞死，同黨十多人也全被誅殺。

大業十四年四月下旬，由於水路受阻，宇文化及率大軍改行陸路，從彭城進入中原。

在鞏洛（今河南鞏縣）一帶，宇文化及遭遇了瓦崗軍的阻擊，於是轉向東郡（今河南滑縣），隋東郡通守王軌立刻開門迎降。

中原一下子變得熱鬧非凡。由於宇文化及的到來，東都戰場的形勢變得比以前任何時候都更加撲朔迷離。

# 四二、後楊廣時代的逐鹿遊戲

世間已無楊廣，所以很多人有事要忙。後楊廣時代的逐鹿遊戲不會再欲訴還羞，遮遮掩掩。人人圖窮匕見，人人大幹快上！

首先做出反應的是時任吳興（今浙江湖州市）太守的沈法興。當時，沈法興正在努力圍剿東陽郡（今浙江金華市）一帶的變民，一聽說楊廣被宇文化及弒殺，立刻起兵，以討伐宇文化及之名，先後攻佔江表（太湖流域及錢塘江流域）的十幾個郡，自立為江南道大總管，同時設置文武百官。

這一年四月下旬，原來稱梁王的蕭銑也正式稱帝，並遷都江陵（今湖北江陵市），隨後派遣各路軍隊，大舉向南擴張。原本一直在堅守城池的江南隋朝將吏，聽到楊廣被弒的消息後，紛紛放下武器投降蕭銑。

蕭銑的勢力迅速壯大，其版圖東至九江（今江西九江市），西至三峽（今湖北與重慶交界處），南至交趾（今越南），北至漢川（今漢水以南），成為當時南方最大的一支割據政權，並擁有常備軍四十餘萬。

與此同時，楊廣被弒的消息也傳至長安。李淵仰天慟哭，十分傷心地說：「吾北面事主，因關山阻隔而不能救，但實在不敢忘卻悲哀啊！」

這場由李淵自導自演的「匡扶帝室」的政治秀，終於在這一抹煽情的淚水中畫上了圓滿的句號。接下來發生的一切就順理成章了。

五月十四日，隋恭帝楊侑將皇位禪讓給唐王李淵，回代王府居住。

五月二十日，五十三歲的李淵在太極殿登基稱帝，同時祭天，大赦，改元武德。

同日，唐政府將隋朝的郡縣制改為州縣制，命現有管轄範圍內的各郡太守一律改任州刺史，並按五行關係推演，推定唐朝屬「土德」，以黃色為最高貴的顏色。

五月二十八日，李淵命裴寂和劉文靜修訂律法。

六月初一，李淵任命李世民為尚書令，裴寂為右僕射、知政事，劉文靜為納言，蕭瑀、竇威為內史令，裴晞為尚書左丞，李綱為禮部尚書、參掌選事（即兼吏部尚書事），竇璡為戶部尚書，屈突通為兵部尚書，獨孤懷恩為工部尚書，陳叔達、崔民幹為黃門侍郎，唐儉為內史侍郎，殷開山為吏部侍郎，韋義節為禮部侍郎，趙慈景為兵部侍郎，李瑗為刑部侍郎。

同日，唐朝政府廢除隋朝律令《大業律》，另行頒布新朝律法。

六月七日，李淵立李建成為太子，封李世民為秦王，李元吉為齊王；其他宗室諸人李孝基、李道玄、李神通等，也在這一日全部封王。

在唐朝建立僅僅四天之後、亦即五月二十四日，東都的留守官員王世充等人也擁立年僅十五歲的越王楊侗登基稱帝，改元皇泰。

同日，楊侗任命段達與王世充同為納言，段達封陳國公，王世充封鄭國公，與元文都、盧楚、皇甫無逸、趙長文、郭文懿等七人共同執掌朝政，時人稱為「七貴」。

東都朝廷的老少爺們雖然集體升格了，但東都的形勢卻比以前更為嚴峻。因為一個李密就夠讓人頭疼了，現在居然又來了一個宇文化及！

該怎麼辦？

有一個叫蓋琮的人向楊侗上疏，建議招降李密，共同對付宇文化及。內史令元文都和盧楚等人商議說：「而今我等大仇未報（指楊廣被殺一事），且兵力不足，如果赦免李密，命他攻擊宇文化及，讓他們互相殘殺，我等便有機可乘。等到宇文化及敗亡，李密必定也是疲憊不堪，再加上他的將士貪圖我們的官爵賞賜，到時候就容易離間，連同李密都能手到擒來！」

眾人都覺得這是拯救東都的上上之策。楊侗遂命蓋琮攜帶皇帝詔書，前去遊說李密。

宇文化及進入中原後，雖然兵不血刃地拿下了東郡，但是此地有限的糧食儲備顯然不足以養活他的十幾萬軍隊。所以，必須找一個糧食充足的地方作為根據地，才能在中原長期立足。

宇文化及很快就把目光瞄向了東郡北面不遠的一個地方。

那就是徐世勣駐守的黎陽倉。

這一年六月末，宇文化及擢升東郡通守王軌為刑部尚書，命他駐守滑台（東郡郡治所在地，今河南滑縣），然後留下所有輜重，親率大軍北上，渡過黃河進圍黎陽倉城。李密得到消息後，立刻率兩萬步騎進抵清淇（今河南淇縣東南）。

可他卻不急著與宇文化及開戰，而是深挖壕溝、高築營壘，與徐世勣烽火相應。每當宇文化及發兵攻城，李密就從背後攻擊他，牽制他的兵力，讓他無法全力進攻。

有一次，李密與宇文化及對峙於淇水（古黃河支流），兩個人隔河進行了一次簡短的對話。李密一開口就劈頭蓋臉地數落他：「你們宇文家族本來是匈奴（鮮卑）人的家奴，姓破野頭，到後來才跟了主人的姓。父兄子弟，皆受隋朝厚恩，富貴累世，舉朝無二。主上失德，你不能死諫倒也罷了，反而擅行弒逆，欲圖篡位，此舉天地不容，你還想逃到哪去？不如速來歸我，尚可保全子孫後嗣。」

李密罵完以後，感覺十分酣暢。他估計宇文化及準會以牙還牙地回敬他幾句。

不料卻是一陣沉默。宇文化及把頭埋得很低，不知道在醞釀什麼豪言壯語。默然良久，宇文化及才突然抬頭，怒目圓睜地大喊一句：「我和你談的是廝殺，又何必搬弄一套書上的話?!」（《資治通鑒》卷一八五：化及默然，俯視良久，瞋目大言曰：「與爾論相殺事，何須作書語邪?!」）

李密大笑著對左右說：「宇文化及蠢到這個地步，連話都不會說，還異想天開要當帝王，我拿一根棍子就可以把他擺平！」

接下來的日子，惱羞成怒的宇文化及大舉修造攻城武器，發誓一定要拿下黎陽倉。徐世勣不與他正面決戰，而是深挖壕溝，令他寸步不前，此後又挖掘地道，偷襲宇文化及的軍營。宇文化及猝不及防，被打得大敗。徐世勣隨即焚毀了隋軍的所有攻城器具。

東都朝廷向李密拋出橄欖枝後，立刻得到了李密的熱情回應。

因為李密一直擔心會受到東都軍隊和宇文化及的前後夾擊，所以一見到蓋琮帶來的詔書，大喜過望，當即擬就一道奏疏，請求歸降。

雙方一拍即合。

楊侗隨即任命李密為太尉、尚書令、東南道大行台行軍元帥，封魏國公，命他先討平宇文化及再入朝輔政，同時任命徐世勣為右武侯大將軍。

在詔書中，楊侗極力褒揚了李密的忠誠，同時宣布：「其用兵機略，一稟魏公節度！」（《資治通鑑》卷一八五）也就是說，東都軍隊今後的一切軍事行動都要聽從李密指揮。

成功招撫李密之後，段達、元文都等人大為興奮，認為東都從此太平，隨即在上東門舉辦了一場盛大的慶功宴，眾人賦詩飲酒，載歌載舞，鬧了個不亦樂乎。

只有一個人在宴會進行的過程中始終陰沉著臉。

他就是王世充。

王世充很憤怒。因為在招降李密這件事情上，他是最大的利益受損者。

誰都清楚，王世充在東都朝廷唯一的存在價值就是與李密抗衡，李密一日不死或一日不降，他王世充就一日不可或缺。可如今李密居然降了，而且還搖身一變成了僅次於皇帝楊侗的第二號人物，反倒騎到他王世充頭上來了，這讓王世充情何以堪?!

李密收到東都朝廷的任命狀後，長長地鬆了一口氣。他終於可以調集精銳，全力對付宇文化及了。

李密知道，宇文化及現在最大的優勢就是他的軍隊，畢竟這十幾萬人原本都是楊廣的近衛軍，其戰鬥力不可小覷。但是宇文化及最大的弱勢有二：一是他本人沒能耐，二是他軍隊缺糧食。

為了充分利用這兩個弱點，李密想了一計——跟宇文化及言和。

宇文化及果然中計，從此讓將士們放開肚皮大吃大喝，他相信李密的三大糧倉不久就會向他敞開。可很快，宇文化及就發現自己被愚弄了。因為李密有一個部屬犯罪逃亡，投靠了他，把李密的陰謀一五一十都告訴了他。宇文化及勃然大怒，立刻率軍渡過永濟河，向童山（今河南滑縣北）的李密大營發起進攻。

由於隋軍的糧食已經吃光，所以這一仗，隋軍將士人人抱定決一死戰之心，對瓦崗的進攻空前猛烈。從辰時（上午七時）到酉時（下午七時），隋軍的攻擊一波緊接一波，一刻也沒有停止。李密率部奮力抵禦，激戰中被流箭射中，從馬背上一頭栽下，當即暈厥。左右侍從四散逃命，隋軍立刻蜂擁而上。

就在李密即將死於亂刀之下的一瞬間，有個人拼死挽救了李密的性命。他就是秦叔寶。當所有人各自逃命的時候，只有他堅守在李密身邊，以一人之力擋住了圍上來的隋兵，李密才得以逃過一死。

秦叔寶救出李密後，馬上召集殘部，重新組織防禦，又擊退了隋軍的數次進攻。由於天色已晚，激戰了一整天的隋軍士兵都已筋疲力竭，宇文化及只好率部撤出了戰場。

為了解決軍隊的糧荒，宇文化及一邊進入汲郡（今河南淇縣東）搜刮糧食，一邊派人回東郡，逼迫當地官民繳納軍糧。東郡的官民不服，宇文化及的手下就將他們逮捕，並且嚴刑拷打。東郡通守王軌忍無可忍，遂暗中投降了李密。

宇文化及得知王軌叛變，意識到自己在中原已經難以立足，不得不撤出東都戰場，率軍北上，準備朝黃河北面發展。

可一路上卻不斷有將領帶著部眾逃亡，南下投降了李密。他們是陳智略率領的嶺南精銳一萬餘人、樊文超率領的江淮勇士數千人、張童兒率領的江東勇士數千人。宇文化及無力阻止，只能帶著殘部兩萬人繼續北上，最後據守魏縣（今河北大名西南）。

李密把宇文化及逐出中原後，東都朝廷人心大悅，群情振奮，只有王世充咬牙切齒地對麾下將士說：「元文都這幫人只是一群刀筆吏罷了，依我看，他們早晚要死在李密手上！我們自從跟李密的瓦崗軍交戰以來，殺死他們的父兄子弟不計其數，一旦成為他的手下，我們恐怕也要死無葬身之地了！」

將士們聽完後大感憂懼，而比他們更憂懼的是元文都。

他擔心的不是李密，而是王世充。元文都立即與盧楚等人緊急磋商，決定先下手為強，在百官上朝的時候埋設伏兵，幹掉王世充。然而，他們的暗殺計畫剛剛擬定，一貫膽小如鼠的段達擔心幹不過王世充，索性第一時間就把消息告訴了他。

王世充冷笑：就憑這幫耍筆桿的，也想跟老子動刀?!

這一年七月十五日深夜，三更時分，王世充突然發兵攻擊皇宮的含嘉門。元文都聞變，急入皇宮，把楊侗「請」到了乾陽殿，派兵守衛，然後命令各將領死守各道宮門，並進攻王世充。將軍跋野綱接到命令，剛剛率兵出宮，一遇到王世充立刻下馬投降。而將軍費曜和田闍在宮門外迎擊王世充，也逐漸不支。元文都見情況危急，準備親率禁軍從玄武門出宮，繞到王世充背後進行攻擊。

可接下來發生的事情卻讓人感到匪夷所思。

負責管理宮門的長秋監（宦官總監）段瑜聲稱找不到鑰匙，無法打開宮門。而心急火燎的元文都面對那把「鐵將軍」，居然也一籌莫展。直到天色將明，元文都才折回身，準備從另一頭的太陽門出宮。

可一切都已經來不及了。當元文都行至乾陽殿時，王世充已經攻破了太陽門，帶著士兵殺進了宮城。

果然就像王世充說的，元文都這種人的確只能耍耍筆桿子，要說跟王世充動刀子，那絕對是在找死。連玄武門上的一把「鐵將軍」都奈何不得，就算拿到鑰匙，帶兵出了宮，元文都也只能死得更快。

王世充一入宮，所有人都意識到死期已到，於是各自逃命。「七貴」之一的兵部尚書皇甫無逸拋下老娘和妻兒，慌忙砍開右掖門，逃出東都，直奔長安而去。而盧楚則一頭躲進了太官署（宮廷膳食部），被王世充的士兵搜出，亂刀砍死。

王世充長驅直入，開始進攻乾陽殿前的紫微門。楊侗派人登上紫微門樓，質問王世充為何帶兵入宮。王世充下馬致歉，說：「元文都和盧楚等人無端欲加害於臣，請誅殺文都，臣甘願領罪。」

段達聞言，立刻下令逮捕元文都，交給王世充。

元文都最後看了楊侗一眼，說：「我早上死，晚上就輪到陛下了。」

年僅十五歲的小皇帝楊侗當場慟哭不止，只能揮揮手讓人把他帶出去。

元文都一出門，轉眼就被砍成了肉醬。隨後，元文都和盧楚的兒子們悉數被王世充逮捕，全部砍殺。段達傳天子命令，打開宮門迎接王世充入宮。王世充讓部將立即接管皇宮的宿衛之權，然後入乾陽殿覲見楊侗。

面色慘白的小皇帝指著王世充說：「你擅行誅殺，未曾奏報，這豈是為臣之道?!莫非憑藉手中兵權，連我也要殺嗎?」

王世充拜伏在地，痛哭流涕地說：「臣蒙先帝拔擢，粉身碎骨無以為報！文都等人包藏禍心，欲召李密危害社稷，因臣不願與其合作，便深相猜忌，臣為情勢所迫，不暇奏報。如果臣有二心，辜負陛下，天地日月為證，臣情願被滿門抄斬！」

小皇帝終於被王世充的一番發誓賭咒徹底打動了，於是命他上殿，與之敘談良久，然後帶他一起晉見了皇太后。王世充解開頭髮，披散兩肩，一再指天盟誓，稱自己絕不敢懷有二心。楊侗當天就擢升他為左僕射，並總督內外諸軍事。

十六日中午，王世充又捕殺了趙長文、郭文懿，隨後親自巡城，安撫軍心。至此，「七貴」死了四個，逃了一個，只剩下大權獨攬的王世充和那個怯懦無能的段達。

東都朝廷從此完全落入王世充的掌心。他命自己的兄長擔任內史令，讓子弟掌管兵權，同時讓自己的親信黨羽入主朝廷的所有重要部門。一時間，王世充權傾內外，朝野上下無不趨附，小皇帝楊侗被徹底架空。

# 四三、英雄末路：瓦崗的覆滅

大業十四年（武德元年）九月，東都的秋涼一日比一日更濃。而這些日子以來，瓦崗的人心也一日比一日更涼。因為，李密自從幹掉翟讓之後，人就變得越來越驕矜，再也不像從前那麼體恤下屬了。

除此之外，讓瓦崗將士心涼的原因還有兩個：一，瓦崗除了糧食什麼也沒有，所以將士們雖然屢立戰功，可從來得不到錢帛之類的賞賜；二，李密往往對新附的人禮遇甚周，相形之下就冷落了舊人。

瓦崗人為此憤憤不平。就連一向心胸寬廣的徐世勣也忍不住在一次宴會上暗諷李密，希望他意識到身上的缺點和當下存在的問題。

可現在的李密已經聽不進任何不和諧的聲音了。他極為不悅，從此開始疏遠徐世勣。把他派駐黎陽倉表面上是委以重任，實際上是將他排擠出了瓦崗總部。

對瓦崗人心離散的現狀，李密固然有所察覺，可他認為事態並不嚴重，一切仍然在他的掌控之中。

到了這一年秋天，李密甚至感覺形勢正在朝好的方向轉化。因為，他剛剛擊潰了宇文化及的十幾萬大軍，收降了許多精銳，繼而又聽說東都發生了火拼，王世充那幫人正在自相殘殺，其結果很可能是兩敗俱傷。這一切都讓李密樂觀地以為——東都已經指日可下了。

然而，李密過於樂觀了。東都火拼不僅沒有削弱王世充的力量，反而讓他變得比以往任何時候都更加強大。他現在一手掌握了東都的軍政大權，隨時可以調集兵力對李密發起總攻。所以，在王世充看來，岌岌可危的恰恰不是東都，而是李密，以及他所領導的瓦崗軍。

童山一戰，宇文化及雖然敗了，但李密的瓦崗軍也遭受重創。他的精銳多半死在了戰場上，剩下這些人的戰鬥力也已大不如前。因此，王世充也同樣樂觀地相信——李密的敗亡已經指日可待了。

兩個同樣樂觀自信的男人，一對注定你死我亡的冤家。命運只好安排了一場終極對決，來結束他們之間曠日持久的對峙和較量。

這一年九月初十，王世充率先出手了。他嚴格挑選了兩萬精銳，火速東進，於次日進抵偃師（今河南偃師市）西面的洛水，迅速架設了三座浮橋。

此時的李密正駐守在洛陽北面的金鏞城，而王世充甩開李密，全力東進，很明顯是要搶佔洛口倉——因為東都軍隊快斷糧了。

李密急命王伯當留守金鏞，自率精兵馳援偃師，在邙山南麓紮營，然後命單雄信率前鋒騎兵進至偃師城北紮營。

九月十一日，李密召開軍事會議，討論戰守之策。裴仁基主張採取守勢，他說：「王世充傾巢而出，洛陽必定空虛。我們可兵分兩路，一路扼守險要，阻止他東進；另一路則直撲東都。如果王世充回軍，我們就按兵不動；他如果再次東進，我們就進攻東都。這樣一來我們就掌握了主動權，而他疲於奔命，必定被我軍擊破。」

李密同意裴仁基的方案，並進而分析說：「隋軍如今有三樣銳不可當。其一，武器精良；其二，決意東進；其三，糧盡而戰。所以我們只須據城固守，蓄力以待，王世充欲戰不得，欲走無路，不出十天，他的首級就會送到我們的麾下。」

應該說，裴仁基和李密的這個戰略是完全正確的。如果這一仗真的按照這個計畫來打，失敗的人肯定是王世充，絕不會是李密。

然而，命運之神卻在這關鍵的時刻背棄了李密，因為絕大多數將領反對這個計畫。他們剛剛從宇文化及手下歸降的陳智略、樊文超等人都急於建功，所以和單雄信一起極力主戰。他們堅持說：「王世充的軍隊人數並不多，而且屢屢被我們打敗，早已喪膽。兵法有言：『人數超過敵人兩倍就應該進攻』，何況現在我們絕不止兩倍！再說了，江淮新附的將士都希望抓住這個機會建立功勳，趁他們鬥志高昂的時候作戰，一定能夠取勝。」

李密心動了。是啊，如果可以一戰破敵，又何必拖延呢？

他隨即採納了多數人的建議——戰！

此刻的李密當然不會知道，他的敗亡之局就在這一個字中一槌定音了。

裴仁基苦苦勸阻，可李密心意已決。裴仁基頓足長歎，說：「公必悔之！」

九月十一日午後，王世充派遣前鋒部隊的數百名騎兵渡過洛水，襲擊單雄信的軍營。李密得到消息，即命部將裴行儼和程知節等人前去增援。裴行儼搶先殺入敵陣，被流矢射中，墜落馬下。程知節立刻衝上去，殺了數名敵兵，將裴行儼抱上自己的馬背。隋軍在後面窮追不捨，一個騎兵趕了上來，一矛刺出，穿破了程知節的鎧甲。程知節轉身抓住長矛，猛然將其折成兩段，隨後砍殺了隋兵，終於將裴行儼救回大營。

這次小規模的遭遇戰，除了裴行儼之外，李密的部下驍將孫長樂等十幾人全部受了重傷。當天深夜，王世充又派遣兩百多名騎兵潛入邙山，埋伏在李密大營附近的山澗中，準備次日決戰時作為內應。

九月十二日晨，決戰的時刻終於到來。

王世充集合部隊誓師，高聲說：「今日之戰，不僅是爭一個勝負；生死存亡，在此一舉。如果贏了，榮華富貴自然到手；要是輸了，沒有一個人可以倖免。所以，這一戰關係到每個人的存亡，不僅僅是為了國家而戰，更是為了你們自己而戰！」

正所謂哀兵必勝。

此時王世充的軍隊已經落入斷糧的絕境，所以對這兩萬名士兵來講，奮力前進，打敗李密，他們還有生還的機會；要是退縮，就算回到東都，無疑也是死路一條。所以，當這支破釜沉舟、背水一戰的軍隊進至李密大營時，王世充一聲令下，麾下將士人人奮勇爭先，拼死砍殺，其勢果真就像李密說的——銳不可當。

這一仗打得空前慘烈，因為雙方都志在必得。

兩軍激戰正酣時，王世充使出了早已準備好的殺手鐧。

他事先找了一個相貌酷似李密的人，此時將其五花大綁推到陣前，命人高呼：「已活捉李密！」士卒皆高呼萬歲。瓦崗軍見狀，頓時士氣大挫。緊接著，昨夜埋伏在此的那些隋軍又忽然出動，直撲李密大營，縱火焚燒帳篷房舍。當瓦崗軍看到身後沖天而起的火光時，意志瞬間崩潰，開始四散逃命。昨天還極力主戰的陳智略等人立刻投降了王世充。李密帶著殘部一萬餘人，倉皇逃奔洛口。

李密的這次逃亡真是一場傷心之旅。

因為他一路跑，他的部眾就在身前身後一路降。

當天夜裡，王世充進圍鄭頲鎮守的偃師。還沒等隋軍攻城，鄭頲的部將就打開城門，投降了王世充；裴仁基、鄭頲、祖君彥等數十個文武將吏全部被俘。緊接著，單雄信等人又各自為戰，拒絕接受李密的號令，致使王世充的軍隊迅速渡過洛水，單雄信隨即率部投降。李密還沒抵達洛口，駐守倉城的長史邴元真就已經暗中派人前去接應王世充的部隊，準備開門迎降。

得知這些消息時，李密終於絕望了。

人心靠不住，靠不住啊！

其實，自從除掉翟讓之後，就不斷有人建議李密斬草除根，把翟讓的舊部全部幹掉，以絕後患。比如當時房彥藻就曾力勸他除掉單雄信。他說，單雄信是一個「輕於去就」的人，不可能從一而終，早殺早好。可李密始終下不了手，因為單雄信勇冠三軍，在軍中有「飛將」之稱，李密愛惜他的才幹。再比如，部將宇文溫也曾勸他幹掉邴元真。他說邴元真這個人是翟讓的死黨，其「長史」的職位就是翟讓力薦的，心裡頭對翟讓感恩戴德，留著這樣的人，遲早是個禍害。可李密聽完卻不置可否，因為他不希望在攻克東都之前搞太多的窩裡鬥。此後，他只是暗中提防邴元真，一直沒有採取任何行動。而邴元真顯然也意識到了李密的猜忌，所以早就下了反叛的決心。

想起這一切，李密真是感慨萬千，追悔莫及。

莫非自己真的是心太軟，心太軟，才把所有問題都自己扛?!

可是，心不軟又能怎樣？殺人固然簡單，問題是穩定太難！就算把翟讓的舊部通通殺光、一個不留，瓦崗就能上下一心、堅如磐石了嗎？

未必。而且提早動手的結果很可能是把這些驕兵悍將提前逼反！

況且，要殺多少人才算把翟讓的「舊部」清除乾淨？瓦崗原本就只是大大小小的幾十個匪幫湊到一起的鬆散聯盟，從來就不是一支軍紀嚴明號令統一的正規部隊，要論戰鬥力那是沒得說，可要論部眾的向心力和凝聚力，那基本就是扯淡。自從李密執掌領導權以來，雖然在一定程度上改變了這種鬆鬆垮垮、誰也不服誰的狀況，但卻無法從根本上洗掉這些人身上的匪氣，也扭轉不了他們三心二意、隨時準備跳槽的「打短工思維」，當然也就不可能把瓦崗軍打造成一支以他李密為核心的具有高度忠誠與合作精神的團隊。所以，小團夥的利益、江湖哥們的義氣等等潛規則其實一直在李密的表面權威之下大行其道。換句話說，瓦崗寨這些老少爺們之間各種潛在的利益關係始終是盤根錯節、牢不可破的。在此情況下，李密憑什麼認定哪些人是翟讓的「舊部」、屬於定點清除的對象，而哪些人是一乾二淨、與翟讓小集團毫無瓜葛的？這個標準要如何釐定、如何拿捏？

其實，這樣的標準根本就不存在。

因為說到底，真正對李密構成威脅的並不是什麼翟讓的「舊部」，而是一張無孔不入無所不在的隱性的利益聯結網。除非李密徹底撕破這張網，把瓦崗軍改造成一支真正意義上的正規軍，否則各種隱患就不可能被消除。換句話說，除非李密只留下少數心腹，把其他的人通通殺光，否則就不能算清除乾淨。

然而，李密能這麼做嗎？當然不能。

再說了，自從坐上瓦崗的頭把交椅，李密基本上就沒過過一天安生日子，先是跟東都軍隊打，繼而跟王世充打，後來又跟宇文化及打，天天席不暇暖枕戈待旦，讓他壓根就騰不出手來清理內部。如果硬要動手，那無異於是在大敵當前的時候自毀長城！

李密能這麼幹嗎？當然不能。

所以，千言萬語歸結成一句——形勢比人強！

就像當初柴孝和提出放棄東都、西進關中的建議時，李密只能表示無奈一樣，此刻的李密也只有無奈。

洛口降了，惶惶若喪家之犬的李密打算前往黎陽投奔徐世勣。可左右立刻警告他：「當初殺翟讓的時候，徐世勣差一點就被做掉，眼下打了敗仗才去投靠，您覺得安全嗎？」

李密連忙勒住了韁繩。

是啊，徐世勣是地地道道的翟讓舊部，而且被李密排擠到了黎陽，現在再去投奔他，即便不說自投羅網，起碼也是凶多吉少！

好在原本駐守金鏞城的王伯當此時已經退守河陽（今河南孟州市），李密即刻掉轉馬頭，率殘部投奔王伯當。抵達河陽後，李密馬上又召開了一次軍事會議，討論瓦崗下一步的走向。

這次會議的氣氛與幾天前的那一次迥然不同。

人人垂頭喪氣。

人人心不在焉。

李密首先提出了自己的計畫。他決定南以黃河為界，北以太行山為界，東面與黎陽遙相呼應，在這個地區重新打造出一塊根據地，再慢慢謀求發展。

此時此刻，李密的目光仍然是堅定的、自信的、樂觀的。

起碼看上去是這樣的。

然而，他的計畫卻遭到了所有與會將領異口同聲的反對。他們說：「大軍剛剛潰散，人心惶恐不安，要是留在這裡，恐怕用不了幾天都會逃光。人心已去，不願再戰，成不了什麼事了！」

李密瞟了眾人一眼，眾人也瞟了李密一眼。

人心已去?!李密在心裡苦笑：要說人心已去，這瓦崗的人心早就去得一塌糊塗了！只不過從前去得隱晦、去得巧妙、去得偷偷摸摸，現在去得猖狂、去得瀟灑、去得理直氣壯罷了！

去就去吧，天下沒有不散的宴席！既然一切都已隨風遠去，我也沒什麼好說的。

李密「唰」的一聲抽出了身上的佩刀。

他想殺人。

殺一個叫李密的人。

李密一字一頓地說：「孤所恃者眾也！眾既不願，孤道窮矣！」說完一刀揮向自己的脖子。

不過，李密這一刀的速度是大有講究的。既不能太快，也不能太慢。太快別人來不及攔他，太慢會露出破綻。所以「揮刀自刎」也是一個技術活，它是古往今來許多政治人物在身陷絕境時的最後一張牌。

一張悲情牌。

要把這張悲情牌玩好的前提是要拿捏一個最恰當的時機，而且身邊必須有人配合。否則這張牌砸在手裡，就會把自己玩死。

現在跟李密配合的人就是王伯當。他一個箭步衝上前去，死死抱住李密，同時放聲大哭，而且哭得盪氣迴腸、滿座皆驚，直到把自己哭暈過去。

在座的人無不動容。有人趕緊跑過去掐王伯當的人中，而絕大多數的人則忍不住涕淚飛揚。於是，一屋子的大男人就這麼哇哇地哭了起來。等大夥哭得差不多了，李密收起佩刀，也收起眼淚，對眾人說：「諸君若不見棄，當共歸關中，密身雖無功，諸君必保富貴！」

眾人聞言，紛紛破涕為笑。

這話他們愛聽。這裡混不下去就走人嘛，多簡單的道理！讓他們感到意外的是——現在居然是老大要親自帶領他們集體跳槽，這實在是讓人驚喜。幕僚柳燮立即代表眾人說：「明公與唐公乃李氏同族，又曾訂立過友好盟約，雖然沒有一同舉兵，卻替他擋住了東都的隋軍，使唐公不戰而據長安，這也是明公的功勞啊！」

眾人頻頻點頭，異口同聲地說：「然！」

大業十四年九月中旬，李密帶著兩萬餘人西向關中，投奔李淵而去。

李密一走，仍然駐守在中原各地的其餘部眾頓時群龍無首，只好連人帶城紛紛歸降東都朝廷。

世間再無瓦崗，李密徹底出局。

# 四四、李密之死

大業十四年秋天，從東都戰場上敗逃、退守魏縣的宇文化及遭遇了第三次未遂兵變。宇文化及百思不解：為什麼這該死的兵變老是像噩夢一樣纏著他不放?!

還好他的警惕性一直很高，軍中遍布耳目，所以總能在兵變的前一刻得到消息。這一次造反的人，是他的心腹張愷。宇文化及得到密報後，很快逮捕了張愷，連同他的一干黨羽全部誅殺。

雖然每一次都能化險為夷，可宇文化及的心情還是一天比一天鬱悶。

因為，從江都帶出來的十幾萬軍隊死的死、逃的逃，已經所剩無幾了；而且北面有勢力強大的竇建德，南面有驍勇善戰的徐世勣，他們宇文兄弟只能龜縮在這魏縣一隅，眼見局面日蹙，卻無計可施。

鬱悶而無所事事的日子裡，宇文兄弟只好整天借酒澆愁。每次喝醉，宇文化及就會瞪著一雙血紅的眼睛對宇文智及說：「幹這樁事，起初我並不知情，都是你的安排，強迫我當老大。現在可倒好，幹什麼都不成，兵馬一天天逃散，還背上一個弒君的惡名，為天下所不容，眼看就要被滅族了，都是你小子惹的禍！」說完與兩個兒子抱頭痛哭。

宇文智及一聽就跳了起來，怒氣沖天地說：「當初事情順利的時候，你怎麼不說這種話？現在要壞事了，就把屎盆子都扣到我頭上！你幹嘛不乾脆殺了我，去投降竇建德?!」

在魏縣的這些日子，宇文兄弟就這樣抱著酒罎子終日對罵，除此之外什麼也幹不了。部眾不斷有人逃亡。眼看自己的末日即將降臨，宇文化及仰天長歎：「人生固有一死，難道我就不能當一天皇帝?!」

過把癮就死！宇文化及豁出去了。

這一年九月末，宇文化及強迫傀儡皇帝楊浩喝下了一杯鴆酒，然後登基稱帝，國號為許，改元天壽，同時設立文武百官。

李密剛剛進入潼關，李淵派出的使者就絡繹不絕地前來迎接。李密大喜，對左右說：「我擁眾百萬，一朝解甲歸唐，山東數百座城池知我在此，一旦遣使招之，必定紛紛來歸。我之功勞，比之東漢竇融（西元二九年以河西之地歸附劉秀，歷任冀州牧、大司空等職）亦不算小，豈能不給我一個宰相當當！」

十月八日，李密率部抵達長安。

然而，李密並沒有看到期待中的盛大歡迎儀式。非但如此，負責接待的部門對他們也相當冷淡，所提供的食宿條件也不好，有些士卒甚至整天吃不上飯。

連飯都吃不飽，還侈談什麼富貴?!將士們大為惱火，滿腹怨言。

更讓李密感到失望和憤怒的是，幾天後李淵雖然授予了他上柱國和邢國公的爵銜，可卻莫名其妙地給他一個「光祿卿」的職務。所謂光祿卿，說好聽點叫宮廷膳食部長，說難聽點就是管食堂的。

既然是管食堂的，朝廷的文武百官當然沒人拿正眼瞧他，某些高官甚至還向他索賄。李密的氣真是不打一處來。

不過，李淵至少在表面上對他還是挺親熱的，每次見面都笑臉相迎，嘴裡總是老弟長老弟短的，而且還親自做媒，把他的表妹獨孤后嫁給了李密。

李密就這麼不情不願地當上了管理食堂的光祿卿，硬著頭皮把這個素不相識的獨孤后娶過了門。可他每天都會無數次地告訴自己——這裡不是我的歸宿。

但是，究竟哪裡才是自己的歸宿？李密感到無比茫然。

李密當了一個多月的光祿卿，感覺自己的人生很失敗。想自己好歹也是牛角掛過書、瓦崗稱過孤的，論學識，論事功，這李唐朝廷的袞袞諸公能有幾個出其右者？可如今卻淪落到替人置辦酒菜的地步，真是衰透了。

幾天前，朝廷舉辦了一場大型宴會，李密職責所在，不得不忙裡忙外地張羅。那幾天李密心頭的怒火真是竄得比御膳房炒菜的爐火還高。

宴會散後，李密跟王伯當大發牢騷。當時王伯當已經被任命為左武衛大將軍，可他對這個職務同樣也不滿意，於是慫恿李密說：「天下事都在您的掌握之中。而今東海公徐世勣在黎陽，襄陽公張善相在羅口（今河南鞏縣西南），河南兵馬猶在，何苦再待在這裡？」

李密遂下定決心叛唐，離開長安再展宏圖。他向李淵上奏說：「臣虛蒙榮寵，安坐京師，無所報效；山東豪傑多為臣之舊部，請讓臣前往收撫。憑藉我大唐國威，取王世充就像從地上拾一根草！」

李淵也正有此意，當即首肯，但是群臣卻紛紛勸諫說：「李密性情狡猾，很容易謀反，如今派他前往，就像投魚入水、縱虎歸山，肯定是不會回來了！」

李淵笑著說：「帝王自有天命，非小子所能取。縱使他叛我而去，也不過像『蒿箭射入蒿草』（隋唐民諺，指無用的蒿草製成有用的箭，但沒入草中復歸無用）。更何況，讓他和王世充鷸蚌相爭，我們正可坐收漁翁之利。」

十二月一日，李淵親自設宴為李密等人餞行。同行的人有李密原來的幕僚賈閏甫。李淵把他們親切地叫到身邊來坐，還給他們夾菜，向他們敬酒，說：「我們三人同飲此杯，以明同心。希望你們好好建立功名，不辜負朕之期望。大丈夫一言既出，千金不換。確實有人堅決反對讓老弟前往，可朕以一顆赤心對待老弟，任何人都無法挑撥離間！」

李密和賈閏甫叩頭拜謝。李淵隨即又命王伯當擔任李密副手，一同啟程。

李淵雖然在群臣和李密面前表現得很坦然，可實際上他也是有顧慮的。

李密畢竟不是一支蒿箭那麼簡單。

這個年輕人雖然自負，可他的自負不是沒有緣由的。瓦崗過去只是一座名不見經傳的山寨，只是由一群不相統屬的盜匪雜糅而成的變民武裝，可在他手裡卻迅速崛起，變成了一支戰鬥力異常強大的割據政權，讓東都朝廷和隋朝軍隊焦頭爛額，李密也因而一度成為四方群雄共推的「盟主」。雖然這個稱號水份不小，但不可否認，李密確實是一個兼具文韜武略的人才，也的確具有睥睨世人的資本。把這樣一個人重新放回關東，固然顯示了李淵作為一個聖明君主的大度和自信，但是這麼做就沒有一點風險嗎？李淵難道不擔心李密東山再起、死灰復燃嗎？

不，李淵承認這麼做是有風險的，而且風險還不小。

但是，在沒有明顯證據表明李密確有復叛之心的情況下，李淵也只能暫時表現出他寬容大度和用人不疑的一面。當然，與此同時李淵也進行了防範。他沒有讓李密把瓦崗舊部悉數帶走，而是命他把一半部眾留在了華州（今陝西華縣），只帶另一半部眾出關。

在隨同李密出關的部眾中，有一個人感到了強烈的不安。

這個人叫張寶德，是李密麾下的長史。

他之所以內心恐慌，是因為他料定李密此行必叛。而他現在已經一意歸唐，再也不願當一個四處流亡的草寇了，更不想在李密敗亡的時候跟著他一塊遭殃。所以張寶德迅速給李淵呈遞了一封親啟密奏，列舉了很多理由，揭露了許多內情，其結論只有一個——李密必叛。

看著這封密奏，李淵後悔了。

他承認，群臣說的沒錯，這的確是在放虎歸山，很可能後患無窮。

但是李密早已走出潼關了。怎麼辦？

李淵的第一反應就是把李密召回來，可又擔心會把他提前逼反。考慮再三，李淵只好頒了一道慰勞李密的詔書，命他暫且回京，再接受一個任務；讓他的部眾緩慢前行，等李密接受了任務再趕上去和部眾會合。

然而，李淵的這招緩兵之計騙不了李密。

此刻的李密已經走到了稠桑（今河南靈寶市北）。他接到詔書後，發出一聲冷笑，對賈閏甫說：「詔書遣我出關，無端又命我回去。李淵自己都說過，有人堅決反對我出關。看來他已經聽信挑唆之言了，我現在要是回去，絕對難逃一死，不如先就近攻破桃林縣（今河南靈寶市東北），收其士兵和糧草，北渡黃河。等消息傳到唐軍駐守的熊州（隋宜陽郡，今河南宜陽縣西），我們早已遠走高飛。只要能進入黎陽，大事必成，不知你意下如何？」

賈閏甫看著李密，忽然產生了一種不祥的預感。他預感到李密的敗亡就在眼前。

賈閏甫說：「皇上的姓名與圖讖相應，天下終當一統。明公既已歸附，豈能再生二心？況且，史萬寶和任瑰等將軍就駐守在熊州和穀州（隋新安郡，今河南新安縣），我們早上發動，他們大軍晚上就到。即便攻克桃林縣，軍隊豈能一時集結？一旦被宣布為叛逆，還有誰願意接納？為明公計，不如暫且接受詔命，以表明絕無異志，如此一來，挑唆之言自會平息。前往山東之事，應當從長計議。」

李密勃然大怒：「李唐朝廷根本沒有重用我之意，我豈能忍受！至於說圖讖，我和李淵應驗的機會一樣大。如今他不殺我，讓我東行，這足以證明王者不死！縱使唐朝據有關中，山東終歸我有，此乃上天所賜，我為何不取？反而要自縛雙手去投降別人？你是我的心腹，竟然會有這種想法，如果不能跟我一條心，我只好殺了你再走！」

賈閏甫當即淚下，哽咽著說：「明公雖應圖讖，然時局已非同往日。今海內分崩，強者為雄，明公正在流亡，誰肯聽從？況且自從誅殺翟讓以來，人人都說明公棄恩忘本，今日誰肯將手中軍隊再交與您？他們擔心被您奪走兵權，勢必爭相抗拒，一旦失勢，豈有容身之地？若非身受重恩之人，誰肯像我這樣直言不諱？願明公熟思之，只恐大福不再。只要您有立足之地，閏甫又何惜一死！」

賈閏甫的話其實句句是忠言，對形勢的判斷也不可謂不準確。

然而，此刻的李密已經是一個輸紅了眼的賭徒。他只想孤注一擲，把所有的本撈回來。

「唰」的一聲，李密再次抽出了佩刀。

這次李密不是把刀揮向自己，而是揮向了賈閏甫。

又有人迅速抱住李密，還是那個王伯當。

在王伯當的苦苦求情之下，李密放過了賈閏甫。當天，賈閏甫便逃往唐軍駐守的熊州。王伯當也認為賈閏甫的分析有道理，所以極力勸阻李密。可李密什麼話也聽不進去。王伯當最後只說了一句：「義士之志，不因生死存亡而改變。公必不聽，伯當自應與公同死！只恐吾之一死無益於公。」

李密什麼話也沒說，隨後就砍殺了李淵派來的傳詔使者。

而他的悲劇也就此注定。

武德元年十二月三十日。舊的一年即將過去，新的一年即將開始。

這一年裡發生了太多事情。其中最重要的，莫過於隋煬帝楊廣的死亡與大唐王朝的誕生。而在這一年的最後時刻，又會發生什麼？

李密很快就會告訴我們答案。

這一天凌晨時分，李密派人通知桃林縣令，說他接到皇帝詔書，準備暫返京師，請允許讓他的家屬在縣府暫住數日。桃林縣令當然表示歡迎。李密隨即挑選了數十名麾下勇士，讓他們換上女人衣服，頭蒙面紗，刀藏裙下，詐稱妻妾，隨同李密進入縣府（楊諒也用過這一招）。片刻後，李密帶領他們突然殺出，佔據了縣城，然後裹挾當地士兵，直奔熊耳山，沿險要道路向東進發；同時派快馬飛報他的舊部、時任伊州（今河南汝州市）刺史的張善相，命他出兵接應。

駐守熊州的唐右翊衛將軍史萬寶對副手盛彥師說：「李密，驍勇之賊也，又有王伯當輔佐，而今決意叛變，其勢恐怕難以抵擋。」

盛彥師笑著說：「請給我幾千人馬，一定砍下他的人頭。」

史萬寶問：「你有何計？」

盛彥師再次狡黠地一笑：「兵不厭詐，恕在下無可奉告。」

隨後，盛彥師率部趕在李密之前進抵熊耳山南麓，立刻封鎖要道，命弓箭手埋伏在兩側高地，步兵埋伏在山澗之中，下令說：「等賊人走到一半，同時發起攻擊。」有部將問：「聽說李密要東奔洛陽，將軍卻進入深山，這是為何？」盛彥師胸有成竹地說：「李密聲稱要去洛陽，實際上是打算出人不意直奔伊州，投奔張善相。如果讓賊人先行一步進入谷口、而我軍從後面追擊的話，山路險窄，我們難以進攻，他只要派一名部將殿後，就能擋住我們而從容逃脫。現在我們先佔領了谷口，必定能將其手到擒來。」

李密率眾馬不停蹄地奔至熊耳山時，自認為已經脫離了危險，遂放慢速度，緩緩穿越山谷，剛好進入了盛彥師的伏擊圈。盛彥師佔據有利地形突然發動攻擊，將他們攔腰截斷。李密部眾首尾不能相顧，頓時潰散，密密麻麻的唐兵向李密圍了上去。

一個曾經馳騁中原、號令四方的英雄，終於走到了人生的最後一步。

李密仰望蒼穹，泫然淚下。

唐兵舉起了刀。一道寒光閃過，李密的頭顱飛離了肩膀。

李密死時，年三十七。王伯當自始至終都站在李密身邊，遂一同被殺。數日後，二人首級傳至長安。

對李淵來說，這無異於一份新年賀禮——在王朝建立的第一個新年收到的第一份賀禮。

李淵很快就把這份賀禮轉送給了一個人：徐世勣。

嚴格來講，此時的徐世勣已經不姓徐了。因為早在一個多月前，李淵就已經把皇姓賜給了他。當時，李密入關歸唐，徐世勣仍然據有李密舊地，卻沒有歸屬，而且他也沒有自立的打算。隨同李密歸唐的魏徵由於不被李淵重視，就毛遂自薦，願意代表朝廷前去招撫徐世勣。李淵遂派他前往黎陽勸降徐世勣。

徐世勣馬上就同意了。可是，他的歸附方式卻與眾不同。他對長史郭孝恪說：「這裡的民眾和土地都歸魏公所有，如果以我自己的名義獻給唐朝，就等於是利用主公之敗，邀取自己的功勞和富貴，對此我深以為恥。所以，我決定把屬下的郡縣、戶口、軍隊、馬匹的數目開列一張清單，交給魏公，由他自己呈獻。」隨後，徐世勣便派遣郭孝恪攜帶這份清單前往長安。

李淵聽說徐世勣的歸降使者已經入朝，但卻無奏表呈給朝廷，只有一封信函呈給李密，他大為奇怪，遂召見郭孝恪。郭孝恪將徐世勣的本意做了說明，李淵聽完後大為讚歎，說：「徐世勣不背德，不邀功，真純臣也！」當即將皇姓賜予徐世勣。

此刻，當李世勣看到長安使者送來的那顆頭顱時，悲痛便不可抑制地向他襲來。

李世勣面向北方，長時間地叩拜慟哭，最後上疏朝廷，請求將李密的屍首與屍身合成一處安葬。李淵隨即命人把李密的屍體運到了黎陽。李世勣及其部眾全部換上喪服，以君臣之禮為李密舉行了一個隆重的出殯儀式，把他安葬在了黎陽山（今河南濬縣東南大伾山）的南麓。

誠如李淵所言，李世勣不愧是一個純臣。

可就是這樣的純臣，卻始終得不到李密的信任。即便是在兵敗邙山走投無路的時候，李密寧可歸降唐朝也不敢投奔黎陽，這不能不說是一個重大的失策，也不能不說是一個莫大的遺憾。如果他當時不計前嫌，能夠前往黎陽，與李世勣坦誠相待、和衷共濟，那麼大事或許仍有可為。就算最終不能戰勝李淵，起碼不會這麼快就敗亡；就算最終一樣要出局，也不至於因「降而復叛」而受人指摘，玷污了一世英名。

但是歷史沒有如果，歷史只有結果。

當西元六一九年的陽光照臨大地的時候，李密的墳頭很快長出了離離青草。

# 四五、最後一個影子朝廷

李密敗亡，最大的獲益者無疑就是王世充。

他不但收降了李密的十幾萬部眾，而且得到了單雄信、裴仁基、秦叔寶、程知節等一大批驍將，又奪回了洛口倉，解決了軍隊的糧荒，真是贏了個缽滿盆滿。此外，小皇帝還加封他為太尉、尚書令、總督內外諸軍事，並特准開設太尉府，精選文武官吏。

王世充的權威達到了人臣的頂點，接下來，他還會幹什麼？

小皇帝楊侗對此憂心忡忡。

他意識到，王世充隨時可能對自己下手，可又絲毫沒有應對之策。每天活得戰戰兢兢的小皇帝最後只好命人取出宮中的財物，大量供養和尚，布施窮人，藉此消災祈福，希望能逃過一場注定要降臨的災難。

可是，就連最後這點可憐的精神安慰很快也被王世充剝奪了。因為王世充有一次入宮赴宴，回家後忽然上吐下瀉，立刻懷疑是小皇帝讓人在酒菜中下毒，從此便不再入宮朝見，並且命手下把守宮門，嚴禁小皇帝從宮中取出一針一線。

小皇帝徹底陷入了絕望。

那些日子裡，無論是幼主楊侗還是洛陽士民，所有人都很清楚——這最後一個影子朝廷很快就要覆亡了。

宇文化及稱帝不久後，聽到了李密敗亡的消息，頓時心中竊喜，覺得這是擴大地盤的良機，於是出兵攻打李密舊部元寶藏駐守的魏州（今河北大名縣），但是打了四十多天，始終打不下來。

正在中原一帶四處遊說的魏徵立刻前往魏州，勸自己的老上級元寶藏歸降唐朝。武德二年（西元六一九年）正月七日，元寶藏向唐軍獻出了州城。

正月十八日，唐淮安王李神通率部攻擊宇文化及的老巢魏縣（今河北大名縣西南），宇文化及無力抵抗，只好向東逃往聊城（今山東聊城市）。李神通進入魏縣，俘虜並斬殺了兩千餘人，隨即進圍聊城。

與此同時，定都樂壽（今河北獻縣）的夏王竇建德也親自率軍南下、直逼聊城，準備與唐軍拼搶勝利果實。他的目標並不是宇文化及這個人，而是宇文化及從江都帶出來的那顆隋朝的傳國玉璽。雖然這顆玉璽現在已經沒有了任何實際價值，但它畢竟是一種象徵——皇權的象徵。

困守聊城的宇文化及很快就發現，自己已經陷入一南一北兩大強敵的夾攻之中。他大為驚恐，急忙拿出重金，請求附近的變民首領王薄出兵援救。王薄看在錢的面子上，決定當一回雇傭軍，率部進駐聊城協防。

可是援兵的到來並不能挽回宇文化及的敗局，因為城中的糧食很快就吃光了。宇文化及頓時絕望，只好向李神通請求投降。

出人意料的是，李神通居然一口回絕。副手崔民幹勸他接受，李神通說：「賊人既然糧食已盡，我們可以輕易將其摧毀，以耀我唐軍兵威，同時擄獲財寶，犒賞將士。要是接受投降，我們拿什麼勞軍？」

崔民幹焦急地說：「竇建德馬上就到，如果我們不能及時攻克，就會內外受敵，我軍必敗。眼下不戰便可拿下聊城，此項軍功得來甚易，為何要貪圖財寶而拒絕呢？」

李神通勃然大怒，隨即將崔民幹囚禁。

數日後，宇文士及從濟北（今山東茌平縣西南）運來糧食，聊城人心稍安，士氣總算有所恢復，宇文化及遂繼續抵抗。李神通親自到城下督戰，命各軍全力攻城。貝州（今河北清河縣）刺史趙君德第一個攻上城牆。因為他不是李神通的嫡系，李神通擔心被他搶了首功，於是下令鳴鑼收兵。趙君德大怒，但是軍令難違，只好罵罵咧咧地從城頭上撤了下來。

還沒等李神通重新組織進攻，竇建德的大軍已經殺到。李神通自知不敵，只好率部撤出戰場。宇文化及出城迎戰，可他顯然不是竇建德的對手。在數戰皆敗之後，不得不縮回城中繼續頑抗。竇建德隨即對聊城發起猛烈進攻。

最後的時刻，被宇文化及重金請來的王薄並沒有拿人錢財、替人消災，而是忙不迭地打開了城門。竇建德大軍入城後，立刻逮捕了宇文化及和宇文智及，以及他們的一干親信；隨後又以人臣之禮覲見了蕭皇后，並換上喪服，鄭重其事地祭悼了一回楊廣。等這些場面上的事情都做完之後，竇建德才從容收取了隋朝的傳國玉璽、還有各種印信和天子儀仗。

宇文化及和他的兩個兒子最後一起被斬首。讓人感到意外的是，行刑的時候，宇文化及既沒有痛哭流涕，也沒有磕頭求饒，而是平靜地說了一句：「我不辜負夏王」，隨後便引頸就戮。

這位輕薄公子的稱帝鬧劇，就以這樣一種「過把癮就死」的方式匆匆開局又草草收場了。從稱帝到敗亡，歷時僅四個月。

也許是因為對這一天早有準備，所有的擔憂和恐懼也早已提前透支，所以宇文化及在臨死之前反而表現得比較平靜。劊子手的大刀高高舉起的那一刻，宇文化及的內心也許只有這麼一個念頭——出來混，遲早是要還的。

當大河南北的割據群雄逐一出局的時候，李唐王朝在中原、河北一帶的主要對手就只剩下了兩個人。一個是王世充，另一個就是竇建德。

在隋末唐初的亂世群雄中，竇建德無疑是一個比較特殊的人物。

因為這個人具有很強的人格魅力。自從大業七年起兵以來，凡是打了勝仗或攻陷城池，竇建德總是把擄獲的金銀財寶全部賞給將士，自己分文不取。此外，雖然他早已稱王，但生活上卻一貫簡單樸素，從不吃肉，只吃蔬菜和糙米飯；他的妻子曹氏也只穿布衣，從不穿綾羅綢緞，所用的婢女也只有十餘人……所有這一切都讓竇建德贏得了廣大將士和百姓的衷心擁戴。

擊敗宇文化及後，夏軍擄獲了數以千計的隋六宮嬪妃和宮女，竇建德即刻將她們就地遣散，一個也沒留。而隋朝那些有才幹的舊臣，則大多得到了竇建德的賞識和任用，如裴矩、何稠、虞世南、歐陽詢等人。至於那些不願意為他效力，而寧願投奔洛陽（隋朝廷）和長安（唐朝廷）的人，竇建德概不強留，一律尊重個人意願，不但送給他們盤纏，還派兵護送他們出境。宇文士及和封德彝等人就是在這個時候投奔了李淵。

竇建德的所作所為使他廣泛贏得了人心。

所謂得人心者得天下。從這個意義上說，竇建德無疑是天下群雄中最有潛力也最有資格與李淵父子抗衡的人。

相形之下，王世充在這點上就比竇建德和李淵父子差遠了。他身上絲毫不具備讓人服膺的人格力量，所以注定留不住人心——尤其是留不住秦叔寶和程知節這種豪傑的心。

秦、程二人歸降王世充之後，雖然得到了他的重用和優待，但是王世充的為人卻讓他們十分厭惡和不齒。為這種人效命，讓秦、程二人不但覺得窩火，而且感覺前途渺茫。有一次，程知節忍不住對秦叔寶說：「王世充氣量狹窄，見識淺陋，卻又喜歡信口開河，動不動就賭咒發誓，活像一個老巫婆，豈是剷除禍亂、匡扶正義之主？」於是二人決定尋找一個適當的時機歸降唐朝。

武德二年二月下旬，王世充在九曲（今河南宜陽縣北）與中原唐軍會戰，命秦叔寶和程知節率軍列陣。機會終於來了。秦、程二人對視一眼，忽然率領親信騎兵數十人離開陣地，向西狂奔一百餘步之後，下馬回頭向王世充叩拜，說：「我等蒙公厚愛，本應深思報效，可您性情猜忌，喜聽讒言，非我等托身之所，而今不能再侍奉您，請允許我們就此告辭。」說完立刻翻身上馬，飛奔唐軍陣地投降。

王世充恨得牙癢，卻又不敢追擊，只好眼睜睜看著他們絕塵而去。

秦叔寶和程知節投唐之後，被納入了李世民帳下。李世民素聞其名，當即厚禮相待，任命秦叔寶為騎兵總管、程知節為左三統軍。秦、程二人的棄暗投明馬上給王世充麾下的其他將領樹立了榜樣。不久後，驃騎將軍李君羨、征南將軍田留安相繼率部降唐；李厚德和趙君穎也驅逐了隋殷州（今河南獲嘉縣）刺史段大師，舉城歸降唐朝，李厚德隨即被任命為殷州刺史。

這一年閏二月底，李厚德回家探望患病的父母，命弟弟李育德駐守殷州。惱羞成怒的王世充趁此時機，親自率領大軍進攻殷州，將其攻陷；李育德和三個弟弟全部戰死。三月初，王世充又率軍攻打穀州和熊州。熊州刺史史萬寶出兵迎戰，結果又被王世充擊敗。

幾場勝仗打下來，總算讓王世充撈回了一點面子，同時也讓他增加了幾分逐鹿天下的底氣。差不多在這個時候，一個在他心中隱藏已久的念頭再次浮出了在他的腦海：稱帝。

王世充覺得，顛覆隋朝這最後一個影子朝廷的時機已經成熟。

他把這個想法跟屬下一說，立刻引發兩種針鋒相對的意見。幕僚李世英深以為不可，他說：「四方人士之所以奔馳歸附東都，是以為您能匡扶社稷、中興隋室，如今九州之地，連一處都沒有平定，如果斷然稱帝，恐怕遠近之人都會叛離！」

王世充目光閃爍地看了看他，低聲說：「嗯，言之有理。」

可長史韋節、楊續等人卻極表贊成，他們說：「隋朝氣數已盡，滅亡理所當然。此乃非常之事，不可與尋常之人討論。」

王世充心中暗喜，臉上卻不動聲色。

緊接著，負責觀測天象的太史令樂德融也不失時機地開口了。他把自己近期的觀測結果繪聲繪色地描述了一番，大意就是除舊布新之兆早已顯現，而且星象所對應的地方正是鄭國公王世充的封地，如果不及時順應天道，反而會令王氣衰弱云云。

王世充的臉上終於露出了笑容。

但是反對者的聲音並未就此平息。部將戴胄又站了出來，說：「君臣猶如父子，應當休戚與共！明公最好能竭盡忠心、報效朝廷，如此則家國俱安，否則的話……」戴胄後面的話沒說，但顯然已經含有警告的意味。

王世充的笑容凝結在臉上。

他乾笑兩聲，稱讚了一下戴胄的忠心，隨即結束了當天的討論。

知道自己的部眾並不都跟自己一條心，王世充頗為惱怒，也有些無奈。他決定暫且將稱帝之事按下不表，退而求其次，先把「九錫」搞到手再說，以此試探朝臣們的態度。所謂「九錫」，實際上就是「九賜」，是歷代天子專門賞賜給功臣的九種特殊禮遇和器物。熟悉歷史的人都知道，這是歷代權臣的專利品，也是他們篡位稱帝的敲門磚。

聽說王世充企圖加「九錫」後，不識時務的戴胄居然又跳出來竭力反對。王世充勃然大怒，馬上把戴胄貶為鄭州長史，讓他出鎮虎牢（鄭州府所在地），隨後授意段達向楊侗上奏。

最擔心的事情終於來了。小皇帝楊侗知道胳膊終究扭不過大腿，可他還是想做最後的掙扎。他對段達說：「鄭公不久前平定李密，已經擢升為太尉，近來並無特殊功勳，等天下稍微平定之後，再議此事也為時不晚。」

段達也懶得再跟小皇帝廢話了。他直截了當地說了四個字——太尉想要。

小皇帝忽然用一種異樣的目光盯著段達，而且盯了很長時間。最後小皇帝把頭垂了下去，無力地吐出兩個字：隨你。

三月十二日，段達在朝會上宣布：遵奉天子詔命，拜王世充為相國，假黃鉞（有權使用天子專擅誅殺的銅斧），總百揆，加九錫，進爵為鄭王，允許鄭國設立丞相以及各種文武官吏……所有的表演，都與當年楊堅篡周的那一幕如出一轍。

# 四六、來世不生帝王家

四月初的一個早晨，薄霧剛剛散盡，坐在乾陽殿上的小皇帝楊侗就看見段達與十幾個朝臣一起匆匆上殿，帶著一種眉飛色舞的表情逕直走到了他的面前。

他們帶來了王世充的最後通牒。

幾天前王世充就已下令，讓他的心腹韋節、楊續、以及太常博士孔穎達等人著手籌備禪讓儀式。

現在，儀式八成是已經準備就緒了。楊侗聽見段達用一種毋庸置疑的口吻說：「天命不常，鄭王功德兼隆，願陛下遵循唐堯、虞舜之跡，即日舉行禪讓大典，順應天意人心！」

儘管早有心理準備，可乍一聽見「禪讓」這兩個字，御榻上的楊侗還是如遭電擊。他猛然坐直了身子，雙手死死按在身前的几案上，似乎要用力抓牢什麼。段達看見小皇帝原本蒼白如紙的面容忽然間漲得通紅，然後衝著他聲色俱厲地說：「天下，是高祖之天下！若隋祚未亡，此言不應出口；若天命已改，何必再言『禪讓』？公等皆為先帝舊臣，官尊爵顯，既有斯言，朕復何望！」

那一瞬間，段達和身後的一幫大臣頓時汗流浹背、張口結舌。

這是他們生平第一次發現楊侗用這樣的表情和聲音跟他們說話。

當天的朝會就這樣不歡而散。

下殿後，小皇帝神色恍惚地來到後宮，面見自己的母后。那一刻，楊侗止不住潸然淚下。面對即將來臨的災難，這對孤兒寡母唯一能做的只有以淚洗面。

說到底，楊侗其實還是個孩子。

這一年他剛滿十六歲。

第二天，王世充最後一次派人入宮對小皇帝說：「今海內未寧，須立長君，等到天下太平，我會把政權歸還給您，絕不背棄當初的誓言。」

四月初五，王世充以楊侗的名義宣布——將皇位禪讓給鄭王。

在整個禪讓儀式舉行的過程中，按照事先的安排，王世充三次上疏辭讓，而楊侗則三次下詔敦勸。可事實上，楊侗對此一無所知。當王世充和一幫黨羽在乾陽殿自導自演地玩「禪讓」遊戲的時候，楊侗正被囚禁在皇宮角落的含涼殿裡。

四月初七，王世充乘坐天子法駕、陳列天子儀仗，大搖大擺地進入皇宮，正式登基稱帝，次日改元開明。

至此，在隋煬帝楊廣被弒之後又苟延殘喘了一年多的這個影子朝廷終於宣告覆亡。

隨著東都朝廷的覆滅，仍然忠於隋朝的最後一批將帥和殘餘郡縣紛紛向李淵投降，其中就包括那個收葬楊廣的江都通守陳稜；李淵隨即將江都郡改為揚州，任命陳稜為揚州總管。與此同時，最先燃起反隋烽火的變民首領王薄等人也在此刻歸降了唐朝，隨後被任命為齊州（今山東濟南市）總管。

王世充雖然如願以償地成了皇帝，一夜之間登上萬眾之巔，但他的執政能力卻沒有隨著他的地位而急劇提升。儘管他也表現出一副勵精圖治的模樣，一心想要當一個澄清宇內的新朝天子，可他的所作所為最終只能成為人們的笑柄。

為了表現自己的勤政愛民，王世充特意命人在宮城的各個城樓和玄武門等處設置了很多御座，隨時進行現場辦公，親自接受各類上表和奏章。此外他還時常輕裝簡從，在街市上按轡徐行，既不戒嚴、也不清道，而且笑容可掬地對兩側的百姓說：「過去的天子都是居於九重深宮之中，民間的情況一無所聞，而今世充並非貪圖天位，只是為了拯救時局艱危，就好像一州的刺史那樣，親攬庶務，與士庶共議朝政。並且我擔心諸位受門禁阻攔，所以特意在各個門樓現場辦公，希望能夠盡量聽取群眾的聲音。」隨後王世充又下令，在西朝堂接受冤案訴狀，在東朝堂接受朝政諫言。

王世充的「勤政愛民」措施很快產生了令他意想不到的結果。因為每天都有數百個群眾響應他的號召，擁擠在宮門前上疏獻策。王世充剛開始還硬著頭皮勉強應付，可短短幾天後，一摞摞的卷宗和文書就堆成了一座小山。王世充傻眼了，連忙一頭躲進「九重深宮之中」，再也不敢「親攬庶務，與士庶共議朝政」了。

別出心裁的「現場辦公」成了一場有始無終的笑話，那麼例行的「朝會辦公」又如何呢？

很遺憾，王世充同樣遭遇了尷尬。

每天主持朝會的時候，王世充都會以一副英明領袖的姿態發表長篇累牘的講話，但是卻一再重複，毫無重點，囉囉嗦嗦，千頭萬緒，把奏事的有關官員搞得一頭霧水，讓滿朝的文武百官聽得兩眼發直，連侍衛人員也受不了他的疲勞轟炸，個個痛苦不堪。只有王世充一個人渾然不覺，樂此不疲。最後，御史大夫蘇良實在忍不住，只好直言不諱地說：「陛下說話太多，卻不得要領，其實只要做出結論就可以了，何必說那麼多不相干的話！」

王世充默然良久。他沒想到，自己那些語重心長的講話和高瞻遠矚的指示，在百官心目中居然都是毫無意義的廢話。

對許多朝臣來說，王世充最讓人難以忍受的毛病倒還不是廢話連篇和辭不達意，而是他的心胸狹隘和刻薄猜忌。

稱帝不久，王世充就開始猜忌一個頗有威望的前朝老臣了。

他就是時任禮部尚書的裴仁基。

王世充時常在想：此人既是隋朝舊臣，又是李密舊部，是在戰敗的情況下迫不得已投降的，他會老老實實地當自己的臣子嗎？況且他兒子裴行儼此刻又在朝中擔任左輔大將軍，手中握有重兵。這樣一對身經百戰、歷事多主的父子，能死心塌地幫我王世充打江山嗎？

王世充對此感到強烈的懷疑。

與此同時，裴仁基父子也強烈地感受到了王世充的懷疑。

都說王世充為人刻薄猜忌，此言果然不虛啊！

裴仁基父子不想坐以待斃，於是祕密聯絡了尚書左丞宇文儒童和散騎常侍崔德本等人，準備發動政變，誅殺王世充，擁立楊侗復位。

但是王世充早已在裴仁基父子身邊安插了耳目，所以他們的政變計畫剛剛開始醞釀，王世充就獲知了消息，立即將裴仁基父子和參與密謀的朝臣全部捕殺，同時屠滅了他們的三族。隨後，王世充的兄長、時封齊王的王世惲對他說：「裴仁基這幫人之所以謀反，是因為楊侗還在人世，不如趁早把他除掉。」王世充深以為然，隨即命他的侄子王仁則和家奴梁百年去毒殺楊侗。

這是唐武德二年、也是鄭開明元年的五月末，洛陽皇宮的含涼殿裡，隋朝的最後一任廢帝楊侗看見一杯鴆酒赫然擺在他的眼前。

盛夏的陽光下，楊侗忽然打了一個哆嗦。

「請再向太尉請示，依他當初的誓言，當不至於如此。」楊侗的聲音雖然有些顫抖，可在場的人都聽見了，他仍然稱王世充為「太尉」，而不是稱他「陛下」。

此時此刻，就連王世充的家奴梁百年都不得不感到詫異和敬佩。因為這個看上去年輕而孱弱的廢帝身上似乎具有一種不可動搖的凜然氣節。梁百年的心中泛起一絲惻隱，於是向王世惲和王仁則建議再請示一下王世充。

可他的提議馬上被王世惲否決了。

絕望的楊侗請求去和自己的母后辭別，卻還是遭到了王世惲的拒絕。

楊侗沉默了。他轉身走進佛堂，最後一次在佛前焚香跪拜。

刺目的午後陽光從雕花的紫檀木窗射了進來。楊侗在一起一伏的叩拜中，看見一些簌簌顫抖的灰塵在陽光下驚惶不安地飛舞和奔走，有一些沾在佛前的鮮花上，有一些則落在自己的腳邊。

這就是命運嗎？

楊侗想，這就是命運。

可是，誰又能說，落在鮮花上的塵埃就一定比別的塵埃更為尊貴，落在地上的塵埃就一定比別的塵埃更為卑賤呢？楊侗想，自己何嘗不是一粒落在帝王家的塵埃，可自己又何嘗比落在百姓家的塵埃更幸運呢？

外廂已經傳來了王世惲急不可耐的催促聲。楊侗知道自己該上路了。他最後在佛前一拜，說：「願自今已往，不復生帝王家！」（《資治通鑑》卷一八七）

楊侗隨後平靜地喝下了鴆酒，可他卻沒有順利地上路。

不知道是鴆酒的毒性不夠，還是楊侗的體質太好，總之，喝完毒酒的楊侗儘管七竅流血、痛苦難當，卻始終沒有嚥氣。

最後，王世惲命人用絹巾勒住了楊侗的脖子，才幫他踏上了黃泉路。

對廢帝楊侗而言，不管有沒有來生，死亡都絕對是一種解脫。

隨著隋朝最後一個影子朝廷的覆滅和廢帝楊侗的被殺，楊堅當年締造的那個繁榮富庶、統一強大的帝國，就此灰飛煙滅，彷彿從來不曾存在過一樣。

如果說，楊廣之死算是正式敲響了隋帝國的喪鐘，那麼楊侗之死則是這記鐘聲中既無奈又悲愴的最後一個餘音。如今，餘音已絕。天地之間唯一響徹的，只有群雄相互攻伐的鼓角之聲與無處不在的死亡哀鳴。

然而，這樣的亂世並沒有持續太久。因為，唐朝那個天縱英才的二皇子、驍勇無敵的秦王李世民，已經踏上了掃滅群雄、統一海內的征程：早在武德元年（西元六一八年），李世民便已消滅薛仁果（薛舉之子），佔據隴右；武德三年（西元六二〇年），他又大破劉武周，克復并州；武德四年（西元六二一年），李世民在虎牢一戰擊潰夏朝大軍，生擒竇建德，逼降王世充，一舉平定了中原與河北。

而在這幾年間，塞北的郭子和，河西的李軌，江南的蕭銑、杜伏威、輔公祏、林士弘等割據群雄，也已或降或死，被唐朝一一平定。

短短十幾年後，唐太宗李世民便在隋帝國轟然倒塌的廢墟上，締造了一個亙古未有、空前強大的帝國，開創了一個四海升平、萬邦來朝的盛世，並與貞觀群臣一起，為後世樹立了一個王道仁政的制度典範。

可是，當後世的人們不斷回望唐朝那令人目眩神迷的光芒時，卻不應該忘記在它之前，那個只存在了短短三十七年的隋朝。

因為，如果給中國歷史的走勢畫一個朝代K線圖的話，不難看出，隋朝是在數百年的下降通道底部突然拉出的一根大陽線——有隋一朝，不僅終結了南北朝對峙分裂的紛亂局面，而且以一個恢弘的姿態拉開了中國歷史觸底反彈的序幕。可以說，沒有隋朝奠定的組織框架和國家規模，就沒有後來這個拉動大盤創出新高的盛世唐朝。

所以，在漫長的中國歷史上，儘管隋朝短暫如流星一閃，剎那如曇花綻放，但它的身影，卻不該被光芒萬丈的唐朝徹底湮沒。

# 附錄：隋朝年表

隋文帝開皇元年（五八一年）　楊堅篡周立隋，屠殺宇文宗室。

隋文帝開皇二年（五八二年）　突厥大軍入寇，楊堅採納長孫晟之策，用計退敵，並開始以「遠交近攻，離強合弱」的戰略削弱突厥。

隋文帝開皇三年（五八三年）　突厥再度入寇，楊堅命衛王楊爽為元帥，分八道北上迎敵，擊退突厥。

隋文帝開皇四年（五八四年）　隋朝成功分化突厥，沙缽略可汗被迫遣使朝貢。

隋文帝開皇五年（五八五年）　沙缽略勢弱，被迫南遷內附，從此徹底向隋稱臣。

隋文帝開皇六年（五八六年）　梁士彥、劉昉、宇文忻等人因謀反被誅。

隋文帝開皇七年（五八七年）　楊堅採納高熲之策，用計削弱陳朝，並命楊素大舉督造戰船，準備伐陳。

隋文帝開皇八年（五八八年）　楊堅發兵五十一萬八千人，命楊廣、楊素、賀若弼、韓擒虎等人分八路出擊，大舉伐陳。

隋文帝開皇九年（五八九年）　隋朝滅陳，結束了中國自西晉滅亡後二百七十餘年的分裂。

隋文帝開皇十年（五九〇年）　楊素平定江南、嶺南叛亂。

隋文帝開皇十一年（五九一年）　吐谷渾遣使入朝，奉表稱藩。

**隋文帝開皇十二年（五九二年）**
蘇威免官，高熲、楊素共掌朝政。

**隋文帝開皇十三年（五九三年）**
楊堅下詔營建仁壽宮，使楊素監修；迫使突厥都藍可汗廢殺大義公主。

**隋文帝開皇十四年（五九四年）**
關中大旱，楊堅率民就食於洛陽。

**隋文帝開皇十五年（五九五年）**
仁壽宮落成，役夫勞累至死者陳屍於道，楊素悉令焚除。

**隋文帝開皇十六年（五九六年）**
虞慶則以謀反罪名被誅。

**隋文帝開皇十七年（五九七年）**
楊堅命盜一錢以上者皆處死刑，旋因民眾強烈反對而廢。

**隋文帝開皇十八年（五九八年）**
隋朝發三十萬水陸大軍伐高麗，因遇水患、瘟疫、風暴，無功而返，死者十之八九。

**隋文帝開皇十九年（五九九年）**
高熲罷相，廢為庶民；以突利為啟民可汗；王世積以謀反罪名被誅。

**隋文帝開皇二十年（六〇〇年）**
廢黜太子楊勇，以晉王楊廣為太子。

**隋文帝仁壽元年（六〇一年）**
以楊素為尚書左僕射。

**隋文帝仁壽二年（六〇二年）**
楊素一門權傾朝野，漸遭楊堅猜忌；蜀王楊秀被廢為庶民。

**隋文帝仁壽三年（六〇三年）**
突厥達頭可汗因內亂亡奔吐谷渾，鐵勒諸部盡歸啟民可汗。

**隋文帝仁壽四年（六〇四年）**
楊堅駕崩，傳聞被楊廣所弒；楊廣即位，平定漢王楊諒叛亂。

**隋煬帝大業元年（六〇五年）**
征服林邑，營建東都，開鑿運河；楊廣乘坐大型龍舟，第一次南下江都。

**隋煬帝大業二年（六〇六年）**
楊素病卒；置洛口倉於鞏縣，置回洛倉於洛陽北七里。

**隋煬帝大業三年（六〇七年）** 楊廣以「誹謗朝政」為名誅高熲、賀若弼；第一次北巡，至啟民可汗王庭。

**隋煬帝大業四年（六〇八年）** 隋朝大破吐谷渾，遂置郡縣，將其地納入隋朝版圖。

**隋煬帝大業五年（六〇九年）** 楊廣西巡，至燕支山，命高昌等西域二十七國元首前往朝見。

**隋煬帝大業六年（六一〇年）** 楊廣大做「國家形象廣告」；開鑿江南河；第二次下江都；征高麗王入朝，不果，遂著手準備東征高麗。

**隋煬帝大業七年（六一一年）** 楊廣下詔東征高麗；國內民不聊生，義軍紛起。

**隋煬帝大業八年（六一二年）** 楊廣發一百餘萬大軍，御駕親征高麗，大敗而還。

**隋煬帝大業九年（六一三年）** 二征高麗，楊玄感起兵黎陽；楊廣被迫班師，平定叛亂。

**隋煬帝大業十年（六一四年）** 三征高麗，士兵紛紛逃亡；高麗請降，隋軍班師。

**隋煬帝大業十一年（六一五年）** 楊廣第四次北巡，至雁門，遭突厥大軍圍困三十三天。

**隋煬帝大業十二年（六一六年）** 楊廣第三次下江都；李密投奔瓦崗；以李淵為太原留守。

**隋煬帝大業十三年、隋恭帝義寧元年（六一七年）** 李密取得瓦崗領導權，殺翟讓；李淵父子太原起兵，攻克長安，自封唐王，奉代王楊侑為帝，改元義寧。

**隋恭帝義寧二年、隋皇泰元年（六一八年）** 江都政變爆發，楊廣被弒，隋朝覆滅；李淵逼迫隋恭帝禪位，登基稱帝，建立唐朝；李密降唐，復叛被殺。

隋朝原來是這樣 / 王者覺仁著. -- 一版.-- 臺北
市：大地, 2016.04
面：　公分. --（History：87）

ISBN 978-986-402-097-3（平裝）

1. 隋史　2. 通俗史話

623.7　　105003917

# 隋朝原來是這樣

HISTORY 087

| | |
|---|---|
| 作　　者 | 王者覺仁 |
| 發 行 人 | 吳錫清 |
| 主　　編 | 陳玟玟 |
| 出 版 者 | 大地出版社 |
| 社　　址 | 114台北市內湖區瑞光路358巷38弄36號4樓之2 |
| 劃撥帳號 | 50031946（戶名　大地出版社有限公司） |
| 電　　話 | 02-26277749 |
| 傳　　眞 | 02-26270895 |
| E - mail | vastplai@ms45.hinet.net |
| 網　　址 | www.vastplain.com.tw |
| 美術設計 | 普林特斯資訊股份有限公司 |
| 印 刷 者 | 普林特斯資訊股份有限公司 |
| 一版一刷 | 2016年4月 |

大地

定　　價：320元

Printed in Taiwan